GLOBALIZAÇÃO E INTERESSES NACIONAIS:
A PERSPECTIVA DA CHINA

WEI DAN
Professora Auxiliar da Faculdade de Direito
da Universidade de Macau

GLOBALIZAÇÃO E INTERESSES NACIONAIS: A PERSPECTIVA DA CHINA

Dissertação de Doutoramento em Direito na área de Ciências Jurídica-Económicas pela Faculdade de Direito da Universidade de Coimbra

GLOBALIZAÇÃO E INTERESSES NACIONAIS:
A PERSPECTIVA DA CHINA

AUTORA
WEI DAN

EDITOR
EDIÇÕES ALMEDINA, SA
Rua da Estrela, n.º 6
3000-161 Coimbra
Tel: 239 851 904
Fax: 239 851 901
www.almedina.net
editora@almedina.net

PRÉ-IMPRESSÃO • IMPRESSÃO • ACABAMENTO
G.C. GRÁFICA DE COIMBRA, LDA.
Palheira – Assafarge
3001-453 Coimbra
producao@graficadecoimbra.pt

Setembro, 2006

DEPÓSITO LEGAL
247265/06

Os dados e as opiniões inseridos na presente publicação
são da exclusiva responsabilidade do(s) seu(s) autor(es).

Toda a reprodução desta obra, por fotocópia ou outro qualquer processo,
sem prévia autorização escrita do Editor,
é ilícita e passível de procedimento judicial contra o infractor.

A autora deste livro, Senhora Wei Dan, com o Presidente do Brasil, Luiz Inácio Lula da Silva. Do lado direito, o Presidente da Associação para Promoção do Intercâmbio Brasil-China, Sr. Zhao Dong Sheng.

Beijing, Maio de 2004

PALAVRAS DA AUTORA

No mundo globalizado, a emergência da China como uma potência económica, atrai a atenção de todos. Na China, não faltam especialistas e estudiosos, que analisam as questões da globalização e dos interesses nacionais. *Globalização e Interesses Nacionais: a Perspectiva da China,* é a primeira obra escrita em Português. A saída à luz desta obra não só se conforma com a tendência da multipolaridade e multiculturalidade do mundo de hoje, mas também tem um enorme valor real, no contexto actual, em que os laços e intercâmbios entre a China e os países de Língua Portuguesa se tendem a reforçar e aprofundar.

Após o Curso de Licenciatura em Direito pela Universidade de Pequim e o Curso de Mestrado em Direito pela Universidade de Coimbra, inscrevi-me no Programa de Doutoramento, organizado pela Faculdade de Direito da Universidade de Coimbra em 2001 e defendi a tese de doutoramento em Direito, na área de Ciências Jurídica-Económicas em Junho de 2006. Tenho a honra de ser a primeira chinesa que obteve o grau de Doutor pela Faculdade de Direito da Universidade de Coimbra, ao mesmo tempo, sou também a primeira pessoa na China, no momento actual, que obteve o grau de Doutor em Direito, utilizando a Língua Portuguesa.

A Universidade de Coimbra é o local onde começa o meu sonho. Queria com o meu conhecimento profissional e linguístico, trabalhar com empenho no empreendimento de intercâmbio entre a China e o mundo lusófono. Nos últimos anos, além de leccionar o Direito Chinês, nas Línguas Chinesa e Portuguesa, na Universidade de Macau, tenho participado, com grande honra, nas práticas jurídicas de negociações e cooperações económicas e comerciais de alto nível entre a China e o Brasil. Por exemplo, em 2004, fui convidada pelo governo brasileiro para estar presente numa série de actividades na Visita de Estado à China do Senhor Presidente do Brasil, Luiz Inácio Lula da Silva. Designadamente, fui intérprete do encontro entre o Ministro da Agricultura, Pecuária e Abastecimento do Brasil, Senhor Roberto Rodrigues e o Presidente da Comissão de Desenvolvimento e Reforma Nacional da China, Senhor Ma Kai; fui também intérprete das negociações entre o Ministro de Desenvolvimento, Indústria e Comércio Exterior do Brasil, Senhor Luiz Fernando Furlan e o Ministro do Comércio da China, Senhor Bo Xilai; participei nas negociações entre os oficiais do Ministério da Agricultura, Pecuária e Abastecimento do Brasil e da Administração Geral de Supervisão da Qualidade, Inspecção e Quarentena da China, sobre a exportação da soja do Brasil para a China. Em 2005, fui convidada pelo Ministério de Desenvolvimento, Indústria e Comércio Exterior do Brasil, para participar nas negociações técnicas com o Ministério do Comércio da China sobre o comércio bilateral; participei, na qualidade de consultora do Ministério de Desenvolvimento, Indústria e Comércio, Exterior do Brasil, nas reuniões de Roda Doha da Organização Mundial do Comércio, em Hong Kong.

Os meus trabalhos, atribuem à formação e instrução dos professores da Faculdade de Direito da Universidade de Coimbra. Gostava de aproveitar a ocasião da publicação deste livro, para agradecer, sinceramente a todos os professores desta instituição. Especialmente, ao actual Vice-Reitor, Senhor Doutor António José Avelãs Nunes, na altura, Presidente do Conselho Directivo da Faculdade de Direito, que me admitiu como a primeira aluna chinesa, à frequência do Curso de Mestrado. Agradeço, do fundo do meu coração, a oportunidade preciosa para a aquisição de muitos dos conhecimentos que hoje possuo. A concretização do meu trabalho deve-se à orientação e estímulo dos meus dois orientadores. Apresento a minha homenagem e expresso a minha gratidão, ao Senhor Doutor Manuel Carlos Lopes Porto e ao Senhor Doutor José Joaquim Gomes Canotilho pela grande disponibilidade e pelo firme apoio com que sempre me presentearam. Ao longo da redacção da tese alguns problemas que me perturbaram foram prontamente dissipados, após o seu sábio ensino e orientação. Mas não só. Os meus dois orientadores, têm uma visão estratégica, depositando muita esperança na minha formação, esperando que através do êxito do exemplo, alargue e promova a pesquisa, a cooperação e o intercâmbio na área do Direito entre Portugal e a China.

Vale palavras de reconhecimento e gratidão à Livraria Almedina.

Trata-se de um grande tema que envolve as teorias das Ciências de Direito, Economia, Política Internacional e Relações Internacionais, entre outras. Tentei usar audaciosamente métodos peculiares da demonstração, analisando as teorias interdiscipliares através das diversas perspectivas. Neste sentido, espero que o meu trabalho seja a colocação de um tijolo para atrair futuros estudos académicos nesta área.

Macau, 10 de Agosto de 2006

WEI DAN

BREVE INTRODUÇÃO

Se descrever a era em que vivemos, dependesse de uma palavra, muitas pessoas iriam responder sem nenhuma hesitação, que essa palavra, é a globalização. Na verdade, a globalização influencia o mundo profundamente e alarga também as perspectivas tradicionais da doutrina. O surgimento dos problemas globais, faz com que os interesses comuns dos diversos países aumentem, e o âmbito da colaboração seja cada vez mais alargado. No entanto, a mercantilização da economia global e a globalização das economias de mercado, empurram os países para um choque; neste processo, alguns países tornam-se os beneficiários, mas outros, são marginalizados. Numa perspectiva optimista, temos boas razões para crer que a comunidade internacional goze de um futuro melhor, mas a realidade, é que a riqueza e as oportunidades trazidas pela globalização, não foram distribuídas de uma forma igual entre todos os países, aumentando a distância entre as diversas civilizações. Por isso, os académicos têm vindo a abordar com mais profundidade o papel do Estado-Nação: por exemplo, como, se integra na corrente da globalização, como obtém os benefícios desta e realiza o seu desenvolvimento, ou como defende melhor os interesses nacionais? Tratam-se de problemas iminentes por resolver. Neste sentido, ao nível do estudo teórico, a presente obra exige o romper de paradigmas e de perspectivas, específicos de cada área e o assimilar e compreender a fundo, os produtos dessas áreas. Além disso, este trabalho pretende ter um grande significado real. A China, um país grande, com cinco mil anos da história e um quarto da população mundial, é um participante tardio da globalização. Sendo um país atrasado, a China tem enfrentado no seu percurso de modernização, a grande diferença entre a cultura oriental e a cultura ocidental, bem como a confrontação entre a dissolução da sociedade tradicional e a construção da sociedade moderna.

Como deve, assim, delimitar as relações entre o Estado e os cidadãos, entre o governo e o mercado, como efectuar uma interacção benéfica com outros países no novo contexto internacional e assumir a responsabilidade de um grande país? Tudo isto requer respostas certas, após análises teóricas claras.

Como autora, procuro encontrar soluções adequadas e estratégias de desenvolvimento de um Estado soberano face à globalização, através dos estudos empíricos e teóricos do caso chinês, tendendo mostrar algumas implicações igualmente úteis para outros países.

Muito sucintamente, quero transmitir aos leitores deste livro as seguintes ideias fundamentais: Em primeiro lugar, tanto as teorias económicas, como os factos históricos, mostraram que a globalização económica aprofunda a divisão internacional do trabalho; o nível e a eficiência da divisão deste determinam essencialmente o crescimento económico e o desenvolvimento de cada país. Para os países em vias de desenvolvimento, diminuírem a divergência relativamente aos países desenvolvidos, devem adoptar uma estratégia para aproveitar a sua vantagem comparativa, aumentar o nível da divisão de trabalho e da participação da globalização, optimizar a afectação dos recursos a nível global.

Em segundo lugar, tendo em conta os choques de novas tecnologias, as influências de circulação internacional de capitais, representada pelas empresas multinacionais sobre a disposição de produção mundial e a harmonização dos interesses supra-nacionais, a globalização económica está a desafiar os modos existentes de vida humana, de produção e de forma da organização social e da disposição tradicional dos interesses, desafiando também o sistema actual dos Estados. Assim sendo, muitos problemas podem ser resolvidos somente nos níveis regionais e globais. O Estado-Nação já não é um sujeito único nas relações internacionais: as empresas multinacionais, as organizações internacionais, inter-governamentais e não governamentais, são também participantes activos e tendem a substituir a posição e o papel tradicional do Estado-Nação. De facto, o antigo prestígio supremo do Estado-Nação está cada vez mais a ser limitado e restringido; as antigas funções absolutas do Estado são enfraquecidas e transferidas, porém, a natureza do Estado-Nação como um actor político, não se alterou. Os Estados continuam a ser os heróis da globalização, através do auto-ajustamento da sua estrutura interna, realizando o desenvolvimento próprio e promovendo, assim, o processo da globalização.

Em terceiro lugar, os interesses nacionais são o ponto de partida para todas as condutas do Estado-Nação. De facto, estes somente podem ser realizados através de trocas, ajustando as suas condutas externas e estratégias articuladas às novas condições internacionais. Na era da globalização, não obstante os interesses nacionais serem determinados nominalmente pelos próprios Estados, o seu conteúdo já não é uma decisão pura do próprio Estado e o seu conceito e âmbito, já ultrapassam a moldura de cognição tradicional. A apreciação e o conhecimento dos sujeitos da sociedade internacional sobre os interesses próprios, a sua posição no sistema internacional, a amplitude da sua acção e o processo decisório, decorrem cada vez mais, sob vínculos do regime internacional. Ou seja, os Estados são "institucionalizados" na comunidade internacional, eles actuam segundo as instituições prefixadas, resolvem conflitos através das instituições internacionais. A crescente interacção transfronteiriça dos sistemas sociais necessita de uma série de novas regras, quer internacionais, quer supranacionais, públicas ou privadas, formais ou informais. Com excepção do direito internacional, que desempenha um papel cada vez mais importante, a teoria do regime internacional converge para duas escolas predominantes: o neo-realismo e o neo-liberalismo, e representa o rumo da comunidade internacional no novo século. Por um lado, o regime internacional encara a ideia de cooperação e de moral, isto é, a perspectiva de que a prossecução absoluta dos interesses nacionais conduz a conflitos e contradições incessantes. Mesmo que os interesses nacionais continuem a ser motivos básicos das condutas dos Estados soberanos, aqueles interesses relativos e de longo prazo, devem ser tidos em conta, à luz da justiça e da igualdade relativa nas relações internacionais. Por outro lado, o regime internacional abre a visão do ordenamento jurídico, já que a comunidade internacional existe com base em regras ou normas. Do ponto de vista da jurisprudência, as condutas externas dos Estados e a harmonização dos interesses distintos, devem ser regulamentados por medidas legais, ou seja, somente a legalização pode assegurar a racionalização e a boa ordem das relações internacionais.

Em quarto lugar, a concorrência entre os Estados, é mais intensa no contexto da globalização, no entanto, isto não exclui a procura dos interesses comuns. Além da defesa dos interesses racionais próprios, a sua actuação deve ser vinculada às regras da comunidade internacional, uma vez, que se os interesses da comunidade internacional no seu conjunto, não podem ser garantidos, os interesses individuais de cada país, são difíceis de ser realizados.

Do exposto, decorrem algumas implicações no caso da China. A China histórica, criou uma civilização brilhante, até 1800. Era ainda um país comercial grande e um centro da economia mundial. Por volta de 1800, os países ocidentais relançaram-se economicamente, transformando as desvantagens do passado em vantagens próprias. Enquanto isto, a China perdeu a sua posição de liderança e atrasou-se. No período de trinta anos que mediou a implantação da República Popular da China e 1978, o bloqueio de mercado interno, as estratégias de contra vantagem comparativa e de substituição da importação, não conseguiram realizar o objectivo de relançamento, pelo contrário, agravaram o atraso económico. A partir de 1978, abriu as suas portas por iniciativa própria. A abertura e a reforma fazem com que ela seja integrada completamente no desenvolvimento da globalização e, também, que desfrute plenamente das mudanças significativas trazidas pela globalização. A sua experiência demonstra que, com vista a diminuir a divergência com os países adiantados, os países em vias de desenvolvimento, têm de participar activamente na integração económica mundial, aproveitar plenamente as vantagens comparativas da divisão internacional do trabalho, adquirir tecnologias avançadas e capitais, aumentar o valor acrescentado dos seus produtos e da competitividade da economia nacional, de molde, a que os investimentos directos estrangeiros e o comércio internacional se tornem motores de crescimento económico.

A globalização económica exerce influências não só sobre a economia interna, mas também sobre a sociedade e a vida política do país. Ao nível interno, a reforma política da China pode ser considerada o fruto da abertura económica. A restauração do sistema jurídico interno iniciou-se em 1978 e, a partir do estabelecimento da economia de mercado em 1992, o processo da produção legislativa foi acelerado. É, assim, inconcebível o progresso político interno sem a integração activa na economia mundial. A globalização está a transformar do "bom governo" na concepção tradicional chinesa para a "good governance" na concepção moderna. Os valores políticos universais, tais como a democracia, a representação, os direitos humanos, a igualdade, o Estado de Direito, a responsabilidade, a equidade, a justiça e a cooperação, foram aceites pela China. Tratam-se de exigências políticas da globalização económica. O governo tem de pôr em prática medidas e políticas, dentro dos limites da Constituição e das leis, para minimizar impactos negativos e aumentar os positivos da globalização. Ao nível externo, o desenvolvimento da China não pode separar-se do resto do mundo e o seu incremento interno, contribui para a paz e a economia mundial. A China defende a unanimidade entre os interesses nacionais e os interesses soberanos, segundo a qual todos os países, independentemente da dimensão, força nacional e nível de desenvolvimento, gozam da igualdade de soberania. Sendo o maior país em vias de desenvolvimento, a China desenvolve-se a si própria através de defesa da paz mundial e promove-a mediante o seu próprio desenvolvimento. A ideia de harmonia e coexistência na cultura tradicional chinesa afigura-se compatível com as exigências da era da globalização: a diversidade e a pluralidade das civilizações, mediante o diálogo pacífico e a recepção mútua, recusando formas violentas e hegemónicas.

Relativamente à estrutura e à metodologia, esta obra divide-se em três partes. A primeira parte, "O mundo em globalização", estuda as teorias da globalização económica, focando especialmente a teoria do crescimento económico, o ramo mais importante da Ciência Económica. As questões da relação entre a abertura e o crescimento económico e da essência da globalização económica, pretendem, nesta parte, ser clarificadas. As teorias expostas argumentam que cada economia pode ganhar do comércio internacional, o nível e a eficiência da divisão do trabalho, determinam fundamentalmente o desenvolvimento económico de cada país e os países mais atrasados, podem realizar a convergência económica mediante a participação profunda da divisão global de trabalho, estabelecendo mercados mais abertos e apropriados e com ambientes mais favoráveis. Segue-se uma abordagem histórica da globalização para mostrar um processo dinâmico do relançamento económico entre os países adiantados e atrasados, explicando a relação estreita entre o grau de abertura e o crescimento económico rápido. Acresce, de forma particular, o decurso histórico de decadência e de relançamento da China. Tendo em conta, que a globalização económica, traz não só oportunidades para cada país, mas também desafios e riscos, as matérias seguintes justificam a regulação da globalização, tanto no nível global como no nível nacional, para que a abertura desempenhe verdadeiramente o papel devido e cada país possa usufruir benefícios e evitar os choques da globalização. São analisadas as funções tradicionais do Estado-Nação nas áreas da economia política e da administração e os novos desafios e mudanças significativas das funções do governo nos países ocidentais e na China. No fim desta parte, preocupo-me em transmitir a ideia, de que a globalização económica, levará ao papel crescente do Direito. São expostos os impactos no Direito em consequência da globalização económica, através dos pontos de vista do Direito Internacional e do Direito Interno.

A segunda parte, "Os interesses nacionais e o caso da China" é dedicada ao estudo das Ciências Política e Jurídica, sublinhando o papel importante e insubstituível do Estado-Nação na era da globalização, construindo, assim, uma convicção do papel do Estado-Nação neste novo contexto. A exposição inicia-se com uma aproximação à teoria dos interesses nacionais, examinando os factores determinantes, o conteúdo e a hierarquia dos interesses nacionais. Numa segunda etapa, é pertinente fazer análises jurídicas em torno do núcleo dos interesses nacionais, estudando a concepção, a génese, a evolução da soberania, apreciando a relação entre a soberania e a globalização e algumas perspectivas distintas acerca da soberania dos Estados-Nação contemporâneos. Já que a soberania não é um conceito apenas incorporado na Ciência Política e no Direito Internacional, mas também um conceito nuclear consagrado pela Ciência Política Internacional e pelas Relações Internacionais, o presente trabalho faz apelo para outras teorias de molde a enriquecer a argumentação, tais como o idealismo, o realismo, o neo-liberalismo, o neo-realismo, o estruturalismo e o construtivismo da ciência das relações internacionais. Na sequência desta explanação teórica, o presente trabalho é mais voltado para o caso de estudo, indicando os interesses nacionais da China, os seus objectivos de desenvolvimento no futuro e as suas estratégias mais importantes. Na área económica, a exposição dá ênfase à estratégia de abertura e uma escolha prioritária desta estratégia, que é o regionalismo; na área jurídica, a demonstração defende a estratégia do Estado de Direito, averigua profundamente a compreensão desse Estado de Direito, dá uma retrospectiva do decurso da construção do sistema jurídico interno e procura algumas implicações desta estratégia para a China. Tendo acompanhado com atenção especial o desenvolvimento do constitucionalismo e da produção legislativa da China. Complemento esta abordagem com exemplos do direito da propriedade intelectual e do direito da concorrência.

A terceira parte, "A ordem mundial e as relações externas da China", distribuída por três capítulos, têm como objectivo ilustrar a relação entre o globalismo e o nacionalismo, entre os interesses da comunidade internacional e os interesses nacionais. Numa época de maior interdependência mútua, os interesses nacionais somente podem ser realizados mediante contactos com países estrangeiros. Com efeito, a tese aborda, em primeiro lugar, o conceito e a evolução da disposição mundial e do sistema internacional, expõe a ordem internacional tradicional e prevê a nova tendência, a nova disposição e naturalmente, a nova ordem mundial do século XXI. Fundamentando os frutos principais da Ciência Política Internacional e da Ciência das Relações Internacionais, a demonstração justifica que o regime internacional é uma nova força que modelará normas essenciais da futura sociedade internacional. Comparadas com o passado, estas normas dão mais importância à justiça, à moral e ao valor da reforma. São analisados a noção, a função, o estudo académico do regime internacional, sendo cotejadas várias perspectivas doutrinárias e relações entre a teoria do regime com outras teorias. É introduzida também uma apresentação sobre a China e o regime internacional. À medida que o Estado-Nação procura defender os seus interesses nacionais, deve consagrar a ideia de totalidade da sociedade internacional. A economia, a política e a civilização mundiais, requerem uma nova ordem internacional, assegurada pelo Direito Internacional, regime e moral internacionais.

Trata-se de um tema bastante extenso, que naturalmente, necessita do recurso a teorias e paradigmas interdisciplinares quanto à metodologia. A fim de estudar multifacetadamente os problemas complexos da globalização e dos interesses nacionais, usamos audaciosamente métodos peculiares da demonstração. Nenhuma teoria pode existir por si só. Esta requer uma combinação com outras perspectivas. Somente assim, é possível desenvolver um estudo compreensivo e teoricamente sólido. Na China, um país em transição, que está a desempenhar um papel importante e tem um peso bastante grande na sociedade internacional, muitos problemas há por resolver em razão do seu desenvolvimento económico e da sua construção política e jurídica. Neste sentido, gostaria de promover o estudo e pesquisa académicos, contribuindo para a construção do sistema político e jurídico da China, à medida que a sua economia desenvolve, no respeito pelo espírito do Direito.

PARTE I
O Mundo em Globalização

A "globalização" passa a ser uma palavra em voga a partir da segunda metade da década de oitenta do século XX, tendo na altura começado a substituir as noções de "internacionalização", de "transnacionalização" e de "integração" como um conceito que descreve a interacção transfronteiriça. A globalização é fruto de uma combinação complexa entre a revolução científico-tecnológica, a modernização económica, a massificação das sociedades, a mundialização da informação e a interdependência estrutural das relações internacionais e da segurança mundial. Trata-se de um fenómeno complexo e pluridimensional, onde se podem incluir novas mudanças nos ramos social, económico, político e cultural. Nesse sentido, o conceito de globalização pode ser variado, de acordo com diferentes pontos de vista[1].

Muitos académicos consideram que o conceito de globalização é bastante amplo, sendo que a designação do mesmo sem qualquer qualitativo adicional é pouco precisa. Não nos arriscamos a tentar uma definição exaustiva do termo globalização, mas tendo em atenção que a diversidade política e cultural ainda é preponderante, somente a globalização económica representa uma tendência que mais se aproxima da realidade.

Em teoria, significa a globalização económica que todos os governos dos Estados-Nação eliminam restrições impostas à livre

---

[1] Nas opiniões dos economistas, a globalização refere-se à integração económica a nível mundial; segundo os políticos, o sentido de globalização traduz-se num aumento da intervenção internacional e numa estratégia global com vista ao estabelecimento de uma nova disposição mundial; do ponto de vista dos sociológicos, a globalização diz respeito aos futuros problemas internacionais em todas as sociedades, tais como a cultura comercial, cultura de massas, o consumismo, etc.

circulação internacional dos factores como mercadorias, capital e mão-de-obra, realizando, assim, ao nível global, a liberalização do comércio, do investimento, da circulação de essa mão-de-obra, bem como a pereficação dos preços dos factores de produção[2].

É evidente que o panorama acima referido é apenas o estado ideal último do desenvolvimento da globalização económica. No processo em direcção a tal objectivo ideal: a globalização económica, decorrem distintas fases da integração económica, contando, inclusive, com algumas interrupções e pioria do desenvolvimento da globalização económica, devido aos impactes político, económico e cultural da mesma. Entre uniões aduaneiras, zonas de comércio livre, mercados comuns, blocos regionais e uniões económicas e monetárias, mediaram, de facto, períodos relativamente longos, e é sobre a evolução deste processo que nos pronunciaremos.

1. Globalização no quadro teórico

1.1. Globalização e desenvolvimento económico

1.1.1. Breve introdução à teoria do crescimento económico

O crescimento económico refere-se ao aumento duradouro da produção global de uma economia, muitas vezes avaliado por um aumento real do produto nacional bruto e causado por um aumento na oferta de factores de produção, na sua produtividade[3] ou em melhoria da gestão.

---

[2] RODRIK, Dani, (1999), *Has Globalization Gone Too Far?* Washington D.C, Institute for International Economics, LIDERT, Peter e WILLIAMSON, Jeffrey, (2001), "*Does Globalization Make the World More Unequal?*", NBER Working Papers, 8228.

[3] CAPUL, Jean-Yves e GARNIER, Olivier, (1998), *Dicionário de Economia e de Ciências Sociais*, traduzido por TINTO, Germano Rio, Plátano Edições Técnicas, Lisboa, p. 88. Importa também distinguir o crescimento de desenvolvimento. Nos documentos da Ciência Económica, o crescimento económico e o desenvolvimento económico são geralmente sinónimos, mas representam diferentes conceitos. O desenvolvimento económico foi proposto relativamente ao crescimento económico. Na Ciência Económica ocidental, o primeiro analisa principalmente os países desenvolvidos e o segundo concentra os países em vias de desenvolvimento.

O decurso do crescimento económico repercute-se numa ampliação constante da produção social composta por todos os factores de produção, que podem ser discutidos em todas as questões da ciência económica.

Sob o ponto de vista doutrinário, há quem escolha capital, trabalho e tecnologia como factores básicos do crescimento.

As classificações mais usadas neste âmbito são as seguintes:

Em primeiro lugar, os factores relativos ao crescimento económico abrangem geralmente factores internos e factores externos. Os factores internos englobam:

– a afectação racional e a utilização eficaz dos factores de produção material;
– o aumento da população activa e a melhoria da sua qualificação;
– o progresso técnico.

Os factores externos incluem:

– um ambiente internacional e interno pacífico e estável;
– regimes económicos e políticos democráticos correspondentes à necessidade do desenvolvimento de produtividade;
– políticas governamentais favoráveis ao desenvolvimento económico.

Em segundo lugar, esses factores classificam-se em quantitativos e qualitativos. Os primeiros consistem no simples aumento do trabalho e investimento de capital. É certo que o crescimento económico é devido antes de tudo à acumulação dos factores de produção: acumulação de capital, cujo crescimento é provocado pelo investimento líquido contínuo; acumulação da força de trabalho que é devida à expansão demográfica e à imigração. A estes factores quantitativos, acrescentam-se todos aqueles factores qualitativos que contribuem e explicam o progresso técnico, isto é, a arte de produzir mais e melhor

---

Designado desenvolvimento o conjunto de transformações técnicas, sociais, demográficas e culturais que acompanham o crescimento da produção. "O desenvolvimento é uma noção que traduz o aspecto estrutural e qualitativo do crescimento. Ele pode estar associado à ideia de progresso económico e social (melhoria do nível de vida e do nível de instrução e bem-estar para o conjunto da população)". O presente trabalho procura analisar o crescimento económico no contexto das economias abertas e envolverá inevitavelmente algumas questões da esfera do desenvolvimento económico.

a partir de factores idênticos. O progresso técnico é função da acumulação de conhecimentos que, por sua vez, é função dos esforços de educação, formação profissional e investigação[4]. Além do progresso técnico, os segundos contêm ainda factores, tais como a afectação dos recursos, e as economias de escala, entre outros. Os factores quantitativos e os qualitativos desempenham papéis diferentes nas diversas fases do desenvolvimento económico. Com o aumento da qualidade de trabalho, o acréscimo da produtividade do trabalho e da taxa de crescimento de capital, com a melhoria da afectação dos recursos bem como o aumento do rendimento das economias de escala. O papel dos factores qualitativos é cada vez maior, em comparação com a sua diminuição nos factores quantitativos. Regra geral, o crescimento económico nos países desenvolvidos depende principalmente do acréscimo qualitativo e de crescimento nos países em vias de desenvolvimento, resulta primordialmente do aumento quantitativo.

Em terceiro lugar, segundo a opinião do economista norte-americano MADDISON, podemos distinguir a causalidade próxima (*proximate causality*) da causalidade última (*ultimate causality*). A causalidade próxima consiste frequentemente em análises pelos economistas. A segunda abrange factores como regimes, ideologias, grupos de interesses sociais, acontecimentos históricos e a ordem económica internacional, entre outros. Embora a maior parte destes factores se misture no estudo dos historiadores e sociólogos, as causas últimas não devem ser negligenciadas[5]. ADAM SMITH, SIMON KUZNETS e W. ARTHUR LEWIS analisaram amplamente o crescimento económico. Designadamente, para W. A LEWIS, as causas próximas consistem no esforço das actividades económicas, no aumento do conhecimento e sua utilização e

---

[4] COTTA, Alain, (1991), *Dicionário de Economia,* Publicações Dom Quixote, Lisboa, p. 71.

[5] A teoria neo-clássica e a nova teoria do crescimento económico não procederam, por vezes, a análises sobre as causas últimas, procurando respostas apenas no âmbito das causas próximas. Lucas reconheceu esta limitação, dizendo que as teorias da Ciência Económica a que se referia tinham um sentido muito restrito, estando em causa um sistema dinâmico externo, ver R.E. Lucas, 1998, "On The Mechanics of Economic Development", *Journal of Monetary Economics,* Vol. 22, p. 5.

na acumulação de capital, mas o que as determinam são causas directas, ideológicas e de regimes[6].

Estes factores podem actuar diferentemente e conduzir a dois grandes tipos de crescimento, um crescimento extensivo, quando resulta do aumento quantitativo dos factores de produção e um crescimento intensivo, quando o aumento da produção provém de uma utilização mais eficaz dos factores de produção existentes[7].

Ora, a teoria do crescimento económico em si passa por várias fases. As práticas económicas necessitam das teorias para sintetizar o passado e guiar o futuro. Desde modo, a teoria do crescimento económico representa um dos ramos mais importantes das teorias económicas. Sendo este crescimento económico um objectivo perseguido infatigavelmente a fim de melhorar o nível de vida material, todos os economistas o consideram o como uma prioridade de estudo.

Os economistas da escola de mercantilismo consideraram que a riqueza de um Estado seria realizada através do balanço favorável e da acumulação de barras de ouro. Os fisiocratas adoptaram a posição de que a economia deveria seguir o seu curso natural, sem a interferência do governo e que a agricultura produz unicamente um excedente, na medida em que apenas as plantas e os animais se reproduzem, mas não as máquinas. Depois de ADAM SMITH, um dos maiores pensadores e teóricos económicos do mundo, o conceito real de riqueza foi conhecido. O pensamento de ADAM SMITH é admirado até hoje pois, segundo ele, sob a disposição de "mão invisível" (o mecanismo subjacente a uma economia de mercado, faz com que os agentes económicos com interesses próprios no câmbio, promovam o bem geral da sociedade), a economia cresceria constantemente, à medida que a divisão do trabalho e a especialização se desenvolveriam. ADAM SMITH e DAVID RICARDO sublinharam a função da acumulação de capital. KARL MARX, por sua vez, desenvolveu a teoria da reprodução, nomeadamente, a acumulação simples e a reprodução alargada e exerceu influências profundas sobre estudos posteriores do crescimento económico. Os economistas clássicos estabeleceram pedras

---

[6] LEWIS, W. Arthur, (1994), *The Theory of Economic Growth* (versão em língua chinesa), traduzido da edição pelo George Allen & Unwin Ltd em 1955, Editora Sanlian, Shanghai, p. 4.

[7] CAPUL, Jean-Yves e GARNIER, Olivier, (1998), p. 88.

fundamentais da teoria moderna do crescimento económico e estruturaram uma moldura do pensamento teórico e dos métodos utilizados.

A partir dos finais dos anos cinquenta do século XX essa teoria tem evoluído segundo a linha da escola neoclássica.

HARROD (1939) e DOMAR (1946) fizeram a análise do keynesianismo sobre o crescimento económico. Utilizaram funções de produção com uma elasticidade diminuta para discutir o círculo comercial. Os seus trabalhos contribuíram significativamente para a recuperação económica após a grande depressão. HARROD e DOMAR tinham desenvolvido um modelo de longo prazo no qual se reproduzia a perspectiva de KEYNES sobre os desequilíbrios de curto prazo e a imperiosa necessidade de uma intervenção estabilizadora por parte dos poderes públicos em termos de política económica. Para estes autores, a economia comportava-se no longo prazo de uma forma extremamente instável, requerendo uma intervenção permanente do Governo para evitar que tais desequilíbrios levassem a uma crise económica de proporções incalculáveis.

Seguidamente as contribuições vêem de Solow (1956) e Swan (1956). ROBERT SOLOW, um economista do Massachusetts Institute of Tecnology e Prémio Nobel da economia em 1987, apresentou em 1956 com Swam um modelo de crescimento económico de longo prazo que se tornou rapidamente num dos instrumentos teóricos e empíricos mais utilizados em toda a teoria económica desde então. A explicação do crescimento contida neste modelo pretendia ser uma resposta à que tinha sido apresentada por HARROD e DOMAR nas décadas de 30 e 40, tendo por objectivo fundamental demonstrar que uma economia de mercado pode crescer no longo prazo de forma permanente, sustentada, e exibindo uma trajectória de equilíbrio relativamente estável, mesmo sem a intervenção directa do Governo na economia.

Quase todos os trabalhos sobre o crescimento económico têm sido na elaboração das ideias pilotas de SOLOW. As suas ideias ajudaram a esclarecer o papel da acumulação de capital físico e destacaram a importância do progresso técnico como o motor fundamental do crescimento económico sustentado. Ele considerou que o crescimento económico é uma consequência da acumulação de capital, *input* de trabalho e progresso tecnológico. A sua teoria é baseada na função de produção neoclássica no qual o output de uma economia depende da quantidade do capital e do trabalho. O modelo de Solow está assente em seis pressupostos fundamentais:

(q1) A função de produção apresenta rendimentos constantes à escala relativamente a todos os factores acumuláveis ao longo do tempo, os quais são dois neste modelo: capital (K) e trabalho medido em termos de eficiência (E=LA), sendo (L) serviços do trabalho e (A) o nível do conhecimento tecnológico;

(q2) Existem rendimentos marginais decrescentes na acumulação de capital (K);

(q3) A força de trabalho (L) cresce a uma taxa constante, positiva e exógena;

(q4) O conhecimento tecnológico (A) cresce também a uma taxa constante, positiva e exógena. Este factor é tido como um bem público, estando livremente disponível (e sem custos) em toda a economia (e mesmo em todo o mundo);

(q5) A taxa de poupança é constante, positiva e exógena;

(q6) Os mercados do produto e dos factores produtivos funcionam de forma perfeita. Isto implica que não existem lucros extraordinários e os factores produtivos são remunerados de acordo com as respectivas produtividades marginais.

A teoria neoclássica do crescimento económico conclui que o crescimento económico ou a taxa de crescimento é uma consequência das taxas de aumento do trabalho, do capital e do progresso tecnológico e que a acumulação dos factores de produção acompanhada pela mudança técnica justifica o crescimento económico a longo prazo.

Os economistas argumentam que o aumento sustentado do PIB real tem de se dar devido ao aumento de quantidade do capital e trabalho utilizado na produção ou devido ao uso mais eficaz destes factores (por exemplo, progresso tecnológico e/ou institucional). Apesar de os modelos empíricos do crescimento económico poderem determinar a contribuição de cada causa do crescimento económico, estes não podem explicar os factores que provocam o aumento de capital, trabalho e/ou tecnologia.

Embora a teoria neoclássica reconheça que o progresso tecnológico tem um papel essencial no aumento do PIB per capita a longo prazo, no entanto, esta não explica as determinantes do avanço tecnológico. De acordo com a teoria neoclássica, o progresso tecnológico é exógeno para o crescimento económico e a tecnologia é incarnada no investimento de capital. Ela é contudo considerada como um bem público à qual todas as empresas no mundo têm acesso. Além disso, esta teoria não consegue explicar a grande diferença de riqueza entre países ricos e pobres.

Apesar destas limitações, a teoria neoclássica é apreciada pela maioria dos economistas como correcta nos seus termos gerais.

Talvez devido à falta de análises empíricas, até 1986, a maioria dos textos relegava a teoria do crescimento a um papel marginal ou simplesmente a negligenciavam inteiramente. Com o ressurgimento da pesquisa em crescimento económico por PAUL ROMER[8], modernos manuais de macroeconomia devotam mais de 1/3 do seu espaço ao crescimento económico.

A inovação tecnológica e avanços em conhecimento são núcleos de diferenças entre o modelo neoclássico e a nova teoria do crescimento endógeno[9]. Enquanto o modelo neoclássico tem apenas dois factores de produção (trabalho e capital), considerando a tecnologia como um factor exógeno, a nova teoria incorpora progresso tecnológico e avanços em conhecimento com factores endógenos dentro do modelo de crescimento, porque estes são resultados das decisões conscientes de investimento feitas por empresários e empresas.

A nova teoria do crescimento é importante, porque esta permite o estímulo do uso de políticas governamentais com o objectivo de aumentar a taxa de crescimento a longo prazo. Diferente de dois pressupostos do modelo neoclássico, a nova teoria considera que os mercados são imperfeitos. Então, os efeitos de externalidade de conhecimentos, "learning by doing", a acumulação de capital humano, I&D, rendimentos crescentes, economias abertas, a divisão do trabalho

---

[8] ROMER, Paul (1986a), "Increasing Returns and Long Run Growth", *Journal of Political Economy*, vol. 94, n.º 5, October, pp. 1002-37.

[9] A nova teoria do crescimento económico é representada pelos economistas JOSEPH SCHUMPETER, KENNETH ARROW, CHRISTOPHER FREEMAN, RICHARD NELSON, SIDNEY WINTER, entre outros.

e especialização, o oligopólio, etc., são analisados. Romer e Lucas defenderam que "learning by doing" resultava dos custos decrescentes e economias de escala, aplicando assim esta ideia para a acumulação de conhecimento e capital humano. Esta teoria implica que a intervenção pública pode aumentar de forma significativa a taxa do crescimento económico e o progresso técnico é endógeno e motivado pela taxa de investimento. Por conseguinte, a taxa de inovação e a taxa de crescimento económico podem ser aumentadas através de uma série de políticas industriais próprias que aumentam despesas na criação de conhecimento, investigação e desenvolvimento e formação dos trabalhadores.

Até agora, existe na doutrina três modelos da nova teoria do crescimento económico. O primeiro é reconhecido como modelo AK de difusão tecnológica (*Acumulation of knowledge*), o segundo é chamado modelo I&D e o terceiro, representado por YANG XIAOKAI[10], um académico chinês da Universidade de Havard, designado por modelo ED (*Evolvement of Division of Labour*).

Em suma, apesar de ser algo polémica, a nova teoria do crescimento económico contesta alguns pressupostos fundamentais da teoria neoclássica, tais como: concorrência perfeita, rendimentos constantes à escala e informação completa. Por sua vez, a nova teoria dá ênfase à importância da concorrência oligololistica, economias de escala e a inovação tecnológica, completam a teoria neoclássica principal.

1.1.2. *Globalização e o desenvolvimento económico*

A breve introdução acima efectuada sobre o crescimento económico, não diz respeito aos elementos das economias abertas, mas constitui a base das análises seguintes.

Hoje em dia, o progresso da globalização económica representa uma das características em destaque do desenvolvimento económico mundial do século XX. O aumento do nível de integração tem incrementado a potencialidade do crescimento económico mundial, o aumento do nível da produção especializada bem como a eliminação

---

[10] A desenvolver mais à frente.

dos limites dos recursos naturais de cada país. Na obra de Angus Maddison *Monitoring the World Economy: 1820-1992,* o autor incorporou a integração económica (ou interacção entre diferentes economias) como o quarto elemento determinante para explicar o crescimento económico mundial a longo prazo, além da acumulação de capital físico, aperfeiçoamento dos recursos humanos (educação, organização do trabalho e gestão de empresas, por exemplo) e progressos técnicos[11]. É evidente que o grau de desenvolvimento da globalização económica desempenha um papel cada vez mais importante no crescimento económico dos países desenvolvidos e dos que estão em vias de desenvolvimento[12].

1.1.2.1. *Cada economia pode ganhar através do comércio internacional*

A essência da globalização económica é um processo de recomposição, de expansão e de pormenorização da divisão do trabalho a nível internacional. Em sentido amplo, a divisão do trabalho corresponde a uma simples repartição das tarefas entre os indivíduos e num sentido mais preciso, significa uma decomposição do processo de produção em numerosas tarefas parciais, devendo esta decomposição permitir uma maior eficácia. Se cada tarefa parcial for confiada a uma mesma pessoa – especialização –, será muito mais eficaz do que, se esta tiver que realizar várias operações diferentes. A repartição das diferentes especializações entre todos os países do mundo constitui a divisão internacional do trabalho[13]. O nível e a eficiência da divisão do trabalho determinam fundamentalmente o crescimento e o desenvolvimento económico de cada país a longo prazo. A teoria da divisão do trabalho[14], decorrendo de deduções pela escola clássica, escola neoclássica e novas teorias do comércio internacional, revela

---

[11] MADDISON, Angus, (1995), *Monitoring the World Economy: 1820-1992,* OCDE, Paris, no segundo capítulo.

[12] Sobre uma análise interessante das teorias relacionadas com a globalização, ver RAVENHILL, John, ed. (2005), *Global Political Economy,* Oxford University Press, especialmente, ANTHONY MCGREW, "The Logics of Globalization", pp. 221-232.

[13] CAPUL, Jean-Yves e GARNIER, Olivier, (1998), p.433 e p.447.

[14] A divisão do trabalho chamou de trabalho a repartição diferenciada de tarefas entre os membros de uma comunidade. Segundo as teorias da sociologia, o trabalho é dividido

que a divisão do trabalho tem um papel essencial no processo de criação da riqueza nacional. A teoria da divisão do trabalho contribui muito significativamente para a Economia de Crescimento, porque ela não só explica do ponto de vista estático que a divisão do trabalho aumenta a capacidade produtiva da sociedade, como também elucida do ponto de vista dinâmico a *condição* auto-sustentada da economia.

De facto, este é um pensamento muito sublinhado pela economia clássica, porque o núcleo da questão dessa economia é analisar influências da divisão do trabalho sobre o desenvolvimento económico. Adam Smith julgou que o objectivo da ciência económica era ao fim e ao cabo enriquecer o país e o povo. O desenvolvimento da divisão do trabalho é uma causa nuclear da riqueza social e a mão invisível do mercado, constitui um instrumento eficaz da coordenação e promoção da divisão do mesmo trabalho. A melhor política para enriquecer uma nação é o livre-cambismo. Por exemplo, na sua obra *Inquérito Sobre a Natureza e as Causas da Riqueza das Nações* (1776)[15], Smith referiu que o aumento da produtividade, a habilidade e

---

em *divisão biológica, divisão territorial* e *divisão social do trabalho*. O nosso interesse estende-se pela divisão territorial que foi apresentada por Adam Smith pela primeira vez:

Os seres humanos que viveram há muito tempo atrás, não percebiam que havia uma diversidade de recursos naturais em todo o globo terrestre, que divergiam de um lugar para outro, aproveitavam todo o tipo de produtos da terra e nem mesmo conheciam o que só existia em outras zonas terrestres. Quando havia contactos entre povos de diferentes lugares, havia tensão ou guerra. Havia também trocas de presentes entre estes povos e aí se iam descoberto bens de outros lugares. Com o passar do tempo baseado nestas trocas, nasce o acto de comércio, de início através do câmbio, depois com formas mais sofisticadas. Para desenvolver o comércio estabeleceu-se a divisão regional do trabalho. Um grupo produzia um bem que no seu território fosse fácil de produzir, outro grupo fazia o mesmo. Então negociavam entre si, produções excedentes. O pleno desenvolvimento do comércio internacional só se deu com as civilizações humanas.

[15] Nas palavras de Smith, *Inquérito sobre a Natureza e as Causas da Riqueza das Nações*, Oxford, Clarendon Press, pp. 457-8, "*it is the maximum of every prudent master of a family, never to attempt to make at home what it will cost him more to make than to buy. The taylor does not attempt to make his own shoes, but buys them of the shoemaker. The shoemaker does not attempt to make his own clothes, but employs a taylor...What is prudent in the conduct of every private family, can scarce by folly in that of a great kingdom. If a foreign country can supply us with a commodity cheaper than we ourselves can make it, better buy it of them with some part of produce of our own industry, employed in a way in which we have some advantage... The natural advantage which one country has over another in producing particular commodities are something so great, that it is acknowledged by all the world to be in vain to struggle with them.*"

a técnica do trabalho, todos pareciam frutos da divisão do trabalho. O surgimento e o desenvolvimento da divisão do trabalho aumentam técnicas específicas dos trabalhadores e, por conseguinte, aumenta a produtividade. Contudo, o grau de divisão do trabalho proveniente da vontade por troca é sempre restringido pelas capacidades de troca, ou seja, pela dimensão das escalas de mercado. Se as indústrias nacionais produzem para o mercado mundial, a restrição com respeito à divisão de trabalho será superada, permitindo assim o aumento do nível da especialização produtiva. Na opinião de Smith, a diferença da produtividade entre trabalhadores-indivíduos (talentos diferenciados revelados nas várias profissões) é mais um resultado da divisão do que uma razão desta. Segundo a sua análise, há uma diferença entre a produtividade industrial e a agrícola porque o nível da divisão do trabalho na indústria é mais alto e o rendimento obtido através da divisão é superior ao seu custo. Com base nisso, Smith propôs um princípio de "vantagem absoluta"[16].

David Ricardo (1817) desenvolveu a teoria da vantagem absoluta e apresentou a teoria da vantagem comparativa, para justificar o desenvolvimento do comércio internacional. Ricardo propôs esta teoria, crendo que a base do comércio internacional assenta nas diferenças relativas da produtividade dos diferentes países. Cada país deve especializar-se, produzir e exportar os produtos com vantagens comparativas e importar os produtos com desvantagens comparativas, obtendo assim os interesses comparativos. Isto é, um país pode beneficiar de importação de um bem, mesmo que ele seja capaz de produzi-lo a um custo real mais baixo do que o parceiro comercial. A razão, é que ele possui a maior vantagem na mercadoria exportada para compensar a sua importação. Do seu ponto de vista, há dois tipos de ganhos do comércio, sendo um derivado da reafectação de mão-de-obra devido à vantagem comparativa (o aumento de produtividade), o outro, derivado do aumento da rentabilidade, que resulta, se forem necessárias mercadorias importadas[17] (o aumento do nível do consumo).

---

[16] HAI, Wen, (1993), *Guoji Maoyi: Lilun, Zhengce, Shijian (O Comércio Internacional: teorias, políticas e práticas)*, Editora Povo Shanghai, p. 32. Sob o pressuposto que um único factor de produção determinante do valor de bens é o trabalho, a vantagem absoluta pode ser medida através da produtividade ou do custo da produção.

[17] RICARDO, David, (1951), *On the Principles of Political Economy and Taxation*, vol.1, Cambridge University Press, p.132, refere que "*It is quite important to the happiness*

John Staut Mill desenvolveu as teorias de Smith e Ricardo e explicou os rácios segundo os quais os países efectuariam trocas se seguissem o princípio da vantagem comparativa usando a teoria da procura recíproca. Introduziu, também o conceito do custo de oportunidade. Ao seu ver, por um lado, os interesses directos do comércio internacional são o uso mais eficaz da produtividade mundial, por outro lado, que é o mais importante, os interesses indirectos dinâmicos revelam que os processos produtivos melhoram com o alargamento dos mercados. Mill sublinhou três tipos de interesses indirectos: em primeiro lugar, o comércio externo aumenta a divisão do trabalho e a inovação tecnológica aumenta a produtividade; em segundo lugar, a reserva e o capital são acumulados; em terceiro lugar, são introduzidas novas ideias e novas preferências e a tecnologia é divulgada. Enfim, é através da divisão do trabalho, que os países pobres terão oportunidade de eliminar a carência dos recursos e de se aproximar dos países ricos através do processo de aprendizagem.

Alfred Marshall (1890) na sua famosa publicação dos *Principles of Economics* discutiu a interacção entre rendimentos da divisão do trabalho e custos suportados e como tal interacção determina o nível da divisão do trabalho e a produtividade.

A teoria neo-clássica marcou um momento decisivo na história das teorias da divisão do trabalho e do comércio internacional. Dois factores de produção (o trabalho e o capital), em vez de um único factor de produção (o trabalho), são considerados factores decisivos da especialização internacional. BERTIL OHLIN, na sua célebre obra *O Comércio Inter-Regional e o Comércio Internacional,* explicou que a desigualdade nos custos de trabalho era devido à diferença da abundância dos factores de produção em cada país, sendo esta a causa da especialização internacional e do comércio internacional.

---

of mankind, that our enjoyments should be increased by the better distribution of labour, by each country producing those commodities for which by its situation, its climate, and its other natural or artificial advantages, it is adapted, and by their exchanging them for the commodities of other countries, as that they should be augmented by a rise in the rate of profits. It has been my endeavour to show throughout this book, that the rate of profits can never be increased but by a fall in wages, and that there can be no permanent fall of wages but in consequence of a fall of the necessaries on which wages are expended. If, therefore, by the extension of foreign trade, or by improvements in machinery, the food and necessaries of the labourer can be brought to market at a reduced price, profits will rise."

Graças ao desenvolvimento teórico por Eli Hechscher, Bertil Ohlin e Paul Samuelson, a respectiva formulação Heckscher-Ohlin-Samuelson, surgiu como teoria dominante[18] depois da IIª Guerra Mundial[19]. Eles expuseram o teorema da proporção dos factores (dotações factoriais), que é mais rigoroso e ilustrativo geograficamente. A sua ideia é que o modelo do comércio e a estrutura sectorial são determinados pela abundância relativa dos factores de produção (a taxa de capital/trabalho)[20]: países com muita mão-de-obra, tentarão produzir e exportar bens de trabalho intensivo, outros dotados de capital, tenderão produzir e exportar produtos de capital intensivo[21]. Tem-se procedido igualmente à extensão do teorema exposto em relação às consequências do comércio internacional sobre os preços dos factores[22].

Todavia, as teorias de Ricardo e da proporção dos factores omitem aspectos muito importantes da realidade. Em particular, tais teorias supõem rendimentos de escala constantes e concorrência pura e

---

[18] Durante o período do pós-guerra, existe uma escola antitética que se chama *estruturalismo*. Nesta teoria, o mundo é uma "centro-periferia", dicotomia no qual o centro representa países industrializados e a periferia representa países em vias de desenvolvimento. Para esta escola, o comércio é considerado como uma fonte de empobrecimento. Hoje em dia, o *estruturalismo* tem perdido popularidade. Muitos dos países em vias de desenvolvimento que adoptavam esta política não obtiveram resultados satisfatórios. Para mais detalhes, cfr. GREENAWAY, David, MILNER, Chris, (1993), *Trade and Industrial Policy in Developing Countries,* Macmilliam Press, UK, pp.42-49.

[19] MANESCHI, Andrea, (1998), *Comparative Advantage in International Trade,* Edward Elgar Publishing Limited, UK, p. 157.

[20] HAI, Wen (1993), p. 37. Embora a sua formulação explique as diferenças dos custos de produção através da proporção dos factores de produção em vez da produtividade, a teoria neo-clássica relativa ao comércio internacional baseia-se ainda nas vantagens comparativas em vez das vantagens absolutas.

[21] LIPSEY, Richard G, DOBSON, Wendy, (1987), *Shaping Comparative Advantage,* C.D. Howe Institute, Canada, pp. 7-8.

[22] PORTO, Manuel Carlos Lopes (2001), *Teoria da Integração e Políticas Comunitárias,* Livraria Almedina, Coimbra, pp. 49-55. Para dois países com diferentes proporções de factores, "o comércio internacional deverá levar, pois, à elevação do preço do factor abundante (e barato) no início, em cada um dos países, até ao ponto em que acabem por se igualar; ou seja, até ao ponto em que deixe de haver razão para o comércio internacional".

perfeita, sem considerar factores de investigação e desenvolvimento e o factor de evolução de mercado[23/24].

Durante muito tempo, a divisão internacional do trabalho baseou--se na troca de matérias-primas e de produtos de base provenientes dos países em vias de desenvolvimento contra os produtos manufacturados exportados pelos países industrializados. A esta antiga divisão internacional do trabalho, que atribuía a cada nação um lugar particular, sucedeu uma divisão internacional menos rígida, uma vez que existem novos países que podem rapidamente desempenhar um papel importante e mais complexo no comércio internacional. A partir da década de sessenta do século XX, houve duas tendências novas na disposição da divisão internacional do trabalho: o crescimento das trocas entre os países desenvolvidos e o crescimento das trocas de produtos similares. O desenvolvimento do comércio intra-sectorial entre países industrializados não pode explicar-se, quer pela diferença das produtividades do trabalho de Ricardo, quer pelas desiguais dotações em factores de produção do teorema H-O-S.

Parcialmente por causa do *paradoxo de Leontief* e dos resultados insatisfatórios dos testes empíricos do modelo H-O-S, a teoria explicativa neo-clássica tem sido desafiada por outras teorias, designadamente, aquelas que associam o factor tecnológico, a concorrência imperfeita (concorrência monopolista, monopólio, e oligopólio), as economias de escala e as teorias determinadas pelo lado da procura[25/26].

---

[23] LIPSEY, (1987), p. 9.

[24] CUNHA, Luís Pedro Chaves Rodrigues da, (1995), *O Sistema Comunitário de Preferências Generalizadas: efeitos e limites,* Separata do "Boletim de Ciências Económicas" Coimbra, p. 46. Segundo o autor, "na verdade, sabe-se que: *a)* os preços não reflectem os custos de oportunidade e os custos nominais, internos e internacionais, não têm que reflectir os custos reais; *b)* a quantidade e a qualidade dos factores de produção podem variar com o tempo, em parte como resultado do próprio processo produtivo; *c)* as funções de produção variam com o tempo; *d)* existe uma evolução tecnológica constante; *e)* as economias de escala revestem-se de uma importância particular para certas actividades industriais; *f)* existe mobilidade dos factores entre vários países".

[25] Cfr. PORTO, Manuel Carlos Lopes, (2004), *Teoria da Integração e Políticas Comunitárias,* Livraria Almedina, Coimbra, pp. 57-72.

[26] Os principais economistas referidos são Krugman, Helpman, Grossman, Brander, Spencer, Lancaster, etc.

Os modelos "neo-factores" e "neo-tecnológicos" podem ser feitos testando uma versão alargada do teorema de Hechscher-Ohlin, com o afastamento de alguns dos pressupostos do modelo inicial ou mesmo da teoria[27]. Estas teorias novas, por um lado, estão ligadas ao teorema tradicional de H-O-S, por outro lado, fornecem uma explicação satisfatória do comércio intra-sectorial que caracteriza muitas economias avançadas depois da II Guerra Mundial. Embora Krugman tivesse caracterizado correctamente o comércio intra--sectorial como o comércio de não vantagem comparativa, este, em si, construía um modelo ilustrativo e suplementar da vantagem comparativa de Ricardo. O núcleo das teorias novas é o seguinte: a dissemelhança da proporção dos factores e a economia de escala são igualmente razões do comércio e da especialização internacional. A teoria neo-clássica baseada em pressupostos de rendimento de escala constantes e concorrência perfeita explica bem o comércio inter--sectorial; as novas teorias baseadas nos pressupostos de concorrência imperfeita e rendimentos de escala crescentes interpretam as razões do comércio intra-sectorial. Ou seja, quanto mais dissemelhantes são o nível tecnológico e a proporção dos factores, mais provável se torna o comércio inter-sectorial; de igual forma, quanto menor for a diferença tecnológica, mais possibilidade há de existir comércio intra-sectorial. De qualquer modo, a circulação dos factores reflectida no comércio internacional de mercadorias continua a revelar a diferença relativa da proporção dos factores entre diversos países[28]. Os ganhos do comércio abrangem maior diversidade de bens e preços mais baixos, devido à maior escala de produção.

Allyn Yong (1928)[29] no seu artigo "Rendimentos Crescentes e Progresso Económico" apresentou o Teorema Yong em que:

1) a realização dos rendimentos crescentes à escala depende do desenvolvimento da divisão do trabalho;
2) a dimensão de mercado e o nível da divisão do trabalho restringe um e outro;

---

[27] PORTO, (2004), pp. 54-55 e p. 64.
[28] GONG, Zhankui, ZHU, Tong, CAO, Sufeng, (1999), *International Trade, Trend and Policy*, Editora Universidade de Nankai, Tianjin, pp. 257-260.
[29] YONG, Allyn, (1928), "Increasing Returns and Economic Progress", *The Economic Journal*, 152, pp. 527-542.

3) a procura e a oferta são dois lados da divisão do trabalho, ou seja, a dimensão do mercado está dependente não só da escala populacional, como também do poder de compra eficaz, e este está dependente do nível da produtividade; por sua vez, a produtividade depende do nível da divisão do trabalho.

Portanto, a divisão do trabalho não constitui apenas uma questão técnica, é uma questão que diz respeito à organização de toda a economia.

No estudo de Houthakker (1956), a relação entre rendimentos provenientes da divisão do trabalho e os seus custos de transacção, revela a influência para a dimensão de mercado exercida pela eficiência de transacção e simultaneamente, que essa dimensão, influencia o nível da divisão do trabalho[30].

Recentemente, após os anos oitenta do século XX, a Nova Microeconomia Clássica (diferente da Microeconomia Neo-clássica) representada por Yang Xiaokai, deu novas explicações ao desenvolvimento económico e ao comércio internacional através das análises inframarginais, considerando a divisão do trabalho e a integração económica como factores endogénicos. Um resultado da divisão do trabalho consiste no aumento de número de transacções, no entanto, cada transacção tem os seus custos, a divisão do trabalho não é inesgotável e esta pára no ponto onde rendimentos marginais da divisão do trabalho equivalem aos custos marginais da transacção. A divisão do trabalho pormenorizar-se-á com o surgimento de instituições económicas novas e a redução dos custos de transacções[31].

---

[30] HOUTHAKKER, M, (1956), "Economic and Biology: Specialization and Speciation", *Kyklos*, 9, pp.181-189.

[31] No passado, a teoria do desenvolvimento económico considerava que a acumulação de capital e o progresso tecnológico eram causas do crescimento económico. Na opinião de Yang Xiaokai, a mudança institucional é a força motriz do crescimento económico e a direcção da mudança institucional é economizar os custos de transação. Por outro lado, poderão existir contradições entre a divisão do trabalho e a economia de escala, porque a pormenorização da primeira provocará a redução da segunda. Uma solução benéfica para ambas é o alargamento de mercado, sendo este a causa do crescimento do comércio internacional moderno. A teoria tradicional da vantagem comparativa baseia-se na abundância dos recursos naturais e na diferença dos preços dos factores de produção, contudo, a teoria da divisão do trabalho demonstra que o comércio internacional devido ao alargamento do mercado causará a pormenorização da divisão do trabalho, por conseguinte, a produtividade e as espécies de produtos crescem simultaneamente. Ver YANG, X. e SHI, H. (1992), "Specialization and Product Diversity", *American Economic Review*, 82, pp. 392-398.

Quando a sociedade adoptar uma determinada instituição económica na qual o acréscimo dos interesses provenientes da divisão do trabalho seja maior que o acréscimo dos custos da transacção, há uma relação positiva entre a divisão do trabalho e o crescimento económico. Estes argumentos acentuam que a existente instituição económica se baseia numa determinada fase dos interesses da especialização devido à redução dos custos de transacção. O desenvolvimento económico e a evolução das estruturas económicas podem ser entendidos através do desdobramento espontâneo da divisão do trabalho, existindo, portanto, três modelos de crescimento económico: 1) o crescimento lento, quando o nível da divisão do trabalho é baixo; 2) o crescimento acelerado, quando a divisão do trabalho se desenvolve; 3) o crescimento retardado, quando a divisão do trabalho é bastante desenvolvida (ou o desdobramento é lento)[32].

Numa palavra, de acordo com a ideia fundamental da divisão internacional do trabalho, se um país se especializar na produção e exportação que tem vantagens comparativas, pode obter produtos do estrangeiro a um custo menor do que os fabricados no país. A economia crescerá com ganhos do aumento de consumo, pois para chegar ao consumo maior, os recursos serão re-afectados da autarcia à abertura, produzindo ganhos no bem-estar em geral. O comércio internacional não é um negócio de soma zero (*zero-sum*), no qual um país só pode ganhar, se outro país perder. O comércio internacional é um jogo de soma (*positive-sum*), no qual todos os participantes ganham[33]. Os limites de mercado tornam-se irrelevantes para economias abertas, porque todos os países têm mercados adicionais. No comércio inter--sectorial, poderá haver competição dos preços, mas os consumidores beneficiam dos produtos mais baratos. No comércio intra-sectorial implica uma maior variedade de escolhas. Além dos ganhos estáticos, os efeitos dinâmicos para o desenvolvimento são mais importantes. A concorrência traz novos conhecimentos, novas tecnologias e novas

---

[32] YANG, X. e BORLAND J. (1991), "A Microeconomic Mechanism for Economic Growth", *Journal of Political Economy*, 99, pp. 460-482.

[33] SIEBERT, Horst, (2003), "*On the Fears of the International Division of Labor: Eight Points in the Debates with Anti-Globalization*", no seu livro *Global Governance: An Architecture for the World Economy*, pp.4-6, defende que "*One indicator of gains from trade is that the terms of trade, defined as the ratio between the exports price index and the import price index*".

soluções institucionais e a expansão da exportação é sempre relacionada com uma taxa de crescimento maior[34].

1.1.2.2. Desempenho dos países

Considerando todos os modelos teóricos acima referidos, o desenvolvimento da divisão do trabalho e o aumento da eficiência transaccional determinam crucialmente o crescimento económico rápido de um país. Evidentemente, se os países desenvolvidos já ultrapassaram a etapa inicial, os países atrasados ainda ficam no nível relativamente baixo da divisão do trabalho, as disparidades no crescimento económico entre os países desenvolvidos e os países em vias de desenvolvimento tendem a aumentar, provando a tendência de divergência referida por Romer (1986)[35]; se os países desenvolvidos estão no período da economia madura (ou seja, o nível da divisão do trabalho é alto, mas em movimento retardado), os países atrasados conseguem o relançamento económico, as diferenças entre os países desenvolvidos e os que estão em vias de desenvolvimento tendem a diminuir, sendo resultado de convergência nos estudos empíricos por Sala-I-Martin[36]. Sem dúvida, a evolução de níveis da divisão do trabalho e de eficiência transaccional causará alteração dinâmica de convergência e divergência no processo de crescimento e desenvolvimento económico. Talvez esta seja a melhor explicação dada pela teoria da divisão do trabalho quanto à divergência actual entre países desenvolvidos e os outros em vias de desenvolvimento.

Os países em vias de desenvolvimento, em conjunto, aumentam o seu bem-estar na sequência da divisão internacional do trabalho, quer na integração na economia mundial, quer no nível de rendimento

---

[34] PORTO, Manuel Carlos Lopes, (2001), *Teoria da Integração e Políticas Comunitárias*, pp. 27 e ss. O autor considera que os países pequenos podem ganhar mais através da abertura do que os países grandes, ver ainda PORTO, Manuel Lopes, (2002), *Small States and European Integration*, pp. 22 e ss., Quarteto.

[35] ROMER, Paul, (1986b), "Increasing Returns, Specialization and External Economies: Growth as Described by Allyn Young", *working paper n.º 64*, Center for Economic Research, University of Rochester.

[36] SALA-I-MARTIN, Xavier, (1991), "The Classical Approach to Convergence Analysis", *The Economic Journal*, vol. 106, July, pp. 1019-36.

per capita[37]. Actualmente, cada vez mais os países em vias de desenvolvimento participam activamente na divisão internacional do trabalho e começam a ter um papel importante nos mercados globais. Contudo, simultaneamente, há também muitos deles que ficaram na periferia do processo de integração nos últimos vinte anos[38]. Neste sentido, podemos ver, por um lado, alguns novos "globalizadores" bem sucedidos que já se tornaram beneficiários da globalização e, por outro lado, economias atrasadas que sofreram grandes prejuízos no decurso da globalização[39]. Os primeiros são representados pelos países que adoptam reformas do livre-cambismo tais como a China, a Índia[40], a Hungria, a Malásia, o México, a Filipinas e a Tailândia, etc., os segundos abrangem maioritariamente os países africanos e alguns países da ex-União Soviética. Segundo os dados do Banco Mundial, entre 1980 e 1997, o PIB per capita dos novos globalizadores cresceu 67% e o dos países com mais baixo nível do desenvolvimento da abertura cresceu apenas 9,5%[41]. Pelo exposto, o bom funcionamento da estratégia da abertura económica é significativo para o crescimento económico das economias atrasadas e os efeitos ainda serão mais visíveis para os países pequenos[42].

---

[37] Ver dados do Banco Mundial, *World Development Indicators*, 2000, 2001, 2002.

[38] Trata-se da questão de convergência, a analisar nas páginas seguintes.

[39] LANDES, David, (1999), *The Wealth and Poverty of Nations: Why Some so Rich and Some so Poor*, W. W. Norton Company, p. 522, *"The gains from trade are unequal. As history has shown, some countries will do much better than others. The primary reason is that comparative advantage is not same for all, and that some activities are more lucrative and productive than others. They require and yield gains in knowledge and know-how, within and without"*.

[40] DAS, Gurcharan (2002), *India Unbound: from Independence to the Global Information Age*, India, Penguin Books. Os passos da integração na economia mundial pela Índia começaram um pouco tarde, mas a Índia conseguiu um êxito admirável no sector informático a partir da década de noventa do século XX. Ver ainda HAN, Kang, ed. (2003), *21st Century: Trials of Strength in the World Economy – Strategy*, Pequim, Editora Ciências Económicas, obra na qual o autor analisa estratégias adoptadas pela Índia, Alemanha, Chile, EUA, Coreia do Sul, Japão, Rússia, países da Europa de Leste e a Suécia, p. 5, *"Bill Gates had ever predicted that the biggest developing software area in the world in the future and the next software superpower would not be Europe or Japan but India. India is indeed the only developing country that has developed successfully in information industry. If the prediction is realized, the developing structure and developing track will be changed greatly"*.

[41] Banco Mundial (2002), *Globalization, Growth and Poverty*, Washington D.C.

[42] SACHS, J. D., e A Warner (1995), "Economic Reform and the Process of Global Integration", *Brookings Papers on Economic Activity*, (96), pp. 1-118 e PORTO, (2002).

Vivemos num mundo globalizado, onde o nível de participação na globalização e a afectação eficaz dos recursos no âmbito internacional, constituem factores decisivos para promover a industrialização e modernização do próprio país e diminuir a diferença em relação aos países mais desenvolvidos.

1.1.2.3. *Implicações*

Em suma, a análise teórica da globalização e do desenvolvimento económico abrange os seguintes pontos:

Antes de mais, o atraso económico dos países em vias de desenvolvimento necessitam da industrialização e da modernização acelerada, a fim de aumentar o mais rapidamente possível o nível geral da economia nacional e o nível de bem-estar do seu povo. No entanto, sendo os mais novos nesse processo, esses países encontram actualmente ambientes e condições de desenvolvimento muito diferentes daqueles que os países modernos enfrentavam na altura. Por conseguinte, no processo da industrialização e modernização, muitos adoptam conscientemente estratégias de relançamento para superar os novos obstáculos.

Em segundo lugar, devido à restrição dos recursos nacionais e do próprio desenvolvimento, os países em vias de desenvolvimento não conseguem crescer rapidamente, apenas dependendo dos recursos nacionais e mercados internos. Por isso, têm de participar no mercado internacional segundo o princípio da vantagem comparativa e obter recursos estrangeiros para realização da afectação eficaz dos recursos ao nível global. Neste sentido, o processo da globalização é um percurso dinâmico de ajustamento em que todos os países participam na divisão do trabalho e optimizam a afectação dos recursos.

Em terceiro lugar, devido às diferenças de formas e qualidades do crescimento, poderá haver desequilíbrios no decurso do crescimento económico, incluindo desequilíbrios regionais e desequilíbrios entre vários membros de uma sociedade. A natureza desses desequilíbrios prende-se com a falta de harmonização da eficiência e da justiça no decurso do crescimento, ou seja, se os diferentes grupos sociais e as diferentes regiões poderem partilhar os rendimentos traduzidos pelo crescimento económico de forma mais justa e razoável.

Em quarto lugar, a acumulação de desequilíbrios causará conflitos e instabilidade económicos, sociais e políticos e prejudicará a sustentabilidade do crescimento e o desenvolvimento da globalização. Além disso, a globalização em si, pode levar à instabilidade social[43], designadamente nos três aspectos seguintes: 1) No processo da liberalização comercial e do investimento, pode haver conflitos entre os grupos que circulam transfronteiriçamente de forma directa ou indirecta e os grupos que não podem circular transfronteriçamente; 2) Há conflitos em termos de normas sociais e instituições entre diferentes países devido à globalização; 3) A globalização desafia algumas funções de estabilidade dos governos (como por exemplo, o regime de segurança social, etc.).

É evidente, assim, que a interacção virtuosa destes elementos constitui uma garantia para a industrialização e a modernização dos países em vias de desenvolvimento.

1.2. Globalização e convergência

1.2.1. Conceito de convergência

Pouco antes, mencionámos os desequilíbrios verificados dentro de um determinado país em vias de desenvolvimento que poderão ser causados pela globalização. Agora debruçar-nos-emos mais detidamente sobre os desequilíbrios entre esses países.

A convergência na Ciência Económica refere-se à aproximação do nível de desenvolvimento entre vários países. Suponhamos dois países que, embora com diferentes níveis de produtividade *per capita* no início, graças à diferença revelada nas taxas de crescimento, diminuem as divergências dos seus níveis de produtividade *per capita*: isto é o efeito de convergência, ou seja, sem considerar outros factores, quanto mais baixo o nível de produtividade *per capita* mais alta é a taxa de crescimento.

---

[43] RODRICK, Dani (1997), *Has Globalization Gone Too Far?* Institute for International Economics, Washington, D.C.

Estudos recentes sobre a convergência, de acordo com Galor (1996)[44], abrangem basicamente o exame da validade de três diferentes hipóteses a expor seguidamente. A primeira refere-se à investigação da convergência absoluta. ß-convergência absoluta ocorre quando as economias mais pobres tendem a crescer a um ritmo mais rápido do que a economia mais avançada, de modo que as primeiras as aproximam da óptima em termos do nível do produto *per capita* ou da produtividade e de suas taxas de crescimento. A segunda hipótese trata da convergência condicional que expressa a formulação neoclássica tradicional explicitada por Barro e Sala-I-Martin (1992) e Mankiw, Romer e Weil (1992). ß-convergência condicional refere-se à previsão do modelo neoclássico de que a taxa de crescimento de um país será relacionada à distância que o separa de seu próprio *steady state*. Isto é, a convergência entre países verificar-se-á para *steady-states* que configuram características estruturais similares.

A distinção substantiva entre estes dois tipos de convergência encontra-se no facto de que na absoluta (ß-convergência absoluta) trabalha-se com a suposição de que os diferenciais de renda *per capita* (ou da produtividade *per capita*) são os básicos elementos relevantes na análise entre os países; e na convergência condicional (ß-convergência condicional), por outro lado, considera-se que as diferenciais nos níveis de renda *per capita* não são as básicas diferenciais relevantes existentes entre os países. Neste caso, outras variações como por exemplo, o grau de abertura da economia e o nível educacional, são também relevantes para acentuar ou não o processo de convergência, devendo-se portanto incluí-las na análise.

A terceira e última hipótese diz respeito à formação de clubes de convergência que se caracteriza pela persistência de disparidades económicas, polarização e consolidação de grupos de países com padrões de crescimento distintos. De acordo com esta hipótese, as rendas *per capita* dos países com idênticas características estruturais convergirão no longo prazo, desde que as condições iniciais também sejam similares. Esta hipótese constitui-se na verdade numa crítica à concepção formal da hipótese da convergência.

---

[44] GALOR, O (1996), "Convergence's Inferences from Theoretical Models", *The Economics Journal,* V. 106, July, n. 437, pp. 1056-80.

A crítica à hipótese de convergência baseada na formação de clubes de convergência foi inicialmente formulada por Quah (1996)[45] e assenta no facto de o crescimento económico apresentar pelo menos duas dimensões. A primeira é o mecanismo pelo qual os agentes em uma economia alteram de forma positiva os níveis de produto, as restrições tecnológicas e a capacidade de produção. A segunda é representada pelo processo de *catch-up* (relançamento económico) ou de convergência e diz respeito aos mecanismos que determinam a performance relativa dos países pobres e ricos e, em consequência, a ocorrência de crescimento económico diferenciado, em função do nível de renda *per capita* dos países. Esta dimensão acentua o facto de que o importante para o processo de convergência, é como o crescimento de um país se processa relativamente a outros países. Estes dois mecanismos, embora interrelacionados são distintos, já que um pode ocorrer independentemente do outro.

Os economistas têm feito muitos estudos empíricos destinados à convergência económica, procurando provas da convergência do produto *per capita* de todos os países.

As análises empíricas provam a existência da convergência económica dentro dos diferentes estados dos EUA, de várias regiões do Japão e entre os países europeus. Na Europa, comparados com os países relativamente mais ricos, a Grécia e a Irlanda crescem mais rápido e por conseguinte reduzem as diferenças na renda *per capita*[46]. A diferença do PIB *per capita* dos países da OCDE no período entre 1950 e 1988, foi diminuída de forma visível. No entanto, a convergência económica nos países da América Latina e da Ásia leste de 1960 e 1988 não foi notável (ver as tabelas seguintes).

---

[45] QUAH, Danny (1996), "Twin Peaks: Growth and Convergence in Models of Distribution Dynamics", *Economic Journal*, p. 106.

[46] A Irlanda, em particular, que era um dos países de coesão, hoje em dia, está em terceiro lugar na União Europeia em termo do PIB *per capita*, seguindo o Luxemburgo e a Dinamarca. Ver PORTO, Manuel Carlos Lopes, (2004), *Small States and European Integration,* na Separata da Obra "*Identidade Europeia e Multiculturalismo*", Quarteto, Coimbra, p. 381.

Nível Relativo do PIB per capita (produtividade) dos países OCDE em paridade de poder de compra em 1985 (EUA=100)

	1950	1973	1988
Canadá	86,3	82,2	86,2
Japão	14,4	49,2	64,9
Bélgica	50,6	73,4	73,1
França	39,5	70,4	72,2
Alemanha	33,2	66,5	69,7
Itália	28,8	61,6	77,6
Holanda	49,8	77,9	74,6
Suécia	56	64,8	67,4
Reino Unido	53,1	60,7	65,7
Média Aritmética	45,7	67,5	72,4

Fonte: TARGETTI F. e FOTI, A., (1997)[47], pp. 37-38.

Nível Relativo do PIB *per capita* (produtividade) dos países da América Latina em paridade de poder de compra em 1985 (EUA=100)

	1960	1973	1988
México	34,6	48,9	38,8
Argentina	36,6	37,2	29,9
Bolívia	17,8	16,5	11,6
Brasil	14,7	31,3	33,4
Chile	37,1	38,5	30,5
Colômbia	23,9	28,7	28,8
Peru	25,8	32,3	23,2
Uruguai	44,1	35,3	34,4
Venezuela	42,9	56,7	46
Média Aritmética	30,8	36,2	30,7

Fonte: TARGETTI F. e FOTI, A., (1997), pp. 37-38.

---

[47] TARGETTI F. e FOTI, A., (1997), "Growth and Productivity: a model of cumulative growth and catching up", *Cambridge Journal of Economics*, Vol.21, pp.37-38.

Nível Relativo do PIB *per capita* (produtividade) dos países/ /territórios da Ásia Leste em paridade de poder de compra em 1985 (Japão=100)

	1960	1973	1988
Hong Kong	105	78,6	102,4
Indonésia	8,4	15	18
Coreia do Sul	48	37,1	50,3
Malásia	90,6	52,5	48,9
Singapura	129	90,8	99,8
Formosa	50,6	46,7	55,4
Tailândia	34	20,4	22,7
Média Aritmética	69,3	48,7	56,8

Fonte: TARGETTI F. e FOTI, A., (1997), pp.37-38.

Outros estudos de âmbito mais lato revelam que a tendência de convergência económica entre os países pobres e os países ricos não é visível. Por exemplo, XAVIER SALA-I-MARTIN analisou empiricamente 125 países entre 1970 e 1998 e concluiu que, embora com redução significativa nas décadas de 80 e 90, os desequilíbrios da renda *per capita* do mundo eram ainda grandes[48]. No entanto, provas recentes sugerem que houve um ponto de viragem histórico por volta de 1980, sendo a divergência entre os países substituída pela convergência[49].

Os dados de 2000 mostraram que, relativamente aos EUA, a China e a Índia, dois países populosos, o Chile, a Bangladesh, a Indonésia e o Sri Lanka conseguiram a realizar a convergência (ß-convergência)[50].

---

[48] SALA-I-Martin, Xavier, (2002), *The World Distribution of Income (Estimated from Individual Country Distributions)*, National Bureau of Economic Research Working Paper 8933, disponível em http://www.nber.org/paper/w8933.

[49] O'ROURKE, Kevin H. (2002), "Globalization and Inequality: Historical Trends", na obra de PLESKOVIC, Boris e STERN, Nicholas, *Annual World Bank Conference on Development Economics 2001/2002*, a publicação conjunta do Banco Mundial e Oxford University Press, Washington D. C. e New York, p. 39.

[50] Segundo SIEBERT, Horst, (2003), pp.8-9, "*China, Chile, Indonesia, Sri Lanca, Pakistan and Bangladesh gain on both accounts. Countries like Argentina, Nicaragua,*

1.2.2. Teoria da convergência

(a) Recentemente, a teoria de convergência[51] tem atraído a atenção de muitos economistas quanto à análise sobre as relações económicas entre países ricos e países pobres.

O modelo de Solow explica a questão de convergência condicional, isto é, os países mais pobres em termos de renda *per capita* crescem a taxas maiores que os países ricos (na convergência condicional considera-se que os diferenciais nos níveis de renda *per capita* não são as únicas diferenças relevantes existentes entre os países, outras variáveis há, como por exemplo, o grau de abertura da economia nível educacional, são, também, relevantes para acentuar ou não o processo de convergência).

Nos modelos neoclássicos de crescimento, Ramsey (1928), Cass (1965) e Koopmans (1965) contribuíram para a versão original de Solow (1956). A diferença entre o modelo de Solow e os demais é que, no primeiro, nos países pobres crescem inequivocamente a taxas maiores que nos países ricos. Isso deve-se ao facto de a taxa de poupança ser exógena e mantida constantemente, sendo, portanto, independente da relação capital-trabalho, medida em termos de eficiência. Nos demais modelos, embora ocorra uma tendência geral para os países pobres crescerem mais rapidamente que os países ricos, a razão para a ocorrência desse padrão distinto está na dependência da taxa de poupança em relação à razão capital-trabalho, medida nos termos de eficiência.

O factor básico determinante do processo de convergência no modelo neoclássico é constituído pela existência de retornos decrescentes do factor capital. Nos países mais pobres ocorrem elevadas

---

Brazil, Sudan, Ghana, Burundi, Zambia and Mexico, while gaining in absolute terms, lose in their relative position. If industrial countries really want to foster the welfare of developing countries, there is a rather traditional message: they should open up their markets where they are still closed, i.e., markets for agricultural products, textiles, and other labor-intensive commodities such as steel to which antidumping measures are applied. The agricultural policy of the EU and the now increasing supports for agriculture in the United States stimulate overproduction that destroys opportunities for developing countries".

[51] O termo de "convergência" foi, pela primeira vez, apresentado nos modelos neoclássicos do crescimento económico.

taxas de retorno do capital investido e, em consequência, produz-se uma tendência no sentido do mais rápido crescimento da renda *per capita* nesses países ou regiões comparativamente mais desenvolvidas.

Na versão de BARRO[52] e SALA-I-MARTIN (1990), duas importantes especificações, as funções de utilidade e de produção, são introduzidas ao modelo de RAMSEY-CASS-KOOPMANS[53], as quais permitem determinar as trajectórias de evolução das principais variações em direcção ao equilíbrio *Steady State* e, a caracterização do conjunto de parâmetros que influenciam a velocidade de convergência. Segundo eles, embora não haja provas da convergência absoluta, os testes empíricos demonstram que a convergência condicional existe na condição prévia que todos os países têm o mesmo *Steady State*.

De acordo com a teoria neoclássica da convergência, a interdependência económica chegará enfim a uma convergência entre economias nacionais à medida que as taxas de crescimento, níveis de produtividade e rendimentos nacionais se aproximam uns e outros. Os países pobres crescem a taxas maiores que os países ricos, por um lado, a circulação do capital eliminará a diferença da razão capital--trabalho e eliminará, por consequência, a dissemelhança dos rendimentos *per capita*, por outro lado, o atraso tecnológico pode ser compensado através da introdução tecnológica e imitação, sendo ambas as formas menos custosas do que a inovação tecnológica. Contudo, por que não aconteceu a convergência real entre os países atrasados e os países desenvolvidos? Segundo a teoria neoclássica defendida por Barro, a convergência somente existe se os regimes económicos e político dos países pobres são favoráveis à introdução de capital e tecnologia estrangeiros. Caso contrário, numa situação sem a estabilidade política e sem a protecção legal da propriedade privada e dos investidores estrangeiros, a tendência da convergência será minimizada. Se observarmos a realidade, não se encontram grandes diferenças em termos dos regimes políticos e económicos

---

[52] BARRO, Robert J (1994), *Economic Growth and Convergence*, Occasional Papers No. 46, San Francisco: International Center for Economic Growth.

[53] As principais assunções do modelo de Ramsey-Cass-Koopman são as seguintes: os indivíduos maximizam ao longo de grandes horizontes temporais; as empresas maximizam os seus lucros; os mercados são competitivos; não há quaisquer imperfeições nos mercados.

entre os países europeus, vários estados dos EUA, e diversas regiões do Japão, a convergência é muito visível. Alguns países ou territórios da Ásia de leste, devido às condições adequadas já estabelecidas e favoráveis à circulação livre de capital e tecnologia, estão a convergir para as economias avançadas.

A nova teoria do crescimento económico, por sua vez, explica também a realidade. ROMER e LUCAS, conforme a nova teoria do crescimento económico, defenderam a posição de que as vantagens iniciais de um país em relação a outro em capital humano, pode sempre provocar a diferença permanente no nível de renda *per capita* entre os países. Tal acontece, em particular, quando as diferenças no capital humano, são bastante notáveis. Os países ricos no capital humano podem manter um nível mais alto do *output* económico que os países pobres de baixo nível desse capital humano. Assim, os primeiros conseguem manter a posição de líder através de criação de mais poupança investimento que os países mais pobres. Embora os países pobres ganhem riqueza, as desigualdades entre países tendem a aumentar no tempo. Se a nova teoria do crescimento económico é correcta, os países pobres enfrentarão uma perspectiva obscura.

(b) Com a aceleração da globalização, isto é, nas economias abertas, factores como mercadorias, capitais, tecnologia, informação e mão-de-obra, poderão circular livremente em maior âmbito. A circulação dos factores promove profundamente a convergência económica. Os modelos de economia aberta tendem a ter taxas de convergência maiores do que as dos modelos de economia fechada.

Em primeiro lugar, o modelo de Solow prova que a disparidade no rendimento *per capita* é a consequência da diferença da razão capital-trabalho. O capital possui a natureza de procurar maiores taxas de rendimento e desde que não haja obstáculos de mobilidade de capital, fluem de países de maior abundância para os países pobres. A tendência do fluxo internacional de capital é a mesma. A circulação do capital diminui as disparidades de capital-trabalho, aumentando o PIB *per capita* dos países com carência de capital.

À medida que o mercado global de capital está a formar-se, a velocidade de circulação é mais rápida. Em especial, novos instrumentos financeiros e produtos financeiros estão a surgir, a não intermediação e internacionalização dos bancos, os mercados internacionais financeiros são activos sem precedentes, muitas oportunidades de investimento procuram melhores retribuições. Os países atrasados terão oportunidades de absorver mais capitais internacionais se adoptarem políticas de abertura e melhorarem o ambiente de investimento[54].

Em segundo lugar, a difusão tecnológica e o progresso tecnológico exercem grandes influências no crescimento económico. A convergência pode acontecer porque esse progresso tecnológico se torna um "bem público" pelo comércio internacional ao nível internacional. As vantagens recém-formadas pelos países pobres são devidas ao efeito de "spillover" da tecnologia dos países desenvolvidos ou à sua imitação por parte dos países menos desenvolvidos.

Em terceiro lugar, nas sociedades modernas, a informação constitui um importante factor de produção. Nas economias fechadas, as pessoas eram pouco informadas e os custos de transporte e de comunicação eram muito elevados. A revolução da tecnologia informática reduz significativamente os custos de transacção das actividades comerciais, difunde a ciência e a tecnologia e, ao mesmo tempo, acelera o processo da globalização do comércio e do investimento internacional. A abertura da economia incentiva o surgimento da revolução informática e a revolução informática adianta os passos da abertura económica. Sem dúvida, este facto diminuirá as divergências entre regiões mais desenvolvidas e menos desenvolvidas.

Vejamos um exemplo da auto-estrada de informação. Actualmente, tanto os países desenvolvidos como os países em vias de desenvolvimento estão na fase de elaborar e iniciar planos de construção dessa via de informação. Cada revolução da informação cria oportunidades de relançamento para os países menos desenvolvidos a fim de diminuir as disparidades tecnológicas relativamente aos países ricos. O atraso nas infra-estruturas restringia o desenvolvimento rápido da maioria dos países em vias de desenvolvimento, entretanto, a revolução informática permite a estes países que entrem na sociedade informática conjuntamente com os países desenvolvidos, através de tecnologia como fibras ópticas, trocas de dados, sistemas de transmissão radiotécnica, etc.

---

[54] Os investimentos directos estrangeiros constituem um veículo para a transferência tecnológica e, assim, apressam a convergência internacional, como aconteceu na Irlanda nos anos 90 do século XX.

O modelo Heckscher-Ohlin explica bem a experiência do final do século XIX, na qual o comércio era dominado pelas trocas de comida para produtos manufacturados. As duas essenciais regiões eram o "Mundo Velho" e o "Mundo Novo" e os dois principais factores de produção eram a terra e a mão-de-obra. No contexto do final do século XX, os dois factores importantes sempre discutidos pela doutrina, eram a mão-de-obra qualificada e a não qualificada, e as duas principais regiões, eram o "Norte" e o "Sul". A lógica Heckscher--Ohlin implica que, sob estas condições, a globalização deve aumentar prémios de aptidão e desequilíbrios no Norte e baixar prémios de aptidão e desequilíbrios no Sul[55].

Ao nível global, especialmente entre os países em vias de desenvolvimento e os países desenvolvidos, a convergência está longe de ser satisfatória. O crescimento económico não é um processo fácil e automático. O crescimento económico rápido acontece, não por causa da pobreza, mas graças a um ambiente de políticas favoráveis. A distribuição é, de facto, influenciada por muitos factores além da globalização.

Hoje em dia, alguns países ou regiões em vias de desenvolvimento, asiáticos e latino-americanos cresceram a taxas maiores do que o nível médio mundial e as dos países desenvolvidos, por consequência, conseguiram a convergência económica.

A teoria da convergência tem as seguintes implicações: em primeiro lugar, os países atrasados somente podem acelerar o processo da convergência económica através da introdução da novas tecnologias e investimentos e, ao mesmo tempo, utilizando a difusão tecnológica. Em segundo lugar, os países menos desenvolvidos deverão estabelecer regimes de mercado mais adequados e mais abertos, porque a teoria em si e as experiências empíricas, mostram que as vantagens destes países não serão desempenhadas sem um ambiente favorável ao crescimento económico e, neste processo, o governo tem um papel fundamental (como por exemplo, após a segunda guerra mundial, o governo japonês teve êxito em introduzir novas tecnologias. Contudo, as políticas desta natureza adoptadas pelos

---

[55] Este argumento é defendido por Wood, Adrian, (1994), *North-South Trade, Employment and Inequality: Changing Fortunes in a Skill-Driven World,* Oxford: Clarendon Press.

outros países em vias de desenvolvimento não surtiram efeitos, simplesmente porque estes países não tinham os mesmos regimes que o Japão e os governos não desempenharam funções adequadas). Em terceiro lugar, a globalização exerce grandes influências na convergência económica. A relação entre a globalização e os desequilíbrios dependerá do país em consideração, da dimensão da globalização envolvida (por exemplo, fluxo de capital e transferência tecnológicas através do comércio ou investimentos directos estrangeiros) e da distribuição de riqueza.

2. Globalização no quadro histórico

2.1. O Processo da globalização

2.1.1. *Retrospectiva breve das três fases da globalização*

O processo da globalização lançou as suas raízes há muito tempo atrás, no mínimo há cinco séculos, tendo passado, desde então, por etapas diversas.

Há, como em quase tudo que diz respeito à história, grande controvérsia em estabelecer-se uma periodicidade para estes cinco séculos de integração económica e cultural, que chamamos de globalização, iniciados pela descoberta de uma rota marítima para as Índias e pelas terras do Novo Mundo[56]. A globalização decorre nas seguintes etapas: 1) a sua primeira etapa, denominada pela expansão mercantilista, teve o início em 1450 e o termo em 1850; 2) a segunda etapa caracterizada pelo expansionismo industrial-imperialista e

---

[56] Por exemplo, Frédéric Mauro separa a globalização em dois movimentos, um que vai de 1492 até 1792 (quando a Revolução Francesa e a Revolução Industrial fazem com que a Europa, que liderou o processo inicial da globalização, se volte para si, para resolver suas disputas e rivalidades), só retomando a expansão depois de 1870, quando amadureceram as novas técnicas de transporte e navegação como a estrada-de-ferro e o navio a vapor. A nosso ver, o processo de globalização nunca se interrompeu. *Vide* também VINDT, Gérard, (1999), *A Mundialização: De Vasco da Gama a Bill Gates,* Temas e Debates, Lisboa. RUPERT, Mark, SOLOMON, M.Scott, (2006), *Globalization and International Political Economy,* Rowman & Littlefield Publishers, Inc, pp.25-53.

colonialista, decorreu entre 1850 e 1950; 3) a terceira etapa da globalização propriamente dita iniciou-se em 1960 e foi acelerada a partir do colapso da URSS e a queda do muro de Berlim, de 1989 até ao presente[57].

2.1.2. Análises dos dados da globalização

2.1.2.1. Volume total do comércio

Geralmente, o volume do comércio mundial e o volume da produção mundial têm crescido aceleradamente. Com excepção do período entre as duas grandes guerras de maior intervenção proteccionista, a taxa do crescimento do volume das exportações foi sempre maior do que a taxa do crescimento do PIB mundial e do PIB mundial *per capita* entre 1820 e 1992. Calculado em dólares em 1990, o volume das exportações mundiais cresceu de 7 biliões de dólares americanos em 1820 para 3786 biliões de dólares americanos em 1992, cerca de 540 vezes; no entanto, o PIB mundial do mesmo período cresceu apenas 40 vezes e o PIB mundial *per capita* cresceu apenas 8 vezes. Em 1820, as exportações mundiais representavam somente 1% da produção mundial, em 1913, tal proporção foi de 8,7% e em 1992 atingiu 13,5%[58].

---

[57] RODRICK, Dani, (1997), p. 7, "*This is not the first time we have experienced a truly global market. By many measures the world economy was possibly even more integrated at the height of the gold standard in the late 19th century than it is now*".

[58] Os dados foram tirados na obra de MADISON, Angus, (1996), *Monitoring the World Economy: 1820-1992*, OCDE (Organização de Cooperação e Desenvolvimento Económico), Paris.

Exportações Mundiais: 1913-1982

Ano	População Mundial (bilião)	Exportações Mundiais (bilião USD)	Valor Per Capita (USD)
1913	1,78	52	29,2
1926/29 (média anual)	1,96	59,084	30,1
1950	2,525	77,538	30,7
1960	3,037	144,294	47,5
1970	3,696	313,4	84,8
1975	4,066	408,27	100,4
1980	4,453	547,32	122,9
1982	4,685	531,696	113,5

Fonte: UNCTAD, citado em ZHANG Hanlin e LIU, Guangxi, (1999)[59], p. 3.

Crescimento do Valor e Volume das Exportações Mundiais e Crescimento do PIB Mundial (1990=100)

	1986	1987	1988	1989	1990	1991	1992	1993	1994	1995	1996
Valor das Exportações Mundiais	62	72	82	89	100	102	108	107	121	145	151
Produtos Agrícolas	70	81	91	95	100	101	108	104	119	140	142
Produtos Minerais	67	75	75	87	100	94	93	88	91	107	119
Produtos Manufacturados	59	70	82	87	100	103	112	111	127	153	158
Volume das Exportações Mundiais	78	83	89	95	100	104	109	112	124	135	141
Produtos Agrícolas	89	94	96	99	100	105	111	111	119	126	129
Produtos Minerais	86	88	93	97	100	103	106	116	116	126	129
Produtos Manufactutrados	75	80	87	94	100	104	108	126	126	137	145
Produções Mundiais de Mercadorias	88	91	95	99	100	100	100	100	104	106	109
Agricultura	92	93	94	98	100	100	103	103	107	109	112
Mineração	89	90	95	99	100	100	100	102	107	109	112
Indústria	87	91	96	99	100	99	99	99	102	105	108
PIB Mundial Real	87	90	94	98	101	101	102	102	104	107	108

Fonte: ZHANG e LIU, (1999), p. 4.

---

[59] ZHANG, Hanlin e LIU, Guangxi, (1999), *Globalização Económica, OMC e a China*, Peking University Press, Beijing.

2.1.2.2. Composição do comércio

A composição do comércio global sofre grandes alterações no século XX. Uma das características essenciais é que a percentagem dos produtos primários baixou significativamente, enquanto a dos produtos industrializados subiu rapidamente, em especial após a segunda guerra mundial.

Por exemplo, em 1913, a percentagem dos produtos primários no comércio mundial de mercadorias foi de 64,1%, a dos produtos industrializados foi de 35,9% e a dos produtos de maquinaria e equipamentos de transporte de 6,3%; já no ano de 1994, a percentagem dos produtos primários desceu para 25,3%, a dos produtos industrializados subiu para 74,7% e a percentagem dos produtos de maquinaria e equipamentos de transporte foi de 38,3%.

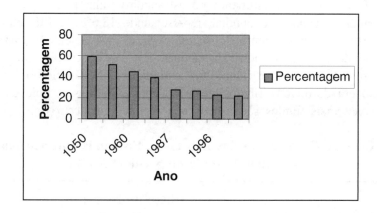

Fonte: Zhang e Liu, (1999), p. 6

**Percentagem dos Produtos Industrializados
no Comércio Internacional**

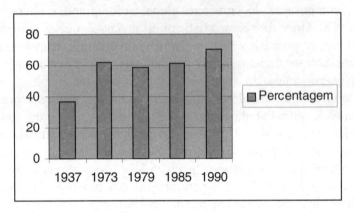

Fonte: ZHANG e LIU, (1999), p. 11.

2.1.2.3. *Investimento no estrangeiro*

Em 1900, o investimento no estrangeiro tinha já um papel fundamental na economia mundial, representando 18,6% do PIB mundial. A partir dos anos oitenta do século XX, o investimento estrangeiro no mundo tem aumentado rapidamente. Em 1995, cerca de 56,8% do PIB mundial foi investimento no estrangeiro. No início, o investimento era destinado principalmente às infra-estruturas e, hoje em dia, cada vez mais fundos são usados nos sectores financeiros.

**Taxa de Crescimento dos índices da Economia Internacional
nos Anos Noventa do Século XX (%)**

	1990	1991	1992	1993	1994	1995	1996
Produções Mundiais	2,7	1,8	2,8	2,7	4,1	3,7	4
Comércio Internacional	5,5	3,9	5	4,1	9,2	9,2	5,6
Investimento Directo Internacional	16,8	12,6	10,8	10,8	10	12,5	-
Investimento Directo Internacional/Activo Fixo	4	3,1	3,2	3,2	3,9	4	-

Fonte: ZHANG, Biqiong (1999)[60], p. 139.

---

[60] ZHANG, Biqiong, (1999), *Circulação do Capital Internacional e Vantagens Competitivas do Comércio Externo*, Editora Desenvolvimento da China, Pequim.

2.1.2.4. *Sistemas e políticas do comércio*

O grau do proteccionismo na economia mundial contemporânea é mais baixo do que há um século atrás[61]. Entretanto, a redução e a eliminação das barreiras comerciais não foram processos muito fáceis. Devido às duas guerras mundiais, o aprofundamento da integração da economia mundial foi interrompida. Somente na sequência do termo da segunda Guerra Mundial, as elevadas barreiras aduaneiras foram gradualmente reduzidas.

No âmbito dos impostos alfandegários, nos anos, entre o fim do século XIX e o início do século XX, houve situações de acentuado proteccionismo. Se analisarmos os principais países comerciais, verificamos que, antes da primeira Guerra Mundial, a Grã-Bretanha foi um país que aplicou o livre-cambismo e os Estados Unidos insistiram num nível muito elevado dos impostos alfandegários até ao fim da segunda Guerra Mundial.

Relativamente às restrições quantitativas, antes da primeira Guerra Mundial, esta barreira era pouco utilizada no comércio internacional. Contudo, a partir dos anos 30, tornava-se um instrumento popular do proteccionismo. Face à impossibilidade de utilizar as formas tradicionais, como consequência de compromissos assumidos, muitos países têm usado progressivamente as barreiras não aduaneiras.

2.1.2.5. *Circulação transfronteiriça de mão-de-obra*

Desde a segunda metade do século XIX até os primeiros anos do século XX, a circulação de mão-de-obra a nível mundial, evoluiu rapidamente, em especial, da Europa (sul e leste) para o continente americano[62]. Nesta altura, houve poucas limitações para os imigrantes, portanto, a circulação de mão-de-obra internacional era mais desenvolvida do que a circulação do capital.

---

[61] BORDO, M., B. EICHENGREEN and D. A. Irwin, (1999), "Is Globalization Today Really Different Than Globalization a Hundred Years Ago?" *NBER Working Paper*, No. 7185.

[62] WILLIAMSON, J. G., (1996), "Globalization, Convergence and History", *Journal of Economic History*, Vol. 56, pp. 277-306. Por exemplo, durante os 40 anos antes da primeira Guerra Mundial, os imigrantes representavam 24% dos novos trabalhadores nos Estados Unidos.

No entanto, a partir dos anos 20 e 30 do século XX, havia mais restrições nas políticas de imigrantes de cada país[63].

2.2. Desequilíbrios no Processo da Globalização: países adiantados e atrasados e a evolução de relançamento

As análises históricas mostram que os graus de abertura da economia estão ligados estreitamente com o crescimento económico acelerado. A pormenorização e o desenvolvimento da divisão internacional do trabalho não só eliminam restrições devido às doações dos recursos naturais, como também aumentam essencialmente o nível de produtividade, ampliam a dimensão de mercado e, por conseguinte, desenvolvem plenamente as vantagens comparativas de cada país. Portanto, o desenvolvimento da especialização no processo da integração constitui a principal força motriz do comércio e do crescimento económico[64].

O comércio e a circulação internacional do investimento promovem significativamente a divulgação e a transferência dos produtos e tecnologias novos ao nível internacional. Os países atrasados e alguns países a que faltam recursos naturais, através dos efeitos de *spillover* de tecnologias, da intensificação da divisão do trabalho e da amplificação da escala de mercado, poderão aumentar a produtividade e realizar o crescimento económico e alcançar, afinal, os países adiantados. Além disso, há um decurso dinâmico de relançamento alternativo entre os países adiantados e atrasados na industrialização, isto é, aqueles países originalmente atrasados que desenvolvem plenamente as suas vantagens comparativas com a especialização internacional e criam vantagens competitivas através das adequadas estratégias, poderão realizar o relançamento no rendimento *per capita*.

---

[63] RODRIK, Dani, (1997), p. 8, "...*Restrictions on immigration were not as common during the 19th centuay, and consequently, the asymmetry between mobile capital (physical and human) and immobile natural labor, which characterizes the present situation, is a relatively recent phenomenon*".

[64] YANG e SHI, (1992); YANG e BORLAND, (1991).

2.2.1. Mudança das percentagens do PIB mundial

Maddison (1995) na sua obra *Monitoring the World Economy* estudou 56 países do mundo, integrando-os em 7 grandes regiões analisando detalhadamente os seus dados[65]. A tabela a seguir mostra a evolução histórica das percentagens de alguns países no PIB mundial.

Percentagens no PIB Mundial
(calculadas por valores inalteráveis) 1820-1998

	1820	1870	1913	1929	1950	1973	1980	1990	1998
China	0,287	0,166	0,11	0,103	0,062	0,065	0,072	0,112	0,102
Reino Unido	0,05	0,085	0,079	0,065	0,064	0,042	0,036	0,034	0,032
Holanda	0,005	0,008	0,009	0,012	0,011	0,011	0,01	0,009	0,009
França	0,055	0,063	0,053	0,052	0,041	0,042	0,04	0,037	0,033
Alemanha	0,024	0,039	0,053	0,048	0,04	0,051	0,047	0,043	0,048
Espanha	0,019	0,02	0,017	0,019	0,012	0,019	0,018	0,017	0,017
Suécia	0,004	0,006	0,006	0,006	0,009	0,007	0,006	0,006	0,005
Noruega	0,001	0,002	0,002	0,002	0,003	0,003	0,002	0,003	0,003
Finlândia	0,001	0,002	0,002	0,002	0,002	0,003	0,003	0,003	0,003
Estados Unidos	0,018	0,087	0,19	0,228	0,271	0,219	0,208	0,2	0,213
Canadá	0,001	0,005	0,012	0,013	0,018	0,019	0,02	0,019	0,019
Austrália	0	0,006	0,01	0,009	0,011	0,011	0,01	0,01	0,011
Japão	0,031	0,023	0,025	0,033	0,029	0,075	0,077	0,084	0,078
Coreia do Sul	0	0	0,004	0,004	0,003	0,006	0,008	0,014	0,017
Índia	0,134	0,105	0,061	0,05	0,04	0,031	0,032	0,041	0,054
Paquistão	0,01	0	0,005	0,005	0,005	0,004	0,005	0,006	0,006

[65] MADDISON, Angus, (1995), Anexo C (*Levals of GDP in 56 Sample Countries, 1820 -1992*), pp.161-92.

Indonésia	0,016	0,017	0,017	0,02	0,013	0,012	0,014	0,017	0,014
Filipinas	0	0	0,005	0,005	0,005	0,005	0,006	0,005	0,007
Tailândia	0	0,004	0,003	0,003	0,003	0,004	0,006	0,009	0,009
URSS	0,055	0,074	0,085	0,064	0,095	0,094	0,085	0,073	-
Checa	0,009	0,01	0,01	0,011	0,088	0,006	0,006	0,005	0,003
Egipto	0	0	0,002	0	0,002	0,002	0,003	0,004	0,005
África do Sul	0	0	0,003	0	0,006	0,006	0,006	0,005	0,009
Brasil	0,004	0,006	0,007	0,01	0,016	0,024	0,031	0,026	0,029
México	0,007	0,006	0,008	0,007	0,011	0,015	0,018	0,016	0,025
Argentina	0	0,002	0,011	0,014	0,016	0,012	0,012	0,008	0,02

Fontes: MADDISON (1995); os dados de 2000 são do Banco Mundial, (2000), *World Development Indicators,* Washington D.C.

O total do PIB destes 26 países na tabela representava 70,14% do PIB mundial em 1820 e 75,75% em 1998 (com excepção da Ex--União Soviética em 1998). Entre 1820 e 1998, as percentagens destes países na produção mundial sofreram mudanças assinaláveis. Em 1820, por ordem de percentagem no PIB mundial de cada país, aqueles que ultrapassaram 1% são os seguintes: a China (28,7%), a Índia (13,4%), a França (5,5%), a União Soviética (5,5%), o Reino Unido (5,0%), o Japão (3,1%), a Alemanha (2,4%), a Espanha (1,9%), os Estados Unidos (1,8%), a Indonésia (1,6%) e o Paquistão (1,0%). O total do PIB destes 11 países representava cerca de 70% do PIB mundial. Contudo, até ao ano de 1998, conforme os índices, a nova ordem foi: os Estados Unidos (21,3%), a China (10,2%), o Japão (7,8%), a Índia (5,4%), a Alemanha (4,8%), a França (3,3%), o Reino Unido (3,2%), o Brasil (2,9%), o México (2,5%), a Argentina (2,0%), o Canadá (1,9%), a Espanha (1,7%), a Coreia do Sul (1,7%), a Indonésia (1,4%) e a Austrália (1,1%). O total do PIB destes 15 países equivaleu a 71,2% do PIB global.

Esta perspectiva histórica mostra um fenómeno muito interessante: alguns países, como forças recém-aparecidas, começavam a posicionar-se à frente, enquanto outros países capitalistas tradicionais, tornavam-se menos poderosos. O declínio dos países grandes e o crescimento dos países recém-nascidos, constitui conjuntamente um quadro dinâmico nas vicissitudes da história. O relançamento dos países adiantados pelos países atrasados e a alternativa entre prosperidade e decadência dos antigos países grandes e dos novos países poderosos, evoluem na corrente da história.

Os Estados Unidos, o Canadá, a Austrália, o Brasil, o México, a Argentina, o Japão e a Coreia do Sul são, sem dúvida, paradigmas do crescimento. De facto, estes representam respectivamente percursos de desenvolvimento dos países derivados ocidentais (western offshoots)[66], países latino-americanos e países da Ásia de leste.

Em primeiro lugar, as percentagens do PIB mundial nos países derivados da Europa Ocidental (América do Norte, a Austrália) têm aumentado de forma muito notável: em 1820, a percentagem no PIB mundial destes países era de 1,9%, em 1870 era de 9,8%, em 1913 subiu para 21,2%, em 1950 era de 30%, em 1973 e em 1998 manteve-se respectivamente em 24,3% e 24,9%. Já em 1870, os Estados Unidos ultrapassaram todos os tradicionais países capitalistas da Europa Ocidental e eram o segundo país do mundo em termos do PIB. Em 1913, os Estados Unidos tornou-se no primeiro país do mundo com 19% do PIB mundial. Em 1950, esta proporção atingiu os 27,1%. Depois disto, esta percentagem tem descido ligeiramente e entre 1980 e 1998, a média da taxa anual de crescimento dos EUA não registava mais de 1%.

Alguns países latino-americanos como por exemplo o Brasil, o México e a Argentina, pertenciam ao modelo do desenvolvimento estável. Em 1820, a percentagens do PIB destes três países no PIB mundial era menos de 1%, entretanto, tal número tem aumentado estavelmente e em 1998 já ultrapassou os 2%.

Na região asiática há três situações distintas: o modelo de expansão forte representado pelo Japão e a Coreia do Sul, o modelo de decadência evidente representado pela China e Índia e o modelo do crescimento lento representado pela Indonésia, Filipinas e Tailândia.

---

[66] "Western Offshoots" referem-se a quadro países: a Austrália, o Canadá, a Nova Zelândia e os Estados Unidos, ver MADDISON, Angus, (1995), p. 102.

A percentagem do PIB do Japão no cômputo do PIB mundial subiu de 3,1% em 1820 para 7,8% em 1998. Por muito tempo, antes da segunda Guerra Mundial, a percentagem do Japão desceu ligeiramente e apenas a partir dos anos 50 do século XX aumentou estavelmente, mas após os anos 90 desceu um pouco novamente. Mesmo assim, a percentagem do PIB do Japão no PIB mundial em 1998 representava 7,8%, sendo o Japão o terceiro país do mundo depois dos EUA e a China. A percentagem do PIB da Coreia do Sul no PIB mundial era insignificante antes da primeira Guerra Mundial, sendo apenas por volta de 0,4%, entretanto cresceu estavelmente e, em 1998, era já de 1,7%.

A China e a Índia são exemplos típicos da decadência dos países grandes antigos. Em 1820, a China e a Índia, eram os dois maiores países económicos do mundo, as suas produções representavam 42,1% nas produções mundiais. Contudo, tal índice desceu para 17,1% em 1913, menos que a percentagem dos Estados Unidos (19%). Em 1950 o valor desceu para 10,2%, correspondendo o conjunto das produções da China e da Índia apenas a 1/3 da produção dos EUA (27,1%). Em 1998, o conjunto das produções da China e da Índia representava 15,6% do PIB mundial, correspondendo a 73,2% da produção dos EUA. O papel da economia indiana no PIB mundial entre 1820 e 1973 reduziu constantemente, descendo de 13,4% originalmente para 3,1%. A proporção da produção chinesa no PIB mundial diminuiu constantemente entre 1820 e 1950: de 28,7% (apogeu histórico) em 1820 para 6,2% em 1950 (o valor mínimo na história). A partir da década de 70 do século XX, a China e a Índia começaram a aumentar gradualmente as suas proporções na economia internacional, mas até ao ano de 1998 não conseguiram recuperar o nível histórico anterior à primeira Guerra Mundial. Evidentemente, sob pressões duplas das entidades económicas desenvolvidas e dos novos países em vias de desenvolvimento, a China e a Índia perderam, sem remédio, as antigas posições históricas. É claro que, do ponto de vista da tendência de desenvolvimento, a China e a Índia começaram a caminhar novamente em direcção à expansão económica desde os anos 70 do século XX; será o início de novo círculo do relançamento económico.

2.2.2. Evolução do rendimento per capita: *convergência e divergência*

O estudo destinado ao rendimento *per capita*[67] mostra que, geralmente, os desequilíbrios do rendimento na economia global divergem. No entanto, por trás desta tendência geral, há umas notáveis convergências regionais. Além disso, existem divergências importantes entre os modelos de crescimento nas diferentes regiões e nas diferentes fases de desenvolvimento.

Os países derivados da Europa ocidental representados pelos EUA, Canadá, Austrália e Nova Zelândia ultrapassaram os tradicionais países industrializados como por exemplo, a Grã-Bretanha no final do século XIX e mantinham posições de líder até aos anos 50 do século XX. A partir da década de 70 do século XX, a Europa ocidental diminuiu progressivamente a diferença económica que a separava da América do Norte. Em 1998, o PIB *per capita* da Europa ocidental em termos de paridade do poder de compra correspondeu a 96% do PIB *per capita* dos países derivados ocidentais, mostrando a convergência regional notável. Dentro da Ásia, após os anos 70 do século XX, havia fenómenos de relançamento económico bem sucedidos: o Japão, a Coreia do Sul, a Formosa e a Tailândia realizaram o relançamento e, hoje em dia, estes países ou regiões, ficam mais ou menos na mesma posição com as entidades económicas da Europa do Sul.

Comparados com aqueles tradicionais países capitalistas (por exemplo, a Grã-Bretanha e a Holanda), os países derivados ocidentais representados pelos EUA, Canadá, Austrália, Nova Zelândia tinham sido países atrasados (*late comers*) no caminho da industrialização. No entanto, os segundos, especialmente, os EUA, ultrapassaram os países da Europa ocidental na primeira metade do século XX, sendo o país com o nível de rendimento *per capita* mais elevado do mundo. Por isso, se analisarmos a evolução de rendimento *per capita* das outras regiões, utilizando a referência do rendimento *per capita* dos países derivados ocidentais, podemos conhecer a tendência geral da convergência e divergência do rendimento ao nível mundial.

---

[67] MADDISON, Angus, (1995), Anexo D (*Levals of GDP Per Capita in 56 Sample Countries, 1820 - 1992*), pp. 193-206.

Entre 1820 e 1998, os dados de 56 países agrupados em 7 regiões mostram que as diferenças do rendimento entre várias regiões têm aumentado gradualmente desde 1820. Uma tendência evidente é de que o rendimento da Europa ocidental e o dos países derivados ocidentais convergem significativamente, há convergência ligeira na região da Europa do Sul; mas há divergência visível nas outras 4 regiões (Europa de leste, América Latina, Ásia e África). De facto, se analisarmos de acordo com o rendimento *per capita*, a economia mundial classifica-se em duas categorias: um grupo de convergência para cima das regiões de rendimentos elevados e outro grupo de convergência para baixo de rendimentos inferiores.

Segundo o estudo feito por Maddison (1995), a listagem das 7 grandes regiões do mundo em 1820 em termos de rendimento *per capita* é (calculado conforme o dólar americano internacional): a Europa ocidental (1292), os países derivados ocidentais (1205), a Europa do Sul (806), a Europa de Leste (750), a América Latina (715), a Ásia (550) e a África (450)[68]. Em 1820, apenas houve duas regiões cujo PIB *per capita* excedeu 1000 dólares americanos internacionais: a Europa ocidental e os países derivados ocidentais. Em 1998, a listagem das 7 grandes regiões do mundo nesse ano em termos de rendimento *per capita* é (o PIB foi calculado segundo paridade do poder de compra pelo Banco Mundial): países derivados ocidentais (23 232), Europa ocidental (22 515), Europa do Sul (14 553), Europa de leste (7 529), América Latina (7 318), Ásia (6 026) e África (2 226). Em 1998, houve 3 regiões cujo PIB *per capita* ultrapassou 10,000 dólares americanos internacionais, sendo os países derivados ocidentais, a Europa ocidental e a Europa do Sul. Em relação às diferenças no rendimento *per capita* destes 56 países, em 1820, o rendimento *per capita* da Europa Ocidental era cerca de 3 vezes o rendimento *per capita* da África; em 1870 tal diferença correspondeu a 5,09 vezes (os países derivados ocidentais/África); em 1913 era de 9,11 vezes (os países derivados ocidentais/África); em 1950 era de 12,73 vezes (os países derivados ocidentais/África); em 1973 equivaleu a 12,6 vezes; em 1998 era, por seu turno, de 9,98 vezes.

---

[68] MADDISON, (1995), Anexo E.

PIB per capita Real dos 56 países (1820-1998)
(calculado segundo o dólar americano internacional de 1990)

	1820	1870	1900	1913	1950	1973	1998
12 Países da Europa Ocidental							
Áustria	1295	1875	2901	3488	3731	11308	23166
Bélgica	1291	2640	3652	4130	5346	11905	23223
Dinamarca	1225	1927	2902	3764	6683	13416	24218
Finlândia	759	1107	1620	2050	4131	10768	20847
França	1218	1858	2849	3452	5221	12940	21175
Alemanha	1112	1913	3134	3833	4181	13152	22169
Itália	1092	1467	1746	2507	3425	10409	20585
Holanda	1561	2640	3533	3950	5850	12763	21985
Noruega	1004	1303	1762	2275	4969	10229	26342
Suécia	1198	1664	2561	3096	6738	13494	20659
Suíça		2172	3531	4207	8939	17953	25512
Reino Unido	1756	3263	4593	5032	6847	11992	20336
Média Aritmética	1228	1986	2899	3482	5513	11694	22518
4 Países derivados ocidentais							
Austrália	1528	3801	4299	5505	7128	12485	22452
Canadá	893	1620	2758	4213	7047	13644	23582
Nova Zelândia		3115	4230	5178	8495	12575	17298
Estados Unidos	1287	2457	4096	5307	9573	16607	29605
Média Aritmética	1236	2758	3868	5051	8083	13828	23232
5 Países da Europa do Sul							
Grécia				1621	1951	7779	13943
Irlanda	954	1773	2495	2733	3518	7023	21482

Portugal		1085	1408	1354	2132	7568	14701
Espanha	1063	1376	2040	2255	2397	8739	16212
Turquia				979	1299	2739	6426
Média Aritmética		1194	1676	1788	2259	6770	14553

7 Países da Europa de leste							
Bulgária				1498	1651	5284	4809
Checoslováquia	849	1164	1729	2096	3501	7036	12362
Hungria		1269	1682	2098	2480	5596	10232
Polónia					2447	5334	7619
Roménia					1182	3477	5647
União Soviética	751	1023	1218	1488	2834	6058	6450
Jugoslávia				1029	1546	4237	
Média Aritmética		876	1174	1527	2235	5289	7529

7 Países da América Latina							
Argentina		1311	2756	3797	4987	7970	12015
Brasil	670	740	704	839	1673	3913	6618
Chile			1949	2653	3827	5028	8787
Colômbia			973	1236	2089	3539	6006
México	760	710	1157	1467	2085	4189	7709
Peru			817	1037	2263	3953	4282
Venezuela			821	1104	7424	10717	5808
Média Aritmética		783	1311	1733	3487	5017	7318

11 Países/territórios da Ásia							
Bangladeshi	531		581	617	551	478	1361
Birmânia			647	635	393	589	
China	523	523	652	688	614	1186	3105
Índia	531	558	625	663	597	853	2077
Indonésia	614	657	745	917	874	1538	2651

Japão	704	741	1135	1334	1873	11017	23257
Paquistão	531		687	729	650	981	1715
Filipinas			1033	1418	1293	1956	3555
Coreia do Sul			850	948	876	2840	13469
Formosa			759	794	922	3669	
Tailândia		717	812	846	848	1750	5456
Média Aritmética	609	638	775	872	863	2442	6026
10 Países africanos							
Cote d´Ivoire					859	1727	1598
Egipto			509	508	517	947	3041
Etiópia					277	412	574
Gana			462	648	1193	1260	1735
Kenya					609	947	980
Morroco					1611	1651	3305
Nigéria					547	1120	795
África do Sul				1451	2251	3844	8488
Tanzânia					427	655	480
Zaire					636	757	
Média Aritmética					893	1332	2226

Fonte: MADDISON (1995), Banco Mundial (2000).

O decurso do desenvolvimento económico nos últimos dois séculos não levou à mudança fundamental da disposição geral da economia mundial, ou seja, os países derivados ocidentais e os tradicionais países mais potentes da Europa Ocidental, continuam a manter posições de líder relativamente a outras regiões menos desenvolvidas. Contudo, variam os graus desta potência económica nos períodos históricos devido às diferenças da velocidade do crescimento económico de cada região.

Mais especificamente, após 1870, os países da Europa Ocidental ficaram atrasados relativamente aos países derivados ocidentais e esta distância alargou-se gradualmente e somente a partir dos anos 70 do século XX, os países da Europa ocidental se aproximaram dos países derivados ocidentais. Em 1820, o médio PIB dos 12 países da Europa ocidental equivaleu a 95,4% dos países derivados ocidentais e os níveis económicos destas duas regiões eram mais ou menos equivalentes. Em 1870, os países da Europa ocidental realizaram o crescimento económico e ultrapassaram esses países; o PIB médio dos primeiros correspondeu a 1,4 vezes dos segundos. Porém, o padrão de vida da Europa ocidental começou a baixar gradualmente e até 1950 era apenas de 68,2% dos países derivados ocidentais. Após o relançamento a partir da década de 70, em 1998, tal relação proporcional atingiu 96,9%. Assim, os níveis económicos destas duas regiões voltaram à equivalência como a existente em 1820, dando-se, por conseguinte, uma convergência regional considerável.

A região da Europa do Sul, constitui outra zona com poucas diferenças de rendimento *per capita* além da Europa ocidental e dos países derivados ocidentais. Em 1820, a Europa do Sul era a terceira zona mais próspera do mundo. No período entre 1870 e 1998, o seu rendimento *per capita* cresceu 12 vezes. Em 1870, o PIB *per capita* desta região cifrou-se em 43,4% dos países derivados ocidentais. Entretanto, no período entre as duas grandes guerras mundiais, o índice percentual diminuiu significativamente e, em 1950, era de 27,9%. Após os anos 70, designadamente, em 1973, o PIB *per capita* da Europa do Sul correspondeu a quase metade do PIB *per capita* dos países derivados ocidentais. Em 1998, o PIB *per capita* calculado por paridade do poder de compra da Europa do Sul foi de 14553 dólares americanos, equivalendo a 60% dos países derivados ocidentais.

O PIB *per capita* da Europa de leste cresceu estavelmente. Desde 1820, o PIB desta região manteve-se a 30% do dos países derivados ocidentais, sendo a quarta zona da listagem mundial. Em 1870, o PIB *per capita* dos 7 países da Europa de leste foi de 876 dólares americanos internacionais, correspondendo a 31,9% do dos países derivados ocidentais. Após 1950, a taxa percentual subiu bastante e em 1973 foi de 38%. No entanto, a partir dos anos 90 do século XX, deu-se uma evidente descida desse rendimento na Europa de leste. Em 1998, o PIB *per capita* calculado por paridade do poder de compra representou 7529 dólares americanos, correspondendo a 32% dos países derivados ocidentais.

A América Latina foi a quinta zona económica na listagem mundial do rendimento *per capita* em 1820. Em 1829, a média aritmética do PIB *per capita* dos 7 países da América Latina, na tabela foi de 783 dólares americanos internacionais, equivalendo a 28% dos países derivados ocidentais. Já em 1950, a proporção subiu para 43%. Contudo, nos anos seguintes, a relação proporcional desceu constantemente.

Em 1998, o PIB *per capita* destes 7 países foi 7318 dólares americanos internacionais, sendo apenas 31,4% dos países derivados ocidentais, mais baixa do que o nível em 1990 (33,9%). É evidente que o rendimento *per capita* na América Latina nas últimas décadas divergiam dos países derivados ocidentais.

A Ásia é a sexta zona económica do rendimento *per capita*. Entre 1820 e 1998, o PIB *per capita* aumentou aproximadamente 10 vezes. Entretanto, o processo histórico de 200 anos mostra o seguinte facto: há uma divergência incontestável entre o rendimento *per capita* da Ásia e o dos países derivados ocidentais. Os últimos 200 anos podem ser designados como dois séculos do atraso da economia asiática relativamente ao mundo ocidental. Em 1820, a média aritmética do PIB *per capita* dos 11 países asiáticos foi de 609 dólares americanos internacionais, correspondendo a 50% dos países derivados ocidentais. Desde então até 1950, o rendimento *per capita* da Ásia desceu continuamente, relativamente aos países derivados ocidentais, em 1950 a percentagem registou apenas 10%. Entre 1950 e 1998, deu-se um fenómeno de relançamento da economia asiática e o seu rendimento aumentou passo a passo. Mesmo assim, em 1998, o médio PIB *per capita* calculado por paridade do poder de compra foi apenas de 25% relativamente ao dos países derivados ocidentais, equivalendo ao seu nível em 1870 (em termos da percentagem). Prova-se, assim, mais um exemplo da divergência do rendimento *per capita* na economia mundial.

Entre 1820 e 1998, a África foi sempre o continente mais pobre do mundo. Simultaneamente, este período foi também um ciclo muito pesado, no qual a economia africana ficou muito atrasada do resto da economia ocidental. Em 1820, o rendimento *per capita* dos 10 países da África equivaleu a 37% dos países derivados ocidentais. Contudo, no longo espaço do tempo entre 1820 e 1913, a economia desta região desceu sem cessar e até 1923, o PIB *per capita* da

África representou apenas 11% dos países ocidentais. Nos 80 anos depois, a economia africana ficava paralisada e, em 1998, o PIB *per capita* da África, calculado por paridade do poder de compra correspondeu somente a 7% dos países derivados ocidentais, muito menos do que o nível percentual em 1900 (12%). Além disso, os dados manifestam também que o rendimento *per capita* da África em 1992 (1332 dólares americanos internacionais) correspondeu aproximadamente ao nível dos países do mundo ocidental em 1820. É incontestável que o período desde o ano 1820, para a África, foi tipicamente um século de maior divergência relativamente à economia mundial.

Seguidamente, vamos analisar alguns países típicos. No desenho onde há uma tendência geral de divergência na economia mundial, existem também alguns casos bem sucedidos do relançamento económico pelas economias originalmente atrasadas. Incluem-se neste tipo o relançamento do Reino Unido pelos EUA, o relançamento dos EUA pela Alemanha e pelo Japão e relançamentos económicos pelos países industrializados asiáticos e americanos latinos nas últimas décadas. Por exemplo, devido aos diferentes resultados do crescimento económico dentro da Ásia, embora em conjunto ela fique muito atrasada dos países ocidentais, há, de facto, alguns exemplos bem sucedidos, tais como o Japão, a Coreia do Sul, a Formosa e a Tailândia, Hong Kong e Singapura.

Em 1820, o PIB *per capita* dos EUA correspondeu a 70% do PIB *per capita* do Reino Unido. Desde então, surgiu uma tendência forte do relançamento, em 1900, o rendimento *per capita* equivaleu quase a 90% do Reino Unido. Em 1903, pela primeira vez, o rendimento *per capita* dos EUA ultrapassou o do Reino Unido e em 1913 atingiu-o 1,05 vezes. No intervalo entre duas grandes guerras, os EUA relançaram-se rapidamente. Em 1950, o seu PIB *per capita* foi 1,4 vezes o PIB do Reino Unido. Em 1998, o PIB *per capita* dos EUA segundo a paridade do poder de compra foi 29 605 dólares americanos internacionais, equivalendo a 1,5 vezes do Reino Unido (20 336 dólares americanos internacionais). O decurso do desenvolvimento da economia norte-americana representou um paradigma bem sucedido dos países derivados ocidentais, em relançamento dos tradicionais países capitalistas.

O Japão é um exemplo típico do relançamento económico das economias asiáticas atrasadas. O seu desenvolvimento mostra o caminho visível de "a dissemelhança em primeiro e o relançamento depois". Em 1820, o PIB *per capita* do Japão correspondeu a 54% do dos EUA. Durante muito tempo, esta diferença tendeu a aumentar e até 1950, o PIB *per capita* do Japão foi apenas 20% dos EUA. O período entre 1950 e 1973 é uma fase de transição durante a qual o Japão realizou o crescimento económico. Em 1973, o seu rendimento *per capita* correspondeu a 66% do nível norte-americano. Vinte anos depois, o ritmo do crescimento económico do Japão foi mais vagaroso, mas a diferença com os EUA diminuiu. Em 1998, o PIB *per capita* calculado por paridade do poder de compra atingiu 75% dos EUA. O processo do relançamento económico do Japão não foi muito longo, o que evidentemente, mostra que o Japão tem aproveitado bem as suas vantagens económicas.

Entre os principais países ocidentais, há uma convergência para cima no que diz respeito ao rendimento *per capita*. O rendimento do Reino Unido, da Alemanha, da França, da Itália, da Holanda, da Austrália e da Espanha têm-se mantido a 70% dos EUA. Comparando esta, com a situação em 1820 e com o intervalo entre as duas grandes guerras mundiais, verifica-se um efeito visível da convergência nestes países.

Outros países grandes como a China, a Índia, o Brasil e a ex--União Soviética, entre 1820 e 1998, passaram um decurso de ampliação da diferença no rendimento *per capita* relativamente aos EUA. Em 1820, o rendimento *per capita* da China e o da Índia equivaleram respectivamente a 40% do dos EUA, o rendimento *per capita* do Brasil e da ex-União Soviética representaram respectivamente mais de 50% dos EUA. No entanto, em 1950, o rendimento *per capita* da China e o da Índia foram respectivamente 6% do dos EUA, enquanto o do Brasil e o da ex-União Soviética foi respectivamente 17% e 29% dos EUA. Portanto, de 1820 a 1950, tratou-se do alargamento da diferença económica destes países grandes. Entre 1950 e 1998, a dissemelhança do rendimento *per capita* da China, da Índia e do Brasil relativamente aos EUA não foi efectivamente atenuada, pelo contrário, estagnou. Em 1998, segundo a paridade do poder de compra, o rendimento *per capita* da China correspondeu apenas a 10% as dos EUA, o da Índia foi de 7% e o do Brasil registou os 22%, sendo todos muito menores do que os níveis percentuais em 1870 e em 1990. Em suma, a etapa histórica entre 1820 e 1998, revela que, enquanto os países ocidentais cresceram rapidamente, os principais países grandes ficaram muito atrasados nesta fase de competição.

2.2.3. Desenvolvimento do comércio

2.2.3.1. *Taxa de dependência da exportação de mercadorias*

A partir da segunda metade do século XIX, o comércio internacional começou a expandir-se aceleradamente. De 1820 a 1993, o comércio mundial cresceu mais de 540 vezes. Em consequência disso, a taxa de dependência da exportação de mercadorias subiu de 1% em 1820 para 13,5% em 1992. O período entre 1820 e 1870 e o período entre 1950 e 1973 constituem duas fases importantes do crescimento da taxa de dependência do comércio.

Taxa de Dependência da Exportação de Mercadoria: 1820-1992 (%)

	1820	1870	1913	1929	1950	1973	1992
China		0,7	1,4	1,7	1,9	1,1	2,3
Japão		0,2	2,4	3,54	2,3	7,9	12,4
EUA	2	2,5	3,7	3,6	3	5	8,2
Canadá		12	12,2	15,8	13	19,9	27,2
Austrália		7,4	12,8	11,2	9,1	11,2	16,9
Reino Unido	3,1	12	17,7	13,3	11,4	14	21,4
Alemanha		9,5	15,6	12,8	6,2	23,8	32,6
França	1,3	4,9	8,2	8,6	7,7	15,4	22,9
Holanda		17,5	17,8	17,2	12,5	41,7	55,3
Espanha	1,1	3,8	8,1	5	1,6	5	13,4
USRR/Rússia			2,9	1,6	1,3	3,8	5,1
Brasil		11,8	9,5	7,1	4	2,6	4,7
Argentina		9,4	6,8	6,1	2,4	2,1	4,3
México		3,7	10,8	14,8	3,5	2,2	6,4

Índia		2,5	4,7	3,7	2,6	2	1,7
Indonésia		0,9	2,2	3,6	3,3	5	7,4
Tailândia		2,1	6,7	6,6	7	4,5	11,4
Formosa			2,5	5,2	2,5	10,2	34,4
Mundo	1	5	8,7	9	7	11,2	13,5

Fonte: MADDISON (1995).

Podemos dividir os países na tabela em cima representada, em 4 interessantes modelos de desenvolvimento das exportações. O primeiro tipo é o modelo de crescimento estável: ou seja, a taxa de dependência da exportação em 1820 foi alta e o país conseguiu aumentá-la com passos seguros. Pertenciam ao este tipo a Holanda, o Canadá, o Reino Unido, os EUA, a Espanha, a Alemanha, a França e a Austrália. Nos anos típicos (1870, 1913, 1973, 1993), as taxas de dependência das exportações destes países foram mais altas do que o nível médio mundial. O segundo tipo é o modelo de relançamento rápido: isto é, as taxas foram originalmente baixas e posteriormente cresceram significativamente. O segundo tipo é representado pelo Japão e mais tarde, pela Indonésia, Tailândia, territórios como Formosa, etc. Por exemplo, em 1820, a taxa de dependência das exportações do Japão foi mínima (apenas 0,2%), mas para já em 1992 subiu para 12,4%; a Formosa cresceu de 2,5% em 1950 para 34,4% em 1992, sendo mais alta que a taxa média mundial e as taxas de muitos países desenvolvidos. O terceiro tipo é o modelo de decadência progressiva, ou seja, as taxas eram relativamente altas no início (por exemplo, em 1870), mas desceram posteriormente. São deste tipo os países americanos latinos (o Brasil, a Argentina e o México) e a Índia. Por exemplo, a taxa de dependência das exportações da Índia, atingiu 4,7% em 1913, antes da primeira Guerra Mundial, entretanto, mesmo até 1992, ainda não conseguiu recuperar o seu nível histórico. O quarto tipo é o modelo de crescimento tardio, isto é, o nível original foi baixo e mais tarde cresceu lentamente. A China é um exemplo deste aspecto. Em 1870, a sua taxa de dependência foi ligeiramente mais alta do que a do Japão, mas desde então ficou sempre atrasada e, em 1992, a diferença ultrapassou 10%.

2.2.3.2. *Distribuição regional das exportações mundiais de mercadorias*

As divergências e desequilíbrios surgidos no decurso de abertura económica levam à mudança de proporção no comércio mundial de cada país. A situação de disposição regional das exportações mundiais entre 1870 e 1992 é a seguinte: a percentagem da Europa ocidental nas exportações mundiais nesse período sofreu uma descida notável (de 55% em 1870 a 41% em 1992), a Europa ocidental é uma região que exportou mais para o mundo; os países derivados ocidentais representados pelos EUA partiram de numa percentagem relativamente baixa (11%) em 1870 e passaram uma fase da expansão das exportações que em 1950 ocuparam 25% do cômputo das exportações mundiais, mas nos anos seguintes houve uma tendência de descida e ocuparam 17% dessas exportações em 1992. Outras regiões tais, como a Europa do Sul, a Europa de Leste, a América Latina e a África andavam devagar e cambaleando para aumentar o volume das exportações. Com excepção da Ásia, a percentagem de cada região foi geralmente menos 8% do total das exportações mundiais, sendo que, a partir dos anos 70 do século XX, a Ásia realizou a expansão das exportações e atingiu 18% em 1992, ultrapassando a percentagem dos países derivados ocidentais. Portanto, para a Europa ocidental, o período entre 1870 e 1950 foi um ciclo de descida contínua da quota das exportações, mas para 4 países derivados ocidentais (os EUA, o Canadá, a Austrália e a Nova Zelândia) esse período foi uma fase próspera do comércio externo. Para outras regiões, por longo período do tempo, ficavam na situação de enfraquecimento gradual do comércio.

Quanto à situação dos países, os dados de 1870 a 1992 mostram que os países pequenos no comércio internacional e os países menos influentes na economia mundial podiam realizar o relançamento económico através da expansão comercial. Entre 1870 e 1992, os Estados Unidos e o Japão acrescentaram estavelmente as suas quotas das exportações: os EUA expandiram a sua quota de 4% em 1870 para 12% em 1992 e o Japão aumentou firmemente a sua percentagem de 0,1% em 1870 para 8% em 1992. Tratou-se de uma etapa histórica de avanço económico para estes dois países. O Reino Unido e a Alemanha, pelo contrário, perderam progressivamente as suas antigas posições de líder; em 1870, o conjunto das exportações do Reino

Unido e da Alemanha equivaleu a 34% do cômputo mundial, mas em 1992, ambos diminuíram as suas quotas. O Reino Unido desceu obviamente de 22% para 5% e a Alemanha desceu ligeiramente de 12% para 10%. O período entre 1870 e 1992 foi um espaço do tempo de decaída constante do comércio para a Índia. Em 1870, a quota da Índia nas exportações mundiais era de 6,2% (maior do que a percentagem dos EUA: 4,4%), infelizmente, em 1992, a quota da Índia reduziu-se para 0,5% (muito menos que a do Brasil em 1870 e a do Japão em 1913: 0,7%). Semelhante à China, o Brasil sofreu também uma descida da quota das exportações. Mesmo que nos últimos anos, a China aumentasse constantemente as exportações e em 1992 a sua quota fosse 2,2%, tal resultado foi ainda menor que o nível percentual em 1870 (2,5%).

As Quotas das Exportações Mundiais: 1820-1992

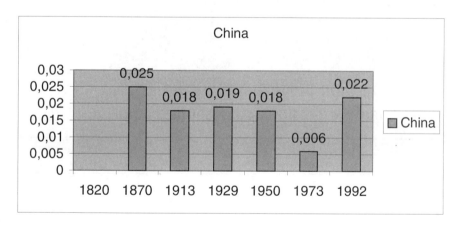

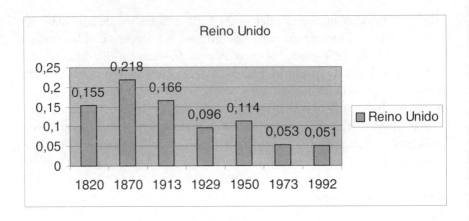

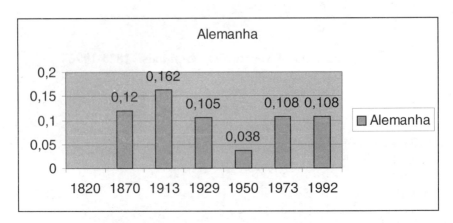

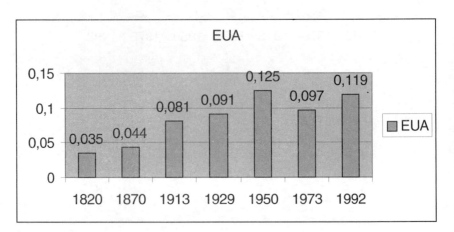

O Mundo em Globalização 73

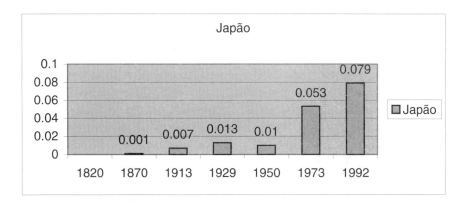

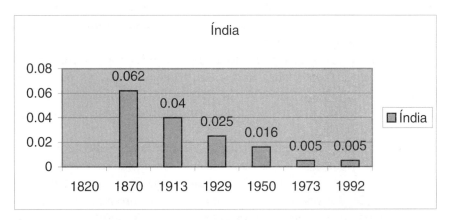

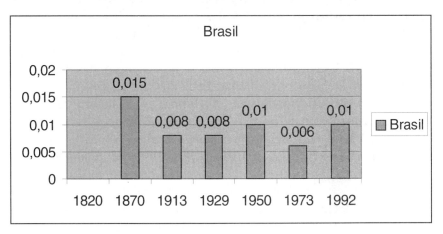

Fonte: MADDISON (1995).

2.2.3.3. Mudança da composição do comércio internacional

Uma nova característica do desenvolvimento do comércio internacional nos últimos anos é a mudança da composição do comércio, consequentemente, o rompimento da sua disposição tradicional. Por um lado, a partir dos anos 60 do século XX, os preços dos produtos primários têm descido continuamente. No período entre 1960 e 1999, a análise sobre índices de preços dos produtos primários nos mercados internacionais mostra que, com excepção do petróleo (o preço do petróleo subiu duas vezes), os preços da comida, bebida, produtos agrícolas, matérias-primas desceram mais de duas vezes; e os preços do aço e do adubo desceram 1,5 vezes. O valor e o papel dos produtos primários no comércio internacional diminuíram, portanto, em consequência disso.

Por outro lado, têm surgido e desenvolvido novas formas do comércio nas seguintes duas áreas: em primeiro lugar, os países desenvolvidos importam cada vez mais produtos manufacturados dos países em vias de desenvolvimento; em segundo lugar, o comércio dos serviços nasce e cresce.

O fluxo comercial entre os países de rendimento alto (por exemplo, Estados-Membros da OCDE, a União Europeia, os Estados Unidos, o Japão, etc.) e os países de rendimento médio e baixo, demonstra uma alteração considerável da combinação dos produtos importados e exportados. Isto é, nas importações dos países ricos, a quota dos produtos primários provenientes dos países em vias de desenvolvimento tem diminuído; pelo contrário, a percentagem dos produtos manufacturados provenientes dos países em vias de desenvolvimento tem crescido. Este fenómeno revela a modificação das vantagens comparativas no comércio internacional dos países desenvolvidos e dos em vias de desenvolvimento. As formas e a natureza da divisão do trabalho internacional no que diz respeito à produção e ao comércio mundial mudaram significativamente. A alteração da composição das importações expõe tal argumento. Em 1990, os produtos manufacturados provenientes dos países de rendimento médio e baixo representaram 40% do total produtos manufacturados importados pelos Estados-Membros da OCDE, a percentagem do combustível importado dos países em vias de desenvolvimento era de 34%, a da comida era de 15%, a do minério representava 7%, a das matérias-

-primas agrícolas era de 4%. No entanto, em 1998, a percentagem dos produtos manufacturados no cômputo das importações subiu para 66% e as quotas de outros produtos desceram aparentemente, a do combustível reduziu para 14%, a da comida desceu para 11%, a do minério diminuiu para 5% e a das matérias-primas agrícolas era apenas de 3%.

Importação Proveniente dos Países de Rendimento Médio e Baixo Pelos Países OCDE (%)

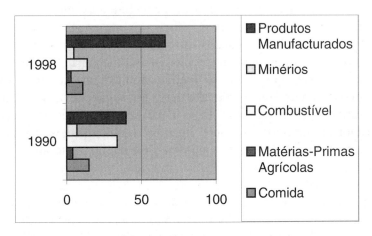

Fonte: Banco Mundial (2000), *World Development Indicators*.

A composição da importação de outras regiões (países que não são membros da OCDE) possui a mesma tendência do desenvolvimento do comércio. A percentagem dos produtos manufacturados importados, provenientes dos países de rendimento médio e baixo pela União Europeia subiu de 39% em 1990, para 60% em 1998. A percentagem do combustível importado desses países desceu de 30% em 1990 para 14% em 1998; as quotas dos outros produtos tais como a comida, matérias-primas agrícolas e minérios reduziram igualmente.

Em 1990, no âmbito da importação para os Estados Unidos, 47% dos produtos manufacturados provieram dos países de rendimento médio e baixo; em 1998, a percentagem aumentou para 75%, ou seja, a importação dos produtos manufacturados pelos EUA é o negócio mais importante entre este país e outras entidades económicas menos importantes. Pelo contrário, a importação dos outros produtos tornou-se menos indispensável, por exemplo, as matérias-primas agrícolas provenientes dos países em vias de desenvolvimento representaram apenas 1% da importação desta natureza dos EUA. Em 1990, no Japão, 22% dos produtos manufacturados importados provieram dos países menos desenvolvidos e 46% do combustível importado era originário destes países; em 1998, a percentagem dos produtos manufacturados aumentou para 50% e a do combustível diminuiu para 20%, enquanto a percentagem das matérias-primas agrícolas ficou apenas em menos 4%.

O surgimento e a expansão do comércio de serviços constituem outro fenómeno importante no comércio internacional. O âmbito do comércio de serviços é muito amplo, nomeadamente, transportes (marítimos, aéreos, terrestres, fluviais, do espaço exterior, canais, etc.), turismo, serviços financeiros e de seguros, telecomunicações internacionais, correio e serviços ligados a computadores, construção e serviços laborais, *Royalties,* impostos dos direitos autorais e patentes, serviços técnicos especializados, serviços pessoais, serviços culturais, entre outros.

Em 1990, o valor da exportação do comércio de serviços foi correspondente a 754,5 biliões de dólares americanos e, em 1998, subiu para 1279,29 biliões de dólares americanos. Em 1990, a percentagem da exportação do comércio de serviços no cômputo das exportações mundiais era de 18,5% e em 1998 subiu para 23,8%. Também em 1998, a percentagem da importação do comércio de serviços nas importações mundiais era de 19%. É óbvio que o comércio de serviços já é uma nova e importante componente do comércio internacional para aiém do comércio de mercadorias.

Nesta área, os países desenvolvimento têm muitas vantagens. Em 1998, nas exportações mundial do comércio de serviços, a quota dos EUA era de 19%, a do Reino Unido era de 8%, a do Japão representou 5%, a de Hong Kong registou 3% e a da China era de menos de 2%. No mesmo ano, o total das exportações do comércio de serviços da União Europeia era cerca de 420 biliões de dólares americanos, representando 30% das exportações mundiais do comércio de serviços. Em 1998, os países desenvolvidos exportaram 80% das exportações mundiais do comércio de serviços e os países menos desenvolvidos, tinham somente 4%. Do ponto de vista da disposição regional do comércio de serviços, a Europa e os EUA são as regiões mais importantes, enquanto a Ásia do Sul e a África tinham só 1%, a Ásia do Leste e a América Latina tinha, respectivamente, 7% e 4%. Evidentemente, há uma grande diferença entre os países de rendimento médio e baixo e os países desenvolvidos quanto à exportação deste tipo de comércio.

2.2.3.4. *Influência dos blocos comerciais sobre o comércio mundial*

A partir da segunda Guerra Mundial, especialmente nos últimos vinte anos, o comércio inter-blocos tem-se desenvolvido constantemente e desempenhado um papel cada vez mais importante na elaboração e na salvaguarda das regras do comércio internacional e regional. O comércio e os investimentos entre os países dos blocos comerciais e outros países do mundo fazem parte principal da economia internacional. Em particular, alguns blocos regionais formados pelos países desenvolvidos representam verdadeiras "cabeças de dragão" no desenvolvimento da economia mundial.

2.2.3.5. *Quotas das exportações dos blocos regionais*

Entre 1970 e 1998, os blocos regionais dos países de rendimento alto, lideraram o comércio internacional. Por exemplo, em 1998, a União Europeia (composta então por 15 países) representou 35,5% das exportações mundiais, enquanto a quota do NAFTA era de 18,4%. Quanto à América Latina e à ASEAN (*Association of South--East Asian Nations*), representaram respectivamente 4% e 6% das exportações mundiais. Os blocos regionais africanos exportaram menos de 1% do cômputo mundial.

2.2.3.6. *Comércio intra-blocos e comércio de "três polos"*

No período entre 1970 e 1998, o comércio intra-blocos da APEC *(Asia-Pacific Economic Forum)*, da União Europeia e da NAFTA cresceram estavelmente. As exportações intra-bloco da APEC representaram 58% das exportações do seu conjunto em 1970 e 70% em 1998. Em 1998, na União Europeia, as exportações para os Estados--Membros eram mais de 55% das exportações totais. As exportações intra-blocos do NAFTA subiram de 36% em 1970 para 52% em 1998. Por isso, graças às medidas preferenciais concedidas aos Estados-Membros, os blocos regionais aumentaram as taxas de dependência do comércio e o nível do livre cambismo; simultaneamente, excluíram, certamente, ligações com países terceiros.

Além disso, durante os últimos vinte anos, os Estados Unidos, o Japão e a União Europeia têm reforçado relações comerciais entre si e constituíram "o comércio de três polos"[69]. Realmente, a maioria das actividades comerciais foram exercidas entre estes três polares. Em 1996, as exportações entre os três pólos representou 57,3% das exportações mundiais e as importações eram de 56,5% do conjunto mundial. Neste sentido, outros países poderão ser excluídos nos diferentes graus do sistema do livre cambismo e por conseguinte ficarão nas zonas periféricas do desenvolvimento rápido do comércio internacional.

---

[69] RUGMAN, Alan, (2000), *The End of Globalization*, Randomhouse.

Dez Anos do Desenvolvimento do Comércio de Três Polares

	Exportações				Importações			
	1987		1996		1987		1996	
	1 Bilião US$	%	1 Bilião US$	%	1 bilião US$	%	1 Bilião US$	%
EUA	252,9	10,5	679,5	12,7	424,1	17,1	791,2	15
União Europeia	1049,7	43,7	1926,6	36	1049,6	42,3	1882,1	35,6
Japão	231,3	9,6	456,9	8,5	150,9	6,1	317,6	6
Soma das três polares	1533,3	63,7	3063	57,3	1624,6	65,5	2990,8	56,5
Conjunto de todos os restos países	867,2	36,1	2284,7	42,7	854,9	34,5	2299,9	43,5
Total	2400,5	100	5347,7	100	2479,5	100	5290,7	100

Fonte: RUGMAN, Alan (2000).

2.2.4. Desenvolvimento do investimento

2.2.4.1. *Volume e composição do fluxo do capital internacional*

Após os anos 90 do século XX, a quantidade do fluxo do capital (especialmente capital dos particulares) para os países em vias de desenvolvimento tem aumentado significativamente. O volume do capital circulante líquido cresceu de 50 biliões de dólares americanos em 1987, para 150 biliões de dólares americanos em 1989. Os capitais privados tem tido um papel importante na circulação dos capitais internacionais: em 1990, o volume do fluxo dos capitais privados representaram 3% dos investimentos directos nos países em vias de desenvolvimento, em 1996, atingiu já os 20%[70]. Dos capitais privados, quase 80% foram dirigidos para 10 principais países em vias de desenvolvimento. Com o aumento de taxas de abertura dos países

---

[70] Banco Mundial, (1997), *The World development Report*, Washington D.C.

em vias de desenvolvimento, em particular, e com a abertura das transacções financeiras internacionais, todos os países em vias de desenvolvimento são influenciados pelo fluxo do capital internacional.

Actualmente, ocorrem nas vias da circulação do capital internacional grandes alterações. Durante muitos anos, cerca de 2/3 dos capitais privados com destino aos países em vias de desenvolvimento eram feitos através de empréstimo dos bancos comerciais. Contudo, recentemente, as vias tradicionais têm sido substituídas pelos investimentos directos estrangeiros (*FDI, Foreign Direct Investment*) e fluxos de investimento com valores (*portfolio capital flows*).

Nos últimos anos, títulos de créditos e acções corresponderam a 1/3 dos capitais privados encaminhados para os países em vias de desenvolvimento, enquanto os empréstimos dos bancos comerciais como vias tradicionais de financiamento representaram menos de 1/3. Alguns factores levaram a este fenómeno, designadamente, as tecnologias de transacções reduziram os custos de emissões de instrumentos financeiros e relevantes custos; as privatizações e o movimento de liberalização permitiram a criação de numerosas empresas competitivas; as reformas de afrouxamento dos controlos dos mercados financeiros pelos principais países industrializados dos anos 80 do século passado permitiram a atracção dos capitais pelos países em vias de desenvolvimento; as políticas macroeconómicas e reformas comerciais dos países em vias de desenvolvimento atraíram a atenção dos investidores internacionais.

2.2.4.2. *Características regionais do fluxo do capital internacional*

Os dados mostram que semelhantemente com a situação do comércio, os Estados Unidos, o Japão e a União Europeia controlaram efectivamente os principais investimentos directos estrangeiros. Em 1997, a União Europeia foi a maior região de origem dos investimentos directos estrangeiros e os seus *FDI* eram de 1309 biliões de dólares americanos. Os dos EUA eram de 861 biliões de dólares americanos e os do Japão equivaleram a 272 biliões de dólares americanos. Em 1997, os investimentos dos três pólos corresponderam 71% dos investimentos directos estrangeiros do mundo[71].

Além disso, os investimentos directos intra-três-pólos eram também muito importantes, em particular, os investimentos mútuos entre os EUA e a União Europeia. Na União Europeia, houve 513 biliões de dólares americanos de investimentos directos intra-bloco. No NAFTA, cerca de 20% dos investimentos directos estrangeiros provieram dos seus Estados-Membros.

2.3. A China no Processo da Integração Económica

A sabedoria das ciências sociais do mundo ocidental tradicional permitiu estabelecer uma ideia adquirida, isto é: as grandes reformas económicas levadas pelo capitalismo que nasceu na Europa e a expansão económica no nível global constituem a maior força da promoção do desenvolvimento histórico nos últimos 200 anos. É geralmente reconhecido que com os descobrimentos portugueses no século XV se deu uma ruptura na história mundial, ou seja, a modernidade substituiu a tradição e o ocidente tornou-se em centro da economia mundial. O ocidente representa sinais de modernidade, progresso, invenção e abertura enquanto o oriente é reduzido à tradição, estagnação, conservadorismo e bloqueio. O exposto corresponde a uma ideia adquirida do centralismo europeu[72]. Quase todas as crenças no centralismo europeu, confirmam que o ano de 1500, representa um importante ponto de viragem da história humana e a história mundial, que, em sentido restrito tem os começos nas aventuras de Colombo, Vasco da Gama e Magalhães. Além disso, as regiões, excepto países ocidentais, devido à inexistência do capitalismo, somente se integraram na corrente mundial com a influência europeia. Em outras palavras,

---

[71] Segundo os dados do FMI, (1998), *Balance of Payments Statistics*.

[72] FRANK, Andre Gunder, (1998), *Reorient: The Global Economy in Asian Age*, University of California Press, p. 2, "*Europe invented historians and then made good use of them to promote their own interests at home and elsewhere in the world*"; p. 9, "*The Eurocentric idea consists of several strands, some of which are privileged by political economists like Karl Marx and Werner Sombart, and others by sociologists like Émile Durkheim, Georg Simmel and Max Weber*".

foi o ocidente que através da expansão, fez com que o oriente se integrasse com o resto do mundo. Portanto, a economia mundial tem a sua origem na Europa e sendo o seu centro, formou um sistema da economia mundial[73]. Pelo menos, a partir do ano de 1500, o ocidente tem sido o centro da economia mundial e tem incrementado o desenvolvimento do capitalismo. Como Toynbee disse, "Os conflitos entre o mundo e o ocidente já duravam há mais de 500 anos. Nesses conflitos, o mundo, em vez do ocidente, aprendeu uma lição importante; porque não é o mundo que deu o golpe, antes pelo contrário, é o ocidente que deu o golpe"[74]. As revoluções científicas, industriais e políticas que decorreram na Europa fizeram com que o continente americano e a Austrália fossem europeizados, a África dividida e a Ásia dominada. Será tudo isto verdade?

2.3.1. China: um centro comercial de grande dimensão

Do ponto de vista da característica essencial da globalização económica, ou seja, o desenvolvimento da divisão internacional do trabalho, as relações comerciais ao nível global começaram pelo menos no ano de 1500. A integração da economia mundial, sendo uma vida económica organizada que acompanha o desenvolvimento da história internacional, é cada vez mais óbvia na época contemporânea. Além disso, a evolução da integração refere-se apenas à transformação das formas da integração[75].

De facto, antes da chamada posição dominante da Europa relativamente a todo o mundo, as relações comerciais e exteriores entre diferentes lugares do mundo já existiam. Embora este processo tivesse sido muito lento, foi bastante estável e contínuo. Antes da Idade Média, a Europa encontrava-se bastante atrasada, pois, embora quisesse obter especiarias da Ásia do Sul e seda da China, não tinha

---

[73] BRAUDEL, Fernand, (1992), "The Perspective of the World", Vol. 3 of *Civilization and Capitalism 15th-18th Century,* Berkeley and Los Angeles, University of California Press.

[74] TOYNBEE, Amold, (1946), *A Study of History,* Oxford: Oxford University Press, edição chinesa.

[75] PERLIN, Frank, (1994), *Unbroken Landscape, Commodity, Category, Sign and Identity: Their Production as Myth and Knowledge from 1500,* Aldershot, U.K.: Variorum.

produtos para a troca. No período entre o século XI e o século XV, o comércio entre a Europa e o mundo exterior aumentou significativamente. Este facto exerceu grandes influências sobre a economia europeia: os consumidores e produtores europeus dependiam dos produtos e mercados estrangeiros; com o aumento da população (a população da Europa ocidente e central cresceu cerca de 50% entre os séculos X e XIV), a escala da troca aumenta também; a pressão da população e a competição entre os países faziam com que os negociantes da Europa ocidental procurassem novos mercados e itinerários. Devido as razões geográficas, a Europa não pôde viver em autarcia, pois precisava dos produtos estrangeiros. Foi esta necessidade que promoveu o desenvolvimento do comércio externo da Europa.

As análises sobre o comércio entre 1400 e 1800 mostram que a partir de 1500, a economia global e a divisão do trabalho no nível mundial bem como o comércio multilateral já existiam e estavam a evoluir constantemente[76]. Desde então, o comércio de mercadorias e a circulação de moedas levaram à divisão de trabalho e à competição entre vários sectores e regiões, consequentemente, promoveram as relações económicas ao nível internacional. Relativamente ao comércio, a competitividade, a complementaridade, bem como níveis e dimensões de divisão do trabalho entre as diferentes regiões do mundo evoluía na medida em que as relações comerciais eram reforçadas. Até 1800, o centro do sistema económico global sempre foi a Ásia: a China era um país comercial grande e a força dirigente da economia global, enquanto a Europa ficava nas zonas periféricas no desenvolvimento económico nessa fase[77]. Antes de 1750, as produções e actividades comerciais na Ásia desenvolviam-se mais rapidamente do que aquelas na Europa; além disso, foi exactamente a atracção pelo comércio e economia asiáticos que permitiram a ampliação e a especialização da participação europeia na divisão internacional do trabalho.

---

[76] FRANK, Andre Gunder, (1998), pp. 3-4, *"I – and I hope the reader – will be satisfied with the bare outlines of an alternative rendition of the world economy between 1400 and 1800. It offers a basis for a now only very preliminary – but later hopefully deeper and wider – structural, functional, dynamic, and transformational global analysis and theory of the single world political economy and social system in which we all (have to) live together"*.

[77] FRANK, Andre Gunder, (1998), p.127.

2.3.1.1. *Actor principal do comércio global*

Antes da prosperidade do mundo ocidental, a divisão das produções e relações comerciais já existiam na economia global, mais especificamente, a força dirigente era a China. Nesse período, as produções e exportações da China tinham uma posição em destaque na economia mundial[78].

Em primeiro lugar, do ponto de vista da circulação global do comércio, no período entre 1400 e 1800, os níveis de participação pela Europa, América e África eram baixos, mas a Ásia, especialmente a China, era o centro mais importante das exportações e um lugar de atracção de prata. Os principais produtos exportados pela China eram porcelana e seda, incluindo também produtos têxteis de algodão, chá, peças de pano, cetins, veludos, papeis, frutos, medicamentos, armas, objectos de cobre, instrumentos de ferro, zinco, níquel, etc. Até à metade do século XIX, a China mantinha um balanço favorável e obtinha grande quantidade de prata estrangeira para compensar as importações.

Em comparação, durante muito tempo, existia grande quantia de déficit de comércio na Europa. Originalmente, a Europa era um dos principais importadores de ouro e prata, entre 1545 e 1800. A Europa em si importava 70% da prata produzida pela América e 32% da prata importada da Europa era transmitida para a Ásia. Uma das razões principais para esta expansão era a compensação do balanço desfavorável da Europa relativamente aos mercadores chinês e indiano. Por isso, a Europa era uma região importante da importação e exportação de ouro e prata[79].

A disposição do comércio e divisão do trabalho da economia mundial era na altura, a seguinte:
  – A China e a Índia eram centros do comércio internacional. A China tinha vantagens óbvias nas áreas de artesanato, de agricultura, de transportes terrestre e fluvial e de comércio externo, etc. e conseguia manter grande quantidade de balanço favorável no comércio especialmente dos produtos de seda, porcelana, ouro, sapecas e chá. A Europa expandiu o comér-

---

[78] FRANK, Andre Gunder, (1998), pp. 108-23.
[79] FRANK, Andre Gunder, (1998), p. 116, p. 127 e p. 234.

cio externo e reforçou as relações económicas com outras regiões, mas o seu papel era relativamente limitado.
- A América, o Japão, a África e a Europa eram quatro regiões com constante balanço desfavorável. A América e o Japão dependiam das exportações de prata para compensar o déficit e a África dependia das exportações de ouro e escravos.
- A Europa, durante muito tempo, tinha déficit de comércio. Em vez das exportações dos próprios produtos manufacturados, a Europa actuava como agente das exportações das três regiões: isto é, exportações da África para a América, exportações da América para a Ásia e exportações da Ásia para a África e a América.

É evidente que a região núclea do comércio e economia mundial era a China, a região mais próxima desta era composta pela Ásia Oriente e Ásia do Sul bem como outras regiões asiáticas. A terceira camada periférica abrangia a Europa, a África e o novo continente da América.

Em segundo lugar, antes da chegada dos europeus à Ásia, tinha já existido uma rede próspera de comércio na Ásia, na qual a China tinha um papel fundamental[80]. Após a chegada dos europeus ao Oceano Índico, descobriu-se que a rede próspera de comércio da Ásia começou na China, Japão e Filipinas e terminou na beira do Mediterrâneo Leste e postas e portos da África Oriente. Os produtos de tráfico eram principalmente porcelana, seda e chá[81]. De facto, o Império Chinês e os demais Estados tributários compuseram um sistema do comércio que envolveu não só a Ásia Oriente e a Ásia Sudeste e estava relacionado também com a Índia, regiões muçulmanas e a Europa[82]. Esta disposição de comércio até aos meados do século XIX envolveu cerca de 2/5 da população mundial[83]. Com base

---

[80] DING, Changqing, *ed.*, (2003), História Concisa das Relações Económicas Sino--Estrangeiras, Science Press, Beijing, o capítulo 4º da Parte I.

[81] LANDES, David, (1999), p. 94, ver também pp. 335-49 desta obra.

[82] HAMASHITA, Takeshi, (1994), "The Tribute Trade System and Modern Asia", *Japanese Industrialization and the Asian Economy*, editado por A. J. Latham e Heita Kawakatsu, London e Nova Iorque, Routledge.

[83] FLYNN, Dennis, e ARTURO, Giraldez, (1995), "Argitrage, China and World Trade in the Early Modern Period", *Journal of the Economic and Social History of the Orient*, Nº.4, pp.429-48.

nesta disposição de comércio, o Império Chinês liderou o comércio mundial. Além disso, o seu desenvolvimento fez com que a prata fosse um instrumento de fazer balanço do comércio da China e que esta fosse uma força motriz do desenvolvimento do comércio global no período inicial dos tempos modernos.

Em terceiro lugar, entre 1400 e 1800, o Império Chinês das dinastias Ming e Manchu, não suspendia o comércio do litoral sudeste e o comércio do ultramar, antes pelo contrário, muitas associações de chineses no ultramar e muitos estrangeiros, participavam nestes comércios e levaram a cabo auge periódica. Segundo opiniões maioritárias, o Império Chinês, era uma economia fechada e auto-suficiente e parou a expansão económica a partir do século XV da dinastia Ming, em particular, punha restrições severas ao comércio marítimo no século XVII da Dinastia Manchu. No entanto, as análises sob o intra-comércio na Ásia e a expansão económica da Europa põem em causa os argumentos tradicionais acima referidos. Pelo menos, o que se vai apresentar adiante são factos históricos a que mesmo os académicos ocidentais de "Eurocêntrica" deram reconhecimento:

- Em 1514, os negociantes portugueses comerciaram em Cantão e estabeleceram definitivamente uma feitoria permanente em Macau (porta para o comércio da Ásia) a partir de 1557. Sendo intermediários do comércio asiático, os portugueses adquiriram seda, porcelana, objectos de laca e ouro da China e venderam à China cravos-da-índia, sândalos brancos, pimenta, gengibre, combustíveis e medicamentos da Índia e outros países insulares da Ásia Sudeste.
- Em 1604 e 1637, os representantes da Companhia da Índia Oriente da Holanda e Reino Unido, chegaram a Cantão e comerciaram ilegalmente nas zonas litorais da China por volta de algumas décadas antes de obterem autorização oficial do Império Chinês. Nos meados do século XVIII, o Império Chinês abriu as suas portas a todos os países, embora as localidades se restringissem a Cantão e Macau.

Além disso, outro facto importante, é que na etapa inicial da formação e expansão do comércio mundial, o papel da Europa era de intermediário e não como actor principal do comércio. Comparada com a rede comercial da Ásia, a Europa não tinha produtos para troca antes da revolução industrial[84]. Nesse período, a China era, de facto, monopolizadora de algumas mercadorias importantes, tais como porcelana, seda e chá. Por exemplo, o Império Chinês da Dinastia Ming controlava o mercado mundial de porcelana através das altas tecnologias, sendo 80% de porcelanas exportadas para a Ásia, 16% para a Europa, sendo que cerca de 50% do valor de exportação de porcelanas veio da Europa[85]. Além disso, a Índia e a China eram países com a tecnologia mais avançada de produções de fiação de algodão do mundo. No século XVIII, os europeus tinham grande interesse sobre mercadorias chinesas, incluindo porcelana, seda e chá. Portanto, segundo as vantagens comparativas daquela época, a Europa importava prata do continente americano, como instrumentos de pagamento, para comprar produtos manufacturados e produtos de consumo da China e da Índia. Naturalmente, para garantir a exploração dos recursos mineiros do novo continente era necessário introduzir mão-de-obra. Consequentemente surgiu o comércio de escravos negros do continente africano. Pelo exposto, as relações do sistema económico mundial eram bastante visíveis: o intra-comércio da Ásia (cuja centro era a China) – o comércio intermediário entre a Ásia e a Europa – o comércio de triângulo entre a Europa, a América e a África.

É óbvio que o papel dos negociantes intermediários europeus aumentou o comércio da região asiática, no âmbito do qual a China ficava no centro, e relacionava a América com a África. Esta estrutura comercial estabeleceu um sistema da divisão internacional do trabalho; isto é, a Ásia exportava para a Europa produtos transformados e produtos de consumo, obtinha simultaneamente prata e importava as matérias-primas produzidas na América através da Europa; a Europa importava do continente americano metais preciosos, tais como prata, e importava mercadorias da Ásia, a América exportava metais preciosos e importava também produtos de consumo asiáticos e mão-

---

[84] FRANK, Andre Gunder, (1998), p. 127, *"Europe, was hardly able to produce anything of its own for export with which to balance its perpetual trade deficit. Europe managed to do so primarily by managing the exports of the three other deficitary regions, from Africa to the Americas."*

[85] LANDES, David S., (1999), pp.96-7.

-de-obra africana através da Europa. A África exportava mão-de--obra para a América através da Europa e importava produtos de consumo asiáticos. Sem dúvida, o nível tecnológico e o nível de produção da China ficaram na posição de líder e, por isso tinha um papel fundamental do sistema da divisão internacional do trabalho. "A China, em vez da Europa, era o centro do mundo na altura"[86].

2.3.1.2. *Centro da Economia Mundial e a sua Influência: interacção entre a economia chinesa e a economia mundial*

Nos 300 anos antes do surgimento do mundo ocidental, a China encontrava-se na posição de líder da produção e exportação mundial.

O desenvolvimento do sistema de comércio levou a cabo directamente um balanço favorável do comércio e do sector financeiro. O desenvolvimento constante da produção e da competitividade comercial, permitiu não só grandes mudanças da economia interna da China, como foi também força motriz da expansão económica mundial. De facto, pode ver-se influências à economia mundial, exercida pelo maior país comercial.

De facto, a economia chinesa, devido à grande escala da população, à produção e capacidade de comércio, exerceu profundas influências sobre a economia mundial global.

Em primeiro lugar, a grande escala da população, fez com que a China fosse um potencial mercado mundial.

---

[86] Brook, Timothy, (1998), *The Confusions of Pleasure: A History of Ming China (1368-1644)*. Berkeley and Los Angeles: University of California Press, Frank, Andre Gunder, (1998), p. 127, "*The other, and even more central economy was China. Its even greater centrality was based on its greater absolute and relative productivity in industry, agriculture, water transport, and trade. China's even greater, indeed the world economy's greatest, productivity, competitiveness, and centrality were reflected in its most favourable balance of trade. This was based primarily on its world economic export leadership in silks and ceramics and its exports also of gold, copper-cash, and later of tea. These exports in turn made China the ultimate sink of the world's silver, which flowed there to balance China's almost perpetual export surplus*".

Crescimento Populacional das Várias Regiões e do Mundo (Unidade: milhão)

	1000	1400	1500	1600	1700	1800
Europa	42	45	69	89	115	188
Ásia	168	224	254	292	402	612
-China	70	112	125	140	205	345
-Índia	48	46	54	68	100	157
-Japão	4	14	16	20	27	28
África	50	74	82	90	90	90
América	13	30	41	15	10	29
Mundo	275	373	446	486	617	919

Fonte: BENNETT, M., K., (1954), The World´s Food: A Study of the Interrelations of World Populations, quadro 1º, citado em FRANK, (1998), p. 168.

Evidentemente, a sustentação da numerosa população, devia exigir a boa capacidade de produção agrícola (especialmente de produções de cereais), ao mesmo tempo, a vantagem populacional proporcionava uma sólida base de mão-de-obra para a especialização e o desenvolvimento do artesanato e da indústria. O incremento de diferentes indústrias promoveu de forma significativa a estruturação e especialização dos mercados. Tudo isso criou condições favoráveis para que a China se tornasse a maior base de produção e do comércio do mundo.

Em segundo lugar, o crescimento do comércio provocou o aperfeiçoamento da divisão do trabalho dentro da China e promoveu consequentemente o progresso do comércio interno e a comercialização da agricultura. Por exemplo, as economias das províncias de Cantão e Fujian eram estimuladas pelo comércio externo de seda e porcelana e as actividades comerciais no século XVI estimulavam a plantação de chá e canas nas zonas litorais sudeste. Além disso, os agricultores no delta do Rio das Pérolas, começaram a abandonar produções de cereais e transformaram os terrenos regados em lagos de peixe e amoreiral, a fim de servir as necessidades do comércio externo e as suas próprias necessidades de cereais foram satisfeitos por outras zonas produtivas[87]. Portanto, a divisão do trabalho na bacia do Rio das Pérolas evoluiu. No início do século XVIII, cerca de metade dos terrenos da província de Cantão foram usados para a plantação industrial e 50% dos cereais eram adquiridos fora da província ou outras regiões[88].

O desenvolvimento do comércio externo aprofundou os níveis de especialização do trabalho e vice-versa.

2.3.2. *Declínio do país comercial forte e novo relançamento*

As ideias dominantes das teorias sociais e históricas tradicionais, consideram que, a partir de 1500, no ocidente decorria num período de expansão (1500-1763), obtendo esta de seguida, definitivamente, a posição vantajosa através da revolução industrial (1763-1914).

É claro, que o surgimento do ocidente e a sua posição de líder na economia mundial no tempo posterior são factos incontestáveis. Porém, porquê a razão deste decurso histórico? Geralmente, muitos académicos ocidentais consideram que alguns factores peculiares (como por exemplo, a inovação tecnológica, a ideologia do protestantismo, etc.), contribuíram para o desenvolvimento da Europa. Com a ausência destes factores, o oriente caiu numa situação de estagnação e decadência. No entanto, estas análises foram efectuadas do ponto de vista europeu, isto é, a Europa dependia totalmente nas próprias forças, realizou a modernização e, mais tarde, divulgou a modernidade e a civilização ocidental nas sociedades tradicionais e paralisadas do mundo. Ou seja, até ao fim do século XVIII da história do desenvolvimento humano, a Europa levantou-se, de repente, num lugar isolado do mundo e cresceu como gigante. Ela abriu uma nova época histórica (a era industrial moderna) e ensinou aquelas sociedades antigas e paralisadas os segredos da modernização. Contudo, reservamos a nossa opinião em relação a este argumento do

---

[87] MARKS, Rober, (1996), "Commercialization without Capitalism: Process of Environmental Change in South China (1500-1850)", *Environmental History*, N.º 1, Janeiro.

[88] FRANK, Andre Gunder, (1998), pp. 109 e ss.

ponto de vista europeu, porque não houve ruptura na história dos seres humanos e a economia mundial não vivia isoladamente.

Se revirmos a prosperidade do ocidente e o declínio do oriente de uma perspectiva global, é possível chegar a uma nova conclusão, de que tanto a prosperidade do ocidente, como a decadência do oriente são resultado do aprofundamento da divisão do trabalho no sistema económico global e que as mudanças das vantagens de produções e comércio no âmbito da economia mundial, constituem a base comum de desenvolvimento de todos os países. O sistema da economia global é semelhante a uma moeda, sendo os dois lados o declínio do oriente e a prosperidade do ocidente. As alterações das divisões do trabalho e tipos de comércio levarão a cabo a modificação da disposição competitiva da economia internacional e neste percurso, há vencedores e vencidos temporários, os primeiros e os últimos. As transformações dos papéis distintos nas diferentes fases históricas, assentam numa particular paisagem dinâmica do desenvolvimento humano.

Por volta de 1800, os países ocidentais realizaram grandes saltos económicos e culturais devido ao sucesso da revolução industrial e o século seguinte, foi um século muito difícil e de derrota para a China[89]. Portanto, o ano de 1800 é um ponto de viragem que delimita os traços do declínio da China. No período entre 1400 e 1800, o oriente tinha, na maior parte, vantagens na economia e no comércio internacional. O ocidente transformou as anteriores desvantagens nas vantagens nos séculos XIX e XX. Do ponto de vista global, as mudanças da divisão do trabalho, constituem factores essenciais em relação à decadência do oriente.

Entre 1820 e 1998, verificaram-se duas implicações profundas para a China: a primeira implicação era de que a piora no processo de integração tinha provocado o declínio económico e a segunda implicação era de que novos relançamentos foram conduzidos pelas novas oportunidades no processo de integração. Essas alterações podem enquadrar-se em três fases distintas[90]: a primeira fase, compreen-

---

[89] HUANG, Renyu, (1997), *Grande História da China,* Editora Sanlian, Beijing.

[90] As análises seguintes foram realizadas principalmente baseando no estudo de MADDISON, (1995) e LU, Aiguo, (2000), *China and the Global Economy since 1840, (foreword by Giovanni Andrea Cornia),* The United Nations University/World Institute for Development Economics Research, New York.

dida entre 1820 e 1950, corresponde ao declínio; a segunda fase, compreendida entre 1950 e 1978, diz respeito ao relançamento económico no contexto fechado; a terceira fase, no período de 1978 até aos nossos dias, corresponde ao novo relançamento da economia aberta, ou seja, à aceleração da integração e novos relançamentos nos desequilíbrios surgidos no avanço da integração.

2.3.2.1. *Declínio do país comercial forte*

2.3.2.1.1. Mudança no comércio

Desde o início da tomada do poder pela etnia Manchu até 1800 foi uma época de prosperidade da China[91]. Houve crescimento populacional e económico na China no século XVIII. Simultaneamente, o comércio externo desenvolvia-se consideravelmente: o chá e a seda eram exportados para a Rússia e o Japão; a porcelana, o tapete, objectos de laca, jóias e móveis tornavam-se produtos de consumo de alta qualidade nas cidades europeias; peças de pano de algodão faziam uma longa viagem à Europa e à América; a China importava grande número de prata do Japão e das Filipinas. Com o aumento de divisas a circular, a economia tradicional na zona rural da China conseguiu evoluir constantemente.

Entretanto, depois disso, a expansão de comércio da China mudou repentina e vertiginosamente.

a) Redução de taxas de dependência das exportações

Os dados de Maddison (1995), mostram que a taxa mundial de dependência das exportações em 1820 era de 1% e subiu para 5% em 1870, 8,7% em 1913, 9% em 1929 e 7% em 1950. A taxa de dependência das exportações do Reino Unido era de 3% em 1820 e subiu para 18% em 1913, 11% em 1950. A taxa de dependência das exportações da China era apenas 0,7% em 1870, 1,4% em 1913,

---

[91] Os quatro imperadores do período relativamente próspero da Dinastia Manchu, segundo a ordem temporal, eram Shun Zhi (1644-1661), Kang Xi (1662-1722), Yong Zheng (1723-1735) e Qian Long (1736-1795).

sendo mais baixa do que o nível médio mundial e mais baixa do que as do Reino Unido, Alemanha, Austrália, até mais baixa do que as do Japão e Índia. A taxa de dependência das exportações do Japão em 1870 era extremamente baixa, sendo apenas de 0,2%, mas em 1913 já subiu para 2,4%, sendo mais alta que a taxa da China[92].

Comparada com o modelo de crescimento estável dos países ocidentais, a exportação da China pertencia ao modelo de crescimento lento. As mudanças das taxas de dependência das exportações denotam as mudanças das políticas de abertura de um país, ao mesmo tempo, prevêem a influência do comércio externo sobre o desenvolvimento da economia.

Exportações e Importações da China: 1871-1929

	Exportações	Importações	% do Comércio mundial	% das exportações no PIB
1871-84	102,5	106,2	1,3	2,5
1885-1900	110,2	143,5	1,3	
1901-14	201,0	293,8	1,5	
1915-19	521,2	570,8		
1920-29	619,6	799,0	2,4	7,3

Fontes: LU, AIGUO, (2000), p. 39.

b) Reduções das quotas nas exportações mundiais

Em 1870, a China representava 2,5% do valor total das exportações mundiais. Em 1913, desceu para 1,8% e em 1950 equivaleu ao nível antes da primeira Guerra Mundial. A quota dos EUA subiu de 3,5% em 1820 para 8% em 1913 e em 1950 (12,5%) já ultrapassou o Reino Unido (11,4%). A quota da Alemanha cresceu de 12% em 1870 para 16% em 1913. A quota do Reino Unido nas exportações mundiais subiu rapidamente de 15% em 1820 para 21% em 1870. No período entre 1820 e 1913, ao contrário da expansão comercial intensiva dos países ocidentais, a quota da China nas exportações mundiais descia progressivamente.

---

[92] MADDISON, Angus, (1995), cfr. Anexo I.

c) Índices da potencialidade comercial[93]

O índice da potencialidade comercial mostra o grau de participação nos mercados mundiais de um país e a sua competitividade internacional. Regra geral, se o índice da potencialidade comercial de um país for superior a 1, tal significa que o país, devido à escala do PIB, obtém muitos rendimentos de escala das exportações para mercados mundiais; se o índice for inferior a 1, significa que o país não consegue obter rendimentos de escala correspondentes à escala do PIB das exportações para mercados mundiais. O índice da potencialidade comercial da China entre 1820 e 1950 era mais baixo que os índices dos países desenvolvidos europeus e os índices dos países grandes em vias de desenvolvimento, como o Japão, a Índia e o Brasil. Os países cujos índices de potencialidade comercial são superiores a 1, são países desenvolvidos, incluindo o Reino Unido, a Alemanha e os EUA do período longo antes de 1870. No ano de 1870, o índice da potencialidade comercial da China era apenas de 0,15, face a 2,57 do Reino Unido, 3,07 da Alemanha e 2,36 do Brasil. Em 1950, o índice da China era de 0,29, sendo mais baixo que 1,77 do Reino Unido e 0,96 da Alemanha. Os dados mostram que o nível de desenvolvimento do comércio externo da China foi relativamente baixo, sem aproveitamento pleno das vantagens da escala de economia dos grandes países. Comparada com outras regiões de altos índices de potencialidade comercial, a China participava nos mercados mundiais menos activamente e a sua competitividade internacional era mais fraca.

Em suma, após 1800, as exportações da China diminuíram, num contraste nítido em relação à situação anterior a 1800. Tal implica que o papel que a China tinha no comércio asiático e internacional se enfraqueceu nas competições económicas internacionais. A diminuição do nível de participação nos mercados externos pela China, significa a redução dos rendimentos na divisão e especialização de produção. Se não houve aumento considerável do desenvolvimento económico interno, a diminuição do nível de participação nos mercados externos causaria, sem dúvida, à redução de nível de rendimento do próprio

---

[93] O índice da potencialidade comercial = percentagem da exportação de um país na exportação mundial / percentagem do PIB de um país no PIB mundial.

país. As análises históricas denotam que em 1795, ano da abdicação do trono pelo imperador Qian Long, a época de abundância no início da Dinastia Manchu atingiu o seu apogeu. Isso implica que, antes da confrontação da China e do Ocidente, a China sofreu já, pelo menos um declínio no âmbito do comércio internacional. Foi esta tendência de desenvolvimento que trouxe consequências graves: em grande medida levou a cabo a diminuição da acumulação de riqueza através do comércio externo e ao enfraquecimento da capacidade de transformação da economia de pequenos agricultores com riquezas comerciais. A falta da capacidade de transição da economia tradicional (acumulação de capital) restringiu o crescimento económico da China após 1800. De facto, foi este factor restritivo que constituiu o maior desafio na altura da implantação da República Popular da China.

2.3.2.1.2. Declínio económico

a) Quotas no PIB mundial

Entre 1820 e 1950, as quotas relativas dos países na produção total mundial sofreram grandes mudanças e estas mudanças mostraram as alterações da força económica de cada país. Calculado segundo o preço de dólar americano internacional de 1990, em 1820, o PIB da China correspondeu 5,7 vezes ao do Reino Unido, 15,9 vezes ao dos EUA, 11,9 vezes ao da Alemanha; em 1870, o PIB da China equivaleu a 1,95 vezes ao do Reino Unido, 1,9 vezes ao dos EUA, 4,2 vezes ao da Alemanha; em 1913, o PIB dos EUA era 1,72 vezes do PIB da China, que correspondeu 1,3 vezes ao do Reino Unido e duas vezes ao da Alemanha; em 1950, o PIB dos EUA representava 4,3 vezes o da China e o do Reino Unido expandiu-se para 1,03 vezes ao da China.

b) PIB *per capita*

No período entre 1820 e 1950, o nível de rendimento *per capita* da China ficou quase paralisado, crescendo apenas 17%. O dos EUA no mesmo período, cresceu 6,4 vezes, o do Reino Unido cresceu 2,9 vezes e o da Alemanha aumentou 2,75 vezes. Em 1820, o PIB *per capita* dos EUA equivaleu a 2,46 vezes do PIB da China e em 1950 a diferença foi alargada para 15,6 vezes. Entre 1820 e 1950, a diferença entre o PIB *per capita* do Reino Unido e o da China cresceu de 3 para 11 vezes; a diferença entre o PIB *per capita* da Alemanha e o da China aumentou de 2,1 vezes para 6,8 vezes. Tratou-se de um século do alargamento do PIB *per capita* da China em relação aos países desenvolvidos.

2.3.2.2. *Relançamento económico e renascença da China como país de grande expressão comercial*[94]

A implantação da República Popular da China marcou um decurso do relançamento económico, constituindo assim a renascença da China como um grande país comercial no sistema económico mundial.

Do ponto de vista de graus de participação, este percurso decorre em duas fases distintas:

A primeira fase refere-se ao relançamento económico sob condições de economia fechada (1950-1978). A história demonstra que embora seja um período especial em que se pode tentar aplicar a estratégia de relançamento económico com grandes esforços, se verifica um "laboratório da economia fechada" com efeitos muito fracos. O desvio do caminho de desenvolvimento de integração com base na divisão do trabalho e no comércio fez com que a China passasse círculos nesse período histórico.

A segunda fase é representada pelo relançamento económico sob condições de economia aberta (1978 até aos nossos dias). Encontra-se numa nova fase de desenvolvimento que está muito longe de terminar, com inúmeros sucessos, mas também com desequilíbrios e grandes potencialidades.

---

[94] Os dados após o ano de 2000 se encontram na Parte II deste trabalho, designadamente, 3.3. "*Statuo quo* da China".

2.3.2.2.1. Evolução de integração e medição de níveis

Tendo em conta as análises sobre alguns índices da participação na especialização internacional, verifica-se que, no seu conjunto, a China estava a reforçar a participação nos mercados internacionais entre 1952 e 1999. No entanto, houve grandes diferenças dos graus de integração nas diferentes fases. No período entre 1952 e 1978, o grau de integração da China era relativamente baixo e o ritmo era lento. De 1978 a 1999, a China entrou num período de desenvolvimento rápido e recuperação do seu papel histórico no comércio mundial.

a) Taxa de dependência do comércio

Um índice importante da participação da China na especialização económica internacional é a percentagem das importações e exportações no PIB, ou seja, a taxa de dependência do comércio. Entre 1952 e 1999, a taxa de dependência do comércio da China cresceu de 9,5% a 36%. Contudo, é evidente que o desenvolvimento rápido do mesmo, foi impulsado só a partir de 1978. De 1952 a 1978, a taxa de dependência do comércio da China deambulava entre 9,5% e 9,8%. O apogeu do desenvolvimento do comércio internacional foi o ano de 1994, altura em que tal índice era de 44,5%. Desde então, houve uma descida, correspondendo respectivamente a 33,8% em 1998, 36,5% em 1999, semelhantes aos níveis de 1991 (33,4%) e de 1992 (34,2%).

Quanto à taxa de dependência das exportações, entre 1952 e 1999, subiu de 3,9% para 19,7%, aumentando 16% em relação ao nível de 1952. No entanto, até 1970, a taxa de dependência das exportações sofreu uma descida ligeira e após 1970, começou a crescer lentamente. É óbvio que o período de 1952 e 1970 pertenceu a uma fase de desenvolvimento do modelo fechado. De 1952 a 1978, a taxa de dependência das exportações cresceu apenas 0,7%; no ano de 1970, era somente de 2,5%, correspondendo ao nível dos EUA em 1870 (2,5%) e ao nível do Japão em 1913 (2,4%). No mesmo período, entre 1952 e 1978, não havia grandes mutações quanto à taxa de dependência das importações, sendo 5,5% em 1952 e 5,1% em 1978. Portanto, pode dizer-se que a China não obtinha rendimentos potenciais através da especialização no sistema económico global nessa fase. Além disso, se compararmos as importações com as exportações, o período entre 1952 e 1978 ficou num estado equilibrado, ou seja, as importações eram mais ou menos equivalentes com as exportações; no período entre 1978 e 1989, as importações eram constantemente mais do que as exportações; com excepção de 1993, no período entre 1990 e 1999, as exportações eram mais que as importações[95].

b) Taxa de dependência de investimentos estrangeiros

De 1980 a 1999, o valor do uso de capitais estrangeiros aumentou significativamente. A taxa de dependência de investimentos estrangeiros aumentou de 1,5% em 1980 para 5% em 1999 e no ano de 1993 atingiu já 9%. Em relação à tendência de desenvolvimento, o período entre 1980 e 1990 foi uma fase de desenvolvimento lento do uso de capitais estrangeiros, variando esta taxa por volta de 2% e 3%. A partir da década de noventa, a taxa mantinha-se em 6% e 7%. Além disso, a China teve grande progresso no aproveitamento dos investimentos directos estrangeiros. De facto, na composição de capitais estrangeiros investidos na China, 70% eram investimentos directos. Por exemplo, em 1999, cerca de 77% dos capitais estrangeiros relativamente utilizados pela China eram desses investimentos directos. Trata-se de uma das formas importantes de aquisição de tecnologias novas e avançadas pela China e de um meio importante de aprofundamento da divisão do trabalho no mercado global[96].

2.3.2.2.2. Desequilíbrios internacionais surgidos no processo da integração: a China e a economia mundial

Existem grandes desequilíbrios entre diversos países ou regiões do mundo no processo da integração económica ou da globalização. Estas divergências mostram, por um lado, os graus de aproveitamento das oportunidades nos mercados internacionais actuais, por outro lado, denotam as mudanças dinâmicas de posição na divisão do

---

[95] Segundo o Instituto Estatístico da China, *o Anuário de 2000*.
[96] O Instituto Estatístico da China, *o Anuário de 2000*.

trabalho e de competitividade económica internacional de cada país no âmbito da economia mundial e revelam ainda condições limitadas da realização de relançamento económico e do desenvolvimento o longo prazo.

Embora a China esteja a recuperar a sua participação na economia mundial a um ritmo rápido, o grau de participação e o papel no sistema económico global são ainda fracos. As análises comparativas mostram que os desequilíbrios no processo da integração são muito visíveis, não só entre os países desenvolvidos e os que estão em vias de desenvolvimento, como também entre os países desenvolvidos. Em grande medida, o percurso da integração da China encontra-se num nível baixo. Em virtude das restrições verificadas na forma da divisão internacional do trabalho e nos níveis de participação, a China está ainda muito longe de ser um país grande comercial e potente.

Estudamos os desequilíbrios gerais e estruturais no processo de integração através dos seguintes índices[97]:

(a) Quotas no comércio mundial de mercadorias

Actualmente, a China ainda não conseguiu recuperar o papel como um país comercial grande. Em 1870, a China representa 2,5% das exportações mundiais, em 1950 desceu para 1,8% e, em 1973 desceu ainda mais para 0,6%. Somente em 1992, subiu para 2,2%, correspondendo ao nível da Índia de 1929. Em 1992, as quotas nas exportações mundiais de vários países eram seguintes: 11,9% para os EUA, 10,8% para a Alemanha, 7,9% para o Japão e 5,1% para o Reino Unido. Em 1998, segundo a taxa de câmbio vigente, as exportações de mercadorias chineses representaram 3,4% das exportações mundiais, a quota dos EUA era de 12,4%, a da Alemanha era de 10%, a do Japão era de 6,9% e a quota do Reino Unido era de 5% (Banco Mundial, 2000).

Comparado com outras potências económicas, é evidente que o papel da China nos mercados mundiais não é grande.

---

[97] *Vide* Banco Mundial, (2000), *World Development Indicators*.

(b) Índice da potencialidade comercial

Por enquanto, o índice da potencialidade comercial é ainda muito baixo. Em 1992 era de 0,2 enquanto o do Reino Unido e da Alemanha era, respectivamente, de 1,5 e 2. Mesmo calculado segundo a taxa de câmbio de 1998, o índice da potencialidade comercial era apenas de 0,33, sendo mais baixo do que o da Alemanha (2,08) e o do Reino Unido (1,62).

(c) Índice da especialização[98]

Baseando nas mutações de índice da especialização ao longo do tempo, entre 1980 e 1998, a competitividade internacional nos âmbitos de matérias-primas agrícolas, combustíveis, recursos metais e mineiros pela China enfraqueceu-se de forma óbvia ou perdeu-se. Em 1998, os índices das matérias-primas agrícolas, combustíveis e recursos metais e mineiros eram respectivamente de -0,498, -0,1 e -0,3. Os índices da especialização de comida e produtos manufacturados subiram, sendo respectivamente de 0,3 e 0,18. Para a maioria dos países desenvolvidos, os índices da especialização de comida têm sido negativos. A China enfrenta desafios que vêm de outras economias em vias de desenvolvimento e algumas delas cujo índice da especialização de comida são mais alto do que o da China, tais como a Índia (0,39), o Brasil (0,45) e a Argentina (0,85), o México (0,8), a Malásia (0,38), a Indonésia (0,34), a Tailândia (0,69), etc.

(e) Comércio de serviços

O comércio de serviços representou uma área muito importante do comércio internacional nos últimos tempos, e ocupa hoje um lugar fundamental nas importações e exportações de todos os países. A China encontra-se uma fase subdesenvolvida e de posição fraca no comércio de serviços. Entre 1990 e 1998, a percentagem das exportações do comércio de serviços nas exportações totais subiu de 19% para 24%, sendo que as percentagens do Reino Unido e dos EUA ultrapassaram 26%, as da Coreia do Sul e do Japão ultrapassando

---

[98] O Índice da Especialização = (exportações – importações) / (exportações + importações). Este índice varia entre –1 e +1. Quanto maior é, mais competitividade internacional de determinada categoria de produtos tem.

respectivamente em 15% e 13%, enquanto as da China foram apenas de 11%. Quanto à percentagem das exportações do comércio de serviços no cômputo mundial em 1998, os EUA detinham a quota de 19%, o Reino Unido 8%, o Japão 5% e Hong Kong SAR 3% e a China menos de 2%.

Em relação às áreas concretas do comércio de serviços, a China tem competitividade internacional, relativamente forte em turismo, mas nas outras áreas, como transportes, comunicações, sectores financeiros e seguros, tem menos vantagens competitivas. Por exemplo, o índice de especialização de turismo da China era de 0,4063, sendo mais alto do que o do Japão (-0,8398), Reino Unido (-0,1347), Alemanha (-0,5148), Coreia do Sul (-0,1034), Indonésia (-0,4456); mas o índice da China era mais baixo do que o índice da Tailândia (0,5618). No mesmo ano, o índice da especialização de finanças e seguros era apenas de -0,3934, sendo mais baixo do que o dos EUA, do Reino Unido, da Alemanha, da França, do Brasil e do Chile.

3. Regulação da globalização

3.1. *Riscos e desafios da globalização*

Nas últimas duas décadas, a globalização tem revelado novas tendências diferentes das primeiras duas fases.

No âmbito económico, a globalização é caracterizada pela ampliação do comércio internacional[99], pelo reforço do papel das

---

[99] A importância relevante do comércio na economia mundial é um dos índices da integração económica global. O total comércio mundial de mercadorias (importação mais exportação) cresceu de 23% do PIB mundial em 1960 a 40% do PIB mundial em 2000 (segundo os dados do Banco Mundial, *World Development Indicator of 2002*). Há três factores que levam a cabo este crescimento. Em primeiro lugar, as taxas das formas tradicionais proteccionistas, tais como impostos alfandegários; as restrições quantitativas têm diminuído constantemente, como consequência de compromissos assumidos pelos países. Em segundo lugar, os custos de transporte e de comunicações têm sido reduzidos substancialmente. Em terceiro lugar, a concorrência internacional entre empresas tem-se intensificado. Nos países industrializados, as empresas investem mais em despesas de investigação e desenvolvimento tecnológico (I&D), para melhorar a qualidade de produtos; nos países em vias de desenvolvimento, particularmente na Ásia, as importações de produtos de capital-intensivo ajudam as empresas a utilizar a tecnologia emprestada, para produzir com custos menores.

empresas transfronteiriças[100] e pela formação do mercado financeiro global[101]. No âmbito político, a globalização é caracterizada pelo reforço do regime internacional, pelo aumento das organizações internacionais e pelos desafios à soberania dos Estados. No âmbito cultural, as influências mútuas de diferentes culturas são cada vez mais fortes. Por um lado, ao absorver factores de outras culturas, os países sublinham o valor da identidade cultural, por outro, há possibilidade de se formar uma cultura globalizada que ultrapassa nações e não se relaciona com uma determinada sociedade ou Estado específico[102].

Paralelamente ao crescimento económico trazido pela integração económica mundial, a globalização gerou também grandes riscos e incertezas[103]. Neste momento, os seres humanos ainda não reagiram suficientemente contra os riscos e incertezas e ficaram desprevenidos perante as mudanças radicais provocadas pela globalização. A circulação veloz de capitais, de mercadorias e de pessoas, não permite a previsão precisa das situações futuras. Como consequência da maior abertura, os países em vias de desenvolvimento, relativamente aos

---

[100] Instituto de Desenvolvimento Social das Nações Unidas, (1997), *Os Problemas Sociais no Contexto da Globalização,* Editora Universidade de Pequim, Pequim, p. 18, "Actualmente, cerca de 37 000 empresas transfronteiriças e as seus 200.000 sucursais em todo o mundo, controlam 75% do volume de comércio mundial". A integração vertical de estruturas institucionais permite múltiplas plataformas de produção em localizações distintas coordenadas pelo eixo central. Uma diferença fundamental entre a economia mundial presente e a passada reside em que as empresas transfronteiriças desempenham o papel mais importante.

[101] Antes da aceleração da globalização contemporânea, a operação de moedas e finanças encontra-se geralmente dentro das entidades políticas económicas regionais e os empréstimos internacionais e títulos de valor eram negociados bilateralmente. Como a consequência da liberalização dos mercados financeiros na década de 80, o volume da transacção financeira cresce significativamente. Os países asiáticos e da América Latina têm recebido grande quantidade de capital, contudo, a entrada dos capitais pode, num instante, transformar-se na saída dos capitais e a crise financeira pode estender-se numa noite a outros mercados que pareciam irrelevantes.

[102] WANG, Ning, (2002), *Globalização e a Cultura: o Ocidente e a China,* Editora Universidade de Pequim, Pequim, pp. 1-14.

[103] Muito académicos já referiam este fenómeno. Por exemplo, ROBERSON, R. (1992), *Globalization,* London, Sage, p. 8, "a fase da globalização após 1969 é uma fase incerta". O grande sociólogo alemão U. Beck designou a sociedade contemporânea "sociedade de risco". Ver BECK, U. (1999), *World Risk Society,* Cambridge, Polity Press, (2000), *What is Globalization?* Cambridge, Polity Press, (2001), "Living Your Own Life in a Runaway World: Individualisation, Globalisation and Politics", em W. Hutton e A. Giddens (editados), *On the Edge: Living with Global Capitalism,* London, Vintage, pp. 164-174.

países avançados, tornam-se mais sensíveis e vulneráveis quanto aos choques vindos do exterior.

O maior desafio da globalização económica para a economia mundial nos próximos anos será a colisão entre a globalização e a estabilidade social e política dentro de cada país, ou seja, trata-se de um *trade-off* entre a promoção da globalização económica, por um lado, e a prevenção de choques económicos e de divisão social, por outro.

Esse *trade-off* nasce de três dimensões. Em primeiro lugar, há uma assimetria em vários grupos da sociedade. A redução e a eliminação de obstáculos do comércio e investimento agravam desequilíbrios salariais dos diferentes grupos no mercado laboral, especialmente, entre os trabalhadores qualificados e os trabalhadores não qualificados. Os segundos enfrentam a possibilidade de ser substituídos e sofrerem maior insegurança de emprego. Em segundo lugar, poderão existir conflitos entre normas sociais e instituições. Estes conflitos são provocados pela globalização e podem encontrar-se entre diferentes países ou dentro de um determinado país. A globalização económica integra números países, empresas e indivíduos com diferentes ideologias, normas de comportamento, preferências e sistemas e gera a concorrência entre si. A fim de reduzir os custos de transacção, é necessário a unificação e a normalização das regras do mercado internacional, isto é, regras tecnológicas de transacção e normas de comportamento uniformes, entre outras. Estas regras, normas e praxes internacionais, poderão contradizer-se com as existentes normas de produção e serviços internos de muitos países (por exemplo, regulamentos ou leis do trabalho). Em terceiro lugar, os governos não têm capacidade suficiente para minimizar choques externos e manter a estabilidade social e, em particular, prestar bom sistema de segurança social para trabalhadores dos sectores mais vulneráveis. A acumulação e a agravação dos impactos negativos podem retardar o decurso da globalização e fazer perder a sua popularidade.

3.2. Regulação da globalização

3.2.1. Regulação em conjunto no âmbito internacional

Se quisermos usufruir dos benefícios da globalização e, em simultâneo, minimizar os seus impactos negativos, temos de aprender a melhor regulação conjunta no âmbito internacional.

O termo "regulação" foi apresentado, pela primeira vez, pelo Banco Mundial em 1989 na altura da discussão sobre o desenvolvimento africano[104]. Desde então, o termo "regulação" tem sido utilizado pelas outras disciplinas das ciências sociais e possui um sentido diferente da palavra "governo". Para alguns autores, por exemplo, Wolfgang H. Reinicke, no mundo moderno, o "governo" refere-se à instituição formal que goza da soberania nacional, monopoliza poderes sobre o território e não é responsável perante autoridades externas. Os governos têm capacidades para elaborar políticas públicas internas e continuam politicamente a ser actores independentes nos assuntos internacionais. O termo "regulação", por sua vez, constitui uma função social que é essencial para a economia de mercado no nível nacional ou internacional. A "regulação" não é igual ao "governo", mas pode ser realizada através de uma rede de grupos ou instituições públicos ou privados nos níveis nacional, regional e internacional[105].

Com a consequência da integração económica, os Estados não monopolizam todos os poderes legítimos, as organizações internacionais não governamentais, empresas transfronteiriças, empresas privadas, grupos de interesses e outros sujeitos, assumem também funções de manter a ordem, coordenar o desenvolvimento económico e social. Estes sujeitos e as organizações governamentais são interdependentes, negociam com base na ideologia comum e resolvem, através da cooperação, conflitos de todos os níveis.

---

[104] TANG, Xianxing e ZHANG, Xiang, "Globalização e Regulação Global: a chegada de uma sociedade governada?" na obra. WANG, Yizhou (ed.), (2002), *Globalização e Economias Novas,* Editora Desenvolvimento da China, Pequim, p. 54. Os autores citaram o termo da regulação do Banco Mundial, (1989), *Subsaharan Africa: from Crisis to Sustainable Growth,* Washington D. C.

[105] REINICKE, Wolfgang H. (1989), *Global Public Policy: Governing Without Government?* Washington, Brookings Institution, p. 87.

Assim, a regulação trata-se de um processo que interfere, tanto no sector público, como no sector privado e é formado, baseando-se em concessões, em vez de manipulações e depende da interacção constante entre sistemas formais e sistemas informais.

A melhoria da regulação em conjunto significa a maior intervenção dos outros sujeitos além dos governos, a maior responsabilidade pelos assuntos internacionais, a melhor eficácia de órgãos decisivos internacionais e o reforço do multilateralismo[106].

3.2.2. Regulação numa perspectiva nacional

3.2.2.1. *As competências tradicionais do Estado*

Nos termos do artigo 1º da Convenção de Montevideu de 1933, há quatro elementos fundamentais na definição de um Estado: uma população permanente, um território definido, um governo e a capacidade de estabelecer relações com outros Estados[107/108]. O governo é o órgão que exerce soberania sobre o território em nome do Estado. A essência dos Estados é o território e o controlo sobre o território que sobressai segundo a ordem inaugurada pelo Tratado de Westfalia[109].

Tradicionalmente, no domínio económico, as competências do Estado, classificam-se brevemente em função de estabilização económica, função de afectação de recursos e função de redistribuição do rendimento[110].

---

[106] Consultar o site das Nações Unidas, http://www.un.org.
[107] JENNINGS, Robert, ARTHUR, Watts, (ed.), (1995), *Oppenheimp´s International Law* (versão chinesa traduzida por WANG, Tieya, etc.), Vol. 1, *China Encyclopedia Press*, Beijing, pp.92-93.
[108] *Vide* CANOTILHO, J. J. Gomes, (2003), *Direito Constitucional e Teoria da Constituição*, pp. 112 e ss.
[109] CRAVINHO, João Gomes, "A Globalização e os Limites à Intervenção do Estado" na obra *O Interesse Nacional e a Globalização*, editada por TEIXEIRA, Nuno Severiano, RODRIGUES, José Cervaens, NUNES, Isabel Ferreira, (2000), Edições Cosmos, Instituto de Defesa Nacional, Lisboa, p. 88.
[110] AMARAL, João Ferreira, "Globalização e Funções do Estado no Domínio Económico", na obra *O Interesse Nacional e a Globalização*, editada por TEIXEIRA, Nuno Severiano, RODRIGUES, José Cervaens, NUNES, Isabel Ferreira, (2000), Edições Cosmos, Instituto de Defesa Nacional, Lisboa, pp. 161-162. Ver MUSGRAVE, Richard e MUSGRAVE, Peggy, (1989), *Public Finance in Theory and Practice,* 5ª ed., Mcgraw-Hill, Nova Iorque.

O objectivo da função de estabilidade económica do Estado é assegurar uma evolução, tanto quanto possível equilibrada, da actividade económica, designadamente, a manutenção do valor da moeda e outras medidas da intervenção keynesiana, entre outras.

A função de afectação de recursos, permite ao Estado produzir certos bens que o mercado não pode produzir eficientemente na quantidade desejável e induzir as autoridades a orientar o investimento de capital físico ou humano para os sectores prioritários de desenvolvimento nacional. Por exemplo, a criação de infra-estruturas essenciais ao progresso económico, o apoio à investigação e ao desenvolvimento tecnológico, a imposição de barreiras comerciais, a fixação de preços, a intervenção directa na produção através de empresas públicas, a criação de mercados através das compras públicas, entre outras.

A função de redistribuição do rendimento entre pessoas e entre regiões do território nacional implica o papel do Estado na segurança dos cidadãos e na melhoria do bem-estar social.

3.2.2.2. O papel do Estado no mundo globalizado

Com a globalização económica, designadamente, a livre circulação de mercadorias, serviços, capitais e pessoas, a capacidade de intervenção económica dos Estados é cada vez mais limitada. Por exemplo, de acordo com as regras da Organização Mundial do Comércio (OMC), os Estados Membros não podem utilizar à vontade instrumentos como direitos aduaneiros, restrições quantitativas, subsídios às empresas estaduais, nem outras políticas discriminatórias para corrigir desequilíbrios económicos. Além disso, as empresas multinacionais fazem a intensificação das concorrências internas e o aumento de industrialização, mas, por outro lado, causam falências das empresas nacionais, o desemprego, a piora do ambiente e o desequilíbrio de desenvolvimento. Ainda mais, a liberalização financeira desafia a segurança económica dos Estados-Nação.

As mutações a que assistimos no plano internacional, obrigam a um esforço de reconceptualização do papel tradicional do Estado enquanto instituição reguladora e promotora do bem-estar social e económico. Quanto a esta questão, existem diferentes pontos de vista doutrinário. A afirmação de que o Estado-Nação tem sido prejudicado pelas forças transnacionais da globalização económica, surge muito frequentemente nas publicações recentes. Por um lado, há quem defenda que não é só o monopólio que está em causa, mas a própria centralidade do Estado na cena internacional[111]. Em primeiro lugar, assiste-se à proliferação de actores internacionais e ao seu peso crescente, designadamente, as tradicionais organizações internacionais e as novas organizações não governamentais. Estes novos actores estão a substituir progressivamente os tradicionais Estados-Nação[112]. Em segundo lugar, a força de mercado controla efectivamente a economia e o papel económico dos Estados-Nação está mesmo a chegar ao fim[113]. Em terceiro lugar, uma economia globalizada está a formar-se no âmbito da qual, nas economias nacionais distintas não existirão e políticas económicas internas não serão possíveis[114].

Por outro lado, há também opiniões diferentes de que os Estados-Nação continuam a ser actores principais nos assuntos, tanto internos como internacionais. O presente trabalho sustenta esta posição. Embora a emergência e a institucionalização de uma pluralidade de pólos de poder internacionais e regionais imponham limites à autonomia e ao predomínio dos Estados na política internacional, a centralidade dos Estados nacionais no ordenamento internacional, permanece na medida que outros actores surgidos não preenchem as funções essenciais dos Estados como o modo efectivo de organização dos projectos nacionais, nem como um quadro único de legitimação

---

[111] Dos autores portugueses, TEIXEIRA, Nuno Severiano (2000), defende esta posição. Ver o seu artigo "Interesse Nacional e Globalização: o caso português entre a teoria e a história" publicado na obra *O Interesse Nacional e a Globalização*, p. 120.

[112] As obras que apoiam este argumento abrangem O'BRIEN, Richard, (1992), *Global Financial Integration: The End of Geography*. Nova Iorque: Scribner's; WRISTON, Walter B. (1992), *The Twilight of Sovereignty: How the Information Revolution Is Transforming Our World*, Nova Iorque: Scribner's; CAMILLERI, Joseph A. e FALK, Jim (1992), *End of Sovereignty? The Politics of a Shrinking and Fragmenting World*, Brookfield; STRANGE, Susan, (1996), *The Retreat of the State: The Diffusion of Power in the World Economy*, New York, Cambridge University Press.

[113] Por exemplo, YERGIN, Daniel e STANISLAW, Joseph, (1998), *The Commanding Heights: The Battle Between Government and the Marketplace that is Remarking the Modern World*, Nova Iorque, Simon and Schuster.

[114] HIRST, Paul, e THOMPSON, Grahame, (1996), *Globalization in Question: The International Economy and the Possibility of Governance*, Londres, Polity Press, p. 1.

das instituições representativas das comunidades políticas, nem como o lugar próprio de realização do primado do direito e de defesa dos direitos, liberdades e garantias, que caracterizam as modernas sociedades civilizadas[115].

Actualmente, os Estados-Nação têm um papel essencial quanto à elaboração de regras de regulação, à realização de arbitragens para diversos tipos de conflitos, ao equilíbrio dos vários interesses nacionais, à protecção dos grupos sociais mais fracos, entre outros. Estas são funções que não podem ser asseguradas por outros sujeitos (como por exemplo, empresas transfronteiriças, organizações não governamentais e instituições internacionais). No âmbito das relações internacionais, até ao momento, a regulação é o produto de cooperação entre diversos países, especialmente, dos países grandes. Todas as acções de regulação global das organizações internacionais encontram-se relacionadas com interesses nacionais dos países grandes. As características, estratégias e influências políticas das empresas multinacionais dependem das disposições das potências do mundo bem como os respectivos sistemas. Como se sabe, as empresas transfronteiriças, cujos objectivos principais são ganhar lucros, não têm missões no que diz respeito à administração dos assuntos públicos. O âmbito de actividades das organizações não governamentais é relativamente limitado, porque concentra apenas determinadas áreas.

Resumimos os papéis do Estado no mundo em globalização através dos seguintes quatro aspectos:

Em primeiro lugar, o Estado possui adaptabilidade às novas situações, isto é, pode escolher instrumentos políticos económicos adequados e medidas regulamentadoras para reagir estrategicamente aos desafios da globalização. Nesta perspectiva compreende-se que o Estado deve intervir para criar condições mais favoráveis de mercado, no desempenho de tarefas de afectação de recursos, de redistribuição, de estabilização e de promoção da concorrência[116]. Da intervenção pública nos EUA baseada no keynesianismo dos anos vinte e

---

[115] Cfr. SAMPAIO, Jorge, (2000), "Interesse Nacional e Globalização", na obra citada, pp. 20 e seguintes.

[116] Sobre a necessidade da intervenção pública de "mão invisível", vide PORTO, Manuel Carlos Lopes (2002), *Economia: Um Texto Introdutório,* Coimbra, Livraria Almedina, pp. 79-102 e 198-9.

trinta ao retrocesso verificado na década de setenta do século XX, é reconhecido hoje que a intervenção pública requer um cuidado especial, de maior transparência e flexibilidade. Além disso, a capacidade de reajustamento estratégico do Estado não depende apenas dos instrumentos políticos mas também de um conjunto de factores institucionais[117].

Em segundo lugar, o Estado promove o processo da globalização. Diametralmente oposto da afirmação de que "o Estado já passou de moda", o Estado-Nação desempenha, como sempre, o papel decisivo nos assuntos locais, nacionais e internacionais. Sem a sua intervenção política, económica e militar como condição prévia, não é crível a expansão e a infiltração das empresas multinacionais. Os importantes acordos comerciais (por exemplo, o GATT, agora as regras da OMC, o acordo da NAFTA) e os blocos regionais (por exemplo, a União Europeia, a NAFTA e o MERCOSUL), são todos desenhados e concretizados pelos Estados-Nação. As principais políticas económicas (como por exemplo, a redução do direito aduaneiro, a redução dos custos de mão-de-obra nacional e subsídios estatais) são elaboradas pelos Estados-Nação. É evidente que a globalização constitui um fruto promovido pelos Estados, que continuam a exercer influências decisivas sobre o desenvolvimento económico. Muitos países estão a incentivar directamente, em vez de restringir a globalização de comércio, de investimento e de produção.

Em terceiro lugar, o Estado recorre à aliança estratégica e estado de membro nas organizações regionais e internacionais para reforçar o seu poder. Ou seja, em vez de extinguir a própria identidade e o objectivo, o Estado controla mais efectivamente a economia interna (ou dito de outra forma, a segurança nacional), através do seu poder legítimo. A influência de um país é limitada, mas com um bloco regional composto por vários países, já pode reforçar a sua adaptabilidade. A função do governo na aliança estratégica é, assim, manejar o leme em vez de remar.

---

[117] Ver argumentos da Economia Institucional que começou com Veblen, que tem usado uma variedade de disciplinas das ciências sociais para analisar a estrutura da economia, o processo da mudança económica e a natureza da tomada de decisões económicas. Ver por exemplo, SAMUELS, W. J., (1988), *Institutional Economics,* 3 vols, Aldershot, Edward Elgar.

Por fim, é de referir que, no contexto da globalização, a função básica do Estado é oferecer bens públicos, tais como a defesa nacional, a segurança pública, o ambiente e a informação, entre outros. O mercado em si não consegue levar a cabo a produção óptima do progresso tecnológico, por isso, é necessária a criação geral de economia externa (investigação e desenvolvimento tecnológico) pelo Estado, a fim de afastar imperfeições do mercado. As funções económicas do Estado entendem-se em dois campos: o campo interno e o campo internacional. No campo interno, deve assegurar o bom regime jurídico, inclusive um mecanismo de supervisão do mercado, evitar distorções (divergências) domésticas, prestar serviços sociais e investir nas infra-estruturas, proteger os mais fracos, assegurar a justiça social e proteger o ambiente, entre outros. No campo internacional, os Estados devem coordenar em conjunto acções para combater crises regionais e promover conjuntamente a estabilidade da economia mundial, cada país deve adoptar medidas cautelosas e políticas económicas flexíveis, apoiar a investigação e a difusão tecnológica e promover o equilíbrio económico entre os que estão desenvolvidos e os países em vias de desenvolvimento[118].

3.2.2.3. *Transformação das funções do Estado perante novos desafios da globalização*

A história económica, demonstra que desde o nascimento dos Estados-Nação, a evolução económica nunca foi meramente um processo natural. Pelo contrário, os governos sempre desempenharam papéis importantes que apenas sofreram transformações de forma, âmbito e funções de intervenção na vida económica e social, nas diferentes fases de desenvolvimento verificadas.

Tanto o mecanismo de mercado como a intervenção pública, constituem instrumentos eficazes de regulação no processo do desenvolvimento económico. O ponto crucial não reside no que se poderá

---

[118] FAN, Gang, (1995), *Funções do Governo como Órgão Público,* Pequim, Livraria San Lian, p.10. O autor descreve funções governamentais, designadamente, a protecção da propriedade, a manutenção da estabilidade macroeconómica, a garantia das infra-estruturas económicas e o serviço público.

substituir ao outro, mas sim como promover e harmonizar a convivência dos dois mecanismos de regulação. As teorias tradicionais económicas prestam atenção apenas ao papel dos governos relativamente à construção das infra-estruturas (caminhos de ferro, auto-estradas, instalações de uso público, etc.). Na realidade, outro tipo de infra-estrutura merece toda a atenção para que os governos promovam efectivamente actividades económicas dos particulares e aumentem a eficiência de mercado. Trata-se de uma infra-estrutura social ou um mecanismo social, ou seja, o sistema jurídico que garante a aplicação eficaz dos contratos privados, boas normas e regras sociais que defendem contratos celebrados entre o Estado e os particulares e a coesão que salvaguarda uma boa sociedade civil.

Segundo o *Asia Development Forum*[119], a estrutura da regulação inclui dois elementos, sendo eles o *governance of business* e o *business of governance*. O primeiro, refere-se à relação entre o governo e as empresas e o segundo, que se encontra nas normas consagradas pela Constituição, diz respeito à relação entre o governo e os cidadãos[120].

A finalidade do desenvolvimento económico é aumentar o nível global do bem-estar dos seres humanos e reforçar a sua capacidade de desenvolvimento. Neste sentido, o crescimento económico é apenas um dos instrumentos para a realização do desenvolvimento social[121]. Portanto, a construção de um sistema eficaz da regulação é, por um lado, um novo desafio, traduzido pelo desenvolvimento da globalização, por outro lado, uma estratégia importante a ser adoptada pelo governo.

---

[119] FAN, Mingtai, "Estrutura da regulação no processo da globalização", artigo apresentado no Fórum Académico Sino-Francês "*Globalization and the 21st Century*" em 2001, disponível na obra *Globalization and the 21st Century*, (2002), Pequim, Social Science Documentation Press, pp.253-261.

[120] FAUX, Jeff, (2000), *Toward a Global Social Contract*, discurso apresentado na *Latin American Faculty of Social Sciences 25 th Anniversary Conference*, México, 25 de Outubro de 2000. Relativamente ao primeiro, recentemente, muitos países realizaram reformas de empresas estatais e delimitaram responsabilidades do governo nas áreas de assistência médica pública, desempregos e pensões. Quanto ao segundo, trata-se da delimitação das responsabilidades (mediante de um conjunto de regras de conduta) do governo e dos membros sociais, nomeadamente, o regime de segurança social, o direito do trabalho, a justiça social, entre outros.

[121] STIGLITZ, Joseph, (1998), "The New Development View", discurso na UNCTAD, 19 de Outubro de 1998.

A regulação implica a transformação das funções do governo: em primeiro lugar, o governo tem de ter a responsabilidade social e a capacidade de assumir funções sociais. Além da saída de alguns sectores económicos concorrenciais (nos quais a participação estatal não é adequada), aquele deve assumir activamente funções nas áreas públicas e oferecer uma rede ampla e sólida de segurança social para todos os membros da sociedade[122].

Em segundo lugar, o governo deve assegurar a maior transparência da administração e decisão e realizar a administração democrática e a decisão científica através do aperfeiçoamento do sistema democrático.

Em terceiro lugar, o governo deve atribuir direitos aos benefícios sociais a todos os membros e organizações. Mais especificamente, o governo tem de definir de novo as suas funções e a das organizações sociais, permitindo o empenhamento destas. Simultaneamente, deve ajustar a moldura da sua administração (inclusive a legislação), para adaptar, se à mudança do ambiente económico. Com a ampliação do âmbito de desenvolvimento das organizações sociais e o aumento dos recursos adquiridos, as funções destas organizações quanto à promoção do desenvolvimento social serão consolidadas. A atribuição dos direitos às organizações locais e sociais, não só reduz os custos de administração e supervisão do governo central, como também estimula a participação mais activa do povo local. Além disso, isto pode reforçar a capacidade de toda a sociedade para resistir aos factores de insegurança (por exemplo, crises económicas, calamidades naturais, etc.). Portanto, para o governo, é necessário adoptar medidas a fim de criar oportunidades de intervenção do povo e eficiência de administração.

A transformação das funções para o governo, é uma revolução da administração, no entanto, trata-se de uma fase inevitável para constituir um sistema da sociedade aberta. Ela constitui a garantia

---

[122] RODRIK, Dani, (1997), p. 9, "*...there are some key differences that make today's global economy more contentious...(in the past) governments had not yet been called on to perform social-welfare functions on a large scale, such as ensuring adequate levels of employment, establishing social safety nets, providing medical and social insurance, and caring for the poor. This shift in the perceived role of government is also a relatively recent transformation, one makes life in an interdependent economy considerably more difficult for today's policymakers*".

eficaz e a força motriz para o funcionamento de toda a sociedade, porque, se não houvesse harmonização entre o mecanismo de mercado e o de regulação pública, o curso do desenvolvimento económico diferenciar-se-ia significativamente do seu resultado. Recentemente, nos estudos feitos sobre as economias em transição, a teoria de dependência do caminho é proeminente[123]. Segundo a mesma, a mudança do regime económico e da estrutura económica, possui um mecanismo de auto-intensificação e de rendimento crescente. Este mecanismo faz com que a mudança do regime caminhe ao longo da direcção fixada e se intensifique nos períodos posteriores. A escolha no passado determina o âmbito de escolha do futuro. Isto implica, em primeiro lugar, que a estratégia inicialmente escolhida intensificará o regime actual, formando-se a inércia, em segundo lugar, uma vez que existindo um certo regime, haverá grupos de interesse ou grupos de pressão[124] que impedem ajustamentos ou reformas, a fim de manter regimes existentes e proteger os direitos adquiridos. Nesse sentido, há naturalmente duas hipóteses na sequência do caminho escolhido: ou se trata de ciclo benigno, em que a economia e o desenvolvimento institucional serão optimizados ou se trata de ciclo vicioso de baixa eficiência e de um estado prendido. Para se desviar da direcção fixada e apartar-se deste estado prendido, é necessário recorrer à força exterior ou à mudança do poder político. Trata-se exactamente da maior vantagem e do maior contributo do papel do governo na fase de transição estrutural.

3.2.2.3.1. Transformação das funções dos países ocidentais

Ao longo da globalização económica, os governos dos países ocidentais começaram a realizar reformas administrativas[125]. Em geral,

---

[123] Esta teoria é representada por NORTH, Douglasse, (1990), *Institution, Institutional Change and Economic Performance*, Cambridge University Press. Pode ver ainda NORTH, Douglass, (1995), "Economic Theory in Dynamic Economic World", *Journal of Business Economics*, February.

[124] Sobre detalhes dos grupos de interesse ou grupos de pressão, ver PORTO, Manuel Carlos Lopes (2004), *Teoria da Integração e Políticas Comunitárias*, pp. 165 e seguintes.

[125] Ver MACAULAY, Stewart (1986), *Private Government: Law and the Social Science*, Leon Lipson and Stanton Wheeler, Editors.

existem três tipos de reformas administrativas. O primeiro, caracterizado pela "Nova Administração Pública", é representado pelo Reino Unido, EUA, Canadá, Austrália e Nova Zelândia. O segundo tipo é a reforma administrativa gradual e é representado pelos países da Europa Continental, como a França, a Alemanha, a Holanda e a Suécia, entre outros. O terceiro, representado pelos países da Europa do Sul (a Itália e a Grécia), diz respeito às reformas em torno da legitimidade administrativa, incluindo estruturas administrativas, a administração pública, decisões administrativas (produção legislativa) e interesses públicos (acessibilidade e redução de custos), entre outros. Em suma, as medidas de reformas administrativas envolvem a transformação das funções governamentais, a legalização dos comportamentos públicos, a democratização das políticas e a pluralização dos poderes públicos[126].

3.2.2.3.2. Transformação das funções do governo chinês

a) No contexto da globalização, surgem duas tendências novas dos poderes estatais: uma é a transferência do poder estatal para as organizações supranacionais; outra é a transferência do poder estatal para os poderes locais. Desde a abertura ao exterior, o governo central da China confere poder autónomo ao nível local e legaliza-o através dos seguintes mecanismos:

Em primeiro lugar, o antigo regime legislativo altamente centrado foi modificado. Nos termos do artigo 22º da Constituição de 1954[127],

---

[126] MAO, Shoulong (1998), *Reformas Administrativas dos Países Ocidentais*, Pequim, Editora Universidade do Povo Chinês, pp.25-6.

Sobre o caso de Portugal, ver *Declaração de Lisboa,* em 27 e 28 de Julho de 1998, feita pelos Ministros da Administração Pública e da Reforma do Estado e os Chefes de Delegações dos Países Ibero-Americanos, reunidos sob a iniciativa da Presidência do Conselho de Ministros de Portugal e do Centro Latino-Americano de Administração para o Desenvolvimento (CLAD), disponível em http:// www.clad.org.ve/clave5pt.html.

[127] Desde a implantação da RPC, a China adoptou 4 constituições respectivamente em 1954, 1975, 1978 e 1982, com excepção do "Programa Comum da Conferência Política e Consultiva do Povo Chinês" que funcionou como uma carta constitucional o qual vigorou até à elaboração da Constituição. A quarta Constituição, actualmente em vigor, foi adoptada no 5º Congresso Nacional Popular, promulgada em 4 de Dezembro de 1982 e modificada parcialmente respectivamente em 1988, 1993, 1999 e 2004.

"o Congresso Nacional Popular é único órgão que exerce o poder legislativo". No ano seguinte, conferiu o poder legislativo à sua Comissão Permanente. Os regulamentos de autonomia e os regulamentos específicos das regiões autónomas seriam submetidos à aprovação da sua Comissão Permanente antes de entrarem em vigor. A Constituição de 1982 marcou uma nova fase da separação do poder legislativo entre o nível central e o nível local. A Constituição chinesa prevê que o Congresso Nacional Popular e a sua Comissão Permanente aprovam e alteram as leis; o Conselho de Estado faz regulamentos administrativos; os Ministérios e Comissões do Conselho de Estado fazem ordens, directivas e regulamentos no âmbito dos respectivos departamentos; os Congressos Populares e as suas comissões permanentes e os governos das Províncias. As cidades directamente dependentes das Províncias e das cidades principais fazem regulamentos locais e normas regulamentadoras; os congressos populares das regiões, prefeituras e distritos autónomos fazem regulamentos de autonomia e regulamentos específicos.

Em segundo lugar, foi promulgada a Lei Orgânica dos Poder Local, o que garante efectivamente o exercício dos poderes executivos locais.

Em terceiro lugar, a fim de satisfazer às necessidades da abertura, foi adoptado o regime de zonas económicas especiais na China litoral.

Em quarto lugar, a Constituição prevê que o Estado pode criar regiões administrativas especiais, sempre que necessário[128]. As regiões administrativas especiais, exercem um alto grau de autonomia.

Em quinto lugar, com o objectivo de avançar o processo da democratização, os deputados aos congressos populares de distritos, cidades não divididas em bairros, circunscrições municipais, cantões de nacionalidades e vilas, são eleitos directamente pelos eleitores das respectivas áreas[129].

b) Se a repartição dos poderes entre o governo central e os governos locais se refere à descentralização de natureza administrativa, a repartição entre o governo e as empresas é de natureza económica, segundo a qual o governo devolve certos poderes às empresas.

---

[128] Ver o artigo 31º da Constituição de 1982 e a Lei Básica da Região Administrativa Especial de Hong Kong e a Lei Básica da Região Administrativa Especial de Macau.

[129] Ver o artigo 97º da Constituição de 1982.

As empresas públicas tradicionais, sob o sistema da economia planificada, eram apenas anexos do governo central, ou seja, meras entidades de produção ou de orçamento, pois não constituíam pessoas jurídicas no sentido estrito do termo. Para promover a eficiência das empresas públicas, o governo chinês adoptou várias medidas no âmbito da Reforma das Empresas Públicas. Essas medidas podem enquadrar-se em duas fases distintas. A primeira fase, compreendida entre 1984-1992, corresponde à separação entre o direito de propriedade e o direito de exploração, a segunda fase, compreendida no período de 1993 até aos nossos dias, diz respeito à societarização da Empresa Pública.

Além disso, têm vindo a participar na concorrência do mercado outros sujeitos. Isto pode ser visto através da evolução dos regimes jurídicos da propriedade de todo o povo, propriedade colectiva, propriedade dos trabalhadores individuais e economia privada, empreendimentos com investimentos estrangeiros. Desde a entrada em vigor em 1982, na Constituição da China foram implementadas alterações em 1988, 1993, 1999 e 2004. É editado ao artigo 11º da Constituição em 1988, segundo o qual "O Estado permite a existência e o desenvolvimento da economia privada nos limites definidos pela lei. A economia privada constitui o complemento da economia da propriedade pública socialista. O Estado protege os direitos e interesses legítimos da economia privada, exercendo a orientação, a supervisão e a administração sobre a economia privada". A revisão constitucional de 1988 prevê ainda que "o direito à utilização de terras poderá ser transmitido nos limites definidos pela lei". A revisão constitucional de 1993 foi aprovada e promulgada na 1ª sessão do 8º Congresso Nacional Popular. O artigo 7º onde se lê: "A economia do Estado" passa a ter a seguinte redacção: "A economia que pertence ao Estado"; nos artigos 16º e 42º, "as empresas do Estado" passam a ser "as empresas que pertencem ao Estado"[130], a antiga redacção: "As empresas do Estado têm poder de decisão, dentro dos limites prescritos pela lei, no que respeita ao seu funcionamento e administração, sob a condição de se submeterem à direcção unificada do Estado e de cumprirem todas as obrigações que lhes incumbem de acordo com o

---

[130] Esta alteração mostra a distinção entre o direito de propriedade e o direito de exploração das empresas públicas.

plano estatal", passa a ter a seguinte redacção: "As empresas que pertencem ao Estado têm o direito de gestão autónoma dentro dos limites prescritos pela lei" e "As empresas que pertencem ao Estado praticam uma gestão democrática através de assembleias de trabalhadores e funcionários e sob outras formas, nos termos previstos na lei". Em 1999, a terceira revisão constitucional prevê que "No período inicial do socialismo, o Estado persiste no sistema económico fundamental, tendo por principal a propriedade pública, com o desenvolvimento conjunto da economia de propriedades diversificadas, e no sistema de distribuição, tendo por principal a cada um, segundo o seu trabalho com a coexistência de meios diversificados de distribuição". Os termos previstos do artigo 11º passaram a ser alterados para: "A economia de propriedade não pública, designadamente a economia individual e a economia privada nos limites definidos pela lei, constituem uma importante parte da economia de mercado socialista. O Estado protege os direitos e interesses legítimos da economia individual e da economia privada. O Estado exerce a orientação, a supervisão e a administração sobre a economia individual e a economia privada". Pelo exposto, a economia privada ganha mais relevo, de "complemento da economia da propriedade pública socialista" a "uma importante parte da economia de mercado socialista". O mesmo artigo passa a ser alterado novamente em 2004 em: "O Estado promove, apoia e exerce a orientação, a supervisão e a administração segundo a lei sobre a economia individual, a economia privada e outras economias não públicas"[131]. Além disso, a China tem elaborado *Lei das Empresas com Capital Misto Sino-Estrangeiro, Lei das Empresas com Capitais Estrangeiros e Lei das Empresas de Cooperação Sino--Estrangeira* e outros regulamentos administrativos e regulamentos locais, como a finalidade de regulamentar os investimentos estrangeiros.

c) Tem ocupado o centro dos debates mais polémicos a questão da relação Estado-particular[132]. Os poderes públicos nascem dos di-

---

[131] Tradução livre.

[132] O princípio de *"Rule by Law"* (governar em conformidade com a lei) é entendido essencialmente na independência judicial, no controlo judicial sobre o poder administrativo e no acesso aos tribunais para defesa dos direitos e liberdades dos cidadãos. Ver a análise mais profunda na Parte II deste trabalho, nomeadamente, a estratégia de "Estado de Direito" da China.

reitos dos particulares e são restringidos pelos direitos desses particulares. No entanto, hoje em dia, os poderes executivos na China são ainda bastantes fortes. Esta característica é determinada pela tradição e pela situação do Estado (principalmente devido ao regime da economia planificada).

Com a promulgação da Lei de Contencioso Administrativo em 1989, o âmbito do controlo jurisdicional dos actos administrativos (actos administrativos definitivos) foi ampliado, incluindo não só a revisão judicial com base em leis administrativas substanciais, como também a revisão judicial no âmbito do procedimento administrativo[133]. Esta lei inclui acções contra entidades da Administração Pública pela violação de direitos de personalidade ou direitos reais, inclusive o direito de autonomia negocial. A existência de um controlo judicial, embora limitado, devido ao facto de as normas de Direito Administrativo permitirem uma grande discricionariedade e incluírem grande número de conceitos indeterminados que não são passíveis, pelo menos de forma intensiva, de controlo jurisdicional[134], marca um progresso histórico e da diluição do poder executivo ou transformação das funções governamentais. Têm aumentado casos administrativos nos tribunais populares desde 1990: houve 13 006 casos administrativos que foram aceites em 1990, 25 667; em 1991, 27 911 em 1992, 34 567; em 1993, 51 370 em 1995 e 79 959 em 1996. Em 2001, houve o total de 450 000 casos administrativos julgados, entre os quais 25,3% corresponderam à perda da causa pelos órgãos administrativos[135].

Em 1994 foi estabelecido o regime da compensação estatal com a entrada em vigor da *Lei da Indemnização Estatal*. As vítimas têm direito à indemnização pelos actos danosos dos órgãos administrativos e judiciais.

---

[133] Devido ao carácter do poder administrativo moderno e à tendência do alargamento do poder discricionário da administração, o controlo judicial após o acto lesivo já se mostra impotente em muitas situações. Exige, nessas circunstâncias um procedimento administrativo que controle e regulamente os actos administrativos, a fim de proteger os direitos e liberdades dos cidadãos.

[134] HEUSER, Robert, (1997), *O Direito Administrativo na China: Reforma Estrutural ou Campanha?* conferência proferida a 29 de Setembro de 1997, Macau.

[135] ZHENG, Chengliang, (2002), *Reforma Judicial da China,* conferência proferida a 22 de Novembro de 2002, Macau.

Em 1996 foi aprovada na 4ª sessão do 8º Congresso Nacional Popular a *Lei das Penalidades Administrativas* (na área de punição administrativa). Esse diploma determina que os procedimentos de actos de punição são o processo sumário, o processo ordinário e o processo de audiência[136]. Em particular, o processo de audiência, mesmo com imperfeições, constitui um passo importante em direcção à democracia e ao Estado de Direito. Além disso, foram elaborados e promulgados vários diplomas administrativos, entre os quais se destacam a *Lei de Revisão Administrativa* (em 1997), a *Lei de Recurso Administrativo* (em 1999)[137] e a *Lei de Licenciamento Administrativo* (em 2004)[138].

Em suma, o desenvolvimento da moderna economia de mercado, também promoveu fortemente a codificação do procedimento administrativo. Uma economia legal exige a legalização das relações entre o governo e os interessados. Nos tempos da economia planificada, o apelo para regulamentar os actos governamentais não era tão forte. Já na economia de mercado, o governo tem que intervir em vários domínios de economia mediante actos administrativos. As empresas, organizações económicas e os indivíduos, precisam também de condutas do governo vinculadas a um procedimento predeterminado, de modo a obrigar o governo a ouvir as suas vozes, e aceitar a sua participação. Caso os seus direitos legítimos sejam lesados, podem

---

[136] Todos os processos exigem a notificação aos interessados sobre os fundamentos e motivos da punição e de ouvi-los e autorizá-los a contestar, antes da decisão de punição a ser tomada pelos órgãos administrativos. No processo sumário, é necessário ainda respeitar outras regras, tais como: o agente administrativo deve exibir a sua identificação aos interessados em causa; deve preencher o boletim de decisão de punição administrativa e entregá-lo aos interessados em causa; do respectivo boletim devem constar os fundamentos e os motivos da punição. No processo ordinário, é ainda necessário o seguimento: os órgãos administrativos devem proceder a averiguações e recolher provas antes de tomarem uma decisão punitiva; após as averiguações, o responsável do órgão administrativo (e não o agente da execução) deve tomar uma decisão, tendo em consideração os elementos legais e facultais; os actos gravemente mais complexos ou ilegais, deverá ser objecto de punição mais grave, requerendo essa deliberação ser tomada colectivamente pelos responsáveis do órgão administrativo. O processo de audiência baseia-se no processo ordinário e só é usado para a aplicação da suspensão de exploração ou do exercício da profissão, do cancelamento da licença e da aplicação de multas elevadas.

[137] JIANG, Mingan, (1999), *Administrative Law and Administrative Litigation Law*, Pequim, Editora Universidade de Pequim.

[138] Consultar http://www.isinolaw.com.

obter garantias administrativas e judiciais. Nas condições da moderna economia de mercado e da moderna democracia, as exigências e apelos dos interessados aceleram a produção legislativa[139].

4. Fenómenos jurídicos aliados à globalização

Ao longo do decurso da globalização, devido a questões internacionais, tais como o comércio internacional, acessos aos mercados, ao comércio dos valores e operações futuras, trocas de informações, à população e imigrantes, o ambiente e a poluição, crimes transfronteiriços, o terrorismo, entre outros, cada vez mais os fenómenos jurídicos são integrados à globalização[140]. A globalização cria condições

---

[139] Sobre o desenvolvimento legislativo da China em geral, *vide* Parte II do presente trabalho.

[140] A globalização exerce realmente algumas influências profundas na área jurídica. Na doutrina, há quem defenda a "globalização de Direito" ou a tendência do "Direito Mundial". Ver, por exemplo, DELMAS MARTY, Mireille (1998), *Trois Défis Pour un Droit Mondial*, Editions du Seuil, SHAPIRO, Martin (1993), "The Globalization of Law", *Indiana Journal of Global Legal Studies*, Vol. 1, pp. 27-64. DELBRUCK, Jost (1993), "Globalization of Law, Politics and Markets – Implications for Domestic Law: A European Perspective", *Indiana Journal of Global Legal Studies*, Vol. 1, pp. 1-26. Contudo, estes argumentos têm enfrentado muitos desafios provenientes da jurisprudência e filosofia tradicional.
Na verdade, a ideia do direito mundial tem sido prosseguida por alguns juristas. A Escola do Direito Natural, influenciada pelo Iluminismo, considera o direito como um produto da razão humana, igual para todos os povos, comum para todos os tempos. "A razão humana, acima da História e independente de Deus, deveria indicar aos homens o caminho da juridicidade". Ver BATALHA, Wilson de Souza Campos e NETTO, Sílvia Marinal L. Batalha de Rodrigues (2000), *Filosofia Jurídica e História do Direito*, Editora Forense, Rio de Janeiro, p. 56. Os estóicos acreditam que o direito natural comum (*common law of nature*) vincula toda a gente do mundo e os seus ideais são constituir um Estado Mundial. Ver BODENHEIMER, Edgar (1962), *Jurisprudence: The Philosophy and Method of the Law*, (edição chinesa em 1998), China University of Political Science and Law Press, Beijing, p. 13. Na doutrina, Hans Kelson sustenta que no *monismo com primado do Direito Internacional*, o primado da ordem estatal ou o da ordem jurídica internacional, são duas hipóteses que têm o mesmo valor sob o ponto de vista técnico-jurídico, não podendo decidir por uma delas a Teoria Pura do Direito. Ele acrescenta que a evolução do direito internacional levará a cabo o estabelecimento de um Estado Mundial. Ver SHEN, Zongling (1997), *Modern Western Jurisprudence*, Editora da Universidade de Pequim, Beijing, p. 178. Pelo exposto, a teoria do direito mundial não é uma teoria nova no contexto da globalização. O nosso objectivo não é discutir o direito natural ou jusnaturalismo ou outras teorias jurídicas, nem ser a favor à ideia do direito mundial, mas sim revelar argumentos de alguns juristas que têm sido mobilizados longo de milénios.

para o surgimento de novas instituições jurídicas e práticas, acelera a legislação internacional, especialmente na área económica e comercial[141]. A globalização económica é garantida por uma série de reformas jurídicas e, por sua vez, promove profundamente reformas de políticas internas dos Estados-Nação e as respectivas reformas jurídicas. Hoje em dia, a existência do sistema jurídico perfeito é um dos factores essenciais quanto à apreciação do bom ambiente de investimento. Com a intensificação da concorrência internacional, no âmbito mundial, em particular, nos países da ex-União Soviética e da Europa Oriental, surgiu um movimento jurídico em direcção às economias de mercado[142]. Os objectivos e finalidades destas reformas são o aumento da previsibilidade e a transparência das leis, ou seja, a realização do Estado de Direito e a garantia da livre circulação transfronteiriça de capitais e do livre-cambismo.

4.1. Desenvolvimento jurídico como consequência da globalização económica

4.1.1. *A necessidade da existência de normas jurídicas de natureza global*

A globalização económica exige um mercado global onde se apliquem regras de jogo unânimes, para que todos os participantes do mundo conheçam regras jurídicas, antes de praticarem, suas actividades, de modo a que o local de exercício das actividades comerciais em si, não produzam diferentes consequências jurídicas. Os participantes colaboram e concorrem num âmbito mais amplo, os contactos económicos são mais complexos, nestes existem provavelmente facto-

---

[141] Por exemplo, até 1995, em todo o mundo, havia no total, 900 protocolos celebrados, a fim de promover e proteger investimentos, entre os quais, cerca de 60% foram celebrados nos anos noventa. Entre 1994 e 1995, foram celebrados 299 protocolos, ultrapassando a soma dos anos sessenta e setenta.

[142] De acordo com os dados do Banco Mundial em 1996, nos anos anteriores, havia 15 instituições de desenvolvimento multilateral e 20 países desenvolvidos participaram em 400 projectos auxiliares no âmbito da reforma jurídica que envolviam 120 países. Ver GOPAL, Mohan Gopalan (1996), *Law and Development: Towards a Pluralist Vision*, trabalho encontrado na *American Society for International Law*.

res políticos e culturais. Neste sentido, é inimaginável a ausência de regras necessárias de redução desta complexidade. Por outro lado, o acesso de mercado para cada Estado ou território, precisa de regras e procedimentos. Todos os tipos de conflitos ou litígios provenientes de contactos económicos exigem a resolução através de coordenação e arbitragem.

No entanto, a globalização económica não significa que todas as actividades económicas são de natureza global, nem exige que as actividades económicas globais se envolvam globalmente. Além disso, qualquer actividade económica internacional não é favorável para todos os povos. A globalização económica, quer dizer, a óptima afectação dos recursos e a maximização de lucros dos investimentos no âmbito global a custo de algumas pessoas. Portanto, o princípio de regras jurídicas de natureza global parte da protecção de interesses dos participantes, procurando a eficiência com base em justiça. Nesse aspecto, não são só as empresas multinacionais que necessitam, regras jurídicas globais, mas também os países menos desenvolvidos sob a influência de actividades transfronteiriças procuram normas jurídicas globais. De facto, os países em vias de desenvolvimento, precisam da justiça processual da elaboração de regras, bem como da justiça de resultados e tratamentos preferenciais.

Contudo, as regras jurídicas globais não querem dizer legislação global unificada no âmbito global. Além das formas existentes destas regras, como por exemplo, convenções, tratados e protocolos internacionais, os princípios e regras jurídicas internas que reflectem a convergência global, constituem também fontes importantes das regras jurídicas globais. O movimento da convergência do direito privado internacional nas últimas décadas, revela que a adopção de regras jurídicas unificadas através da legislação interna, é mais eficaz do que a elaboração e aprovação de regras jurídicas a nível internacional[143].

---

[143] Podemos ver que a globalização económica não implica a eliminação de Estados e da soberania estatal. Pelo contrário, qualquer chamada globalização incentivada pelos interesses particulares não se torna realidade sem a participação e o apoio dos Estados soberanos. Recorde-se "o papel do Estado no mundo globalizado".

4.1.2. Respostas globais a problemas globais

Como já dissemos, hoje em dia, há cada vez mais problemas globais a resolver, tais como crimes internacionais e problemas ambientais que prejudicam, seriamente, a segurança da toda a humanidade. Os antigos sistemas jurídicos têm enfrentado desafios provenientes da globalização destes problemas[144]. Em primeiro lugar, devido à dissemelhança de normas jurídicas substanciais nos vários Estados e territórios, a mesma conduta pode ter diferentes consequências jurídicas em diferentes espaços jurídicos, por conseguinte, a resolução dos problemas globais enfrenta dificuldades resultantes da definição e da aplicação das leis. Em segundo lugar, a independência dos regimes judiciais faz com que os órgãos judiciários encontrem uma série de obstáculos na execução das leis, por exemplo, a verificação transfronteiriça das provas, a competência extraterritorial, a execução transfronteiriça de julgamentos, entre outras. Em terceiro lugar, há uma grande diferença em termos de nível de desenvolvimento dos regimes jurídicos nos vários países e territórios, sendo que alguns problemas já são regulados no âmbito jurídico em certos países, mas fora da regulamentação jurídica em outros países. É natural que alguns criminosos escapem a sanção jurídica e entrem nos países cujos regimes jurídicos são menos sofisticados.

Ao longo dos últimos anos, muitos países, através da legislação interna e do aperfeiçoamento do regime judicial, têm adoptado medidas para combater os crimes transfronteiriços e avançar passos, a respeito de resolução dos problemas globais; simultaneamente, a comunidade internacional tem desenvolvido uma série de negociações sobre crimes internacionais e problemas de interesse comum e têm chegado a acordos em determinados âmbitos. Todavia, está longe de dispor dos meios aplicáveis a nível internacional para resolver esses problemas de natureza global.

---

[144] É preciso distinguir o que são os efeitos da globalização sobre as práticas de mercado, que poderão ser controladas pelos mecanismos tradicionais, daqueles efeitos que tornam ultrapassados ou ineficientes certos controles jurídicos existentes.

4.2. Impactos da globalização no direito

Nem todos os ramos de Direito têm por escopo atingir fins económicos, portanto, os impactos da globalização económica nos vários ramos de Direito, não são também iguais. Aqueles ramos de Direito que se relacionam directamente com actividades da globalização económica são mais afectados, por exemplo, o direito financeiro e o direito de títulos de crédito mercantis que regulamentam actividades financeiras; o direito de investimento, o direito fiscal, o direito das empresas e o direito da falência que padronizam a circulação de capital; o direito anti-concorrência desleal, o direito anti-monopólio, o direito de consumo e o direito da responsabilidade dos produtos que regulamentam relações de concorrência no mercado; o direito da propriedade intelectual, o direito de transferência das tecnologias que equilibram o capital intelectual e os interesses sociais; o direito laboral que diz respeito à circulação transfronteiriça das pessoas, entre outros, adaptar-se-ão em conformidade com a globalização económica. Em matéria de Direito Económico, os efeitos da globalização económica são particularmente sentidos.

Os contratos constituem a precípua fonte das relações obrigacionais e têm o papel significativo nas actividades económicas globais. As regras jurídicas, tais como a capacidade da sua celebração, a responsabilidade, a eficácia e o seu cumprimento, a violação e a reparação, influenciarão, directamente, os sujeitos jurídicos relevantes. A fim de satisfazer a necessidade da globalização económica. É importante absorver práticas internacionais para as leis contratuais internas.

Os impactos da globalização económica no direito, abrangem os impactos directos e indirectos. Os impactos directos dizem respeito aos que incidem sobre o direito internacional, como por exemplo, o aumento do âmbito de aplicação e o reforço da eficácia do direito internacional, isto é, para defender e expandir os interesses económicos nacionais, os Estados participam activamente nos intercâmbios económicos, elaborando regras jurídicas fundamentais para actividades comerciais globais ou regionais através das organizações internacionais ou regionais. Trata-se de impactos indirectos a auto-adaptação do regime jurídico interno e a sua aproximação às regras internacionais.

4.2.1. Sobre o direito internacional

Sob a tendência da globalização da produção e da circulação de mercadorias, as organizações económicas internacionais mundiais ou regionais, proporcionam regras jurídicas básicas para actividades comerciais internacionais, quer globais, quer regionais, promovendo, assim, o desenvolvimento favorável e a liberalização do comércio internacional.

4.2.1.1. Ampliação do âmbito do direito internacional

Apesar da ideia de ser o *"jus gentium"* aplicável à sociedade mundial, até hoje, o direito internacional integra sobretudo regras "fracas", sem suficiente força coerciva, que regulamentam relações entre os Estados soberanos, entidades cujo qualificativo estadual é contestado[145], organizações internacionais governamentais, entre outros. Todavia, não se pode negar o papel passado, nem o papel presente destas regras fracas quanto à regulação da sociedade internacional no seu trilho histórico. De entre estas, os tratados de Westfalia no século XVII, consagraram uma nova ordem interestatal europeia, os tratados de Versalhes em 1919 constituíram um novo equilíbrio das grandes potências a respeito de disputas das colónias e a aprovação da Carta da ONU, proclamava a chegada de uma nova era da equidade de soberania e um objectivo comum de salvaguardar a paz mundial para todos os povos.

Na sequência do desenvolvimento social, actividades internacionais não são exercidas apenas em nome dos "Estados" ou "governadores". Independentemente do comércio internacional cumprir um papel importante no desenvolvimento da sociedade humana, hoje em dia, o intercâmbio internacional entre os povos é cada vez mais

---

[145] Segundo a definição dada por DINH, Nguyen Quoc, DAILLIER, Patrick, PELLET, Alain (1992), *Direito Internacional Público*, traduzido por COELHO, Vítor Marques, Serviço de Educação da Fundação Calouste Gulbenkian, Lisboa, 4ª edição, p. 411, "Certas colectividades não possuem a qualidade jurídica de Estado, sem estarem todavia integradas num Estado. Embora não beneficiem da soberania, são consideradas como membros da comunidade internacional e sujeitos directos de direito internacional".

frequente. Devido à Internet e ao aprofundamento da globalização económica, todos os tipos dos sujeitos poderão participar mais activamente na cena internacional. Nesse sentido, como é que o direito padroniza condutas internacionais dos diversos sujeitos? Poderá existir um mecanismo mais eficaz do que o regime actual no âmbito do Direito Internacional?

A) Alargamento do âmbito dos sujeitos do Direito Internacional

Hoje em dia, a situação altera-se. O Direito Internacional não só integra normas jurídicas que englobam relações entre os Estados soberanos, entidades cujo qualificativo estadual é contestado entre as organizações internacionais intergovernamentais, envolvendo também "o indivíduo"[146].

Em certos casos, o indivíduo poderá ser sujeito autónomo do Direito Internacional. Por exemplo, no Direito Internacional Humanitário, na matéria da protecção internacional dos Direitos do Homem[147]

---

[146] O vocábulo de "indivíduo" refere-se a pessoas singulares e pessoas colectivas, tanto de Direito Público, como de Direito Privado. Saber se o indivíduo é ou não sujeito do Direito Internacional é uma das controvérsias doutrinárias do Direito Internacional. Para averiguarmos se o indivíduo é sujeito do Direito Internacional, temos que indagar se a norma internacional lhe confere directamente direitos ou obrigações. Segundo a análise feita por PEREIRA, André Gonçalves e QUADROS, Fausto de, (2000), *Manual de Direito Internacional Público* (3ª edição), Almedina, pp. 378 e seguintes, para a *concepção positivista voluntarista*, representada por Anzilotti, o Direito Internacional afecta apenas directamente os Estados, seus autores e destinatários, enquanto para as *concepções monistas antivoluntaristas,* além do Estado, também o indivíduo é sujeito do Direito Internacional, na medida em que derivam directamente obrigações, cuja sanção lhe é imputada. Tradicionalmente, a norma internacional tem vindo a atingir o indivíduo através da interposição do Estado; a partir do termo da 2ª Guerra Mundial, o indivíduo começou a ser o destinatário directo da norma internacional. É indubitável que durante o século XIX as normas de Direito Internacional se não dirigiam directamente ao indivíduos; hoje não temos dúvida de que ao lado do Estado, também o indivíduo em abstracto pode ser sujeito do Direito Internacional, tudo dependendo do estado do Direito Positivo. Na doutrina chinesa, há mais argumentos que defendem esta afirmação, por exemplo, YANG, Zixuan, *et.al.* (2000), *New Commentary on International Economic Law: The View of International Coordination,* Editora Universidade de Pequim, Beijing, p.182 e ZHAO, Xinwen, *et.al.* (2000), *Guoji Fa Xinlun* (*Novos Comentários ao Direito Internacional*), Law Press, p. 4.

[147] Além da protecção diplomática dos Direitos do Homem, já muitas convenções internacionais ou regionais, afirmaram a protecção dos Direitos do Homem, por exemplo, a Carta das Nações Unidas, a Declaração Universal dos Direitos do Homem, o Pacto Internacional

(o direito à autodeterminação dos povos, os direitos das minorias), dado que a norma internacional contempla muitas vezes situações individuais, ou seja, os seus efeitos repercutem-se na esfera jurídica do indivíduo[148]. Segundo os princípios consagrados por algumas organizações internacionais, os direitos do indivíduo são directamente reconhecidos[149]. Com a despolitização e jurisdicionalização do comércio internacional, em matéria de investimentos internacionais, as pessoas singulares e as empresas têm o acesso à arbitragem internacional, ainda de acordo com a *Convenção do Banco Mundial sobre a Resolução dos Diferendos Relativos aos Investimentos entre Estados e Nacionais doutros Estados,* os investidores privados podem apresentar queixas directamente contra Estados de que não sejam nacionais[150].

Os Estados não só participam nas actividades internacionais em nome do todo o seu povo, mas são também considerados sujeitos em determinadas relações jurídicas como seus cidadãos ou estrangeiros, em pé de igualdade com estes.

A ampliação do âmbito dos sujeitos do Direito Internacional é a base do aumento da sua eficácia global, simultaneamente, constitui condição prévia para que regule realmente todas as relações jurídicas na comunidade internacional. Nota-se, que o facto de indivíduo ser considerado como sujeito do Direito Internacional, tal não quer dizer que a comunidade internacional se torne uma colectividade da decisão democrática por todos os povos, pois a posição do indivíduo nele revela-se nos seus direitos e obrigações dentro do âmbito das normas internacionais. Nesse sentido, a soberania do Estado continua a ser um fundamento do estabelecimento e da protecção da ordem jurídica internacional.

---

sobre Direitos Económicos, Sociais e Culturais, o Pacto Internacional sobre Direitos Civis e Políticos, a Convenção Europeia dos Direitos do Homem, a Convenção Americana dos Direitos do Homem, a Carta Africana de Direitos do Homem e dos Povos, etc. DINH, Nguyen Quoc, DAILIER, Patrick e PELLET, Alain, (1992), pp. 599 e seguintes, classificam a protecção internacional dos Direito do Homem em a protecção no quadro universal e a protecção no quadro das organizações regionais. Ver também SHAO, Jin (2000), *International Law,* Editora Universidade de Pequim, Beijing, pp.312 e seguintes.

[148] PEREIRA, André Gonçalves e QUADROS, Fausto de (2000), p. 381, "...o indivíduo não pode agir, por si, internacionalmente, em relação com os outros Estados – pode apenas dirigir-se ao seu próprio Estado, que assumirá a sua protecção perante o outro Estado".

[149] Por exemplo, na Organização Internacional do Trabalho, é reconhecido o direito de petição às organizações profissionais acerca dos atentados cometidos contra as liberdades sindicais, especialmente o direito de associação.

[150] PEREIRA, André Gonçalves e QUADROS, Fausto de (2000), p. 396.

B) Ampliação do âmbito de regulação do Direito Internacional

O âmbito de regulação do Direito Internacional refere-se às relações de direitos e obrigações restringidas pelas normas internacionais. Com a incorporação do indivíduo aos sujeitos do Direito Internacional, o seu âmbito de regulação é cada vez maior. Se incluirmos as regras substanciais unificadas do Direito Internacional Económico e do Direito Internacional Privado, o âmbito de regulação do Direito Internacional envolve-se em todas as esferas do Direito Civil e do Direito Comercial, como por exemplo, o direito pessoal, as relações matrimoniais, o direito patrimonial, o direito da propriedade intelectual, a celebração e o cumprimento dos contratos, desde compra e venda, transporte, seguros, títulos de créditos mercantis, até empresas, investimentos, transferências da tecnologia, entre outros...

C) Expansão do conteúdo do Direito Internacional

Assim como o Direito Interno, o Direito Internacional efectua a auto-regulação em conformidade com o desenvolvimento da sociedade internacional. A partir de meados do século XX, os direitos do Homem, e, especialmente os direitos das mulheres e das crianças, os recursos naturais, o ambiente, etc., têm sido problemas a que o Direito Internacional presta especial atenção.

As regras internacionais do século XX têm absorvido novos conteúdos, especificamente, nas áreas da força internacional e da soberania do Estado. Quanto à primeira, foi introduzida de novo a distinção entre a guerra justa e a guerra injusta[151]; a segunda área, envolve não só, a restrição e a intervenção da soberania, como também o aumento[152], a consolidação e a defesa da soberania.

As regras a respeito de Direitos do Homem constituem uma matéria que possui características da época e exerce influências sobre a política mundial. A formação e o desenvolvimento dos Direitos do

---

[151] O papel das novas regras no que diz respeito à prevenção e ao impedimento do recurso à força armada ou à ameaça armada é ainda limitado, veja-se por exemplo o Conselho de Segurança da ONU perante determinadas situações onde existem divergências dos países grandes.

[152] Por exemplo, no Direito do Mar, os direitos dos Estados soberanos litorais estendem-se à "Zona Económica Exclusiva" de 200 milhas marítimas, zona essa que originalmente pertencia ao alto-mar.

Homem a partir do termo da Segunda Guerra Mundial representam um progresso significativo da história mundial.

Durante o século XX, a modificação do Direito Internacional revela-se no alargamento dos portadores de direitos e obrigações e também na mudança do âmbito e das fontes (formas de legislação). Hoje, o Direito Internacional envolve problemas económicos, culturais, comunicativos e ambientais dos quais antigamente não havia ou havia poucas regras, tanto no âmbito como nas fontes, ao mesmo tempo, incorpora novas questões globais, questões de segurança e questões da política internacional. Além disso, o procedimento legislativo e as suas fontes têm-se alterado.

Tendo em conta também as regras da Organização Mundial do Comércio, podemos ver que aquelas normas que protegem direitos privados e regulam relações jurídicas entre os particulares e o Estado já fazem parte da matéria do Direito Internacional. As suas fontes unem tratados e acordos regionais, tratados bilaterais, e até as legislações internas sobre as relações externas.

O desenvolvimento e o aprofundamento da globalização económica trazem mais problemas internacionais. Isso requer, objectivamente, o aperfeiçoamento e o enriquecimento do Direito Internacional, que poderá resolver uma série dos novos problemas internacionais.

4.2.1.2. *Reforço da eficácia do direito internacional*

Alguém defendeu que "Os efeitos do Direito Internacional nascem das regras de comportamento resultantes da "vontade comum" dos Estados. Caso haja uma ruptura da vontade comum, os efeitos do Direito Internacional poderão reduzir-se em nada. Por conseguinte, o Direito Internacional, as vezes, é considerado um ramo de direito "fraco", sem força coerciva suficiente. Além disso, segundo um raciocínio normal, carece de mecanismos que garantam a sua aplicação tais como polícias, prisões e sistema judiciário unificado"[153]. Todavia,

---

[153] Existem sempre na doutrina argumentos que põem em causa ou negam o papel e os efeitos do Direito Internacional quanto à regulação das ordens internacionais e à realização da justiça internacional. Estes argumentos classificam-se em quatro tipos. O primeiro, representado pelos realistas, crê que as relações internacionais são controladas pela força, em vez do

se o analisarmos como um ramo de direito concreto, em vez de direito conceptual, julgamos que o argumento acima mencionado não é preciso.

O Direito Internacional não é um direito mundial, por conseguinte, não se trata da questão da unificação. O Direito Internacional é o conjunto de regras de conduta eficazes que são aplicáveis no seu espaço e tempo. Uma das maiores diferenças entre o Direito Internacional e o Direito Interno, reside, em que o primeiro não possui a aplicabilidade unificada. Geralmente, convenções, tratados e acordos internacionais, produzem efeitos apenas para os Estados Membros ou partes contratantes. Os efeitos do direito regional, do direito bilateral e do direito unilateral são limitados. Este carácter determina que não é possível, nem necessário, para o Direito Internacional, existir um mecanismo de manutenção unificado. As tropas das Nações Unidas, os tribunais internacionais, bem como as prisões que servem para tribunais penais internacionais, pertencem ao mecanismo de manutenção da coercibilidade do Direito Internacional; enquanto o exército, o

---

direito e o poder determinar a justiça. O segundo considera que os Estados apenas têm obrigações de cumprir as regras reconhecidas pelos próprios, porque o Direito Internacional está dependente das vontades estatais. O terceiro duvida da existência do Direito Internacional competente devido à grande divergência dos interesses, das convicções e das culturas entre diferentes Estados. O último nega, absolutamente como ramo de direito.

Em nosso ver, relativamente ao primeiro tipo de argumentos, seja um país poderoso, seja um país atrasado, a maioria dos países, tendo em conta os seus prestígios e a esperança de benefícios mútuos, na maioria das situações, têm cumprido o Direito Internacional, mesmo as promessas feitas são contra os seus interesses actuais. Quanto ao segundo argumento, achamos que todos os membros da comunidade internacional têm de aceitar as regras internacionais. Sendo fonte do Direito Internacional, o costume não necessita de consentimento universal de todos os Estados. As deliberações da Assembleia-Geral das Nações Unidas têm força obrigatória para todos os Estados Membros. Sobre o terceiro argumento, apesar das divergências reais, existem simultaneamente objectivos comuns da comunidade internacional revelados nas fontes do Direito Internacional e nas declarações conjuntas. Mesmo nos casos em que faltam objectivos comuns, há princípios fundamentais da coexistência pacífica. Quanto ao último argumento, admitimos que independentemente de imperfeições do funcionamento do Direito Internacional e de força coerciva (nomeadamente, a ausência da autoridade legislativa central, do sistema judiciário obrigatório e do mecanismo eficaz da execução), o Direito Internacional continua a ser um ramo de direito. Ver BULL, Hedley (1997), *The Anarchical Society: A Study of Order in World Politics,* New York, pp. 129-147, SCHACHTER, Oscar (1991), *Internacional Law in Theory and Practice,* Dordrecht, Natherlands, pp. 5-31, SHI, Yinhong (1996), "Lun Shijie Zhengzhi zhong de Wenti" (Dos Problemas de Justiça na Política Mundial), *Europe,* Nº 1, p. 5.

regime judicial e prisões internas, constituem também instrumentos importantes de manutenção da eficácia do Direito Internacional; os institutos de sanções políticas, diplomáticas, económicas e comerciais, por sua vez, representam especiais medidas de protecção da sua eficácia.

Com o aprofundamento da globalização económica, os Estados percebem que, meramente, o reforço do regime jurídico interno não consegue resolver razoavelmente todos os problemas surgidos no processo de desenvolvimento, nem assegura a realização dos seus interesses nacionais. Portanto, é imprescindível reforçar a eficácia do Direito Internacional além de aumentar o seu conteúdo.

O reforço da eficácia do Direito Internacional poderá ser realizado através dos seguintes meios: 1) fortalecer a responsabilidade internacional para que os sujeitos do Direito Internacional assumem responsabilidades mais específicas pelas suas condutas ilícitas ou lesões causadas a outros sujeitos; 2) aumentar o âmbito de aplicação do Direito Penal Internacional, para que este seja um instrumento forte contra todos os actos criminosos internacionais, além de castigar crime contra a humanidade, crime de guerra, crime contra a paz, etc.; 3) aperfeiçoar progressivamente o mecanismo internacional de resolução de litígios, para que se torne mais conveniente, mais eficaz, mais rápido e menos custoso; 4) estabelecer um regime eficaz de execução dos julgamentos internacionais.

4.2.1.3. *Impacte em áreas específicas do direito internacional*

4.2.1.3.1. Direito Económico Internacional

Conforme a análise anterior, os ramos de Direito que relacionam directamente as actividades de circulação financeira, comercial, da transferência tecnológica e das pessoas no âmbito global, são mais afectados pela globalização económica. Os efeitos da globalização são particularmente sentidos em matéria de Direito Económico, que é o direito das políticas públicas económicas, a regulação estatal da economia, influenciando, orientando, estimulando e regulamentando o comportamento dos actores económicos.

O Direito Económico Internacional adaptar-se-á às novas circunstâncias da globalização económica: por exemplo, 1) a Arbitragem Comercial Internacional passa a ser um dos meios mais eficazes para resolver conflitos comerciais internacionais; 2) o Direito Bancário, o Direito dos Valores Mobiliários, o Direito dos Seguros, o Direito relacionado com a matéria das letras, livranças, notas promissórias e cheques e outros títulos de créditos, regularizam actividades financeiras; 3) o Direito do Investimento, o Direito Fiscal, o Direito das Empresas e o Direito da Falência, regulamentam a circulação dos capitais; 4) a Legislação anti-monopólio, legislação sobre a protecção dos direitos e interesses dos consumidores, leis aplicáveis à confiabilidade dos produtos ajustam relações concorrenciais de mercado; 5) o Direito da Propriedade Intelectual e o Direito da Transferência Tecnológica, têm o objectivo de equilibrar as relações entre a propriedade intelectual e os interesses sociais; 6) o Direito Laboral envolve a circulação internacional dos trabalhadores, entre outros.

No campo do Direito Económico Internacional, surgiu uma grande quantidade de regras internacionais. Quer o Fundo Monetário Internacional, quer o GATT (agora OMC), incorporavam um código de conduta, aplicável, respectivamente, às relações monetárias e às relações comerciais internacionais. No entanto, em contraste com o FMI e o Banco Mundial, o GATT surgiu como o quadro regulador da liberalização do comércio internacional em base multilateral e não discriminatória. Na sequência das negociações do *Uruguai Round*, o GATT passou para a OMC e expandiu o campo de acção para domínios antes não abrangidos. No seio da Organização Mundial do Comércio, existem regras que regulam o comércio de mercadorias (inclusive produtos agrícolas e têxteis), o comércio de serviços, os direitos de propriedade intelectual e as medidas de investimento relacionadas com o comércio, bem como um estatuto processual para enquadrar as regras substantivas. Novos acordos assinados no *Uruguai Round*, alargam o âmbito de aplicação das regras aplicáveis à comunidade internacional. Além das regras multilaterais no sistema da OMC, numerosos acordos regionais multilaterais e convenções comerciais bilaterais estão a desempenhar um papel importante nas relações comerciais entre diferentes países.

Na prática, existe uma concorrência entre a política pública económica nacional e uma difusa política pública económica internacional[154]. Se esse fenómeno não é novo na ordem mundial, ele nunca foi tão explícito nem intenso como hoje.

Uma questão importante deste campo que merece a nossa atenção em particular, é a liberdade[155] e a defesa da concorrência. Para que haja a liberdade, é indispensável restringir a liberdade. A globalização e a liberalização dos mercados têm colocado o acento sobre a liberdade de empreender. A globalização reforçou a ideia da liberdade de empreendimento. Como é visto, a defesa do princípio da liberdade de concorrência depende do Estado ou das organizações internacionais. Hoje em dia, há o apelo da regulação jurídica baseada na competitividade de mercado e não no controlo directo pelo Estado de certas actividades de interesse público.

A globalização económica tem vindo a exercer grandes influências sobre o direito da concorrência. Antigamente, a concorrência ocorreu num determinado país ou numa determinada região. Com a integração na economia mundial, a concorrência de nível nacional transforma-se na concorrência de nível internacional. Além da rivalidade em qualidade e preços de mercadorias, outros factores tais como serviços, tecnologias, recursos humanos e o ambiente do investimento, são também considerados. Aqueles que antigamente não foram incorporados no âmbito da competição, já se tornam factores estratégicos, tais como padrões tecnológicos, ambientais, laborais, desempenhando assim o papel cada vez mais importante na era da globalização. Simultaneamente, os Estados vêm a ser participantes da concorrência internacional paralelamente às empresas. Às vezes, a função do Estado permite que ele actue como árbitro da concorrência, outras vezes, o Estado orienta as empresas nacionais e até participa directamente na competição internacional. À medida que a globalização económica desenvolve, o papel regulador do direito da concorrência é cada vez mais importante. A concorrência em si não só é restringida pelas regras internas, mas também, normas internacionais.

---

[154] Sobre a relativização da soberania nacional, ver Parte II. 2.3.1.

[155] O princípio da liberdade de concorrência significa que um agente económico é livre para empreender o que bem entenda, desde que não prejudique a liberdade dos outros agentes económicos. A liberdade de concorrência constitui um direito do agente económico em face de outros agentes económicos, incluindo o Estado.

Aliás, a concorrência que se encontra no mercado internacional não pode ser reajustada efectivamente por qualquer regime interno. As empresas multinacionais, através de grandes fusões, conseguem controlar o mercado internacional. Por outro lado, perante os interesses nacionais dos outros países ou os interesses das empresas multinacionais, a execução do direito da concorrência interno enfrenta bastantes dificuldades, especialmente, para os actos anti-concorrenciais ocorridos no estrangeiro[156].

Um impacto muito visível da globalização neste ramo de direito é que, na arena internacional, os países procuram defender os interesses nacionais através do direito da concorrência. Hoje em dia, a adopção de duplos critérios das políticas da concorrência já se torna uma tendência universal, ou seja, por um lado, relaxar as restrições de fusões ou agrupamentos e incentivar a cooperação para empresas nacionais que se envolvem na competição internacional intensa, por outro lado, regular mais rigorosamente as práticas anti-monopolistas para indústrias tradicionais que enfrentam menos pressões de importação[157]. As políticas e o direito da concorrência salvaguardam uma concorrência justa no âmbito nacional e garantem também o livre acesso ao mercado interno pelas empresas estrangeiras. Tudo isso revela que o direito da concorrência no contexto da globalização não se preocupa apenas com a salvaguarda e a promoção da concorrência leal, mas também tem em conta a função fomentadora da competitividade nacional.

4.2.1.3.2. Direito Ambiental Internacional

O desenvolvimento do Direito Ambiental Internacional é a consequência da globalização dos problemas e preocupações am-

---

[156] Visto que a aplicação extra-territorial do direito da concorrência, reconhecida pelo "*Effects Doctrine*", encontra limitações na prática.

[157] Os objectivos das práticas anti-dumping são muito polémicos. Os países em vias de desenvolvimento consideram que mesmo que tenham pretextos do comércio justo, as práticas anti-dumping revelam o proteccionismo concedido aos sectores nacionais em que falta a vantagem comparativa, face aos concorrentes internacionais. Segundo as estatísticas da OMC, de 1995 a 2004, houve 2537 casos de anti-dumping, entre os quais, 356 casos envolveram os produtos chineses.

bientais, devido à interdependência económica e ecológica que lhe subjaz.

Um grande salto conceptual tem sido feito no Direito Ambiental Internacional nos últimos anos do século XX. Os problemas ambientais, têm-se encaminhado de um quadrado bilateral de coexistência, para um quadro multilateral de cooperação. Além disso, o Direito Ambiental Internacional tem percorrido o curso de ser meramente reactivo (por exemplo, na negociação dos tratados para abordar a ameaça conhecida da poluição do óleo marinho) para ser pró--activo (por exemplo, no caso de Convenção de Enquadramento sobre a Mudança do Clima – *UN Framework Convention on Climate Change, UNFCCC*, que constitui uma reacção preventiva à mudança do clima global no futuro).

O desenvolvimento do Direito Ambiental Internacional divide-se em duas fases distintas. A primeira fase, compreendida entre 1972 e 1992, corresponde ao rebentamento da consciência ambiental internacional depois da Declaração de Estocolmo de 1972 e para daí em diante. A segunda fase, com o início de *UN Conference on Environment and Development, UNCED* em 1992 no Rio de Janeiro, diz respeito às preocupações do desenvolvimento sustentável e à utilização experimental dos instrumentos económicos para atingir a concordância ambiental[158].

---

[158] A conferência de Estocolmo serviu como um catalisador para algumas iniciativas ambientais. A Declaração de Estocolmo abrange uma série de princípios ambientais normativos, um plano de acção ambiental de 109 pontos e uma resolução das Nações Unidas recomendando a implantação institucional e financeira. Desde então, foram celebrados vários protocolos, convenções e tratados ambientais. Por exemplo, a Convenção de Viena (Protecção do Buraco do Ozono) em 1985, o Protocolo de Montreal em 1987 (Protocolo do Ozono, emenda em 1990), entre outros. Sobre convenções ambientais internacionais, consulte as seguintes obras, designadamente, BURHENNE, W. (1974a). *Convention on Conservation of Nature in South Pacific,* Apia Convention, in *International Environmental Law: Multilateral Treaties.* Berlin: E. Schmidt; (1974b), *International Environmental Law: Multilateral Treaties,* Berlin, E. Schmidt; (1974c), *Selected Multilateral Treaties in the Field of the Environment.* Berlin, E. Schmidt. HOHMANN, H. (1992), *Basic Documents of International Environmental Law,* London, Graham and Trotman. MOLITOR, MR (1991), *International Environmental Law: Primary Materials*, Deventer, Kluwer Law and Taxation. SAND, PH (ed.) (1987), *Marine Environmental Law in the United Nations Environment Programme: An Emergent Eco-Regime,* London: Tycooly.

Após a Cimeira do Rio de Janeiro em 1992, nasceram a Agenda 21, a Declaração do Rio sobre o Ambiente e o Desenvolvimento, *UN Framework Convention on Climate Change* e a Convenção de 1992 sobre a Diversidade Biológica.

Talvez a maior contribuição atribuída à Declaração de Estocolmo e aos processos do Rio, seja a consagração dos princípios básicos do Direito Ambiental Internacional, designadamente, o princípio da cooperação internacional, de precaução, de poluidor-pagador, do desenvolvimento sustentável, da responsabilidade comum mas diferenciada[159] e o da avaliação do impacto ambiental[160].

Na era da globalização económica, o Direito Ambiental Internacional possui novas características. Vamos a seguir analisá-las nos seguintes quatro pontos:

Em primeiro lugar, as organizações não governamentais têm sido actores importantes nas negociações e implementações dos convénios ambientais internacionais. Por exemplo, elas têm participado em todas as negociações de *UNFCCC* e do Protocolo de Kyoto, onde estas organizações distribuíram informações e elaboraram anteprojectos. Os seus membros representaram já formalmente países-arquipélagos nas negociações para *UNFCCC*. Têm também, função como "guarda" e ajudam a execução do Direito Internacional através dos meios políticos ou litígios de interesses públicos.

Em segundo lugar, existe uma aproximação mútua entre o Direito Público e o Direito Privado. Isto é, o Direito Internacional Público, começa a preocupar-se mais com as áreas que costumavam ser consideradas como se integrando inteiramente dentro do âmbito do Direito Internacional Privado; ao mesmo tempo, o Direito Internacional Privado interessa-se frequentemente por questões que costumavam ser consideradas como campo de conhecimento primário do Direito Internacional Público. No ramo de Direito Ambiental Internacional, o desenvolvimento mais importante talvez seja a interacção emergente entre o Direito Ambiental Intergovernamental e o Direito Ambiental Transnacional desenvolvido essencialmente pelo sector privado e instituições, como a Organização Internacional de Padrões (*International*

---

[159] Este princípio encontra-se no Princípio 7 da Declaração do Rio e no artigo 4º de *UNFCCC* de 1992, que impõe a responsabilidade principal aos países desenvolvidos e a responsabilidade secundária aos países em vias de desenvolvimento.

[160] Alguns destes conceitos, como por exemplo, o de poluidor-pagador e a avaliação do impacto ambiental têm as suas origens no Direito Ambiental Interno. Outros princípios (por exemplo, a responsabilidade comum mas diferenciada), são produtos do pensamento e acção internacional.

Standards Organization)[161]. O desenvolvimento do sector privado assente em padrões ambientais internacionais e em práticas administrativas assume parcialmente as funções tradicionalmente desempenhadas pelos governos[162].

Em terceiro lugar, na matéria do Direito Ambiental Internacional, os Estados têm utilizado instrumentos não compulsivos ou modos voluntários. Todavia, as negociações de instrumentos não compulsivos, são mais frequentes e proveitosas do que as negociações de convenções internacionais formais. Os acordos são mais fáceis de atingir, os custos de transacção para os governos e organizações não governamentais são mais baratos, as oportunidades para definir estratégias detalhadas são maiores e a capacidade de reagir a mudanças rápidas da compreensão científica ou das condições económicas ou sociais é melhor.

Em quarto lugar, há uma tendência da integração do Direito Internacional ao Direito Interno. Hoje em dia, os assuntos antigamente considerados no âmbito da "jurisdição interna" (por exemplo, a redução de emissões de gás-estufa, a redução do uso de gasolina, etc.) tornam-se preocupações internacionais. Os Estados ainda terão de se submeter à administração dos recursos globais públicos pelas organizações internacionais. A resolução dos problemas ambientais necessita da ligação estreita entre o Direito Interno e o Direito Internacional.

Em suma, no contexto da globalização económica, existem certamente desacordos entre o Direito Comercial e o Direito Ambiental,

---

[161] WEISS, Edith Brown (2000), *Globalization and International Environment Law in the Twenty-First Century*, presentation at Yasuda Fire and Marine Insurance Co., Ltd. at Tokyo on February 7th, 2000.

[162] WEISS, Edith Brown (2000), "... *The most prominent private sector efforts to set environment management norms include the International Standards Organization's 14000 series, the Chemical Manufacturer Association Responsible Care Program, the Coalition for Environmentally Responsible Economies and the International Chamber of Commerce's Business Charter for Sustainable Development. The European Union has developed a parallel effort in private sector in its Environment Management Auditing System. Although these codes differ, they require industry to follow certain environment management practices and provide for audits. They seek to use market, peer, and public pressure to motivate firms to undertake major changes in their management procedures and rely on procurement practices of other companies, governments and individual consumers to enforce them*". Consultar KUNUGI, Tatsuro e SCHWEITZ, Martha, *ed.* (1999), Japan, United Nations University.

entretanto, novos esforços contribuirão para a conciliação entre os dois. Na matéria do Direito Ambiental Internacional, povo local e comunidades locais, serão envolvidos. Os Estados trabalham em conjunto com o sector privado, as organizações não governamentais e os indivíduos, para assegurar o valor comum da protecção do ambiente mundial para as gerações actuais e vindouras.

4.2.1.3.3. Direitos Humanos

Direitos humanos incluem todos os direitos elementares à dignidade humana. A questão dos direitos humanos envolve os interesses e o bem-estar da toda a humanidade e constitui por conseguinte uma preocupação da sociedade internacional[163]. Assim apareceram, ainda que bebendo boa parte da influência *jus racionalista* do século XVIII, as primeiras declarações de direitos do Homem, de entre elas sendo a mais emblemática a Declaração dos Direitos do Homem e do Cidadão[164].

A Segunda Guerra Mundial constitui um marco da internacionalização dos direitos humanos. Os países que amam a paz e a democracia estavam unidos numa luta sem precedente pelos direitos humanos. A protecção dos direitos humanos não se limitava apenas ao âmbito interno da política e do direito, envolvia também a esfera da Política Internacional e do Direito Internacional. A internacionalização dos direitos humanos e a legalização (institucionalização) dos

---

[163] O âmbito dos Direitos do Homem abrange dois elementos: os direitos individuais (designadamente, direito à vida, direito à liberdade e à segurança, direito à igualdade, direito à propriedade privada, direito à protecção da lei e do processo legítimo, direito dos cidadãos, direitos económicos, sociais e culturais, etc.) e os direitos aplicáveis aos homens individualmente ou como membros da sociedade (direito dos povos à autodeterminação, direito ao desenvolvimento, direito ao meio ambiente, direitos culturais, direito à paz e segurança, direito de receber auxílio humanitário, direito comum a herdar o património, etc.).

[164] Esta declaração foi aprovada na efervescência da Revolução Francesa em 26 de Agosto de 1789, v. GOUVEIA, Jorge Bacelar, "A Lei Básica da Região Administrativa Especial de Macau", palestra proferida em Macau no Seminário do *Direito de Macau no Contexto da Lei Básica – Evolução Recente e Perspectivas de Futuro*, "…estes direitos, para além da sua forte inspiração universalista, distinguiam posições jurídicas das pessoas frente ao Estado numa concepção claramente defensiva, assim pretende erguer-se em barreira, de preferência inexpugnável, contra a actividade jurídico-pública do Estado".

direitos humanos internacionais tornaram-se uma opção inevitável pela comunidade internacional.

Entre o termo da segunda Guerra Mundial e meados dos anos cinquenta, o desenvolvimento da protecção internacional dos direitos humanos revelam-se as seguintes três características:

Em primeiro lugar, apareceram elementos normativos que foram consagrados como instituições da protecção internacional dos direitos humanos. A Carta das Nações Unidas definiu a moldura do regime internacional dos direitos humanos; a Declaração Universal dos Direitos do Homem mostrou o espírito dos direitos humanos e indicou claramente a sua conotação; a Convenção da Prevenção e Repressão do Crime de Genocídio e outros documentos importantes confirmaram os objectivos, os princípios fundamentais do regime internacional dos direitos humanos, as importantes organizações internacionais dos direitos humanos e as suas competências, as relações entre os direitos humanos e a soberania, elementos constituintes dos direitos humanos protegidos, entre outros.

Em segundo lugar, foram alinhados propósitos da defesa da paz e do castigo dos crimes de guerra, respeitante a direitos humanos. Muitos princípios do Direito Internacional foram reconhecidos e consagrados.

Em terceiro lugar, os direitos humanos protegidos, acentuaram os direitos civis e políticos, em detrimento dos direitos económicos, sociais e culturais. A razão que levou a este fenómeno é que, na altura, muitas colónias e semi-colónias asiáticas e africanas ainda não adquiriram a independência ou tinham acabado de declarar a independência, sendo a percentagem dos assentos nas Nações Unidas pelos países ocidentais e dos países américo-latinos de 2/3; além disso, os direitos humanos foram inevitavelmente influenciados pelas relações políticas internacionais durante a guerra-fria[165].

Dos anos cinquenta aos anos setenta do século XX, o regime dos direitos humanos desenvolveu-se nos seguintes aspectos:

Mais que tudo, após elaboração e deliberação por um período de cerca de vinte anos, os Pactos Internacionais Relativos aos Direitos do Homem foram aprovados pela ONU. Apareceram grande número

---

[165] Segundo a Declaração Universal dos Direitos do Homem, nos seus totais 29 direitos fundamentais do homem, há 21 direitos civis e políticos do indivíduo.

das fontes normativas relativamente à protecção internacional dos direitos do homem, quer compulsórias, quer declarativas, sendo algumas mais genéricas, outras mais específicas.

Os direitos humanos de cunho colectivo foram também incluídos ao regime internacional. Por exemplo, nos termos dos artigos 1º e 2º do Pacto Internacional sobre os Direitos Económicos, Sociais e Culturais: "Todos os povos têm o direito a dispor deles mesmos. Em virtude deste direito, eles determinam livremente o seu estatuto político e asseguram livremente o seu desenvolvimento económico, social e cultural. Para atingir os seus fins, todos os povos podem dispor livremente das suas riquezas e dos seus recursos naturais..."; além disso, várias convenções internacionais foram celebradas com a finalidade de prevenir o apartheid, a discriminação racial, a escravidão, o trabalho forçado, entre outros[166].

Muitos países em vias de desenvolvimento desempenharam um papel construtivo no aperfeiçoamento do regime internacional dos direitos humanos. Isso revela-se, nomeadamente, na Declaração de Teerão em 1968 e na Declaração do Direito ao Desenvolvimento no ano seguinte.

Nesse período, a concepção de que a protecção dos direitos humanos só podia ser realizada através do esforço conjunto da comunidade internacional foi aceite e o critério dos direitos humanos mostrou notável universalidade.

A partir dos anos noventa, a protecção internacional dos direitos humanos tem sido gradualmente colocada em prática. Entretanto, no mundo em globalização, existem muitos conflitos e contradições[167]

---

[166] Designadamente, a Convenção de Genebra de 25 de Junho de 1957, a Convenção Internacional sobre a Eliminação de Todas as Formas de Discriminação Racial de 21 de Dezembro de 1965 e a Convenção de Nova Iorque (Eliminação e Repressão do Crime do Apartheid) de 30 de Novembro de 1973, entre outras.

[167] Os debates relativamente aos direitos humanos incluem: (1) A coordenação do regime internacional e do regime interno dos direitos humanos. No começo, o regime internacional dos direitos humanos era concebido seguindo o pensamento de super-estados, a Carta das Nações Unidas prevê apenas direitos declarativos respeitantes aos direitos humanos. À medida que o regime internacional dos direitos humanos se torna cada vez mais imprescindível após a guerra-fria, surgiram naturalmente divergências entre os países ocidentais e os países em vias de desenvolvimento. Para os países em vias de desenvolvimento, a protecção é, no fundo, um assunto interno na medida que o regime dos direitos humanos de um país é determinado pelo seu regime social, o nível de desenvolvimento e a

respeitantes à compreensão dos direitos humanos bem como a uma tendência hegemónica (a padronização hegemónica por alguns países grandes)[168]. Ao primeiro olhar, os debates revelam as diferentes posições sobre os direitos humanos, inerentemente, estas divergências constituem contradições fundamentais do sistema social e da tradição histórico-cultural, o que representam obstáculos no processo de melhoramento do regime internacional dos direitos humanos.

A polémica ideológica exerce influência directa sobre a prática e a funcionalização do regime internacional dos direitos humanos. Por um lado, o regime internacional tem sido utilizado frequentemente para desempenhar o papel de árbitro nos assuntos dos direitos humanos. Por outro, carece do apoio e coordenação da maioria dos Estados-Membros. Por conseguinte, encontra desafios muito difíceis, designadamente, diversos países adoptam atitudes diferentes do regime

---

tradição cultural, a comunidade internacional poderá somente promover externamente o aperfeiçoamento do regime interno em vez de impor obrigatoriamente um determinado regime a qualquer membro. (2) A universalidade e a relatividade do critério da protecção dos direitos humanos. A maioria dos países ocidentais consideram que os direitos fundamentais representam um valor universal da toda a humanidade, para os países em vias de desenvolvimento, a dissemelhança das realidades entre diversos países determina que os direitos humanos são apenas de cunho relativo. (3) A prioridade dos direitos do homem. Isto é, se os direitos económicos têm ou não a prioridade relativamente aos direitos políticos e se os direitos individuais têm ou não a prioridade relativamente aos direitos colectivos? Com o advento das ideias socialistas, os direitos fundamentais são sobretudo encarados num prisma económico-social, como "alavancas" de libertação e de desalienação dos cidadãos, em busca de melhores condições materiais de vida. Nos países em vias de desenvolvimento, devido às suas experiências coloniais, são proclamadas as liberdades públicas, a nova ordem social é de absoluta prevalência de direitos materiais e melhores condições de vida. (4) O papel das Organizações Não Governamentais. Como se percebe pela demonstração acima, há consequentemente divergência entre os países desenvolvidos e os países em vias de desenvolvimento em termos da função das ONGs, os primeiros apoiam o reforço do papel das ONGs no palco mundial.

[168] DELMAS-MARTY, Mireille, (2000), "For a New World Order of Law", *Label France*, January, n°. 38, "*...From the Human Rights point of view, it must certainly not be forgotten that the universal character of the 1948 Declaration has been disputed by those who believed they saw here a sign of the cultural hegemony of the west. But the text recognizes all cultures, provided they respect the equal dignity of all human beings. In truth, this pluralism of Human Rights entails more risk of fragmentation or break up than of hegemony. According to the Universal Declaration of Human Rights, there is no hierarchy, no priority, between civil and political rights and economic, cultural and social rights. The universality of Human Rights is based on this indivisibility. But practices have evolved quite differently*".

internacional dos direitos humanos baseando nos seus interesses particulares; a soberania constitui uma barreira inultrapassável; algumas potências grandes têm posições predominantes no regime internacional dos direitos humanos; a eficiência da operacionalidade pelas Nações Unidas é ainda muito baixa...

No entanto, hoje em dia, a globalização, por sua vez, cria condições favoráveis para o reforço do regime internacional dos direitos humanos[169]. O estabelecimento de um mercado mundial, o intercâmbio estrito entre os países, o desenvolvimento da ciência e tecnologia e a instituição do regime global económico e político, facilitam, do modo directo ou indirecto, o aperfeiçoamento do regime internacional dos direitos humanos. Além disso, o fenómeno da internacionalização das questões dos direitos humanos interna, justifica que muitas questões apenas podem ser resolvidas no âmbito internacional[170].

4.2.1.3.4. Direito das Organizações Internacionais

Após a segunda Guerra Mundial, as organizações internacionais[171] tornam-se cada vez mais importantes nas relações internacionais. A criação das organizações globais (como as Nações Unidas, o FMI, o Banco Mundial, a OMC)[172] e regionais (tais como a União Europeia, a NAFTA, o MERCOSUL, a APEC), satisfazem a tendência da globalização e, ao mesmo tempo, enriquecem o enquadramento do Direito Internacional. Em primeiro lugar, o número das organiza-

---

[169] FORSYTHE, David P. (1991), *The Internationalization of Human Rights*, Lexington Books, pp. 69 e ss.

[170] Por exemplo, o massacre racial na Somália e Luanda, a independência nacional do Paquistão ou conflito racial da África do Sul.

[171] Sobre os detalhes de algumas importantes organizações internacionais, cfr. CAMPOS, João Mota de, *et al* (1999), *Organizações Internacionais*, Fundação Calouste Gulbenkian, Lisboa.

[172] Fundação Luso-Americana para o Desenvolvimento (1998), *A Organização Mundial do Comércio e a Resolução de Litígios*, Conferência realizada no Auditório da FLAD em 13 de Maio de 1997, Faculdade de Direito da Universidade de Lisboa, Lisboa. "Na evolução das organizações económicas internacionais de vocação mundial ao longo do último quarto do século, observa-se o declínio da influência das instituições de Bretton Woods – em particular do Fundo Monetário Internacional –, em contraste com a ampliação e a consolidação do sistema do GATT", p.25.

ções internacionais tem aumentado significativamente, em 1909 havia apenas 37 organizações internacionais e inter-governamentais em 2000 o número subiu para 6556[173]. As funções das organizações internacionais também se estenderam consideravelmente, desde as áreas política, económica e cultural, até as áreas educacional, de saúde, de ambiente, entre outras. O papel das organizações internacionais tem sido também reforçado rapidamente. Diferentemente do período da Guerra-Fria, quando as organizações internacionais (como a ONU) serviam como instrumentos de luta pela hegemonia por parte das duas super-potências. As organizações internacionais de hoje não só incrementam a cooperação entre os Estados-Membros, como também se estão a envolver na regulação internacional dos problemas globais políticos, económicos e sociais[174].

Como consequência da globalização, a internacionalização do intercâmbio das pessoas, da produção e da circulação, engendra mais disputas internacionais. A globalização económica e ambiental, influencia evidentemente a vida política, jurídica e cultural. Os problemas políticos de natureza global, nomeadamente, a defesa da paz mundial, o desenvolvimento sustentável, o controlo do crime transfronteiriço e os conflitos políticos internacionais, exigem um esforço conjunto da comunidade internacional. Por conseguinte, têm-se desenvolvido organizações políticas regionais e globais como por exemplo, a União Europeia, as Nações Unidas e o Tribunal Penal Internacional que exercem grandes influências sobre o Direito Internacional.

4.2.1.3.5. Direito Penal Internacional

A globalização económica reforça os intercâmbios entre diferentes países e ao mesmo tempo, traz novos problemas tais como o crime económico transfronteiriço, tráfico de drogas, terrorismo, entre outros. A circulação transfronteiriça dos agentes e dos objectos de

---
[173] LI, Shaojun, (2002), *Introdução à Ciência Política Internacional*, Shanghai, Editora Povo Shanghai, p. 104. O século XX foi descrito pelo autor como um "século das organizações internacionais".

[174] Ver NYE, Joseph S., DONAHUE, John D., ed. (2000), *Governance in a Globalizing World: Visions of Governance for the 21st Century*, Cambridge, Massachusetts, Brookings Institution Press, pp. 297-318.

crimes, dificulta a competência das jurisdições. A aprovação do Estatuto do Tribunal Penal Internacional e a sua criação, manifestam que o combate aos crimes organizados internacionais necessita da colaboração de toda comunidade internacional e da assistência judicial internacional.

As novas formas de crime surgidas na sequência da globalização económica justificam reformas judiciais de todos os países, designadamente, para permitir trocar frequentemente informações, desenvolver a cooperação ampla através da assistência judicial penal, prevenir, controlar e castigar crimes internacionais baseando-se no princípio da igualdade relativamente a benefícios mútuos. Por um lado, os países devem celebrar activamente as convenções internacionais respeitantes às assistências judiciais, por outro lado, elaboram respectivas normas através da legislação interna.

4.2.2. *Sobre o direito interno*

Todos os países têm a consciência da necessidade de reforçar o sistema jurídico interno com a finalidade de satisfazerem as necessidades objectivas da globalização económica e criar condições prévias para o crescimento económico interno. Contudo, as diferenças dos sistemas políticos, os níveis de desenvolvimento desiguais, os costumes étnicos e religiosos dissemelhantes e os valores jurídicos distintos, fazem com que os sistemas jurídicos de cada país sejam diferentes e diversificados.

Para começar, estudemos a relação entre o Direito Internacional e o Direito Interno à luz da jurisprudência e da doutrina.

4.2.2.1. *Relação entre o Direito Internacional e o Direito Interno*

4.2.2.1.1. Breve introdução às teorias da relação entre o Direito Internacional e o Direito Interno

Na doutrina existem famosas teorias em disputa, o monismo e o dualismo, que explicam as relações entre o Direito Internacional e o Direito Interno[175].

Segundo a concepção monista, "o Direito constitui uma unidade em que o Direito nacional e o Direito internacional são meras manifestações, ficando a validade das normas internas e internacionais a resultar da mesma fonte a elas comum"[176]. Isto é, o Direito Interno e o Direito Internacional são partes da única estrutura jurídica existente. Há monistas com primado do Direito Interno representados pelos voluntaristas que advogam a vontade de um Estado[177] e monistas com primado do Direito Internacional representados pelos antivoluntaristas (normativistas, sociologistas e jusnaturalistas)[178]. O monismo com primado do Direito Internacional constitui, porém, uma corrente mais satisfatória e mais consentânea com a actualidade internacional[179].

---

[175] Veja-se, por exemplo, OPPENHEIM/LAUTERPACHT, *International Law,* (1992), Londres, pp. 50 e ss.; WANG, Tieya (1998), *Introdução ao Direito Internacional,* Editora Universidade de Pequim, pp.180-92.

[176] PEREIRA, André Gonçalves e QUADROS, Fausto de (2000), pp. 82-83.

[177] As figuras mais conhecidas da tese monista com primado do Direito Interno são ZORN, WENZEL, JELLINEK e VYCHINSKI, entre outros.

[178] Os principais representantes da tese monista com primado do Direito Internacional são KELSON e VERDROSS. Segundo Kelson, em todo e qualquer caso, a regra interna contrária à internacional é nula, de acordo com o princípio *"pact sunt servanda"* (ao abrigo do artigo 27º da Convenção de Viena sobre o Direito dos Tratados, nenhum Estado pode invocar as suas normas internas para se eximir ao cumprimento das suas obrigações internacionais); enquanto Verdross reconhece ao legislador nacional um campo bastante amplo de liberdade de acção.

[179] A natureza do monismo é que os tratados, após o momento da celebração e entrada em vigor, passam a ser partes do Direito Interno sem ser necessariamente precedidas de processo legislativo. Nestes casos, os tratados são auto-exequíveis. Regra geral, o monismo revela as seguintes características: em primeiro lugar, mesmo que a Constituição exija as normas constantes de convenções internacionais ratificadas ou aprovadas regularmente, há excepções para determinadas convenções internacionais. Em segundo lugar, quanto ao conteúdo e carácter, há convenções auto-exequíveis e não auto-exequíveis (as segundas requerem o processo legislativo antes de vigorarem na ordem interna). Em terceiro lugar, as convenções auto-exequíveis prevalecem sobre as normas internas. Os países que adoptam o monismo são a França, a Alemanha, a Holanda, a Polónia, Portugal, entre outros.

Na perspectiva dualista, que se deve, sobretudo, a Tripel, Oppenheim e Anzilotti, a ordem jurídica nacional e a internacional, são independentemente uma da outra e cada uma delas precisa de ter normas específicas sobre a sua relação recíproca. Os efeitos jurídicos do Direito Interno provêm da vontade do Estado e os efeitos jurídicos do Direito Internacional provêm da vontade de vários Estados. A norma internacional somente vale quando for transformada em lei interna ou recebida pela lei interna. A simples ratificação não opera essa transformação[180]. O dualismo está relacionado estritamente com a abordagem positivista[181].

Do nosso ponto de vista, cada doutrina revela simultaneamente as suas vantagens e limitações[182]. A solução mais prática reside em que "o Estado tem o dever de conformar a sua ordem interna às suas obrigações internacionais; cabe-lhe, porém, a escolha da forma técnica do cumprimento de tal dever; o não cumprimento de tal dever não tem, porém, como sanção a vigência forçada do Direito Internacional na ordem interna, e, por conseguinte, a obrigação para os tribunais internos de aplicar a norma internacional, nem a consequente invalidade ou ineficácia da norma interna contrária à norma internacional; a sanção consiste, exclusivamente, na responsabilidade internacional do Estado"[183].

---

[180] Nos países favoráveis ao dualismo, geralmente, as Constituições não conferem estatuto específico às convenções internacionais, ou seja, os direitos e as obrigações criados pelas normas internacionais não exercem influências sobre a ordem jurídica interna, a não ser transformados na lei interna. A execução interna de convenções requer um acto de transformação, o que pode ser feito através da legislação interna usando total ou parcialmente a sua linguagem, interpretando ou esclarecendo as suas normas. Os órgãos executivos podem fazer regulamentos e os tribunais podem também transformar as convenções no direito interno através de julgamentos e decisões.

[181] Pelo menos desde o início do século XVIII, os positivistas advogavam que a comunidade internacional era composta por muitos Estados soberanos independentes e os sujeitos do Direito Internacional eram os Estados. O Reino Unido adopta o dualismo e exige a transformação das normas internacionais na ordem jurídica interna.

[182] Por exemplo, na perspectiva dualista, sem a legislação interna, as convenções não são parte da ordem jurídica interna, colocando o ónus no governo que, antes de ratificar uma convenção, tem que decidir se precisa da legislação. Os Estados Unidos da América e o Canadá convergem as formulações monistas e dualistas.

[183] Pereira, André Gonçalves e Quadros, Fausto de, (2000), p. 87.

4.2.2.1.2. Algumas questões práticas da relação entre o Direito Internacional e o Direito Interno

Na prática, há muito por resolver nesta matéria. Em primeiro lugar, trata-se dos efeitos jurídicos do Direito Internacional no país onde se coloca a questão da execução das normas internacionais[184]. Os tribunais internos podem aplicar directamente o Direito Internacional ou só podem aplicá-lo após um determinado procedimento de transformação ou adopção? Este é um problema bastante complicado, porque não há regras definitivas do Direito Internacional por um lado e, por outro, em cada Estado aplicam-se métodos diferentes.

A aplicação directa das normas internacionais nos tribunais internos depende da sua aplicabilidade, isto é, estas normas têm de ser regras justiciáveis (*justiciable rules*), que podem ser aplicadas pelos tribunais internos[185]. Uma observação importante é que o Direito Internacional envolve tanto os tratados como os costumes. Os costumes, devido à falta da explicitação clara e à dificuldade da verificação da sua existência, são árduos de ser transformados em normas nacionais[186].

Como dissemos anteriormente, há duas formas da execução dos tratados internacionais no país: ou tornando-se automaticamente parte integrante do Direito Interno ou sendo executáveis através do acto de transformação ou legislação especial. Em ambos os casos, subsistem questões de execução. Neste momento, a execução dos tratados depende da sua natureza, da linguagem, do seu conteúdo e objectivo. Assim temos distinção entre tratados (cláusulas) auto-exequíveis e tratados (cláusulas) não auto-exequíveis[187],

---

[184] LAUTERPACHT'S Collected Papers, Vol. I, pp. 151-2.

[185] Geralmente, somente as regras com precisão suficiente podem possuir a característica da justiciabilidade. Por outras palavras, os direitos e as obrigações dos tratados têm de ser interpretáveis e aplicáveis dentro da jurisdição do Estado, quanto à determinação de direitos e deveres dos particulares. Por exemplo, as regras que prevêem a futura implantação de um determinado programa genérico não são justiciáveis.

[186] WANG, Tieya (1998), p. 201. Para evitar esta dificuldade, muitos países dispõem expressamente nas Constituições, permitindo que as normas, regras e instituições de Direito Internacional façam parte vinculativa do Direito Interno.

[187] Os tratados não auto-exequíveis, conferindo direitos ao governo ou restringindo o governo na adopção de medidas suplementares (legislativas ou administrativas), não podem ser aplicados pelos tribunais, nem invocados pelos particulares interessados sem prévia legislação.

embora esta distinção seja bastante polémica do ponto de vista doutrinário[188].

Em segundo lugar, trata-se da jurisdição extra-territorial das normas nacionais. Devido aos princípios de nacionalidade, de protecção e de universalidade, a lei nacional será aplicada a certos casos em que os crimes foram praticados por nacionais no estrangeiro, ou crimes que, por tratado ou convenção, o Estado se obriga a reprimir, ou crimes praticados por estrangeiro contra o Estado ou seus cidadãos fora do país. Deste modo, o Direito Interno possui alguns efeitos extra-territoriais. Sendo que o princípio da territorialidade é a regra, nenhum Estado pode violar a soberania e a integridade territorial dos outros, nem negar as leis estrangeiras com leis nacionais, quando exerce a jurisdição nacional, protectora e universal.

A terceira questão, relativamente simples, é sobre a aplicação do Direito Interno no Direito Internacional, ou por outras palavras, o reflexo e o papel do Direito Interno no Direito Internacional. Os tribunais internacionais tomam o Direito Interno como "factos"[189] e podem ainda averiguar o contexto de conflitos, obtendo fundamentos invocados do Direito Interno.

Finalmente, quando houver conflitos entre o Direito Interno e o Direito Internacional, qual ramo de direito deve ser aplicado? É possível que aconteçam conflitos, seja com costumes internacionais seja com regras internacionais transformadas. Na prática, cada Estado tem diferentes modos da resolução de conflitos, mas, em matéria do Direito Internacional, não existem regras unificadas e coercivas. No entanto, há um princípio básico de que o Estado não pode fugir das suas obrigações internacionais em razão do Direito Interno, o que foi afirmado pelo Tribunal Permanente de Arbitragem (TPA), Tribunal Permanente de Justiça Internacional (TPJI) e Tribunal Internacional de Justiça (TIJ) nos seus casos julgados[190]. Neste sentido, o Direito

---

[188] Para determinados casos ou determinadas regiões jurisdicionais, muito factores podem dificultar tal distinção, designadamente, um juiz pode recusar a aplicação de um tratado internacional simplesmente porque as suas cláusulas são ambíguas e amplas.

[189] No sentido que o Direito Internacional pode constituir provas da violação de tratados ou costumes internacionais pelo Estado. Ver BROWNLIE, Ian (1990), *Principles of Public International Law*, 4ª edição, citado por WANG, Tieya (1998), p. 197.

[190] DINH, Nguyen, *et. al.* (1999), pp. 759-799 e PCIJ Publications, Séries A/B, n.º 46, p. 167. Recorde-se o artigo 27º da Convenção de Viena sobre o Direito dos Tratados,

Internacional prevalece sobre o Direito Interno quando houver conflitos. Contudo, as normas internas incompatíveis com instituições internacionais não constituem uma violação directa do Direito Internacional, excepto quando se verificam as situações concretas de incumprimento das suas obrigações internacionais. Além disso, cabe ao Estado resolver conflitos entre jurisdições interna e internacional e cumprir as obrigações assumidas internacionalmente. Quanto a esta questão, temos ainda de distinguir duas situações: os costumes internacionais e os seus tratados/convenções.

Sobre a primeira situação, nos países cujas Constituições não são escritas, é geralmente reconhecido que o Direito Internacional é o princípio do Direito Interno, designadamente, os costumes internacionais são aplicáveis internamente. Perante os conflitos, os tribunais podem estar somente adstritos ao Direito Internacional ou, pelo contrário, é afirmado o primado do Direito Internacional sobre o Direito Interno. Uma solução mais prática, é que o Estado elabora normas internas exigidas pelo Direito Internacional, presumindo a harmonia entre as duas jurisdições na interpretação das leis internas[191].

Sobre a segunda situação, os Estados, quer tenham Constituição escrita, quer não, têm usualmente soluções mais explícitas. O primeiro exemplo, *"Lex speciali derrogat generali"*, ou seja, a lei especial derroga a geral. Desta maneira, o tratado internacional é considerado como lei especial e supera uma norma interna em contradição com ela, porque por um lado, há tratados celebrados pelo Estado, pelo governo, pelos departamentos do governo, auto-exequíveis e não auto-exequíveis, por outro lado, na ordem jurídica interna há leis, decretos, regulamentos de nível central e diplomas locais, que afectam também a hierarquia das normas. Outro exemplo é *"Lex posterior derrogat priori"* (a lei posterior derroga a anterior), segundo o qual o efeito derrogatório depende do tempo.

Pelo exposto, entendemos que, na prática, não existem regras fixas sobre a relação entre o Direito Internacional e o Direito Interno, nem afirmações absolutas de que tal relação se encaixa bem com o

---

nenhum Estado pode invocar as suas normas internas para se eximir ao cumprimento das suas obrigações internacionais.
[191] OPPENHEIM'S International Law (1995), editado por Jennings, R., traduzido por Wang, Tieya, *et. al.*, vol. I, pp. 30-31.

monismo ou o dualismo. Assim, podemos admitir, com algum grau de segurança que, existe a interacção, interdependência e complementaridade entre os dois, e com a expansão do Direito Internacional, os elementos internacionais são cada vez mais reforçados na ordem jurídica interna.

4.2.2.1.3. Impactos da globalização na relação entre o Direito Internacional e o Direito Interno

As regras do Direito Internacional e outras regras globais surgidas na era da globalização exercem, sem dúvida, influência sobre a ordem jurídica interna. Os Estados assumem obrigações internacionais e transformam-nas no sistema jurídico interno por vias de conclusão de tratados internacionais. Este processo em si, implica que a soberania estatal se encontra ainda a desempenhar um papel importantíssimo e positivo no decurso da globalização: por um lado, o sistema jurídico interno tem de reflectir as responsabilidades internacionais assumidas pelo Estado, por outro lado, o Estado harmoniza a relação entre o Direito Internacional e o Direito Interno, assegurando que os seus actos estão conformes com as obrigações internacionais, mas não contraditórios com as normas internas, assegurando também a eficaz execução quer ao nível nacional, quer ao nível internacional.

A globalização económica promove ainda mais interdependência dos Estados-Nação, por conseguinte, os sistemas jurídicos relacionados com o desenvolvimento económico exercem influências mútuas e são interdependentes. Particularmente, a resolução dos problemas globais requer a cooperação estreita dos Estados soberanos, que poderão chegar a acordo sobre normas do Direito Internacional aplicáveis universalmente dentro dos âmbitos possíveis. Ao passo da globalização profunda, o Direito Internacional não só cumpre um papel cada vez mais indispensável na resolução dos problemas jurídicos transfronteiriços, como também realiza uma função cada vez mais valorizada na determinação de algumas questões jurídicas internas.

Parece que há uma tendência de convergência entre o Direito Internacional e o Direito Interno no mundo em globalização. A relação entre as duas ordens jurídicas revela-se de alguns caracteres novos, que resumimos ao seguinte:

- A legislação interna procurará cada vez mais regras aplicáveis universalmente do Direito Internacional[192];
- Algumas normas jurídicas do Direito Interno, elaboradas pelos países cuja legislação é mais desenvolvida, serão gradualmente adoptadas como normas jurídicas universais do Direito Internacional[193];
- O primado do Direito Internacional sobre o Direito Interno será mais proeminente. Num futuro previsível, as diferenças dos sistemas jurídicos nacionais existirão a longo prazo e algumas destas, quer dos sistemas jurídicos quer das normas jurídicas, são essenciais ou substanciais. Este facto, levará a cabo dissemelhanças substanciais das consequências jurídicas de um mesmo problema se aplicarem diferentes leis nacionais. No entanto, a globalização económica exige a convergência gradual do ambiente jurídico de cada país, isto é, um mesmo acto praticado nos diferentes países deve ter a mesma ou pelo menos semelhante consequência jurídica. Ao mesmo tempo, a fim de impulsionar e estimular a circulação sistemática de capital, tecnologia e pessoas, todos os países têm de criar uma base de garantia para a segurança de interesses, permitindo a cada sujeito jurídico que conheça as regras internacionais de transacção investir e fazer negócio em qualquer país sem dificuldades nem problemas. No contexto em que os diferentes sistemas jurídicos internos ainda estão longe de convergir totalmente, uma via eficaz para realizar tal garantia à segurança de interesses é a aplicação das regras do Direito Internacional.
- Em certas circunstâncias, as regras do Direito Internacional podem ser aplicadas directamente no Estado. Como se sabe, os efeitos das regras do Direito Internacional no Estado têm a ver com a aplicação do Direito Internacional e, nos últimos anos, os países têm atitudes mais activas quanto à aplicação do mesmo.

---

[192] Ver parte adiante "a internacionalização do direito internacional".
[193] Ver parte adiante "a internacionalização do direito interno".

Quanto aos impactos da globalização sobre o Direito Interno, vamos analisá-los através das seguintes duas perspectivas[194]: a internacionalização do Direito Internacional e a internacionalização do Direito Interno.

4.2.2.2. *A internalização do Direito Internacional*

A globalização económica acelerará a legislação e a construção do sistema jurídico de todos os países. Especialmente, os países cujos sistemas jurídicos são menos desenvolvidos têm de resolver uma série de problemas surgidos por causa do seu atraso legislativo. Os países mais desenvolvidos, mesmo possuindo sistemas jurídicos relativamente completos, sentem-se inadaptados perante novos desafios da globalização económica. Simultaneamente, algumas regras ou normas do campo do Direito Internacional têm sido já ajustadas conforme o desenvolvimento da globalização. Neste contexto, é fundamental que todos os países busquem regras internacionais adequadas a fim de aperfeiçoar a legislação interna.

As regras internacionais acima mencionadas abrangem não só as convenções ou tratados internacionais de vocação mundial, como também os tratados regionais e acordos bilaterais. Sob o ordenamento jurídico tradicional, as regras internacionais eram frequentemente introduzidas na legislação interna, visto que muitos tratados internacionais foram concluídos com o objectivo de coordenar legislações internas das partes contraentes[195]. A consequência directa da

---

[194] SANTOS, Boaventura de Sousa (1995), *Towards a New Common Sense: Law, Science and Politics in the Paradigmatic Transition,* Routledge, New York, pp. 250-378. O autor considera duas formas dos impactos da globalização sobre o direito interno, sendo respectivamente a internalização do Direito Internacional (*localized globalism*) e a internacionalização do Direito Interno (*globalized localism*). As duas formas são interdependentes e transformáveis mutuamente. Cfr. também ZHU, Jingwen, (2001), *Enquadramento e Métodos da Sociologia do Direito Comparada: Legalização, Localização e Globalização,* Editora da Universidade do Povo Chinês, pp. 561-571.

[195] Por exemplo, GATS (Acordo Geral sobre o Comércio de Serviços), TRIPS (Acordo sobre os Aspectos dos Direitos de Propriedade Intelectual Relacionados com o Comércio), TRIMS (Acordo sobre as Medidas de Investimento Relacionadas com o Comércio) são figuras jurídicas afectadas pela globalização.

elaboração dos tratados internacionais é impulsionar as partes contraentes a rever as leis internas, de modo a integrar as regras internacionais reconhecidas[196].

No entanto, no tempo da globalização económica, procurar as regras aplicáveis do Direito Internacional não é mais que um processo passivo. Isto é, os países estudam por sua iniciativa o desenvolvimento dinâmico e a nova tendência do Direito Internacional, até importam alguns costumes internacionais ou normas internacionais de organizações internacionais das quais não são membros. De qualquer maneira, procurar regras jurídicas do Direito Internacional para a construção e o aperfeiçoamento do sistema jurídico interno será sempre um caminho prático.

4.2.2.3. *A internacionalização do Direito Interno*

As leis de um determinado país são elaboradas pelos legisladores nacionais atendendo às necessidades de desenvolvimento do país. A legislação dos países mais desenvolvidos é naturalmente mais avançada. Além disso, devido às suas posições significativas no palco internacional, as regras de conduta elaboradas pelos países mais desenvolvidos tornam-se facilmente "as regras internacionais"[197]. Portanto, a internacionalização do Direito Interno quer dizer que alguns institutos jurídicos de um país ou uma região, poderão ser aceitáveis por outros países ou territórios por via da internacionalização.

---

[196] Por exemplo, a adesão à Organização Mundial do Comércio traz consequências, não só para os impostos alfandegários, como também o acesso ao mercado, ao investimento e ao sistema jurídico actual em geral. Outro exemplo, os países assinados do Pacto Internacional Sobre os Direitos Económicos, Sociais e Culturais e do Pacto Internacional Sobre os Direitos Civis e Políticos têm de se harmonizar com as cláusulas constitucionais internas sobre os direitos humanos.

[197] Podemos recordar numerosos factos históricos da internacionalização do Direito Interno: as influências do Direito Romano sobre o continente europeu e a Família de *Common Law*, as influências da filosofia do Direito e da jurisprudência construídas pela Itália, Espanha, Portugal, Holanda e França sobre Direitos Internos da Família Românico-Germânica e da Família do *Common Law,* as influências do Código de Napoleão nos modernos sistemas jurídicos internos da Família Românico-Germânica, o movimento da codificação segundo os modelos do Código Civil Francês e do Código Civil Alemão, a adopção do sistema de revisão judicial e o estabelecimento dos tribunais constitucionais ou comissões constitucionais por muitos países após a segunda guerra mundial, entre outros.

PARTE II
Interesses Nacionais e o caso da China

1. Teoria dos Interesses Nacionais

1.1. Delimitação da noção dos interesses nacionais

1.1.1. Interesses e interesses nacionais

Antes de analisar o que são interesses nacionais, é necessário perceber o significado da palavra "interesse". Em português, "interesse" significa sentimento de curiosidade ou de simpatia pelo que se considera útil, agradável ou importante, ou aquilo que é importante ou vantajoso para alguém, ou proveito ou vantagem de que alguém retira alguma coisa[198]. Trata-se de uma palavra altamente abstracta, que poderá ser utilizada em qualquer situação. Por exemplo: interesses individuais, referem-se a vantagens ou benefícios para os indivíduos, interesses étnicos são vantagens para as minorias étnicas e interesses nacionais dizem respeito às vantagens dos Estados e sua população.

Num mundo impregnado de mudanças e complexidades, para cada Estado soberano, a sua obrigação fundamental é procurar obter o máximo possível de "vantagens" pelas necessidades de sobrevivência e desenvolvimento.

Nos diferentes períodos, para diferentes personalidades, segundo diferentes pontos de vista, poderá haver diferentes respostas à questão, "O que são os interesses nacionais?". Trata-se, de facto, de

---

[198] Cfr. *Dicionário da Língua Portuguesa Contemporânea da Academia das Ciências de Lisboa* (2001), Academia das Ciências de Lisboa, da Fundação Calouste Gulbenkian e Verbo.

um conceito bastante escorregadio[199]. Para os estrategas, os interesses nacionais são entendidos como a integridade territorial do Estado e a soberania sagrada e inviolável; para os economistas, os interesses nacionais referem-se à abertura económica e ao desenvolvimento estável; para os sociólogos, o termo poderá estar relacionado com a situação da união das nacionalidades do país e da harmonia social; para os historiadores, os interesses nacionais significam a memória que está na base do país; para os antropólogos, estes envolvem a sucessão e a inovação das culturas nacionais... Ora bem, se quisermos, o termo pode ser definido exaustivamente. No entanto, isto implica, em primeiro lugar, que os interesses nacionais podem ser classificados e possuem certas prioridades. Por exemplo, nos períodos de paz e de guerra, as diferentes avaliações da ameaça proveniente do estrangeiro e as distintas opiniões sobre os interesses nacionais vitais conduzem inevitavelmente à grande divergência na afectação dos recursos nacionais e nas políticas externas; mesmo num determinado espaço de tempo, as pessoas poderão ter opiniões diversificadas perante a necessidade de segurança e as necessidades económicas, sociais, culturais e políticas. Em segundo lugar, é natural existirem preferências e juízos diferentes sobre interesses nacionais. Os interesses nacionais em execução constituem, sem dúvida, certa "colectividade". Evidentemente, cada resposta que foi apresentada acima, sendo bastante limitada, representa apenas um "grão da verdade", os interesses nacionais somente podem ser a cominação orgânica de todas as respostas. Em terceiro lugar, interesses nacionais encontram-se sempre num processo dinâmico de formação e adaptação.

Regra geral, interesses nacionais referem-se às vantagens ou benefícios principais do país, reflectindo as necessidades e curiosidades de todo o povo e todos os grupos de interesses. Segundo MARK

---

[199] NYE, Joseph S. (1999), "Redefining the National Interest", *Foreign Affairs*, vol. 78, n.º 4, July-August, p. 23, o autor usou uma expressão para o interesse nacional como "*a slippery concept*". Entendemos a dificuldade da delimitação conceptual de "interesses nacionais" por seguintes razões a expor mais à frente: 1) este conceito pode ser analisado tanto no plano teórico (desenvolvido pelos académicos) como no plano político (enriquecido pelos políticos e diplomáticos); 2) o mesmo conceito poderá ser compreendido através do ponto de vista objectivo ou subjectivo; 3) a definição ainda depende da posição que uma pessoa vai tomar, nomeadamente idealista *v.* realista, preocupações de curto prazo ou longo prazo, etc.

R. AMSTUTZ, os interesses nacionais são as necessidades básicas (*need and want*) do país relativamente a outros Estados[200]. Este conceito dos interesses nacionais reveste-se de um facto básico, isto é, a sobrevivência e o desenvolvimento do Estado-Nação dependem de condições imprescindíveis (como um território, uma população ou um governo efectivo) e condições necessárias (como um ambiente periférico pacífico, uma oferta suficiente das fontes energéticas e relações comerciais de igualdade).

Os interesses nacionais exigem o desejo de um Estado de preservação dos seus princípios morais e seus valores nacionais, reflectem a identidade de um povo, nomeadamente, a sua geografia, a sua cultura, as suas políticas, o consenso social, bem como os seus níveis de prosperidade económica e a sua composição demográfica...

1.1.2. *Génese da noção de interesses nacionais*

O entendimento de "interesses nacionais" por "vantagens" ou "necessidades", não é uma ideia contemporânea, este formou-se já nos tempos antigos. Tanto no oriente como no ocidente, há numerosos registos nos documentos históricos sobre discussões pelos grandes pensadores ou políticos em torno do conceito "interesses nacionais"[201]. Entretanto, o sentido de "interesses nacionais" da antiguidade diverge muito da nossa percepção de hoje[202].

Conceito recente de "interesses nacionais" remonta às origens do Estado Moderno. No século XVI, a dissensão luterana, de que é

---

[200] AMSTUTZ, Mark R. (1999), *International Conflict and Cooperation*, Boston: McGraw-Hill, p. 179.

[201] Na China, no período de Estados-Guerreiros (475 a.C.-221 a.C.), as figuras relevantes da Escola Confucionista, Mêncio e Xun Zi defenderam que todas as camadas sociais lutavam pelos interesses e por isso prejudicavam os interesses nacionais. No grego antigo, Perikles fez comentário sobre a relação entre os interesses individuais e os interesses dos Estados-Cidades após a Guerra do Peloponeso, Cfr. THUCYDIDES, *História da Guerra do Peloponeso*, Vol.1, (1997), (versão chinesa), traduzida por XIE, Defeng, Pequim, The Commercial Press Library, p. 145. Ver também ROSKIN, Michael (1994), *National Interest: from Abstraction to Strategy*, Carlisle Barracks, PA.: US Army War College, pp. 1-3.

[202] Esta compreensão de "interesses nacionais" estava mais ligada aos interesses das cortes.

consequência a Reforma, caracterizar-se-ia como um movimento da profunda repercussão na vida europeia dos tempos modernos. Eis que se dava a quebra de unidade do mundo cristão, com o inevitável abalo que o Papado experimentaria no seu prestígio e força. Enquanto isso, fortaleciam-se os Estados nacionais, e como eles, a noção de "interesses nacionais" transformava-se mais sólida e definida. Em 1648 era celebrado o Tratado de Westfalia, acto que se concretizou pela deliberação em conjunto dos Estados Europeus como evento até então inédito na história dos povos do Velho Mundo. Investida da legitimidade nacional emergente no século XIX (após a Revolução Francesa), a ideia de "interesses nacionais" persiste e atravessa toda a história do século XX[203].

1.1.3. *Introdução doutrinária dos estudos sobre os interesses nacionais*

Enquanto a afirmação de que *"States act in their national interest"* está certa, esta asserção não nos informa muito, a não ser que saibamos como os Estados definem os seus interesses nacionais. No plano analítico, a primeira formulação teórica do conceito de "interesses nacionais", deve-se aos trabalhos pioneiros de CHARLES BEARD[204]. Segundo o autor, em consequência de aparecimento do sistema dos Estados, de influência constante do público à política e de desenvolvimento económico notável, o conceito de "interesses nacionais" foi gradualmente delimitado. No entanto, o entendimento na época moderna, estava ainda ligado de uma forma estreita ao passado, ou seja, possuía características monárquicas e elementos absolutistas. Assim, os interesses nacionais eram bastante semelhantes aos interesses reais: absolutos e irresistíveis.

---

[203] Veja-se BEARD, Charles A. (1934), *The Idea of National Interest,* Nova York, Macmillan, pp. 22-24; BEARD, Charles A. (1966), *The Idea of National Interest – An Analytical Study in American Foreign Policy,* Chicago, Quadrangle Paperbacks, pp. 8-18. Segundo o historiador, o significado de "interesses nacionais" foi gradualmente fixado ao passo que Estados soberanos surgiram, as influências do povo sobre a política aumentaram e as relações económicas se desenvolveram.

[204] BEARD, Charles A. (1934). Cfr. TEIXEIRA, Nuno Severiano, *et al.* (2000), p. 118.

O período entre as duas grandes Guerras Mundiais (*interwar period*), em que os círculos académicos do ocidente davam grande importância aos valores do desenvolvimento do Direito Internacional, Organizações Internacionais e comércio internacional, foram marcados pela corrente principal do idealismo clássico (ou dito, a corrente utópica)[205]. Em linhas gerais, a corrente utópica desenvolvida após os horrores da Primeira Guerra Mundial, pretendia pensar e pôr em prática, formas de tornar o mundo ordenado, baseado em padrões normativos e interdependência global. As suas premissas eram o Direito Internacional, a crença no natural interesse do ser humano pela paz, na sua capacidade de aprender com os erros e a confiança na opinião pública mundial como instrumento de pressão e expressão do sentimento pacífico dos homens e, baseado nisso, defendiam o regime democrático dentro dos Estados. Os idealistas acreditavam que o ambiente no qual os homens vivem, afecta directamente o seu comportamento e, portanto, propunham que o Sistema Internacional fosse modelado (através de instituições, por exemplo) de modo a eliminar os factores geradores de tensão e hostilidade. Consequentemente, o conhecimento de "interesses nacionais" pelo idealismo na altura era o seguinte: a interdependência e a complementaridade dos Estados eram fundamentais para os interesses nacionais, que podiam ser definidos no quadro do Direito Internacional e das organizações internacionais (por exemplo, a Liga das Nações) e realizados através de negociações, transigências e celebrações de tratados. Contudo, a Liga das Nações, instituição que deveria materializar as premissas acima, não cumpriu o papel para o qual foi criada e não conseguiu impedir a Segunda Guerra Mundial. Assim, a corrente idealista caiu em descrédito e a corrente realista (que se propunha a pensar o mundo tal qual ele é, e não como deveria ser) ganhava preeminência internacional. O êxito da teoria realista deveu-se à ineficiência da

---

[205] As figuras importantes do idealismo clássico são: ALFRED ZIMMERN, (1936), *The League of Nations and the Rule of Law,* London; S. H. BAILEY, PHILIP NOEL-BAKER, DAVID MITRANY, JAMES T. SHORTWELL, PARKER T. MOON, (1926), *Imperialism and World Politics,* New York, Macmillan; David Davis, (1930), *The Problem of the Twentieth Century,* London, etc. Cfr. DOUGHTY, James E., PFALTZGRAFF, Robert L. (2001), *Contending Theories of International Relations: A Comprehensive Survey,* (fifth edition), versão chinesa traduzida por YAN, Xuetong, CHEN, Hanxi (2003), Pequim, World Knowledge Press.

corrente utópica (idealista) no período entre guerras, que não conseguiu "prevenir" a Segunda Guerra Mundial[206].

A partir de então e particularmente, após a Segunda Guerra Mundial, o estudo de interesses nacionais reveste-se do paradigma realista. A primeira fase decorreu na década de cinquenta e primeira metade da década de sessenta, representado por CARR[207], MORGENTHAU[208], GEORGE KENNAN[209], QUINCY WRIGHT[210] e RAYMOND ARON[211], entre outros. As características da matriz realista residem em que os Estados devem adoptar altitudes realistas quanto às políticas externas e questões políticas internacionais. As figuras mais significativas do realismo insistem a combinação da realidade das relações internacionais pós-guerra com os interesses nacionais, ou dito de uma outra forma, os interesses nacionais ocupam uma posição nuclear na análise de política externa e de problemas políticos internacionais (a utilidade da teoria e do pensamento é considerada um critério para distinguir o correcto do errado)[212]. Segundo eles, as políticas externas intricadas

---

[206] O realismo clássico foi a doutrina dominante da Política Internacional do ocidente (inclusive três ramos importante da Política Internacional, sendo Geopolítica, Políticas Externas e Teoria da Paz e da Guerra) no período entre o termo da Segunda Guerra Mundial e a década de sessenta. Dentre os nomes utilizados para as diversas versões desta perspectiva analítica encontram-se: realismo clássico, neo-realismo, realismo estrutural, realismo ofensivo, realismo defensivo e realismo neoclássico. Para uma descrição extensa mas acessível do realismo e sua evolução, *vide* ROBERT, Jackson e GEORG, Sørensen (1999), *Introduction to International Relations*, Oxford: Oxford University Press, pp. 67-105.

[207] CARR, Edward Hallett (1940), *The Twenty Year's Crisis: 1919-1939,* London, Macmillan and Co.

[208] MORGENTHAU, Hans J. (1985), *Politics Among Nations: the Struggle for Power and Peace,* Alfred A Knopf, Nova York, 6th edition (1990), edição chinesa, Pequim, Editora Universidade da Segurança do Povo Chinês.

[209] KENNAN, George (1947), "The Sources of Soviet Conduct", in *Foreign Affairs,* n.º 25, pp.562-582 (1957), *American Diplomacy 1900-1950,* Nova York, Mentor Books; (1958), *Russia, the Atom and the West,* Nova York, Harper & Row; (1960), *Russia and the West under Lenin and Stalin,* Nova York, New American Library; (1977), *The Cloud of Danger: Current Realities of American Foreign Policy,* Boston, Little & Brown, etc.

[210] WRIGHT, Quincy (1955), *The Study of International Relations,* Appleton-Century-Crofts, Inc.

[211] ARON, Raymond (1966), *Peace and War: A Theory of International Relations,* trans. by Richard Howard and Annetts Baker Fox, Nova York, Garden City, Doubleday; (1970), "The Anarchical Order of Power", in Stanley Hoffmann (ed.), *Conditions of World Order,* Simon & Schuster, pp. 25-48.

[212] NYE, Joseph S. Jr. (1997), *Understanding International Conflicts: an Introduction to Theory and History,* 2nd Edition, Nova York, Longman, p. 41, "...*Realists*

tornar-se-iam claras se se partisse de interesses nacionais e as condutas dos Estados somente podem ser explicadas pelo conceito de "interesses nacionais". As abordagens do realismo defendem que a procura de poder político e de interesses económicos constitui a natureza humana, mas o problema é como deve ser regulamentada? A essência da Política Internacional é, precisamente, a arte dos poderes e também um processo de ajustamento de poderes. Quer seja um país pequeno, quer uma grande potência, a procura dos interesses nacionais assegura a própria sobrevivência e o desenvolvimento ao exterior. A fim de atingir este objectivo, os Estados devem promover as suas capacidades económicas, manter forças da defesa nacional poderosas e estabelecer boas relações externas. Quando procura os seus interesses nacionais, é certo que um Estado enfrenta todas as dificuldades e derrotas ou conflitos com outros Estados. Na convicção do realismo, interesses nacionais constituem a essência da Política Internacional, por conseguinte, é o elemento básico que determina as condutas dos Estados. Os Estados têm como objectivos principais buscar interesses nacionais dentro do seu âmbito da capacidade nacional; a "vazia" ideologia da moralidade não pode compor elementos de interesses nacionais, antes pelo contrário, o pragmatismo e os poderes constituem base de interesses nacionais; as condutas políticas e políticas externas, devem ser medidas/apreciadas pelo critério de poder e não pela ideologia da moralidade comum ou individual[213].

---

say that states have little choice in defining their national interest because of the international system. They must define their interest in terms of balance power, or they will not survive, just as a company in a perfect market that wants to be altruistic rather than maximize profits will not survive. "

[213] Cfr. TEIXEIRA, Nuno Severiano, *et al.* (2000), p. 119, o autor fez um balanço sobre as características do realismo representado por Morgenthau, "… todas as estas abordagens assentam sobre um conjunto de pressupostos teóricos comuns, características do realismo. Em primeiro lugar, o monopólio do Estado como actor das Relações Internacionais; em segundo lugar, a separação estrita e até dicotómica entre interno e externo e a ideia de que o Estado é um espaço fechado que só se relaciona no exterior com outras entidades homólogas, ou seja, com outros Estados… Como consequência, a ideia da soberania absoluta e da territorialidade do estado, conduz a que a defesa do interesse nacional seja dirigida, fundamentalmente, para dois objectivos: a defesa da soberania e do território; e a capacidade do Estado para impor a sua vontade (o seu interesse nacional aos outros Estados) …Tratam--se, pois de modelos simples, fechados, territorializados e que baseiam as estratégias nacionais e a orientação externa dos Estados para dois objectivos: alianças externas estáveis, unidireccionistas e bilaterais, no plano diplomático e um Poder-Força, entendido, primordialmente, como de natureza militar…"

Os argumentos do realismo sobre "interesses nacionais" foram criticados na história doutrinária de teorias das Relações Internacionais. No quadro teórico, o realismo, em particular, MORGENTHAU, não apresentou um conceito explícito de "interesses nacionais". Não encontramos análises pormenorizadas sobre conceitos e variáveis de "interesses nacionais" na famosa obra, *Politics Among Nations: the Struggle for Power and Peace*[214], compreendemos a importância de "interesses nacionais" através dos comentários de MORGENTHAU dirigidos a poderes, balanço de poderes e diplomacia. No quadro político, o realismo sofreu várias críticas principalmente, quanto ao facto de não dar importância suficiente à economia, de não aceitar a interacção entre o espaço interno e o espaço internacional, e por não aceitar outros actores fora do Estado nas relações internacionais. Os críticos consideram ainda que o realismo deu demasiado ênfase ao Poder e, por consequência, exerceu influências negativas nas relações internacionais[215], uma vez que, no mundo concebido por MORGENTHAU, o Estado deve desenvolver a sua força militar em vez da transigir aos outros Estados para salvaguardar a necessidade de sobrevivência.

Desde os anos cinquenta e sessenta, o estudo de "interesses nacionais" tornou-se mais sistemático e rigoroso cientificamente[216], comparado com o estudo desenvolvido pelo idealismo e pelo realismo. Surgiram então cada vez mais produtos académicos e figuras famosas na área da Política Internacional. Embora constituísse um marco da história, a ciência de metodologia e de behaviorismo não

---

[214] BULL, Hedley (1995), "The Theory of International Politics 1919-1969", in James Der Derian, *ed.*, *International Theory, Critical Investigations,* New York University Press, p. 191.

[215] Nomeadamente, a diplomacia dos Estados Unidos da América na década de cinquenta (tensão da relação entre os EUA e a União Soviética).

[216] Devido à influência do Behaviorismo segundo o qual comportamentos internacionais são considerados como uma sub-categoria de condutas humanas, os académicos utilizavam métodos científicos na análise das Relações Internacionais (como por exemplo, análise quantitativa, construção de matrizes, ensaio simulado, análise transnacional, *game theory* e *linkage theory,* etc.), citando da obra de MAGHROORI, Ray and RAMBERG, Bennett, *ed.* (1982), *Globalism Versus Realism: International Relations´s Third Debate,* Westview Press, pp.12-13; ver também KAPLAN, Morton A. (1957), *System and Process in International Politics,* John Wiley & Sons, Inc; (1979), *Towards Professionalism in International Theory: Macrosystem Analysis,* The Free Press; DEUTSCH, Karl (1953), *Nationalism and Social Communication,* Nova Iorque, etc.

substituiu o paradigma de realismo clássico nem proporcionou um sistema coerente e íntegro de pensamento. Curiosamente, as vantagens do behaviorismo tornam-se obstáculos, visto que todos os métodos, sendo complementares e não conflituais, têm a missão de ser aplicados nas tarefas concretas de investigação[217] (ontologia e epistemologia).

Nos anos setenta do século passado, o realismo clássico perdeu o seu lugar central. Este facto, deve-se dà proliferação de actores internacionais e do seu peso crescente no palco internacional. A expansão impressionante de fluxos transnacionais e o progresso tecnológico incessante, em particular, o surgimento das armas nucleares, põem em causa a centralidade do Estado no cenário global. Este período, do ponto de vista teórico, corresponde a um ciclo de pluralismo em que contendem numerosas correntes do pensamento, do neo-liberalismo[218] (designadamente, a teoria da "interdependência complexa"[219] (globalismo[220]) e outros ramos como por exemplo, a

---

[217] Cfr. DOUGHTY, James E., PFALTZGRAFF, Robert L. (2001), versão chinesa, p. 594.

[218] O neo-liberalismo desenvolve-se com base no liberalismo. A estirpe intelectual do liberalismo, que inclui PLATÃO, ARISTÓTELES, GROTIUS, LOCKE, MONTESQUIEU, ROUSSEAU, KANT, BENTHAM e, na economia, ADAM SMITH e DAVID RICARDO não é menos distinta que a lista dos representantes do realismo. Outros termos utilizados para nomear as diferentes versões desta tradição analítica são idealismo, optimismo, pluralismo, neo-liberalismo e institucionalismo neo-liberal. Os defensores mais importantes do neo-liberalismo são ROBERT O. KEOHANE e JOSEPH S. NYE. JR.

[219] Ver KEOHANE, Robert O. and NYE, Joseph S. (1972), *Transnational Relations and World Politics,* Harvard University Press, Cambridge; KEOHANE, Robert O. and NYE, Joseph S. (1977), *Power and Interdependence: World Politics in Transition,* Boston, Little Brown.

[220] Em torno do debate entre os realistas e os liberais, existe uma terceira tendência ideológica que se desenvolveu marginalizada, pois composta numa abordagem diferente. Segundo este foco novo, são analisadas as relações de dominação dentro do âmbito internacional, com um propósito normativo, pois querem mudar e não apenas entender o mundo.

Na perspectiva do globalismo, tanto os actores estatais e os não estatais, assim como as classes sociais, são vistos como partes de um sistema capitalista mundial; as relações internacionais são vistas numa perspectiva histórica, especialmente como um contínuo desenvolvimento do capitalismo mundial; o globalismo focaliza modelos de dominação, tanto no nível interno como nas relações entre as sociedades.

Existe uma influência marxista no globalismo, principalmente nas análises sobre o padrão de evolução histórica das relações de dominação (o conflito seria o motor da dinâmica entre as classes sociais). Existe também um foco na totalidade, ou seja, não é possível entender o capitalismo sem entender as relações de exploração. Na perspectiva global, afirmam que qualquer solução localizada deve ser vista apenas como uma etapa da solução global.

teoria da "escolha racional", a teoria da "acção colectiva"[221], a teoria do "regime internacional"[222] e a teoria da "economia política internacional"[223]) ao neo-marxismo (a teoria da "dependência"[224] e a teoria do "mundial-sistémica"[225]). Segundo estas teorias, os "interesses

---

Um outro elemento importante na análise do globalismo é a economia-mundo (o sistema capitalista consegue sobreviver a todas as crises, evoluindo e tornando-se mais dominante). Há os que são mais optimistas ou mais pessimistas desta tendência ideológica. Cfr. WANG, Yizhou (1998), *Ciência Política Internacional do Ocidente: História e Teoria,* Pequim. Editora Povo Xangai, pp. 141-143.

[221] WOODS, Ngaire, ed. (1996), *Explaining International Relations since 1945,* Oxford University Press.

[222] KRASNER, Stephen, ed. (1983), *International Regimes,* Ithaca: Cornell University Press; KEOHANE, Robert O. (1984), *After Hegemony: Cooperation and Discord in the World Political Economy,* Princeton, Princeton University Press; YOUNG, Oran (1989), *International Cooperation: Building Regimes for Natural Resources and the Environment,* Ithaca: Cornell University Press.

[223] STRANGE, Susan (1988), *State and Market,* London, Pinter Publishers, e (1995), "Political Economy and International Relations", in BOOTH, Ken and SMITH, Steve, *eds.*, *International Relations Theory Today,* the Pennsylvania State University Press, pp.154-174. Susan Strange criticou a concentração demasiada dos Estados como objecto de estudo e ela enfatizava um papel social, não os papéis das empresas multinacionais. A autora mostrou alguns argumentos contra a favor da Economia Política Internacional como uma teoria.

[224] Esta teoria é oriunda da América Latina e trouxe uma análise histórica, sociológica e antropológica para as relações internacionais. O globalismo procurava explicar as causas do subdesenvolvimento com base na teoria da dependência. Esta teoria explica o subdesenvolvimento através dos conceitos de centro e de periferia. No centro e na periferia podem ser distinguidas duas classes sociais: o capital e o trabalho. As frustrações do trabalhador da parte central são transferidas para a periferia, entretanto, o capital do centro não reduz a sua margem de lucro, pois continua a explorar a periferia. Segundo a teoria da dependência, para acabar com o subdesenvolvimento é preciso romper com a relação de dominação entre o centro e a periferia. E para romper com esta relação de dominação, é preciso que o trabalho da periferia proponha mudanças, controlando os meios de produção na periferia, quer através de reformas quer através de revolução. Ver CARDOZO, Fernando Henrique and FALETTO, Enzo (1979), *Dependency and Development in Latin America,* Berkeley, University of California Press; FRANK, André Gunder (1981), *Crisis in the Third World,* Nova York, Holmes and Meier.

[225] WALLERSTEIN, Immanuel (1974), *The Modern World System I: Capitalist Agriculture and the Origins of the European World Economy in the Sixteenth Century,* Nova York, Academic Press; (1980), *The Modern World System II: Mercantilism and the Consolidation of the European World – Economy 1600-1750,* Nova York, Academic Press. A influência desta teoria é mais do que a da teoria da dependência porque conseguia explicar a situação de todos os países subdesenvolvidos. Para este autor, o mundo é a única unidade de análise possível, todos os elementos que compõem o sistema devem estar interligados e todos os eventos que ocorrem no sistema devem ter explicações internas ao mesmo, por conseguinte é que deve ser um sistema-mundo. Muitos consideram

nacionais" já não desempenham qualquer função analítica[226]. Na perspectiva do realismo, o Estado é o principal actor e forma um único actor; o Estado é um actor racional buscando satisfazer os seus próprios interesses ou o interesse nacional por meio da política externa; a segurança nacional é a questão mais importante. Entretanto, nas perspectivas das outras correntes do pensamento, tanto os actores estatais como os actores não estatais são importantes; a construção das políticas externas e dos processos transnacionais envolve conflitos, barganhas, alianças e compromissos os quais não resultam necessariamente em plena satisfação; a agenda é múltipla, sendo questões sócio-económicas e de bem-estar social tão importantes, ou mais importantes, do que as questões de segurança nacional[227].

Por outro lado, o realismo não é uma escola dogmática e estagnada, particularmente, desde os anos oitenta, o neo-realismo (incluindo o realismo-estrutural) representado por KENNETH M. WALTZ[228] vem recuperar e reactualizar o paradigma do realismo clássico[229], tornando-se uma nova corrente principal da Política Internacional do ocidente, para além de outra corrente importante do neo-liberalismo[230].

Wallerstein como um adepto do pensamento marxista no século XX em escala mundial. O pensamento dele tem duas dimensões. A primeira é a do espaço, isto é, a economia mundial é organizada através de trocas que se expressam em termos de exploração; a segunda é do tempo, pois só se pode entender o capitalismo se as crises forem colocadas dentro do seu contexto histórico.

[226] TEIXEIRA, Nuno Severiano, *et al.* (2000), p. 120.

[227] VIOTTI, Paul R., KAUPPI, Mark V., (1998), *International Relations Theory: Realism, Pluralism, Globalism and Beyond*. 3ª ed. Denver: University of Colorado.

[228] WALTZ, Kenneth M., (1979), *Theory of International Politics,* Reading, MA: Addison-Wesley; GILPIN, Robert, (1987), *The Political Economy of International Relations,* Princeton, New Jersey, Princeton University Press; BULL, Hadley, (1977), *Anarchical Society: A Study of Order in World Politics,* Nova York, Columbia University Press.

[229] TEIXEIRA, Nuno Severiano, *et al.* (2000), pp. 120-121. Kenneth Waltz conseguiu responder a críticas dirigidas ao realismo, criando o neo-realismo ao retomar o pensamento estrutural (utiliza um conceito de esquerda da época para defender um pensamento da direita), adaptando-o ao contexto das relações internacionais. O neo-realismo fez algumas concessões ao liberalismo, retirando da sua análise a ênfase nos Estados e transferindo-a para o sistema.

[230] Sobre as principais diferenças e semelhanças no que dizem respeito ao entendimento de "interesses nacionais" entre os neo-realistas e os neo-liberais, ver BALDWIN, David, (1993), *Neorealism and Neoliberalismo: the Contemporary Debate,* Columbia University Press, pp.13 e ss. Há outros estudos sobre este tema, pode ver-se ainda KEOHANE, Robert, (1986), *Neorealism and Its Critics,* Columbia University Press; NI, Shixiong, (2003), *International Relations Theory,* Taiwan, Wunan Press, 4th chapter. BAYLIS, John, SMITH, Steve, (2001), *The Globalization of World Politics: An Introduction to International Relations,* Oxford University Press, New York, pp. 183-99.

De facto, o realismo reformulado e o idealismo motivado pelo neo-liberalismo não são inconciliáveis, pois ambos estão a aproximar-se, um outro, partindo dos seus diferentes pontos de partida. Os argumentos em comum revelam-se, por um lado, no reconhecimento de que um sistema internacional é anárquico e na convicção do princípio de "interesses nacionais" e, por outro lado, na realização da cooperação internacional de maior âmbito e mais profundidade. O surgimento do neo-realismo incrementa novamente as ideologias, tais como a liberdade, a igualdade e a fraternidade e ainda, faz com que o realismo clássico possua "uma cara humana"[231].

O final da guerra-fria marcou uma mudança gradual da tradição à pós-modernidade conceptual de "interesses nacionais". Devido aos movimentos de globalização e fragmentação do panorama internacional, a noção e o âmbito de "interesses nacionais" já ultrapassaram o enquadramento de conhecimento tradicional, ou seja, a conotação de "interesses nacionais", não é puramente uma decisão interna[232].

Neste contexto, surgem análises múltiplas que contribuem para uma nova formulação do conceito de "interesses nacionais". Essas teorias assentam em alguns pressupostos comuns. Antes de mais, os "interesses nacionais" são analisados no contexto de sociedades complexas, abertas e democráticas, isto é, "o Estado não só perdeu o monopólio das relações internacionais, como dentro do próprio Estado, outros actores definem e executam as suas próprias estratégias de relacionamento internacional"[233]. O final da guerra-fria não só tem

---

[231] PUTNAM, H. (1990), *Realism with a Human Face*, edited by James Conant, Cambridge, MA: Harvard University Press.

[232] Por exemplo, a entrada em vigor da Codificação do Direito do Mar fez com que os diversos espaços (países insulares, países litorais e países interiores) possuíssem imediatamente oportunidades de desenvolvimento bem diferentes; as flutuações precárias dos mercados de matérias-primas ou mercados energéticos internacionais podiam levar a mudanças das situações económicas mundiais e, consequentemente, obrigavam os países a tomar as necessárias políticas financeiras; as regras da OMC ou as regras dos blocos regionais exigiam a redução dos impostos alfandegários e a eliminação das barreiras não pautais; o nascimento da moeda única (Euro), obrigava os membros da zona euro a desistir de medidas de intervenção tradicionais dirigidas à moeda interna; para combater contra atentados terroristas ao nível internacional, os países têm de unir-se e elaborar projectos de acção anti-terrorismo; entre outros... No mundo globalizado, surgem, fora do Estado, cada vez mais elementos determinantes que embora não possam mudar imediatamente as decisões originais do Estado, as conformam.

[233] TEIXEIRA, Nuno Severiano, *et al.* (2000), pp. 121-122.

produzido ajustamentos entre os Estados, mas também uma nova redistribuição do poder entre os Estados, os mercados e a sociedade civil. Os governos nacionais não só estão a perder autonomia na economia da globalização, mas estão compartilhando poderes – inclusive papéis políticos, sociais e de segurança essenciais à soberania – com empresas, com organizações internacionais e com numerosos grupos de cidadãos conhecidos como organizações não governamentais... Além disso, é difícil determinar absolutamente[234] quais são os interesses nacionais.

Em segundo lugar, num mundo progressivamente desterritorializado, o verdadeiro poder desloca-se do "controlo físico dos territórios" para a capacidade de presença e influência no cenário internacional. Hoje estão a ser eliminados os absolutos essenciais ao sistema Westfaliano, que postulava a existência de Estados territoriais onde tudo o que tem valor se encontra dentro das fronteiras dos mesmos; uma autoridade única, secular, que governa cada território e que o representa no exterior e nenhuma autoridade por cima desses Estados.

Nota-se que o debate entre o neo-liberalismo e o neo-realismo continua. Existe e tem existido durante muito tempo um debate entre os analistas, referido à natureza das relações internacionais no passado, na actualidade e no futuro provável. O final da guerra-fria apenas serviu para reforçar conflitos de longa data. Quer se concentre nos actores, que são considerados os mais importantes, quer na importância relativa dos níveis de análise sistémicos, nacionais ou individuais, na evolução da estrutura do sistema internacional, na preeminência dos atributos nacionais tais como a democracia, a relação entre a política e a economia ou as áreas problemáticas consideradas da maior importância, abundam as controvérsias. Hoje, a análise dos "interesses nacionais" não se pode basear e, de facto jamais se baseou, num único ponto conceptual ou paradigma. Contudo, os "interesses nacionais" tendem ser mais abertos, abrangentes, flexíveis, complexos e multifacetados no estudo da pós-modernidade[235].

---

[234] Sobre a objectividade e subjectividade de "interesses nacionais", veja mais frente.

[235] Pode-se ver, que o objectivo aqui não é tentar resolver as diferenças dos debates teóricos e intelectuais, nem argumentar a favor de um à custa dos outros. Algumas diferenças, é possível dizer, são insuperáveis e, mesmo que não o fossem, seriam necessárias mais do que estas páginas para abordá-las. Portanto, o objectivo aqui é mais limitado: transmitir a essência de cada uma das tradições analíticas, identificar as hipóteses centrais de cada perspectiva e aliviar as tensões entre elas.

1.1.4. Carácter prático do conceito de interesses nacionais

Pode perguntar-se qual das perspectivas analíticas é de maior utilidade?

Diferentes da literatura, história e filosofia, as teorias da Política Internacional, em vez de serem puramente analíticas na doutrina, revelam outro carácter: têm em vista as necessidades da prática.

A teoria, teria que iluminar de maneira permanente todos os fenómenos, para que possamos reconhecer e erradicar mais facilmente os obstáculos que surgem da ignorância; teria que mostrar como se relaciona uma coisa com a outra e manter separado o que é importante daquilo que não é... A teoria não pode encher a mente com fórmulas para resolver os problemas, nem pode marcar o estreito caminho onde se supõe que radica a única solução, resguardando princípios de um ou de outro lado. Mas, antes, deve oferecer à mente um conhecimento mais profundo da grande massa dos fenómenos e suas relações[236].

As relações internacionais envolvem o estudo de um grande número de factos sobre o mundo. Entretanto, estes factos são importantes só quando existe um enquadramento onde colocá-los. É a teoria que propociona o enquadramento[237].

O conceito de "interesses nacionais" mostra a duplicidade: uma teórica e outra política[238]: "No plano político, o conceito continuou, imparável e ininterruptamente, a sua longa genealogia e, apesar de algumas polémicas[239], continua a ser utilizado como instrumento de

---

[236] CLAUSEWITZ, Carl von (1976), *On War*, editado e traduzido por Michael Howard e Peter Paret, Princeton: Princeton University Press, p. 578.

[237] WOODS, Ngaire (1996), "The Uses of Theory in the Study of International Relations," na sua obra, *Explaining International Relations Since 1945*, Oxford, Oxford University Press, p.9.

[238] TEIXEIRA, Nuno Severiano, *et al.* (2000), p. 117, "...ao nível político, é um instrumento de acção estratégica do Estado; ao nível teórico, é um instrumento analítico da ciência política e da teoria das relações internacionais".

[239] ROURKE, John T. and BOYER, Mark A. (2000), *World Politics: International Politics on the World Stage, Brief,* 3rd Edition, Dushkin/McGraw-Hill, pp. 149-150. *"Realpolitik nationalists further contend that we live in a Darwinian political world, where people who do not promote their own interests will become prey for those whom do... There are other analysts who reject the use of national interest as a guide for foreign policy. The first criticism is that there is no such thing as an objective national interest..."*

acção externa dos Estados"[240]. Como instrumento analítico, o conceito é usado para descrever, explicar ou avaliar fundamentos de acção externa. Como instrumento da acção política, o termo tem função de justificar, denunciar ou propor políticas governamentais.

Do exposto, resulta que, especialmente no pós-Guerra, a teoria e a realidade das relações internacionais têm-se complementado mutuamente. Hoje em dia, o desafio da globalização obriga os Estados--Nação a repensar os próprios interesses nacionais já não como conceito meramente analítico, mas sim como instrumento político. O carácter prático de interesses nacionais torna-se cada vez mais importante na rede de relações internacionais (poder-rede em vez de poder--força). Cada país deve procurar novos modelos e novas estratégias de inserção e afirmação internacional num mundo interdependente.

1.2. Factores decisivos dos interesses nacionais

Na medida em que crescem e se interrelacionam, cada vez mais os Estados e as regiões, também aumenta o entendimento, a aplicação e a relevância dos interesses nacionais. Os interesses nacionais não são pré-definidos. A sua essência revela-se no facto de que estes podem somente ser realizados nos contactos entre os Estados, através das políticas externas e estratégias internacionais.

Neste sentido, é de salientar que há factores decisivos dos interesses nacionais tanto ao nível interno como ao nível externo. Alguns destes factores são relativamente estáveis e permanentes (por exemplo,

---

A second critics of using national interest as a basis o policy is that it incorrectly assumes that there is a common interest of diverse subgroups... The third difficulty with the idea of national interest is the charge that operating according to one's self-defined, inherently selfish national interest inevitably leads to conflict and inequity on the world stage... A fourth common charge is that the way the national interest is applied frequently involves double standards... A fifth objection to national interest and the way that it is applied contends that it is too often short-sighted..."

[240] CLINTON, W. David (1994), *The Two Faces of National Interest,* Baton Rouge, Louisiana State University Press, "...*the concept of national interest is used almost universally to argue for or against any given policy...The idea of using national interest as a cornerstone of foreign policy is a key element of the road more traveled by in world politics*", citado de ROURKE, John T. and BOYER, Mark A. (2000), p. 149.

a localização geográfica, os recursos naturais, doações naturais, necessidade populacional num determinado período, etc.), que determinam, geralmente, o rumo de desenvolvimento e a estratégia fundamental da diplomacia do Estado e outros são variáveis.

Relativamente aos factores decisivos variáveis, podemos distinguir entre os intrínsecos e os extrínsecos. Os primeiros, sem dúvida, sendo os mais importantes, referem-se, no sentido amplo, ao modo de vida social e ao sistema de governo do Estado. Entendemos o modo de vida social, como um conjunto de índices estatísticos, designadamente, a taxa de abertura[241], o nível tecnológico, a taxa de crescimento económico, o nível do comércio externo e do investimento, o PIB *per capita*, o desenvolvimento regional e a justiça social, entre outros. O sistema de governo refere-se não só à forma de organização político-social do Estado, ao modo de exercício do poder governamental e a um conjunto de normas e princípios constitucionais que estabelecem a forma de governo do Estado pelos quais ele é organizado e dirigido, mas indica também o nível sensato e harmónico da política, o nível de administração e a qualidade dos administradores, a democracia e a civilização política. Todos os factores intrínsecos reflectem o sistema político, o programa político e a imagem política do país e, consequentemente, até a flexibilidade de interesses nacionais (carácter expansivo ou conservador, agressivo ou pacífico, cooperativo, construtivo ou destrutivo, etc.).

Ninguém dúvida da interacção entre a estrutura social e a preferência do Estado numa época desenhada pelos desenvolvimentos humano e histórico. Ou seja, em face do desenvolvimento diversificado nas sociedades, acelerou-se também a divisão social, surgiram constantes divisões ou combinações dos diversos grupos de interesses, aumentaram novos interesses e pedidos. Por isso, os interesses nacionais reformulados certamente são diferentes do conceito na perspectiva de uma autoridade individual ou de um partido político, num estado exclusivo e fechado. Especialmente, numa sociedade civil, em que o conceito de Direito desempenha papel importante, a defesa dos direitos fundamentais dos cidadãos, bem como a influência dos vários grupos de pressão, constituem factores decisivos para a definição dos

---

[241] Sobre noção de "taxa de abertura", ver PORTO, Manuel Carlos Lopes (2001), *Teoria da Integração e Políticas Comunitárias*, Coimbra, Livraria Almedina, p. 21.

interesses nacionais, porque os órgãos estatais têm de regulamentar as suas condutas segundo as leis, sendo restringidos pelo povo[242]. Todos os factores decisivos intrínsecos, tendo influência significativa, determinam, ajustam, renovam e aperfeiçoam dinamicamente a definição dos interesses nacionais.

Os factores decisivos extrínsecos são todos os elementos envolvidos no ambiente externo do Estado, por exemplo, o contexto internacional de paz ou de conflitos, as relações diplomáticas, o papel do Estado nas organizações internacionais, a situação económica mundial... É evidente que os factores decisivos extrínsecos possuem grande flexibilidade nos diferentes períodos históricos ou no mesmo período, mas perante diferentes acontecimentos. Estes podem ser manifestações completamente diferentes, exercer influências distintas sobre diversos Estados e, por fim, levar à redefinição da agenda do Estado no que se refere aos interesses nacionais.

No sistema internacional, nenhum Estado pode ignorar completamente influências externas, quando define os seus interesses nacionais. Hoje, ainda no mundo globalizado, este relacionamento torna-se cada vez mais importante. O mercado global, as finanças globais, a comunicação global, a rede global, as normas estandardizadas internacionais e as preferências de consumo internacionais, entre outros, impõem pressões difíceis de resistir. A infiltração informática e a sua rápida divulgação fazem com que a "aldeia global" se torne cada vez menor e todos os Estados-Nação estejam mais interdependentes.

Como sabemos, as consequências da globalização não são idênticas para todas as sociedades. As pessoas vêem diversos riscos e perigos no sistema internacional contemporâneo, que pode ser retratado pela existência do hegemonismo e da política do poder, cujo centro é formado pela ideologia e civilização institucional ocidental. Para a maioria dos países em vias de desenvolvimento que se encontram realmente em período de desenvolvimento, não se pode depender totalmente da ordem política e económica internacional, porque o sentido do hegemonismo, da sociedade internacional, e da globaliza-

---

[242] Trata-se de uma perspectiva aproximada ao argumento neo-liberal. Para o realismo, o Estado é um bloco monolítico, pois fala com uma só voz. Isso quer dizer que a política externa formulada e aplicada pelos seus dirigentes é a única expressão do interesse nacional, independente da adesão, indiferença ou oposição do povo.

ção, poderá ser bastante diferente. Aqueles factores que são benéficos para os países desenvolvidos e industriais provavelmente não são favoráveis para os países em vias de desenvolvimento e os países atrasados. No entanto, não se pode deduzir que todos os benefícios para os primeiros, sejam desvantajosos para os segundos. Importa, assim, aos países, adaptar-se ao contexto internacional, de acordo com as suas estratégias e concretos interesses nacionais, com base na sua capacidade e flexibilidade perante as variáveis externas e, eventualmente, depender do melhoramento da sua própria estrutura interna para que as variáveis internas se correspondam ao esforço e ideal de toda a humanidade.

Em suma, há laços estreitos entre a sociedade interna e o sistema internacional em geral. Deste modo, devemos abordar as problemáticas da definição e realização dos interesses nacionais numa perspectiva multidimensional.

1.3. Composição de interesses nacionais

Embora o conceito de "interesses nacionais" seja muito escorregadio e polémico, no plano de relações internacionais e políticas externas, trata-se de um juízo concreto e frequentemente utilizado. Os académicos e intelectuais sublinham a função explicativa dos interesses nacionais "como o elemento estruturante para a formulação dos objectivos nacionais e como um instrumento de acção política e estratégica para a acção externa do Estado"[243].

A composição dos interesses nacionais (os componentes desses interesses) acentua um enquadramento do seu conteúdo. No estudo desta problemática, os académicos usam principalmente dois métodos.

Alguns autores, com base nas análises históricas, observam as políticas externas de um determinado Estado, procuram aquelas formas de comportamento que ocorrem frequentemente e, por conseguinte, deduzem os interesses nacionais deste país. Nas opiniões de JOHN CHASE e RICHARD ENGEL, os interesses nacionais dos Estados Unidos da América, que baseava, as suas políticas externas, incluíam

---

[243] Recorda-se, mais uma vez, TEIXEIRA, Nuno Severiano, *et al.* (2000), p. 118.

quatro aspectos seguintes: conquistas das bases potenciais dos invasores, apoios prestados aos governos autónomos estrangeiros e ao regime democrático, protecção e promoção do comércio e promoção do estabelecimento de equilíbrios dos poderes internacionais[244]. Outro autor americano BRANDS estudou sistematicamente a evolução da diplomacia dos Estados Unidos e incorporou a segurança, a prosperidade e a democracia nos interesses nacionais estadunidenses, admitindo que estes três interesses nacionais são interligados e qualquer um se poderia tornar mais relevante em períodos específicos[245].

De facto, a análise dos interesses nacionais dos EUA, baseada nas suas práticas diplomáticas, mostrou as influências da corrente dominante (o globalismo ou o internacionalismo) após a segunda Guerra Mundial neste país. Os argumentos do internacionalismo defendem que os objectivos diplomáticos dos EUA são dominar e influenciar a ordem mundial em geral e, a todo o custo, em vez de defender os interesses específicos desta ordem[246].

Outros autores partem das teorias puras das relações internacionais e analisam a noção de "interesses nacionais" através do raciocínio lógico e da sintetização. As suas conclusões são mais abstractas e analíticas. Estes autores julgam que os interesses nacionais constituem apenas situações favoráveis para o Estado e o povo do país, que, motivado pelo egoísmo nacional, está apenas preocupado com os seus interesses nacionais. Neste sentido, a sobrevivência do Estado representa o interesse nacional mais importante, na medida em que os outros interesses serão determinados pela existência do Estado. A sobrevivência refere-se à integridade territorial, à independência política e à manutenção do sistema político fundamental. Os interesses nacionais podem ainda envolver a auto-suficiência, o prestígio e a expansão, entre outros. Portanto, JOSEPH FRANKEL sugeriu um entendimento de "interesses nacionais" através de três níveis: o nível opera-

---

[244] ENGEL, Richard (1988), *Determining the Level of US Interest,* Newport, RI: Naval War College, pp. 3-12.
[245] BRANDS, H.W. (1999), "Idea of the National Interest", *Diplomatic History,* vol. 23, n.º 2, Spring, pp. 239-262.
[246] Relativamente às análises e às críticas sobre "interesses nacionais" por parte do internacionalismo, ver TONELSON, Alen (1991), "What is the National Interest?", *Atlantic,* vol. 268, n.º 1, July, pp. 35-52; RICE, Condoleezza (2000), "Promoting the National Interest", *Foreign Affairs,* vol. 79, n.º 1, January/February, pp. 45-62.

cional, o nível aspirativo e o nível polémico. Os interesses nacionais de curto prazo, podem ser conhecidos no nível operacional, ou seja, as pessoas compreendem as políticas estatais perante as mudanças no contexto internacional; já através do nível aspirativo, o povo prevê os interesses nacionais a longo prazo; por seu lado, os intelectuais estudam, justificam e criticam comportamentos do Estado no nível polémico[247].

Julgamos que, para qualquer Estado, interesses nacionais, dizem respeito aos domínios da segurança, da economia e da política. Estes domínios constituem as maiores preocupações do Estado e, ao mesmo tempo, possuem um carácter universal[248]. Os interesses nacionais no domínio de segurança, são assegurar a sobrevivência e a integridade territorial, proteger os cidadãos contra a intimidação ou o ataque, dar ímpeto aos interesses externos em concertação com os interesses políticos e económicos e promover compromissos não beligerantes com outros Estados e regiões; os interesses nacionais no domínio económico incluem: sustentar a prosperidade individual e da sociedade através de princípios de reformas económicas, a coordenação macroeconómica, regular a prática de mercado por normas de padronização, entre outros; os interesses nacionais políticos são: apoiar e preservar os valores de liberdade, direitos individuais, o Estado de Direito, as instituições democráticas e outros princípios constitucionais[249].

---

[247] FRANKEL, Joseph (1959), "Towards a Decision-making Model in Foreign Policy", *Political Studies*, vol. 7, n.° 1, February, pp. 1-11.

[248] PEARSON, Frederic S. and ROCHESTER, J. Martin, (1998), *International Relations*, 4th edition, Nova York, McGraw-Hill, pp. 177-178.

[249] Pode ver ainda YARGER, Richard and BARBER, George F. (1997), "The US Army College Methodology for Determining Interests and Levels of Intensity", adapted from the Department of National Security and Strategy, Directive Course 2, "*War, National Policy & Strategy*", US army War College, Carlisle Barracks, Carlisle, PA, pp. 118-125, "*Using the approaches developed by Neuchterlein and Blackwill, the Army War College methodology groups national interests into four categories and three levels of intensity... The four categories used by USAWC are defense of the homeland, economic prosperity, promotion of values and favorable world order...*"

1.4. Classificação de interesses nacionais

Um modo de facilitar a formulação do papel instrumental dos interesses nacionais no plano político, além dos estudos objectivos sobre o seu conceito e a composição, os autores também classificam os interesses nacionais em vários tipos, em virtude de critérios diferentes.

Do ponto de vista de duração dos benefícios potenciais, há interesses nacionais inconstantes e constantes[250]. Os primeiros são interesses duradouros e os segundos subdividem-se em interesses a longo prazo, a médio prazo e a curto prazo. Os interesses inconstantes/duradouros (por exemplo, a integridade territorial, a independência nacional, a soberania e o desenvolvimento económico, etc.) acompanham a sobrevivência do Estado, ou seja, sempre que subsista o Estado-Nação, não podem ser objecto de renúncia. Os interesses nacionais a longo prazo correspondem aos objectivos do Estado num período histórico relativamente longo, nomeadamente, o equilíbrio ecológico, a força militar, a industrialização, entre outros. Os interesses nacionais a médio prazo duram por um determinado período, e os a curto prazo, são pouco constantes e referem-se às vantagens temporárias.

Quanto ao âmbito dos sujeitos de interesses, os interesses nacionais classificam-se em interesses comuns, interesses de minoria e interesses específicos. Os primeiros representam os interesses procurados por todos os Estados-Nação, tais como a soberania, a posição adequada no cenário internacional, a segurança nacional, entre outros. Os interesses nacionais de minoria referem-se aos benefícios procurados por alguns países, como por exemplo, uma potência deseja ter papel dominante na ordem internacional, um país quer dirigir assuntos regionais, os aliados, numa aliança militar, procuram realizar a paz comum, entre outros. Os interesses específicos correspondem àqueles de um determinado país, que são distintos dos interesses dos outros países.

Tendo em conta as importâncias de interesses nacionais, estes podem ser divididos em interesses sobreviventes (*survival interest*), interesses vitais (*vital interest*), interesses principais (*major interest*) e

---

[250] YAN, Xuetong (1997), *Análise do Interesse Nacional da China*, Tianjin, Editora Povo Tianjin, pp. 23-25.

interesses periféricos (*peripheral interest*). Trata-se de uma distinção clássica dos interesses nacionais atribuída ao autor americano DONALD NEUCHTERLEIN[251]. A estrutura analítica desenvolvida por DONALD NEUCHTERLEIN é mais completa teoricamente, mas não só, pois possui também a apropriada credibilidade na sua aplicação prática. Os interesses sobreviventes são fundamentos da acção externa do Estado perante a perigosidade que ameace a segurança da nação. Segundo este critério, o comércio, a ordem mundial e a ideologia não constituem interesses sobreviventes. Os interesses vitais abrangem todos os assuntos relacionados com a política, a economia e o bem-estar do povo, sendo mais significativos os que influenciem a segurança do Estado. A diferença entre os interesses sobreviventes e os vitais, é que os primeiros estão em causa no estado de emergência e de perigosidade. A maioria dos problemas internacionais é considerada como interesses principais e, por fim, os interesses periféricos não estão directamente ligados ao bem-estar do povo, mas, por exemplo, as actividades populares, a segurança individual, entre outros[252].

1.5. *Hierarquia entre interesses nacionais*

Geralmente, o Estado terá diferentes reacções perante diferentes níveis de interesses nacionais e estabelecerá uma ordem de prioridade quando escolhe entre as várias estratégias. No entanto, subsistem sempre questões como as seguintes: Existem vários grupos de interesses em cada Estado e são os chamados interesses nacionais que correspondem a interesses de todo o povo[253]? Quais as razões que

---

[251] NEUCHTERLEIN, Donald, (1979), "The Concept of National Interests: A Time for New Approach", *Orbis*, vol. 23, n.º 1, Spring, pp.73-92; YARGER, Richard and BARBER, George F., (1997), pp. 118-125, "...*Using the approaches developed by Neuchterlein and Blackwill, the Army War College methodology groups national interests into four categories and three levels of intensity...The three degrees of intensity are vital, important and peripheral...*"

[252] O autor Thomas Robinson divide interesses nacionais em interesses vitais (*core interest or strategic interest*) e interesses não vitais (*nonvital interest*), de acordo com a sua prioridade. Cfr. AMSTUTZ, Mark R. (1999), p. 179.

[253] NYE, Joseph S. Jr., (1997), p. 177. O autor mencionou alguns casos de contradições entre diferentes interesses.

levam as autoridades a escolher um interesse nacional em detrimento de outro? Os interesses nacionais serão utilizados eventualmente para explicar as decisões do governo ou exercem um papel primordial nestas?

A fim de evitar a ambiguidade conceptual de interesses nacionais e a variação das análises, os académicos e diplomatas começam a utilizar a hierarquização de interesses nacionais de um determinado Estado e num determinado período[254]. Valerá, então, a pena tentar compreender melhor a hierarquia entre interesses nacionais[255].

Naturalmente, devido aos diferentes paradigmas teóricos, os pensadores e decisores/políticos, chegam às suas conclusões, baseando-se em diferentes lógicas e racionalidades[256]. Além disso, diferentes pessoas têm distintas preferências subjectivas[257].

O realismo, o neo-realismo bem como outros paradigmas semelhantes concentram o carácter egoísta e conflitual no sistema internacional anárquico. O pensador clássico realista MORGENTHAU via dois níveis de interesses nacionais: o vital e o secundário[258]. Os interesses vitais, outorgam a um Estado a sua segurança, liberdade e independência, a protecção das suas instituições e a entronização dos seus valores e, ao mesmo tempo, representam questões sobre as quais o Estado está disposto a beligerar uma guerra. Os interesses secundários, são mais difíceis de definir, mas implicam fazer concessões e negociar.

Os liberais, neo-liberais e os internacionalistas, têm uma visão mais ampla sobre como os interesses nacionais são formados e, naturalmente além da questão de sobrevivência como a mais prioritária

---

[254] A hierarquização de interesses nacionais traz visíveis vantagens e maior flexibilidade. Sobre os respectivos comentários, ver NI, Shixiong (2003), pp. 332-333.

[255] É evidente que esta questão é uma extensão da classificação de interesses nacionais quanto à importância.

[256] Veja a obra típica sobre esta teoria de "*rational actor*", ver ALLISON, Graham (1971), *Essence of Decision: Explaining the Cuban Missile Crisis,* Boston, Little Brown.

[257] XING, Yue (2003), "A Objectividade e a Subjectividade de Interesses Nacionais", *World Economy and Politics,* vol. 5, pp. 29-33, "A objectividade de interesses nacionais permite aos Estados possuir suas identidades estatais e a subjectividade gera uma diversidade na comunidade internacional" (tradução livre). O autor referiu a influência da ideologia na compreensão de "interesses nacionais" e comparou os casos dos EUA, Japão, China e Rússia, citando ainda, argumentos de Samuel Huntington.

[258] MORGENTHAU, Hans J (1962), *The Impasse of American Foreign Policy,* Chicago, University of Chicago Press, p. 191.

(não existe polémica relativamente a este ponto), considerando o carácter "cooperativo e institucional" da interdependência, dão ênfase também a outras perspectivas para que o Estado tenha um papel mais relevante na sociedade internacional[259].

Diferentes pessoas vêem diversos riscos e perigos e, por conseguinte, as prioridades variam. As pessoas podem estar em desacordo entre si. Por exemplo, sobre que seguro subscrever contra ameaças remotas e sobre se deve tomar a decisão de fazê-lo, antes de lutar por outros valores. Os peritos de política externa podem ajudar a esclarecer a causalidade e as compensações em casos pontuais, mas eles não podem decidir por si mesmos. As autoridades, devem, neste âmbito, desempenhar o papel-chave.

De qualquer maneira, a metodologia apresentada por DONALD NEUCHTERLEIN parece ser razoável[260]. Utilizamos na nossa análise o relatório elaborado pela Comissão de Interesses Nacionais dos EUA em Julho de 2000[261], que distingue quatro graus de hierarquia de interesses nacionais, sendo estes os vitais[262], os extremamente impor-

---

[259] Neste sentido, aproxima-se à noção do "poder mole"de uma nação que se refere à sua capacidade de atrair através do seu valor cultural e ideológico. O "poder mole", é pelo menos, tão importante quanto "o poder duro" de um Estado, que corresponde à capacidade económica de um país de comprar e de impor. De facto, o "poder mole" centra-se na atracção antes que na coacção, funciona, convencendo outros Estados e actores para que se alinhem, mediante o acordo, em grupos que aceitam normas e instituições comuns que produzem um comportamento desejado. Mediante o uso do poder mole, um Estado pode legitimar o seu poder sem comprometer a maior custo que com frequência significam os recursos económicos ou militares tradicionais. Vide NYE, Joseph S. Jr. (1990), *Bound to Lead: The Changing Nature of American Power*, Nova York, Basic Books.

[260] NEUCHTERLEIN, Donald (1979), pp. 73-92; ver também NEUCHTERLEIN, Donald, (1985), *America Overcommitted: United States National Interests in the 1980s*, Lexington, University of Kentucky, p. 15.

[261] The Commission on America's National Interests, (2000), *America's National Interest*, p.7, hyperlink http://www.nixoncenter.org/publications/monographs/nationalinterests.pdf.

[262] The Commission on America's National Interests (2000), p. 8, *"these are (1) to prevent, deter, and reduce the threat of nuclear, biological, and chemical weapons attacks on the United States or its military forces abroad; (2) to ensure US allies´ survival and their active cooperation with the US in shaping an international system in which we can thrive; (3) to prevent mergence of hostile major powers or failed states on US borders; (4) to ensure the viability and stability of major global systems (trade, financial markets, supplies of energy and environment) and (5) to establish productive relations consistent with American National Interests, with nations that could become strategic adversaries, China and Russia".*

tantes, os importantes e os menos importantes (secundários). Os interesses vitais constituem condições necessárias para salvaguardar e realçar a sobrevivência do país. Os interesses extremamente importantes, são condições que, se comprometidas, prejudicam seriamente, mas não põem em perigo a capacidade do governo perante as ameaças externas. Os interesses importantes são condições que, se comprometidas, exercem influências negativas sobre o bem-estar nacional. Por fim, os interesses menos importantes não querem dizer que não sejam consideráveis, mas têm efeitos indirectos na sobrevivência do Estado.

Julgamos que a vantagem da hierarquização entre interesses nacionais é evidente. A capacidade de compreender os níveis de importância, a relação entre aspectos específicos e gerais e de que forma, uma cadeia potencial de acontecimentos vinculados, poderia conduzir a uma reacção que afecte os interesses estratégicos fundamentais, deveria ajudar a determinar melhor, se uma questão precisa de acção, visando preservar o interesse em causa.

Resumo:

O interesse nacional, sendo um fundamento principal e o factor decisivo da acção externa do Estado, tem sido um conceito essencial da Política Internacional. O conhecimento de interesses nacionais tende a ser mais profundo à medida que o tempo corre e as relações internacionais se transformam, devido aos debates teóricos ao nível horizontal e às experiências históricas ao nível vertical. Hoje em dia, os desafios da globalização obrigam o Estado a repensar o seu papel e os próprios interesses. Uma vez que interesses nacionais serão transformados em objectivos nacionais através de políticas externas e, eventualmente, postos em prática em acções concretas, os interesses nacionais nunca constituem um conceito analítico, mas sim estão ligados a comportamentos do Estado. Neste sentido, a doutrina de interesses nacionais é uma teoria sobre a acção.

Na perspectiva tradicional representada nos períodos da guerra mundial e guerra-fria, o Estado, partindo dos seus interesses nacionais, supremos e exclusivos, dá ênfase a um Poder-Força. Na pós-modernidade, a formulação de interesses nacionais, restringida significativamente pelo ambiente internacional dominado pela globalização, transforma-os num mais complexo e aberto Poder-Rede. O Estado continua a ser um actor primordial no mundo interdependente, o conceito de interesses nacionais (incluindo o conteúdo e a prioridade) revela grande vitalidade. Só que a sua acção arbitrária e extrema será restringida até impedida pela comunidade internacional. Pelo exposto, a questão fundamental relativa aos interesses nacionais do século XXI não será procurá-los ou não, mas sim como os realizar?

2. Teoria jurídica relacionada com o núcleo de interesses nacionais: a soberania

2.1. Relação entre os interesses nacionais e a soberania

2.1.1. Importância da soberania

"O princípio da soberania do Estado é tão antigo como o próprio Estado"[263]. A soberania nacional esteve vinculada historicamente à supremacia do monarca da Idade Média e, hoje em dia, está ligada à independência nos assuntos externos da pós-modernidade. A soberania é concebida como um bilhete de entrada no cenário internacional[264]. Um Estado soberano aproveita-se de vários direitos substanciais garantidos pelo Direito Internacional, nomeadamente, o direito de reconhecer novos Estados, o de negociar e assinar tratados, o de declarar a guerra e concluir a paz, o de proteger os seus cidadãos, além dos direitos de expropriação, de imunidade diplomática, de jurisdição territorial e jurisdição nacional[265] e, simultaneamente, assume um conjunto de obrigações internacionais[266].

---

[263] DINH, Nguyen, *et al* (1999), p. 383, "De início, o seu papel era essencialmente o de consolidar a existência dos Estados que se afirmavam na Europa contra a dupla tutela do Papa e do Sacro Império romano-germânico. Até ao século XVIII, apoiados e encorajados por Jean Bodin, por Vattel e pelos maiores filósofos do seu tempo, os monarcas encontraram naquele princípio a justificação do seu absolutismo".

[264] JAMES, Alan (1986), *Sovereign Statehood: The Base of International Society*, London, Allen & Unwin, p. 7.

[265] Por exemplo, na matéria do Direito Penal, existe princípios de territorialidade, de nacionalidade, de protecção e de universalidade na aplicação no espaço.

[266] Entre as quais, há limite da liberdade de acção dos Estados, respeito do direito internacional, proibição do recurso à força, dever de cooperação... Cfr. Carta das Nações Unidas.

Uma vez que a comunidade internacional espera que o poder soberano controle as acções dentro dos seus territórios, significa a soberania a negação de outro qualquer poder superior no país. Por outro lado, o Estado é o titular originário da soberania, não podendo submeter-se a qualquer entidade ou instituto jurídico que venha limitar o seu poder. Portanto, a soberania é o poder absoluto e incontrolável do Estado, de agir tanto em questões internas, como nas externas.

A soberania implica uma forma de legitimidade nos assuntos internacionais, designadamente, pelo menos, um grau mínimo de poder concentrado, um peso económico, uma força militar ou alguma identidade cultural. Uma entidade com a soberania no palco internacional, goza da deferência substancial dos outros Estados soberanos. A concepção da soberania tem modelado disputas regionais recentes[267] ou de importância global[268]. Como consequência, a soberania continua a ter um papel crucial no nascimento de Estados[269].

Os processos da globalização não põem em causa a centralidade dos Estados nacionais no ordenamento internacional. Actualmente, há outros actores que se têm unido aos Estados soberanos nas relações internacionais. A soberania separa os actores principais das outras entidades territoriais ou não territoriais.

A nosso ver, a soberania continua a ser uma questão relevante na conduta das relações externas pelas seguintes razões: em primeiro lugar, a soberania, servindo de indicação para a situação jurídica de determinada entidade internacional, promove a auto-regulação pela comunidade internacional; em segundo lugar, a soberania actua como uma arma política nos conflitos entre os Estados; em terceiro lugar, a soberania contribui para o reforço do poder nacional. Assim, analisaremos em seguida a relação entre a soberania e os interesses nacionais, o conceito preciso da soberania e outros temas com ela relacionadas.

---

[267] Designadamente, o território de Kashmir entre Índia e o Paquistão, quatro grupos de ilhas (Kunashiri, Etorofu, Shikotan e Habomai) localizados no nordeste do Japão, entre outros.

[268] Nomeadamente, os conflitos entre os israelitas e os palestinianos, contendas entre a China continental e Taiwan, entre outros.

[269] Por exemplo, o nascimento de um novo Estado-Nação, o da Namíbia em 1989 e os recém-nascidos nos anos noventa do século XX, incluindo Croácia, Servia, Bósnia, Macedónia e Eritreia e Timor-Leste, entre outros.

2.1.2. Soberania e Interesses nacionais

Salvaguardar a soberania, no fundo, é defender os interesses nacionais, mais especificamente, os interesses nacionais vitais. A palavra "soberania" tem múltiplas facetas, referindo-se a um vasto âmbito de conotações, como por exemplo, o poder nacional, direitos, interesses, situações jurídicas, o direito de propriedade do território, bem como outros princípios do Direito Internacional, enquanto o conteúdo de interesses nacionais é relativamente mais claro. Embora tenham sobreposições no conteúdo, a soberania e os interesses nacionais complementam-se mutuamente e encontram-se interligados. Por um lado, a soberania poderá ser um princípio orientador dos interesses nacionais, assegurando que o Estado não se desviará do caminho certo quando procura e salvaguarda os seus interesses nacionais; por outro lado, os interesses nacionais constituem a essência da soberania nacional, permitindo que o Estado não deixe a órbita certa dos interesses nacionais vitais quando defende a soberania.

Regra geral, salvaguardar a soberania, é salvaguardar os interesses nacionais e vice-versa. A defesa pela soberania é assegurar a independência, a integridade e a igualdade do Estado através da perspectiva do Direito Internacional. A salvaguarda dos interesses nacionais implica defender aqueles que a soberania protege. Uma acção que prejudique a soberania, danifica certamente os interesses nacionais, no caso contrário, quando os interesses nacionais forem prejudicados, a soberania será destruída.

Contudo, os interesses soberanos, nem sempre são coincidentes com todos os interesses nacionais[270]. Isto quer dizer, que mesmo que a soberania seja uma parte essencial dos interesses nacionais, não engloba a sua totalidade e, em algumas situações, não engloba sempre interesses nacionais vitais. Quando haja conflitos entre o princípio da soberania e os interesses nacionais vitais, trata-se de uma questão de *"trade-off"*. Às vezes, o Estado terá de ceder temporariamente o poder autónomo a fim de submeter-se aos interesses nacionais fundamentais.

---

[270] YAN, Xuetong (1997), p. 217. Por exemplo, com o objectivo de aderir à Organização Mundial do Comércio, a China teria que desistir certos poderes de decisão económico no âmbito interno e algumas intervenções económicas, mas isto, não quer dizer que a China não se importava com os seus interesses nacionais.

2.2. Soberania no quadro teórico

2.2.1. Dimensões da noção de soberania

A importância da soberania não implica que seja dada, necessariamente, uma e única da mesma. A doutrina analisa a soberania através dos diferentes pontos de vista e a própria noção da soberania tem-se evoluído ao longo do tempo.

Há geralmente três dimensões dos estudos da soberania. A primeira dimensão corresponde à Ciência Política, a qual analisa o lado interno da soberania ou a soberania interna. Os académicos consideram que a soberania é uma noção de Direito Público Interno: "É esse o Direito que nos diz como o Estado se constitui, que princípios estabelece para regular a sua acção, e que direitos assegura aos indivíduos"[271]. Assim, a soberania é o supremo poder ou o poder político de um Estado. A segunda dimensão aparece no campo do Direito Internacional, concentrando-se no lado externo da soberania ou na soberania externa. O Estado, na qualidade de soberano, pode ter ingresso na comunhão internacional e detém a personalidade e capacidade jurídicas necessárias para exercer direitos e contrair obrigações internacionais. A terceira dimensão também fixa o lado externo da soberania numa perspectiva da Ciência Política Internacional, dando ênfase à independência e à exclusividade da soberania.

Independentemente dos campos científicos e respectivos pontos de vista, a soberania, em primeiro lugar, significa que o Estado tem o poder de decisão em última instância dentro do seu território e aplicável à sua população; em segundo lugar, refere-se à independência absoluta tanto no nível político como no nível jurídico do Estado em relação a outro. Por isso, a noção da soberania inclui sempre uma dimensão interna *de facto* (*De Facto Internal Supremacy*) e outra dimensão externa *de facto* (*De Facto External Independence*)[272].

---

[271] PLÁCIDO E SILVA, (2002), *Vocabulário Jurídico*, 20ª Edição, Rio de Janeiro, Editora Forense, p.763.

[272] FOWLER, Michael Ross and BUNCK, Julie Marie (1995), *Law, Power, and the Sovereign State: the Evolution and Application of the Concept of Sovereignty*, Pennsylvania, the Pennsylvania State University Press, p. 36-62. Vide também DINIZ, Maria Helena (1998), *Dicionário Jurídico*, São Paulo, Editora Saraiva, p. 388; GOMES CANOTILHO, J.J.

2.2.2. Genealogia e evolução

O termo "soberania" aparece no fim do século XVI, junto com o Estado Absoluto, para caracterizar de forma plena o poder estatal, sujeito único e exclusivo da política[273]. O fim da fragmentação política da Idade Média e a concentração desse poder nas mãos do soberano, permitiram-lhe dispor de condições absolutas para intervir em todas as questões internas. Suplantada a organização política medieval pelo advento do Estado-Nação, a nova realidade assenta numa ordem jurídica sem hierarquia. A noção da soberania surgiu da luta que, externamente, os Estados nacionais tiveram que travar contra a Igreja, que os pretendia colocar ao seu serviço, e contra o Império Romano, que os considerava como simples províncias; e internamente, contra os senhores feudais, que procuravam igualar-se aos Estados, atribuindo-se poder próprio, independente e autónomo.

Com o fim da Guerra dos Trinta Anos, os países vencedores buscaram novos instrumentos políticos e jurídicos para fundamentarem a nova forma de organização política. No campo interno, alinharam de forma organizadora todos os poderes existentes dentro das suas fronteiras, enquanto que, no campo externo, se declararam autónomos. A partir do fim das guerras religiosas, a nova sociedade internacional organizou-se com base no Direito Internacional resultante do Tratado de Westfalia, sistema interestatal que se fundamenta no respeito da soberania dos Estados Europeus. Surge um direito internacional eminentemente europeu com vista à legalização dos interesses e privilégios regionais, consagrando, até o termo da primeira Guerra Mundial o direito à guerra, à conquista e ocupação de territórios ultramarinos pelas potências coloniais e à imposição de tratados desiguais aos Estados não europeus.

No século XVI, a noção de soberania formulada pelos juristas europeus, principalmente JEAN BODIN, surge de forma ambígua na Teoria do Estado e no Direito Internacional Público. Para Bodin, a soberania é um poder absoluto, auto-suficiente, perpétuo, transcen-

---

(2003), *Direito Constitucional e Teoria da Constituição,* 2ª Edição, p. 112. MOREIRA, Adriano (1996), *Teoria das Relações Internacionais,* Coimbra, Livraria Almedina, p. 362.

[273] CRUZ, Paulo Marcio, (2003), *Soberania, Estado, Globalização e Crise,* consultar hiperlink http://www.mundojuridico.adv.br.

dente, indivisível e uno, o que não quer dizer que consagre a existência de um poder soberano ilimitado, pois o titular da soberania está submetido às leis divinas, ao direito natural e sujeito às obrigações contraídas com outros soberanos. O detentor do poder soberano pode ser o rei (monarquia), um grupo (aristocracia) ou o povo (democracia).

A ideia da soberania absoluta gerou numerosas controvérsias. Assim, houve a sugestão de que fosse substituída pela noção de independência (Charles Rousseau).

Os teóricos do Iluminismo atacaram o carácter absolutista do Estado e criaram os conceitos de representação popular e limites à autoridade (teoria de Locke[274]) e de soberania nacional e popular (Jean-Jacques Rosseau[275]). Com a revolução Francesa, fixa-se a teoria da soberania nacional[276]. O direito de soberania passa à nação personificada, que ocupa, de certa maneira, o lugar do rei.

No século XVIII a doutrina da soberania estatal é transportada para o Direito Internacional por Emer de Vattel, que afirma ser o Estado o titular originário da soberania, não podendo submeter-se a qualquer entidade que venha limitar o seu poder. Os Estados, nas suas relações internacionais, encontram-se em situação de coordenação, ou seja, em plena igualdade jurídica. Todos os Estados, no contexto internacional, têm o mesmo *status,* seja uma grande potência ou mesmo uma pequena Nação.

Após a Segunda Guerra Mundial do século XX, o conceito de soberania passa por uma reformulação[277]. A globalização acentua a evidência de que o Estado, como actor internacional, perdera parte da antiga importância que lhe fora historicamente conferida a partir da Paz de Westfalia e que, hoje em dia, se vê ameaçado no seu poder

---

[274] BODENHEIMER, Edgar (1998), *Jurisprudence: The Philosophy and Method of the Law,* (Chinese edition), Pequim, China University of Political Science and Law Press, pp. 51-55.

[275] BODENHEIMER, Edgar (1998), pp. 59-62.

[276] "A soberania nacional provem da soberania do povo, escolhendo a sua forma de governo e instituindo as bases políticas do Estado", ver Plácido e Silva, (2002), p. 763.

[277] Os pensadores realistas Hans Morgenthau, Carr e Kenneth Waltz, analisaram o poder nacional e o conceito da soberania, outros pensadores liberais representados por Keohane, concentraram a interdependência do poder, ver por exemplo, BARTELSON, Jens, (1995), *A Genealogy of Sovereignty,* Cambridge, Cambridge University Press, pp. 137-237.

e limitado na sua acção. Além do Estado, agindo de forma autónoma, com absoluta liberdade de acção no sistema internacional, surgem outros actores não estatais, que, sob forma de grupos de pressão e de interesses internacionais, partidos políticos, grupos ideológicos, sindicatos e organizações religiosas, e, muito especificamente, as grandes corporações transnacionais, com muito voluntarismo, dinamizam a vida internacional. Encontramos um Poder-Rede (ou Estado-Rede), criado pela multilateralidade, que constitui uma nova categoria de organização estatal que compartilha a sua soberania por entre uma série de instituições.

Pode ver-se que, através da delegação de poder (competência), tanto a sociedade interna como a sociedade internacional se encontram numa situação ordenada[278]. Neste contexto, os Estados ainda são componentes elementares das relações internacionais, só que agora se verifica uma ligação mais estreita entre os Estados soberanos e a sociedade internacional, entre os interesses nacionais e os interesses comuns de toda a humanidade.

2.2.3. Soberania como supremacia interna

A soberania, como supremacia interna, refere-se ao poder (ou à capacidade) de um actor poder exercer influência ou impor sobre outros actores o seu ponto de vista. Nas relações internacionais, desde que haja mais de dois Estados soberanos, a soberania estatal não pode ser realizada completamente, porque a soberania de um Estado constitui uma limitação objectiva à soberania de um outro Estado. A restrição mútua entre as soberanias, impossibilita a existência de um poder ilimitado na realidade. Além disso, o Direito Internacional e as organizações internacionais, desempenham um papel significativo na resolução pacífica de conflitos e controvérsias[279]. Neste sentido, a

---

[278] No sentido da "voluntariedade" da sujeição dos indivíduos ao poder supremo e da "voluntariedade" da sujeição dos Estados às normas internacionais.

[279] DINH, Nguyen Quoc, *et al* (1999), p. 397, "a ameaça pode provir do direito internacional, que limitaria progressivamente o exercício discricionário das competências estatais... A ameaça pode vir também dos outros Estados que são tentados a invocar o campo de aplicação normal da sua ordem jurídica – o seu próprio território –, para exercer um controlo sobre os actos de soberania dos outros Estados, os representantes do poder político ou os recursos públicos estrangeiros..."

soberania como supremacia ou poder supremo, revela-se apenas no quadro interno do Estado-Nação.

Embora não sejam idênticos a soberania e o poder de governar, estes conceitos encontram-se correlacionados. A soberania estatal abrange o poder administrativo, mas não só, aquela é também, ao mesmo tempo, um direito intransferível e indivisível[280].

Em *lato sensu*, a soberania estatal, formada pela soberania colectiva que é atribuída, por sua vez, pela soberania individual, é composta por duas partes: a soberania básica e a soberania não básica. A primeira, diz respeito ao poder legislativo supremo, ao poder executivo supremo e ao poder judicial supremo[281], bem como ao poder dominante sobre o território nacional, dentro de regras próprias criadas para esse fim. Esta primeira parte "sagrada" da soberania é indivisível. A segunda parte refere-se ao poder administrativo em geral, designadamente, o poder executivo nas matérias económica, política, cultural, entre outras[282]. No sentido restrito, a soberania significa apenas a soberania nuclear na qual o poder do Estado edita e faz cumprir, para todos os indivíduos que habitam no seu território, leis e ordens, que não podem ser limitadas ou restringidas por nenhum outro poder[283].

A soberania como supremacia interna, tem toda a legitimidade que resulta da vontade comum do povo para fundar o Estado, transferir o seu poder ao Estado e se submeter à soberania estatal voluntariamente. O objectivo fundamental para estabelecer um Estado é a

---

[280] Para BONAVIDES, Paulo (1996), *Ciência Política*, 10ª edição, São Paulo, Editora Malheiros, p.126, "A soberania é una e indivisível, não se delega a soberania, a soberania é irrevogável, a soberania é perpétua, a soberania é um poder supremo, eis os principais pontos de caracterização com que Bodin fez da soberania no século XVII um elemento essencial do Estado".

[281] Os poderes supremos legislativo, administrativo e judicial, não são iguais aos poderes normais legislativo, administrativo e judicial, pois os segundos tratam principalmente dos assuntos quotidianos, são determinados pelos primeiros e são aplicáveis nos territórios nacionais. No plano externo, o papel dos poderes soberanos é para determinar se concede ou não parte da soberania não nuclear aos poderes estatais normais.

[282] MOREIRA, Adriano (1996), p. 363, "Do ponto de vista da soberania interna, também se entende que deve encontrar-se uma coincidência entre a supremacia *de jure* e a supremacia *de facto*".

[283] HINSLEY, F. H. (1986), *Sovereignty,* 2nd Edition, Cambridge, Cambridge University Press, p. 26.

tutela dos interesses do povo, neste sentido, aquele necessita de um órgão competente (designado por governo). Portanto, o Estado, desde o início, tem a legitimidade, com base no contrato social.

2.2.4. *Soberania como poder independente no cenário internacional*

Se admitimos que a soberania interna é um "poder" (poder supremo), a soberania externa já pode ser considerada um direito (direito à igualdade): isto é, nas relações recíprocas entre os Estados, não há subordinação nem dependência, mas sim igualdade[284]. A soberania interna, constitui a base da soberania externa e a soberania externa é uma extensão e garantia da soberania interna. Contudo, a soberania externa incompleta, põe em risco os alicerces da soberania interna. Acrescente-se que determinado país, não pode ter completa autonomia política, se não possuir, em grau compatível, uma parcela da soberania para a manutenção e consecução dos seus objectivos nacionais.

Hoje em dia, nenhum Estado pode estar auto-bloqueado e recusar entabular relações externas. A soberania estatal na comunidade internacional composta pelos Estados, é regida por normas próprias. O Estado soberano encontra-se vinculado a obrigações externas junto com os demais Estados, devido a tratados bilaterais ou convenções multilaterais[285]. O Estado assume voluntariamente as suas obrigações internacionais, submetendo-se, desta forma, ao Direito Internacional por sua própria vontade soberana. Quando o Estado ratifica um tratado internacional, não diminui a sua soberania, mas, ao contrário, pratica um verdadeiro acto soberano e fá-lo de acordo com o seu poder constituinte e com os princípios e normas que regem o Direito Internacional contemporâneo.

---

[284] A propósito, a Carta da ONU reza em seu art. 2º, § 1º, que "a Organização das Nações Unidas é baseada no princípio da igualdade soberana de todos os seus membros".

[285] Para Hans Kelson, "regra geral, pode dizer-se que o tratado não prejudica a soberania, já que, definitivamente, esta limitação se baseia na própria vontade do Estado limitado; mas ainda: em virtude desta limitação, fica assegurada a soberania estatal". Cfr. CRUZ, Paulo Marcio, (2003), *Soberania, Estado, Globalização e Crise.*

Os Estados soberanos, as organizações intergovernamentais e as organizações internacionais não governamentais são três actores principais na cena mundial. De entre estes, os Estados soberanos constituem fundamento e condição prévias dos outros dois actores, na medida que as organizações intergovernamentais são formadas pelos Estados-Membros e as organizações internacionais não governamentais, abrangem empresas multinacionais e entidades não governamentais, mas nenhum destes actores pode abandonar o reconhecimento e o apoio dos Estados soberanos. Além disso, uma distinção entre os Estados e demais organizações internacionais, reside, em que os primeiros dispõem da característica da soberania, enquanto os segundos não.

A verdadeira soberania deveria configurar numa cooperação internacional dos Estados em prol de finalidades comuns. Um novo conceito de soberania, afastada a sua noção tradicional, demonstra a existência de um Estado não isolado, mas incluido numa comunidade e num sistema internacional, formando parte do todo que é o Direito Internacional.

2.3. A soberania e a globalização

2.3.1. A soberania afectada pela globalização

No contexto da globalização, a soberania estatal enfrenta novos desafios provenientes do poder supra-nacional, do poder transnacional e do poder interdependente entre os Estados.

O poder supra-nacional refere-se ao domínio colocado acima dos Estados, que é representado por organizações globais, regionais, tratados internacionais e normas do Direito Internacional. Na realidade, o poder supra-nacional existe realmente e exerce influências fortes na soberania estatal, que por sua vez, é restringida ou limitada em certos graus. O desenvolvimento do poder supra-nacional é atribuído a três razões: em primeiro lugar, uma série dos problemas globais contemporâneos necessita de um poder global bem organizado; em segundo lugar, a concorrência cada vez mais intensa de carácter global, promove a integração regional; em terceiro lugar, o modo de sobrevivência dos Estados contemporâneos, requer uma comunidade internacional ordenada. Por necessidade destes interesses fundamentais, os Estados soberanos delegam voluntariamente parte dos seus poderes para criarem novos poderes colectivos na coordenação, supervisão e administração da comunidade internacional.

Uma característica notável do poder supranacional é que as organizações internacionais já se tornam sujeitos indispensáveis da comunidade internacional. Por exemplo, a Organização das Nações Unidas, que abrange os Estados soberanos, assume responsabilidades internacionais importantes. No âmbito da coordenação da economia global, há o Fundo Monetário Internacional, o Banco Mundial e a Organização Mundial do Comércio, entre outros. A OMC, sendo uma instituição multilateral que diz a respeito a muitas das actividades económicas mundiais, tais como o comércio de mercadorias, de serviços e de comércio, relacionado com a propriedade intelectual ou investimento, limita comportamentos comerciais estatais dos Estados-Membros e as suas políticas. E, paralelo às organizações globais, os blocos regionais[286], através dos tratados, também introduzem limites à soberania dos Estados-Membros e, às vezes, de uma forma bem mais visível. Por exemplo, após a plena circulação do Euro, os países perderam o poder nacional de emissão de moeda[287]; isto muito embora no processo da integração, a União Europeia mostre um caminho ímpar para o progresso da comunidade internacional. Mas, mesmo nas organizações bilaterais, os problemas económicos que envolvem dois países, não podem ser resolvidos apenas pelas políticas de um deles.

Como se sabe, as organizações internacionais derivam dos Estados soberanos e os seus direitos são transformados pelos poderes nacionais, ou seja, os Estados delegam parte das suas competências internas a um ente externo, exercendo as suas soberanias. As organizações internacionais constituem novos actores de poder na sociedade internacional. Relativamente aos Estados-Membros que transferem os seus poderes, as organizações internacionais possuem personalidade

---

[286] Quase todos os Estados-Membros da OMC têm participado, pelo menos, num tratado/acordo da integração regional. Alguns Estados-Membros da OMC são simultaneamente membros de mais de 10 blocos regionais. A OMC tem recebido notificações de mais de 200 tratados da integração regional desde a data de criação. Consultar http://www.wto.org.

[287] PORTO, Manuel Carlos Lopes (2002), *Economia: Um Texto Introdutório*, pp. 339--347, sobre "o Euro".

jurídica independente, gozando de direitos de exercício e de capacidade jurídica. Neste sentido, as organizações internacionais não estão subordinadas a nenhum Estado-Membro e os seus objectivos de carácter colectivo, não são sempre idênticos aos interesses directos dos Estados-Membros. A alienação das soberanias nacionais às organizações internacionais, revela-se pelos seguintes três modos: em primeiro lugar, as soberanias estatais são "reduzidas" (isto é, os Estados transferem parte das soberanias às organizações internacionais); em segundo lugar, as organizações internacionais poderão tomar medidas sancionatórias contra determinados países-membros pelas acções extremamente inadequadas; por último, as organizações internacionais poderão "corroer" as soberanias nacionais, como por exemplo, a União Europeia está, para alguns, a caminhar para uma verdadeira federação.

Além disso, após a Segunda Guerra Mundial, surgiram numerosos ramos do Direito Internacional, o que contribuiu para a sistematização e a codificação na matéria das relações internacionais e para a legalização da comunidade internacional.

O poder transnacional é compreendido como integrando associações não governamentais transfronteiriças ou grupos de interesses multinacionais. Do ponto de vista das suas dimensões e efeitos, as empresas multinacionais, exercem grandes influências sobre as soberanias nacionais[288], na medida que essas empresas afectam directamente as economias dos países anfitriões e, até, manipulam artérias vitais das economias nacionais. As vezes, por motivos económicos, empresas multinacionais podem ainda exercer influências sobre os outros sectores dos países anfitriões. Mesmo que as suas actividades, sejam regulamentadoras pelos países anfitriões, essas constituem vias para introduzirem marés da globalização, segundo o próprio modo de funcionamento[289].

---

[288] UNCTAD (United Nations Conference on Trade and Development) (2001), *World Investment Report 2001*, Geneva, p. 10. Segundo os dados, hoje em dia, as empresas multinacionais representam 40% da produção mundial, 60% do comércio mundial, 80% da transacção tecnológica mundial, 85% do investimento transfronteiriço mundial, 90% do I&D mundial e 95% da alta tecnologia mundial.

[289] ROBÉ, Jean-Philippe (1997), *Multinational Enterprises: The Constitution of a Pluralistic Legal Order,* Teubner, Gunther, Dart Mouth Pub. Co, pp.47 e ss.

Por outro lado, as organizações não governamentais (ONGs) internacionais[290], influenciam também as soberanias nacionais, procurando soluções para os problemas internos ou regionais, através de decisões internacionais[291]. Por outro lado, as ONGs recorrem a organizações intergovernamentais para afectar decisões internas. A autoridade governamental tem enfrentado mais desafios, especialmente, o governo sente grande opressão das ONGs, quando está a elaborar políticas económicas externas[292].

O poder interdependente é cada vez mais importante. O transporte moderno, os meios de comunicação eficazes e as redes de comércio conectam diferentes lugares do mundo. Hoje em dia, as fronteiras não significam barreiras rigorosamente guardadas perante a circulação global de tecnologia, informação, capital, mercadorias, pessoal e cultural. A interdependência estatal conduz certamente à limitação de uns e outros. Os graus de interdependência variam entre os países (alguns países dependem mais do mercado internacional, outros menos) e entre os sectores (mercadorias, serviço ou informação). Por via de regra, sem considerar outras variáveis, quanto maior a dimensão económica de um país é, mais baixa é a sua taxa de dependência. Por exemplo, a taxa de dependência dos EUA é mais baixa do que a do Japão. Por conseguinte, a actuação dos países maiores é menos restringida por estes factores.

---

[290] Geralmente, a globalização económica promove o bem-estar global dos países integrantes, mas afecta desigualmente os membros das sociedades, sendo que alguns beneficiam, enquanto outros sofrem prejuízos. Os sujeitos partem dos interesses particulares e criam organizações não governamentais para apoiar ou opor-se à globalização económica. Além disso, as influências negativas trazidas pela globalização (nomeadamente, a poluição ambiental) provocam a objecção por parte de determinadas ONGs.

[291] Algumas organizações internacionais não governamentais participam activamente nas actividades das Nações Unidas, ganhando peso na cena internacional. Um exemplo concreto: a 3ª conferência ministerial organizada pela OMC em 1999 sofreu uma derrota devido à intervenção das ONGs.

[292] Por exemplo, o governo dos EUA transigiu aos sindicatos nacionais e organizações internas da protecção ambiental, quando negociava o tratado da NAFTA.

2.3.2. Algumas teorias sobre a relação entre a soberania e a globalização

O princípio da soberania já foi consagrado na Carta das Nações Unidas e em outros documentos do Direito Internacional. No entanto, no cenário da globalização, surgem novas teorias ou doutrinas que negam ou enfraquecem o papel da soberania, nomeadamente, os argumentos materialistas que advogam a globalização económica em detrimento da soberania estatal, os argumentos morais que defendem o primado dos direitos humanos sobre a soberania, os argumentos institucionais que insistem a importância do regime internacional, os novos argumentos intervencionistas que sublinha a restrição de condutas estatais[293]. A seguir, vamos analisar algumas teorias sobre a relação entre a globalização e a soberania estatal.

2.3.2.1. *Formalismo*

A teoria do Formalismo[294] analisa a soberania numa perspectiva abstracta e generaliza a prática do Estado através das características abstractas da soberania. ROBERT JACKSON apresentou o termo de "*Quasi-States*" para explicar a diferença entre a noção jurídica da soberania e as práticas dos Estados[295]. Nas perspectivas formalistas, as formas da soberania deveriam ser perpétuas, em vez de variáveis ao longo do tempo. A teoria do Formalismo compreende a relação entre a globalização e a soberania num ponto de vista formal. Segundo o formalismo, as mudanças formais ou superficiais da soberania no contexto internacional, significam que a soberania está a desaparecer. Actualmente, os Estados-Nação, perdem a sua importância devido à transferência dos poderes políticos não só para instituições transnacionais como também para blocos regionais pró-estatais.

---

[293] LIU, Jie (2001), *Soberania Estatal na era da Globalização Económica,* Wuhan, Editora Grande Marcha, pp. 83-104.
[294] Ver SPEGELE, Roger D. (1996), *Political Realism in International Theory,* Cambridge, Cambridge University Press, pp. 88-90; JACKSON, Robert H., (1990), *Quasi-States: Sovereignty, International Relations and the Third World,* Cambridge, Cambridge University Press, p. 30.
[295] DONNELLY, Jack (2000), *Realism and International Relations,* Cambridge, Cambridge University Press, p. 144.

Evidentemente, a conclusão do formalismo foi alcançado, supondo que a soberania era perpétua e inalterável. Julgamos porém, que não é a soberania que desaparece, mas sim o seu entendimento e interpretação é que devem ser adaptados aos passos do tempo[296]. Na realidade, os Estados continuam a influenciar o desenvolvimento económico e, às vezes, até desempenham um papel decisivo. Num mundo em globalização, as fronteiras não se extinguem. Não obstante vivermos numa instituição económica de carácter global, as fronteiras nacionais ainda cumprem a sua função. Para as empresas, a circulação livre de capitais torna-se mais fácil, mas este facto depende de compromissos governamentais assumidos nos tratados ou convenções internacionais; para os particulares, os Estados ainda estão a controlar as suas fronteiras, designadamente, mediante vistos e passaportes.

Os factos históricos demonstram que a intervenção estatal é imprescindível no sentido de criar infra-estruturas e assegurar a concorrência plena, nomeadamente, regulamentar o mercado (normas relacionadas com a produção, a importação e a exportação, a introdução de tecnologias e subsídios, entre outros) e fornecer serviços de estandardização, controlo, quarentena e avaliação[297].

Pelo exposto, embora haja mudanças formais da soberania estatal e transformações das funções do Estado no contexto da globalização, não é certo dizer que a soberania está a desaparecer, antes pelo contrário, o Estado desempenha um papel fundamental na vida real interna e internacional.

---

[296] BARTHLSON, Jens (1995), pp. 246-247, *"That is, we got stuck with our parergonal notion of sovereignty and the dualities it entails within our political understanding, not as the result of any immanent logical necessity in history or in the development of political thought, but as the result of the cumulate consequences of random mutations in the conditions of knowledge. The modern notion of sovereignty does not result from the fulfillment of Enlightment promises of revolution and emancipation, nor from the failure to realize these promises. Nor is the modern concept of sovereignty singularly reducible to organic thought of historicism, rather, it emerges as the unintended consequences of the clash between the core concepts and forces of modern knowledge, between a priori and the a posteriori, between the empirical and the transcendental, between the subject and object, between the universal and the particular, between philosophy and history, between finalist dialectic and presentist historiography, between Man and his Other "*.

[297] Há muitas obras e artigos sobre este tema, ver por exemplo, EVANS, Peter (1997), "The Eclipse of the State? Reflection on Stateness in an Era of Globalization", *World Politics*, n.º 50, October, pp. 62-87.

2.3.2.2. Construtivismo

A teoria do construtivismo[298] (ou o chamado Idealismo Estrutural), é influenciada pela corrente pós-moderna, defendendo que o surgimento de novas formas de comunidade política não pode ser explicado com o pensamento tradicional da soberania[299] e que o movimento da comunidade política ao nível global, ultrapassará a soberania estatal[300]. Comparado com o Formalismo, o Construtivismo

---

[298] As principais obras do construtivismo são ONUF, Nicholas, (1989), *World of Our Making: Rules and Rule in Social Theory and International Relations,* University of South Carolina Press; WENDT, Alexandre (1987), "The Agent-Structure Problem in International Relations Theory", *International Organizations,* vol. 41, Summer, pp. 335--70, (1992), "Anarchy is What States Make of It: The Social Construction of Power Politics", *International Organization,* Vol. 46, Spring, pp. 391-425, (1994), "Collective Identity Formation and the International State", *American Political Science Review,* vol. 88, June, pp. 384-96; KATZENSTEIN, Peter, *et al,* (1996), *The Culture of National Security: Norms and Identity in World Politics,* Columbia University Press; FINNEMORE, Martha (1996), *National Interest in International Society,* Cornell University Press, (a edição chinesa é publicada em 2001 pela Editora Povo de Zhejiang); KLOTZ, Audie (1995), *Norms in International Relations: The Struggle against Apatheid,* Cornell University Press; ADLER, Emanuel (1997), "Seizing the Middle Ground: Constructivism in World Politics", *European Journal of International Relations* 3 (3), pp. 319-63; CHECKEL, Jeff (1998), "The Constructivist Turn in International Relations Theory", *World Politics* 50, (2), pp. 324-48, FANG, Changping (2002), *Análise Construtivista dos Interesses Nacionais,* The Contemporary World and China Series, Pequim, Editora Mundo Contemporâneo, pp. 52-84, entre outros.

Trata-se de uma nova corrente das relações internacionais dos anos noventa do século XX. O construtivismo defende que se deve observar a política mundial através de uma perspectiva da Sociologia (em vez de uma perspectiva económica), segundo a qual os regimes e normas desempenham um papel importante nos comportamentos estatais e, entre cada actor e o sistema estrutural, existe uma relação de interdependência.

Os construtivistas procuram desenvolver uma teoria social das relações internacionais, uma teoria que considera os actores como sociais e como produtos de identidades fundamentadas institucionalmente e repositórios de conduta sancionados normativamente. As identidades e os repositórios, são por sua vez, considerados como produtos de conhecimentos e práticas dos agentes sociais, cujas condutas são essencialmente a produção e a reprodução das estruturas sociais.

[299] No sentido de que a soberania estatal é determinada pela política e economia nacionais. O construtivismo é considerado um método analítico individualizado.

[300] Editor's Note of *Oberservation Weekly,* "A Segurança Nacional da China no Cenário da Globalização", disponível em http://club.amteam.org/statics/7103.html.

tem uma visão mais histórica, mas vê a soberania como um tipo da estrutura social[301].

A comunidade política representada pelas organizações internacionais, exerce realmente influências significativas sobre as soberanias estatais. Segundo BOAVENTURA DE SOUSA SANTOS[302], com o desenvolvimento da globalização, as antigas formas das acções estatais ou pró--estatais foram gradualmente substituídas pelas acções colectivas, com novas competências e funções, de nível estatal, regional ou internacional[303]. Simultaneamente, surgem ONGs transnacionais multifacetadas que se reúnem na rede internacional e actuam conjuntamente para prosseguir determinados objectivos.

A questão é de saber se a criação destas comunidades políticas novas leva a cabo a dissolução dos Estados e das soberanias estatais? Na realidade, a resposta é negativa. As organizações não têm como objectivo substituir os Estados-Membros[304].

Em primeiro lugar, analisaremos as organizações intergovernamentais. Todas as organizações intergovernamentais, hoje em dia, são compostas por Estados soberanos que consagram o princípio da integridade territorial, o princípio à igualdade da soberania e o princípio da independência política nos tratados internacionais celebrados. Os compromissos internacionais assumidos pelos Estados soberanos, encontram-se interligados estreitamente com os seus direitos e,

---

[301] Para os construtivistas, a soberania é uma instituição social, um conjunto de normas, regulamentando a distribuição e o exercício de poderes autoritários, que estatui o Estado com uma identidade soberana particular e autoriza certas formas de conduta interna e externa. As normas que consistem em instituições de soberania, são resultados de práticas sociais dos Estados e dos outros actores e variam ao longo de tempo; consequentemente, a preocupação dos construtivistas tem mudado constantemente.

No entender dos construtivistas, desde o fim da Segunda Guerra Mundial o Estado--Nação soberano vem perdendo sua posição como órgão único de poder, porque, internamente, os países se transformam em sociedades pluralistas; e externamente, algumas das funções governamentais tornam-se transnacionais, outras regionais e outras estão sendo tribalizadas. Segundo esta doutrina, o Estado-Nação não irá desaparecer, porém ele não será mais indispensável, porque irá dividir cada vez mais o seu poder com outros órgãos, outras instituições e outras entidades criadoras de políticas.

[302] SANTOS, Boaventura de Sousa, (1995), pp. 265-7.

[303] Por exemplo, as novas formas de acções colectivas abrangem as empresas multinacionais e organizações intergovernamentais internacionais.

[304] Nos termos do artigo 2º, § 7 da Carta das Nações Unidas, "*Nothing in the Charter shall authorize the United Nations to intervene in matters within domestic jurisdiction*".

ambos resultam do exercício da soberania estatal. Caso um determinado país, considere que a adesão a um tratado internacional é desfavorável para os seus interesses nacionais vitais ou prejudique a sua soberania estatal, pode formular reservas (se admitidas) e, consequentemente, não assumir as obrigações em causa. Portanto, os deveres jurídicos de um país nas organizações internacionais ou nas suas relações externas, não influenciam inevitavelmente a sua soberania.

Em segundo lugar, o Estado soberano pode decidir livremente se deve ou não entrar numa organização internacional, e mesmo que seja um membro, goza do direito à renúncia na qualidade de membro. Quanto às opiniões ou propostas apresentadas pelas ONGs, os Estados soberanos e as organizações intergovernamentais não têm a obrigação de as pôr em prática. Neste sentido, o papel das ONGs será determinado pelos governos dos Estados soberanos.

Julgamos assim, que o surgimento de novas entidades políticas, tais como as organizações intergovernamentais e as ONGs não significam uma perda parcial da soberania pelos Estados e a necessidade de constituir uma nova autoridade, como defendem os argumentos construtivistas.

2.3.2.3. *Estruturalismo*

A teoria do estruturalismo[305] sublinha a mudança da soberania conforme a mudança estrutural económica e social. O estruturalismo

---

[305] DOUGHTY, James E., PFALTZGRAFF, Robert L. (2001), pp. 113-114. O paradigma estruturalista/sistemático vem explicar como a estrutura composta pelos agentes, afecta a interacção dos agentes. O interesse de análise reside no sistema internacional em vez de Estados-Agentes. A estrutura fornece uma moldura para os agentes que interagem e se interligam. Dentro da estrutura, os sistemas consistem vários tipos de combinação pelos agentes. Mais especificamente, *os sistemas, os agentes e a estrutura,* são três conceitos da ontologia estruturalista. A relação entre a estrutura e os agentes é designada como *codetermined irreducibility,* a estrutura composta pelos agentes possibilita os sistemas de interacção. Anthony Giddens, na sua Teoria de Estruturação, analisa a duplicidade da estrutura e dos sistemas. Ver GIDDENS, Anthony (1984), *The Constitution of Society,* Berkeley and Los Angeles, University of California Press, p. 2; ASHLEY, Richard, "The Achievements of Post-structuralism", na obra editada por SMITH, Steve, BOOTH, Ken & ZALEWSKI, Marysia (1996), *International Theory: positivism & beyond,* Cambridge University Press, pp. 240-53; BARTELSON, Jens, (1995) pp. 44-9.

não defende o desaparecimento da soberania (argumento do formalismo), nem a dissolução da soberania (argumento do construtivismo), mas sim, a transformação básica das formas da soberania, ou seja, a soberania actual está a desafiar o seu modelo tradicional e a ser reformulada.

Semelhante aos argumentos do construtivismo, o estruturalismo defende que as formas da soberania sofrem alterações na sequência das mudanças estruturais sociais, económicas e políticas. A concepção tradicional da soberania estava ligada inteiramente com o território, o que correspondia à necessidade do contexto europeu de então[306]. Na perspectiva dos estruturalistas, a soberania passa a ser um princípio organizador ou uma regra constitutiva[307]. Segundo ANTHONY GIDDENS[308], a soberania é constitutiva, tanto no âmbito interno como externo, não residindo, mas flutuando entre os dois âmbitos, a soberania carrega simultaneamente um encargo duplo de constituir dois domínios da política e a justaposição da "ordem" e da "anarquia", é intrínseca para a concepção de soberania[309]. Seguindo a lógica do estruturalismo, podemos afirmar que a soberania é ontologicamente desconexa com os domínios que a constituem, mas serve como laço crucial

---

[306] ORESKO, Robert, GIBBS, G. C. and SCOTT, H. M. (1997), *Royal and Republican Sovereignty in Early Modern Europe: Essays in Memory of Ragnhild Hatton,* Cambridge, Cambridge University Press, p. 3; WANG, Zhe (1988), *História das Instituições Jurídicas Ocidentais,* Editora Universidade de Pequim, p. 105; LAUTERPACHT, Eli, (1997), "*Sovereignty – Myth or Reality?* ", *International Affairs,* vol. 73, I, p. 138.

[307] BARTELSON, Jens (1995), p. 17, "*...while structuration theorists... have turned sovereignty into an organizing principle or a constitutive rule, they have also simultaneously withdrawn sovereignty itself from study; the more sovereignty is thought to explain, the more it itself is withdrawn from explanation. The theoretical sovereignty of sovereignty leaves sovereignty itself essentially unquestioned; the more constitutive sovereignty appears to be, the less unconstitutional it becomes".*

[308] GIDDENS, Anthony (1985), *The Nation-State and Violence,* Cambridge, Polity Press, pp. 263-4 e p. 289, "*...international relations are not connections set up between pre-established states, which could maintain their sovereignty power without them: they are the basis upon which the nation-state exists at all... The actor-like qualities of modern states have to be understood in terms of the specific characteristics of the nation-state rather than being taken as a pre-given baseline for the study of international relations".*

[309] GIDDENS, Anthony (1985), pp. 100-3, "*...this being one of the most important elements binding the internal development of the state with external solidifying of the state system".*

entre os dois: sem a soberania externa não há a soberania interna e *vice-versa*[310]. O sistema dos Estados soberanos não existe sem ser reconhecido pelas partes constituintes.

O estruturalismo argumenta uma distribuição de capacidades entre os Estados, devido à contradição entre a territorialidade e a interacção económica mais intensa da globalização. As jurisdições territoriais sobre a vida económica pelos Estados modernos são restringidas cada vez mais pelas influências externas[311]: por um lado, os poderes e as funções de todos os Estados estão a ser enfraquecidos pela força da integração global, por outro lado, as responsabilidades fundamentais dos Estados na economia de mercado não podem ser abandonadas por nenhum Estado.

2.3.3. Reflexões sobre a relação entre soberania e globalização

Os argumentos da "crise de soberania na era da globalização" baseiam-se nos seguintes fundamentos: 1) o aumento e o reforço dos actores internacionais (designadamente, as organizações intergovernamentais, ONGs, empresas multinacionais e outras associações populares), limitam ou substituem o exercício dos poderes nacionais no sentido de coordenar intercâmbios e acções intergovernamentais, impor pressões ou influenciar as decisões governamentais; 2) o surgimento das questões globais (por exemplo, o desemprego, os refugiados, o aumento da população, a energia, o ambiente, as drogas, a Sida, o terrorismo, os direitos humanos, as relações norte-sul, entre outros), promove a ideologia global e põe em causa a capacidade do Estado da resolução dos problemas transfronteiriços; 3) a expansão de mercado enfraquece as fronteiras nacionais e, por conseguinte, sacode o fundamento da existência do Estado-Nação[312]; 4) a recupe-

---

[310] GIDDENS, Anthony (1985), pp. 281-2, "*a state cannot become sovereign except within a system of other sovereign states, its sovereignty being acknowledged by them*".

[311] É importante saber que o exercício da soberania pode estender-se para fora do seu território como consequência do desenvolvimento do Direito Internacional. Por exemplo, o Tratado de Extradição pode romper o limite da jurisdição territorial de um país.

[312] Desde os anos noventa do século XX, a expansão de mercado revela-se nos seguintes aspectos: 1) muitos países promoveram reformas económicas, tais como a privatização e o livre-cambismo, ao mesmo tempo, promoveram também reformas de segurança

ração do individualismo e o reforço da autonomia individual fazem com que os indivíduos dependam menos do Estado-Nação[313].

Os novos desafios da globalização não dissipam a nossa confiança sobre o Estado, pelo contrário, impele a uma reflexão mais profunda sobre a relação entre a globalização e a soberania.

A soberania nacional revela tanto o absolutismo como a relatividade. O papel crescente das organizações internacionais e empresas multinacionais, não implica a aquisição de soberania pelas mesmas. Os Estados são actores principais no cenário internacional no qual se aplicam princípios de respeito mútuo pela integridade territorial e pela soberania e de reciprocidade de não interferência nos assuntos internos de cada um. O absolutismo da soberania dos países mais fracos, constitui um instrumento contra a intervenção militar e o hegemonismo[314]. A soberania e o Estado não são separáveis. A altitude do Estado sobre a soberania e o seu exercício é fundada nos interesses nacionais. O Estado defende os seus interesses nacionais, o que não significa que o Estado esteja isolado e excluído pela comunidade internacional, pois tem que aderir ao regime internacional, no qual a soberania se revela no seu elemento externo. Assim, a soberania nacional é sempre o fundamento das relações internacionais. Mesmo que o Estado assine tratados internacionais ou participe nas organizações internacionais, tudo isso resulta de uma escolha racional. O regime internacional pode enfraquecer parte da soberania nacional mas ao mesmo tempo, pode reforçá-la.

A relatividade da soberania quer dizer que a independência da soberania dos Estados não pode ultrapassar o âmbito do Direito Internacional. Os Estados no mundo, como se fossem indivíduos numa

---

social com o objectivo de reduzir despesas públicas e reduzir a dimensão governamental; 2) similar ao aumento do comércio de mercadorias, o desenvolvimento do mercado internacional de capitais restringe significativamente acções dos governos e até ameaça a segurança financeira nacional (por exemplo, a crise financeira do México em 1995 e a crise financeira na Ásia em 1997, entre outras); 3) cada vez mais normas internacionalmente reconhecidas, são elaboradas e executadas para diminuir riscos de mercado e regular comportamentos dos Estados.

[313] Pode ver-se que, por um lado, que a circulação das pessoas torna-se mais frequente e significativa, pois, além de visitas comerciais ou turistas, há mais imigrantes; por outro lado, existe uma tendência de aumento dos problemas a respeito de racismo, separatismo, poder autónomo, entre outros.

[314] NYE, Joseph S. Jr. (1997), p. 135.

sociedade, não possuem direitos ou liberdades absolutos, neste caso, a soberania absoluta. Além disso, a interdependência da sociedade internacional determina a relatividade da soberania nacional. O velho conceito de soberania vem sofrendo impactos de toda ordem no sentido de ser modificado, ao sabor da época.

A soberania estatal tem dimensões económicas, políticas e culturais. Tradicionalmente, a soberania estava sempre ligada à diplomacia e política, mas no contexto da globalização económica, alguns blocos e organizações internacionais, por exemplo, a OMC, a APEC, a NAFTA e foram criados por motivos económicos. As empresas multinacionais constituem uma forma típica da procura de interesses. Assim, hoje em dia, a soberania económica do Estado influencia de maneira directa outras dimensões da soberania nacional. Mas, desde os anos noventa, a soberania estendeu-se também ao âmbito cultural[315].

Numa palavra, no mundo em globalização, existe uma contradição constante entre a territorialidade da soberania e a circulação económica livre e global. As competências territoriais dos Estados modernos na vida económica são restringidas cada vez mais pela globalização económica e social. Por um lado, há Estados cujo grau de soberania, apesar de independentes, não é suficiente para que os seus objectivos sejam alcançados devido à integração global; por outro lado, algumas responsabilidades básicas de regulamentar o mercado não podem ser abandonadas por nenhum Estado. A transformação do conceito de soberania tem de se reflectir nessas mudanças. Neste sentido, o antigo conceito de soberania cujo núcleo é, principalmente, a defesa dos interesses nacionais está a transformar--se num conceito que implica a tomada em consideração tanto os interesses nacionais, como os interesses globais; de uma perspectiva da centralidade política muda-se para uma perspectiva plural com conteúdos políticos, económicos e culturais; de um ponto de partida de "protecção", passa-se para outro ponto de partida de "cooperação".

---

[315] Ver WANG, Ning, et al (2002), *Globalização e Cultura: o Ocidente e a China*, Pequim, Editora Universidade de Pequim; ROBERTSON, Roland, (1992), *Globalization: Social Theory and Global Culture*, London, Sage; ALBROW, Martin (1996), *The Global Age*, Cambridge, Cambridge University Press; NETTLE, Daniel and ROMAINE, Suzanne (2000), *Vanishing Voices: The Extinction of the World's Languages*, New York, Oxford University Press.

Estamos convencidos de que os princípios fundamentais da soberania são inalteráveis, entretanto, transformaram-se apenas as suas formas no novo contexto, designadamente:

Em primeiro lugar, há uma maior flexibilidade da competência nacional, especialmente, na área comercial, a competência do Estado ultrapassa por vezes o seu território[316]. Em segundo lugar, a internacionalização e a autonomia das entidades e regimes internos são reforçadas. A globalização promove o desenvolvimento de órgãos autónomos (por exemplo, a existência do Banco Central do Estado). Em terceiro lugar, as funções do governo estão a transformar-se em direcção à socialização, isto é, o governo delega o seu poder às empresas ou instituições nacionais, empresas multinacionais e, até, organizações internacionais para administrar serviços públicos. Antes, o Estado era chamado a intervir para fomentar e dirigir o processo de desenvolvimento, coisa que o Estado fazia, com maior ou menor grau de sucesso, através do manejo soberano de um conjunto de instrumentos de política económica e da orientação que imprimia às actividades das suas empresas. Com a globalização, todas as fórmulas e os ideias que acompanhavam tal actuação, estão ultrapassadas. O Estado está a transformar-se numa criatura voluntariamente servil[317].

Portanto, uma boa preparação teórica permite formas de realização mais flexíveis na prática do conceito de soberania.

2.4. Duas perspectivas distintas acerca da soberania (soberania externa)

2.4.1. *Posição adoptada pelos países desenvolvidos*

A ideia da soberania nasceu no ocidente. Comparados com os países em vias de desenvolvimento, os países desenvolvidos enfrentaram menos obstáculos na luta pela soberania. Após a aquisição da soberania perpétua, transcendente, indivisível e una pelos Estados Absolutos, não havia outra entidade ou uma mais forte, nas relações internacionais que poderia ameaçar a soberania estatal, o que era

---

[316] Por exemplo, os regulamentos de um Estado na área empresarial podem ser baseados no critério da nacionalidade ou residência.

[317] Recorde-se a primeira parte deste texto.

muito favorável para a sua defesa. No entanto, na altura, os países em vias de desenvolvimento, ganharam a independência e descobriram que eram os fracos nas relações internacionais e que, acima das suas soberanias, existiam, de facto, Estados mais fortes, ou seja, os países desenvolvidos ou grandes super-potências, cujas acções externas estavam a ameaçar constantemente as soberanias fracas.

Devido às suas posições dominantes nas relações internacionais e à não aplicação dos princípios soberanos a outros países não ocidentais, os países desenvolvidos começaram a impedir a "questão da soberania", a fim de manter as suas posições favoráveis nas relações internacionais. Este fenómeno, tornou-se mais evidente na expansão dos países do terceiro mundo. Ao mesmo tempo, os países desenvolvidos prestavam atenção ao papel do poder nacional ao procurar e defender os seus interesses nacionais.

A posição adoptada pelos países desenvolvidos acerca da soberania pode ser entendida através de declarações governamentais ou discursos das autoridades, das acções de intervenção dirigidas a outros países e dos argumentos doutrinários dos académicos ocidentais através das perspectivas da Ciência Política, do Direito Internacional e da Ciência da Política Internacional, sendo os argumentos desta última perspectiva, os mais importantes.

a) Observando a evolução da doutrina da ciência política, a soberania percorre uma mudança radical de "soberania absoluta" a "extinção da soberania". No início do surgimento da noção de "soberania", os governos monárquicos europeus deixaram de ser controlados, ou pelo Papa ou pelo Monarca do Sacro Império Romano-Germânico, ficando num período da formação ou consolidação dos seus poderes. Neste contexto, os políticos ocidentais inclinaram-se para a "soberania absoluta", como por exemplo, BODIN e HOBBES. À medida que a máquina estatal se torna mais aperfeiçoada, outros autores punham em causa a soberania[318] e proclamavam a sua extinção[319].

---

[318] FOWLER, Michael Ross and BUNCK, Julie Marie, (1995), pp. 127 e ss., os autores classificam *"the Marxist Critique, the International Organization Critique, the Spernationalist Critique and the Human Rights Critique"*. Há quem defende que a real perda do poder soberano do Estado deve ser objecto de consideração, com a ascensão de novas fontes de produção jurídica, a nível externo, o fenómeno das integrações regionais exclui da capacidade decisória da organização estatal diversos poderes típicos, que passam a ser regidos por meio de acordos internacionais (DOBROWOLSKI, Sílvio (2000), *A Constituição*

b) O Direito Internacional, desde o início, incorpora os Estados soberanos como sujeitos no seu âmbito de aplicação, admitindo os princípios de soberania e igualdade de soberania, ao mesmo tempo, defende que a superioridade do Direito Internacional relativamente ao Direito Interno, ou seja, os Estados ficam submetidos à orientação e restrição pelo Direito Internacional. Contudo, as duas Guerras Mundiais exerceram grandes influências sobre o entendimento de soberania. Para alguns académicos do Direito Internacional, a soberania não assegurava a justiça nem a paz[320]. A única solução de paz é a desistência dos direitos por cada Estado soberano e a submissão à arbitragem de uma organização internacional, como por exemplo, a ONU e o Tribunal Penal Internacional. Hoje em dia, a corrente dominante do Direito Internacional defende a sua superioridade hierárquica relativamente às normas internas e, a soberania nacional será restringida e limitada[321].

c) No âmbito da Ciência Política Internacional, como se sabe, há dois paradigmas principais, sendo eles o idealismo (liberalismo) e o realismo[322]. Na análise das relações internacionais, o primeiro (corrente do pensamento caracterizada por *right makes right*) parte da ideia de que a natureza humana é boa e benévola, acredita que todos os comportamentos humanos são transformáveis. O liberalismo pro-

---

no Mundo Globalizado, Florianópolis, Diploma Legal, p. 305). Outros autores adoptam semelhante posição, com o FARIA, José Eduardo (1996), *Direito e Globalização Económica,* São Paulo, Malheiros, p. 143, para quem "...o gradativo fenecimento do Estado nacional, a soberania vai sendo erodida na mesma velocidade com que a política tradicional se descentraliza, desterritorializa e transnacionaliza, conduz, assim, a uma outra importante questão: como a globalização vai levando a racionalidade do mercado a se expandir sobre âmbitos são especificamente económicos, as fronteiras entre o público e o privado tendem a se esfumaçar e os critérios de eficiência e produtividade a prevalecer às custas dos critérios sociais politicamente negociados na democracia representativa".

[319] Por exemplo, ROSAS, Allan, "The Decline of Sovereignty: Legal Perspectives" in IIVONEN, Jyrki (1993), *The Future of the Nation State in Europe,* Edward Elgar Publishing Company, p. 153.

[320] Em seu trabalho *The Twenty Years Crisis,* Carr afirmou que a Guerra está escondida no bojo da política internacional, assim como a revolução está sempre escondida no bojo da política doméstica.

[321] ROURKE, John T. and BOYER, Mark A., (2000), p. 245, *"...sovereignty is no longer a legal absolute. Instead, it is being chipped away by a growing number of law-creating treaties that limit action..."*

[322] ROURKE, John T. and BOYER, Mark A. (2000), pp. 15 e ss.

cura a estabilidade da comunidade internacional através de organizações supranacionais criadas com base na moralidade e regularidade. Isto enquanto o realismo argumenta que a natureza humana é má e os comportamentos humanos só podem ser alterados pelo poder, em vez de normas jurídicas, e que os interesses nacionais definidos pelo poder nacional representam fundamentos das acções externas dos Estados soberanos. Diferentemente do idealismo, o realismo (corrente do pensamento caracterizada por *might makes right*) advoga a dominância nas relações internacionais, cuja centralidade é o poder, como objectivo último dos Estados.

Nas sociedades contemporâneas, tanto o idealismo como o realismo desempenham um papel importante. O idealismo, influenciado pelo pensamento da Ciência Política ocidental e pelo Direito Internacional, sustenta, desde o início, a restrição da soberania nacional por normas internacionais. Além disso, surgiram, recentemente, expressões de "intervenção humanitária" e "soberania compartilhada". Os países mais desenvolvidos dão importância à limitação da soberania dos países em vias de desenvolvimento através das medidas coercivas.

Mesmo que a teoria do realismo respeite a independência da soberania, dá ênfase ao papel do poder nacional, particularmente, às suas influências para com países estrangeiros, incluindo influências da força militar ou pressão psicológica. De facto, trata-se também de uma intervenção, inclusive a intervenção à soberania.

Contudo, os objectivos do idealismo não poderão ser realizados sem apoio do poder nacional, pois um poder nacional sem objectivos, indicaria facilmente um caminho errado. Neste sentido, quer o idealismo, quer o realismo, dependem do apoio um do outro e ambos constituem pilares das políticas externas. Na realidade, os políticos ou diplomatas dos países desenvolvidos põem ênfase às vezes num, às vezes noutro ou, ainda, em ambos, mas o resultado final é que os países mais poderosos ameaçam ou prejudicam realmente as soberanias dos países mais fracos.

Mesmo que o realismo reconheça o papel do Direito Internacional e do princípio da soberania, acredita que apenas o poder forte é o direito e a justiça, porque o elemento decisivo do destino nacional é o poder, ou seja, quando for necessário para os interesses nacionais, o poder de uma nação poderia decidir tudo sem tomar em conta a existência do direito internacional e da soberania nacional. De facto, o poder, nas relações internacionais, abrange o domínio de um Estado sobre outros e nem sempre é limitado pelo Direito Internacional[323].

Perante a contradição entre a soberania nacional e os direitos humanos, os autores do realismo têm-se inclinado ao argumento do idealismo, isto é, os direitos humanos prevalecem sobre a soberania estatal. Assim, "a intervenção humanitária" vem trazendo efeitos danosos para os países mais fracos, como se o Direito não os pudesse tutelar. Na medida em que os direitos humanos a que os países ocidentais se referem envolvem, fundamentalmente, os direitos humanos dos países em vias de desenvolvimento[324], "justifica-se" assim, do ponto de vista dos países desenvolvidos, a expressão "soberania limitada" em que dois ou uma aliança dos Estados, avençam compartilhar as respectivas soberanias, abrindo mão de princípios do Direito Internacional, com a finalidade de atingir determinado objectivo comum, em vez de promover verdadeiramente a situação dos direitos humanos dos países em vias de desenvolvimento[325].

Durante o período da guerra-fria, segundo o princípio de não ingerência, não houve praticamente intervenção estrangeira em locais onde os direitos humanos eram abertamente violados. No entanto, desde os anos noventa, surgiu a voz do "dever de ingerência" na

---

[323] Enumerou Hans J. Morgenthau os elementos constitutivos do poder nacional: a terra, os recursos naturais, a capacidade industrial, a preparação militar, a população, o temperamento nacional, espírito nacional, diplomacia e governo. Segundo a perspectiva realista, os compromissos internacionais, as alianças e acordos constituem evidentemente limitações de soberania e limitações da autonomia da vontade dos Estados, mas não constituem necessariamente limitações do poder nacional, se interpretarmos a expressão no sentido de "meios e recursos disponíveis para a consecução de objectivos nacionais, a despeito de antagonismos existentes". Pelo contrário, o poder nacional de um Estado pode fortalecer-se e ampliar-se com a conclusão de tais acordos e alianças. É entretanto certo que a esse fortalecimento ou a esta ampliação, corresponde um enfraquecimento ou restrição em um outro Estado. O poder adquirido por um Estado é sempre o poder abandonado por outro Estado.

[324] ROURKE, John T., and BOYER, Mark A., (2000), p. 247, *"Canada and several other countries have signed all the human rights treaties, but many countries have not. There are also many countries, including the United States, whose legislatures have not ratified some of the treaties because of fears that they might be used as platforms for interfering in domestic affairs or for pressing demands for certain international policy changes, such as a redistribution of world economic resource"*.

[325] NETO, Manoel Soriano, Soberania, *"Soberania Limitada", "Dever de Ingerência", "Intervenção Humanitária"*, disponível em www.sgex.eb.mail.br/cdocex/CDocEx/soberania.htm.

Conferência Mundial das ONGs, na protecção ao meio ambiente. Mais tarde, a tese do dever de ingerência ou direito de intervenção, foi estendida aos direitos humanos[326].

Por conseguinte, no âmbito do Direito Internacional Público, aparece um novo ramo chamado "Direito Internacional Humanitário". Na realidade, não podemos negar a existência da violação da soberania dos Estados do Terceiro Mundo, por exemplo, a intervenção na Somália. A intervenção do Direito Internacional Público refere-se ao acto de um país pôr, indevidamente, a sua autoridade sobre outro Estado soberano, violando a independência das nações ao efectuar uma intromissão nos negócios internos e externos do outro, ou ao constranger outro Estado a adoptar certa medida ou a cumprir certo acto[327].

Aqui ficaram expostos os principais argumentos teóricos sobre o dever de ingerência pelos países desenvolvidos.

2.4.2. *Posição adoptada pelos países em vias de desenvolvimento*

Nas relações internacionais, os países em vias de desenvolvimento ficam sempre numa posição passiva relativamente aos países mais fortes. Se analisarmos as declarações das autoridades e dos governos dos países em vias de desenvolvimento[328], a sua posição sobre a soberania é a seguinte:

---

[326] Os autores realistas interpretam o dever de ingerência por várias razões. Por exemplo, SCHRADER, Peter J., (1992), *Intervention into the 1990s: U.S. Foreign Policy in the Third World,* Lynne Rienner Publishers, pp. 5-10: em primeiro lugar, o Terceiro Mundo torna-se já um ponto focal do comércio e investimento dos EUA; em segundo lugar, o Terceiro Mundo constitui uma plataforma de conflitos; em terceiro lugar, as estratégias dos EUA são novamente concentradas no Terceiro Mundo; em quarto lugar, os interesses estratégicos dos EUA nos países de Terceiro Mundo são pontos de partida de intervenções.
[327] DINIZ, Maria Helena (1998), p. 892.
[328] Podem ser vistas principalmente nos Cinco Princípios de Coexistência Pacífica, apresentados pelo então primeiro-ministro chinês Zhou Enlai em 1953, sendo eles o respeito mútuo pela integridade territorial e pela soberania, a reciprocidade de não agressão, a reciprocidade de não interferência nos assuntos internos, a igualdade e o benefício mútuo e coexistência pacífica.

Antes de mais, o princípio da igualdade da soberania deve ser respeitado, ou seja, independentemente das dimensões territoriais e capacidades nacionais, todos os Estados soberanos se encontram em pé de igualdade. O princípio do respeito mútuo das soberanias, também deve ser aplicado, isto é, quando um Estado respeita a soberania nacional do outro, a sua própria, merece igualmente respeito. Em terceiro lugar, os negócios internos não podem ser objecto de qualquer interferência, qualquer intervenção estrangeira pela força (especialmente intervenção militar) deve ser impedida. Em quarto lugar, os países em vias de desenvolvimento defendem a pureza do entendimento conceptual da soberania absoluta no sentido de que a soberania é una, indivisível, intangível, inalienável e imprescritível. Por fim, urge criar uma nova ordem mundial a fim de defender a justiça e a igualdade nas relações internacionais.

2.4.3. Reflexão sobre as divergências

Na realidade, as divergências e as oposições reveladas sobre a soberania nacional são exactamente correspondentes aos conflitos e contrariedades entre os interesses nacionais.

2.4.3.1. Diferenças principais

Tendo em conta a exposição feita, as diferenças principais à volta de soberania entre os países desenvolvidos e os países em vias de desenvolvimento abrangem os seguintes aspectos:

1) Princípio *versus* Realidade

Em teoria, todos os países-membros da ONU reconhecem e respeitam o princípio da igualdade da soberania nacional. Na realidade, os países em desenvolvimento, desde a sua independência, enfrentam uma grave crise estrutural e conjuntural. Muitos académicos dos países em desenvolvimento têm uma preocupação enorme com a injustiça da ordem internacional, já que os países poderosos podem interferir nos países pobres, invocando o "direito humanitário", a "soberania limitada" e o "dever de ingerência".

2) Direito *versus* Poder

Os países em desenvolvimento, insistem que a soberania é um direito em vez de um poder. Sendo mais fracos, estes têm de recorrer aos direitos reconhecidos pelas normas do Direito Internacional e pela comunidade internacional para se opor ao hegemonismo e à política de força.

Entretanto, os autores dos países desenvolvidos definem os países em vias de desenvolvimento como *"quasi-states"*, isto é, somente aqueles que adoptem regimes democráticos e tenham capacidade plena de exercício na comunidade internacional poderão ser considerados "Estados Soberanos" em sentido restrito[329]. Aos olhos dos países mais desenvolvidos, o Terceiro Mundo ainda não está preparado para a luta no cenário global[330].

Nas relações internacionais, a garantia de direitos dos Estados, depende do Direito Internacional, do respeito mútuo e também da capacidade nacional. A capacidade nacional é o meio mais eficaz para defender os interesses do próprio Estado, mas a ênfase exagerada na capacidade conduz facilmente à expansão ao exterior, por conseguinte, à violação dos direitos de terceiro.

3) Critério uniformizado *versus* Duplo Critérios

Os países em vias de desenvolvimento opõem-se à discriminação e à desigualdade na questão da soberania. Alguns países do mundo ocidental aplicam critérios duplos, isto é, as suas soberanias são invioláveis e supremas, enquanto as soberanias dos outros países em desenvolvimento se submetem ao direito à auto-decisão nacional e aos direitos humanos[331].

Particularmente, na questão dos direitos humanos, a dualidade de critérios é ainda mais visível. Já nos anos oitenta do século XX, o governo americano declarou a adopção, simultaneamente, do critério activo e do critério passivo, sendo o primeiro aplicado à ex-União Soviética e o segundo aplicado aos países aliados[332].

---

[329] JACKSON, Robert H. (1990), *Quasi-States: Sovereignty, International Relations and the Third World,* Cambridge, Cambridge University Press, p. 47.

[330] DENHAM, Mark E. and LOMBARDI, Mark Owen (1996), *Perspective on Third--World Sovereignty: The Postmodern Paradox,* Macmillan Press, pp. 80-84.

[331] Por exemplo, em 20 de Agosto de 1998, o Supremo Tribunal do Canadá declarou que, sem a autorização do governo federal, o Québec não podia ser separado da federação.

[332] LUO, Yanhua (1998), *Direitos Humanos na Perspectiva do Oriente,* Pequim, Editora Xinhua, p. 39.

2.4.3.2. *Razões fundamentais e intenções estratégicas*

Para qualquer Estado, a soberania é um problema fundamental. Como se trata da própria soberania e da soberania do país estrangeiro, tal determina, principalmente, as acções externas e, as acções externas dos países, por sua vez, determinam basicamente situações das relações internacionais. Vice-versa, as relações internacionais exercem directamente influências sobre os interesses nacionais.

As divergências acerca de questão da soberania, demonstram a existência de diferentes intenções estratégicas dos países desenvolvidos e dos países em desenvolvimento. Quais as razões que levam a cabo tal situação?

Em primeiro lugar, a disposição internacional tem características, tais como a existência de um país super-potente (os EUA) e outros países poderosos, bem como uma estrutura hierárquica das relações internacionais. A maioria dos países em vias de desenvolvimento suporta pressões estruturais, o que restringe gravemente o seu crescimento económico.

Em seguida, os níveis dissemelhantes em termos económicos, culturais e sociais constroem dois tipos dos países: os desenvolvidos e os em desenvolvimento. Alguns países, como os da OPEC, possuem altos níveis económicos, mas o seu desenvolvimento sócio-cultural é muito atrasado relativamente ao padrão dos países desenvolvidos, por isso, são também classificados como países em desenvolvimento.

Em terceiro lugar, quanto à posição de um Estado nas relações internacionais, há países dominantes, e países dominados, tendo em conta a força militar, a escala económica e a influência política, entre outros.

Devido às razões históricas, as antigas colónias ganharam independência mas a maioria destas ainda mantêm o seu atraso económico. Trata-se de uma situação que poderá perdurar.

As intenções estratégicas acerca da soberania dos países em vias de desenvolvimento, são naturalmente as seguintes: defender a independência política e a integridade territorial, manter a autonomia do Estado, manter os regimes políticos e económicos conforme as circunstâncias actuais do país, defender a soberania económica e a identidade cultural e tentar transformar a ordem internacional injusta, numa mais racional e justa.

As intenções estratégicas sobre a soberania dos países desenvolvidos são: manter a posição dominante nas relações internacionais, interpretar a soberania em seu favor (ou seja, a soberania limitada e infiltrável), aplicar a hegemonia cultural e a dualidade de critérios da soberania.

Na realidade, estas divergências não provêm dos países em vias de desenvolvimento (ou seja os vítimas das divergências), na medida que estes países são menos poderosos e têm o papel menos decisivo nas relações internacionais e, também, não podem controlar efectivamente as situações que lhes são desfavoráveis.

2.4.3.3. *Núcleos de divergências*

Referimos que as divergências e oposições reveladas sobre a soberania nacional são exactamente correspondentes aos conflitos e contrariedades dos interesses nacionais.

Há, em primeiro lugar, contrariedade dos interesses económicos entre os países desenvolvimento e os países desenvolvidos. A economia, de modo geral, tem um papel primordial nas relações internacionais. Os conflitos entre o sul e o norte resultam das lutas económicas, isto é, a expansão colonial levou a cabo a divisão norte-sul. Hoje em dia, a contrariedade norte-sul poderá ser vista como a continuação dos antigos conflitos económicos, embora sob novas formas. Muitos autores, manifestaram já as suas preocupações sobre a crescente disparidade económica mundial[333].

Hoje em dia, existem fenómenos opostos de "campo mundial" e "cidade mundial", que são causados pelo antigo colonialismo. Mesmo que os países em vias de desenvolvimento tenham declarado a sua independência, são ainda afectados pela "estrutura internacional hierárquica". Os conflitos acerca de interesses económicos entre os países desenvolvidos e os países em vias de desenvolvimento, revelam-se principalmente nos sectores da produção, da circulação e do sector

---

[333] Nos anos sessenta do século XX, a diferença de nível económico entre os países ricos e os países pobres, foi de 30 vezes, enquanto nos anos noventa, a diferença subiu para 150 vezes. Cfr., Programa de Desenvolvimento das Nações Unidas (UNDP) (1992), *Relatório do Desenvolvimento da Humanidade*.

financeiro. No sector da produção mundial, a maioria dos países em desenvolvimento, exporta principalmente as matérias-primas e produtos de trabalho intensivo e os países desenvolvidos exportam mais produtos industrializados e de capital ou tecnologia intensivo. Devido aos diferentes níveis e dimensões económicos, no sector de produção, os países desenvolvidos ocupam uma porção significativa e os seus produtos são mais competitivos. No sector de circulação de mercadorias, os países desenvolvidos têm posição dominante no comércio internacional e influenciam mais facilmente os preços mundiais. O sector financeiro, a nível mundial, é também liderado pelos países desenvolvidos, que possuem fundos abundantes.

De facto, os interesses económicos constituem motivos essenciais dos diversos países para adoptarem posições distintas sobre a questão da soberania.

Os interesses políticos nas relações internacionais dizem respeito à salvaguarda da independência e da igualdade da soberania nacional, à escolha livre dos regimes políticos e à manutenção da autoridade estatal. Alguns países desenvolvidos ajustaram as suas estratégias de segurança e não permitiram o desenvolvimento de armas militares de grande escala pelos países em vias de desenvolvimento.

Quanto aos interesses culturais, os países em desenvolvimento fazem todo o possível para salvaguardar as suas culturas tradicionais e a sua ideologia cultural; os países desenvolvidos empregam todas as forças para exportar as culturas ocidentais e a sua ideologia de valores. O reconhecimento cultural traz uma força centrípeta e de coesão que, por um lado, reforçará uma determinada situação existente e por outro lado, alterará o *status quo*.

Julgamos, assim, que as divergências da soberania entre os países em vias de desenvolvimento e os países desenvolvidos, permanecerão a longo prazo.

2.4.3.4. Impacte das divergências

2.4.3.4.1. Considerações gerais

Independentemente das mudanças verificadas na comunidade internacional e do desenvolvimento da globalização, os Estados soberanos continuam a ser actores principais na era dos Estados-Nação, isto significa que as soberanias nacionais continuam a existir. Além disso, a relação, a disparidade e a contrariedade norte-sul, representam questões muito importantes da comunidade internacional.

As divergências acerca da soberania, influenciarão, sem dúvida, as relações internacionais. Desde o nascimento da teoria da soberania, tanto a soberania interna como a externa, formulam e enriquecem os atributos da soberania nacional, ao mesmo tempo, os Estados soberanos e as suas relações externas, desenvolvem-se segundo as duas dimensões da soberania. Particularmente, a soberania externa tem funções de proteger os países mais fracos e anti-hegemonistas (a soberania externa, por sua vez, exerce influências sobre a soberania interna).

No entanto, o princípio da igualdade da soberania, ainda não é realizado na relação norte-sul. Por outro lado, este princípio tem de ser combinado com o equilíbrio dos poderes para produzir qualquer efeito. Ou seja, somente quando os diferentes poderes nacionais se restringem mutuamente, a igualdade e a democracia nas relações internacionais podem tornar-se uma realidade. Portanto, a multipolorização das relações internacionais, constitui uma condição prévia para a sua igualização e a democratização, o que põe limites à autoridade absoluta da soberania interna. Neste sentido, logo desde o início, a função interna e a função externa complementam-se e restringem-se uma à outra[334].

---

[334] As relações entre os Estados soberanos passam por três fases: a primeira é a fase formal, ou seja, a igualdade e a democracia internacional promovidas pela teoria da soberania, revestem-se do carácter formal em vez do carácter essencial devido à diferença dos poderes e interesses nacionais; a segunda, corresponde à transformação de autocracia interna em democracia interna, isto é, alguns países mais desenvolvidos realizaram a democracia política interna e por conseguinte exercem influências sobre a política interna dos países

O que leva à evolução da soberania nacional são as necessidades reais dos interesses nacionais supremos, porque as tarefas e os interesses supremos do Estado não são idênticos nos diferentes períodos. As diferenças reveladas no conteúdo dos interesses nacionais supremos precisam objectivamente de diferentes funções da soberania nacional, designadamente, os interesses nacionais supremos precisam tanto da protecção da teoria da soberania absoluta (por exemplo, as posições acerca dos territórios nacionais) como do apoio da soberania relativa/limitada (tal como as posições dos Estados sobre o comércio externo e a cooperação internacional). Regra geral, aqueles países cujos níveis de desenvolvimento ainda se encontram relativamente baixos precisam mais da função proteccionista da soberania, se comparados com os países mais desenvolvidos.

2.4.3.4.2. Sobre a relação norte-sul

A contínua existência dos Estados soberanos significa a contínua validade das soberanias nacionais. Devido à diferença dos níveis de desenvolvimento a longo prazo, as divergências respeitantes à soberania continuarão a existir.

Os países em vias de desenvolvimento preocupam-se do processo de democratização internacional enquanto os países desenvolvidos põem ênfase no processo de democratização interna. Ou seja, os primeiros lutam pela democratização e igualização das relações internacionais, defendendo a independência nacional no contexto internacional favorável, os segundos dão importância à promoção da democracia interna nos países em vias de desenvolvimento, estendendo as suas influências e poderes soberanos, tendo assim um papel dirigente e dominante na geografia internacional.

Quanto aos métodos, os países em vias de desenvolvimento resistem principalmente às forças dos países desenvolvidos através da invocação dos seus direitos, os países desenvolvidos recorrem aos

---

menos desenvolvidos; na terceira fase, uma vez que todos os Estados soberanos realizem a democratização política interna, haverá a igualdade e democracia ao nível internacional. Cfr. SUN, Jianzhong, (2001), *Soberania Nacional: o Ideal e a Realidade,* World Knowledge Press, Peqim, p. 240.

direitos individuais contra os direitos colectivos, ou recorrem às suas forças contra os direitos colectivos. Isto é, os países em vias de desenvolvimento consideram as teorias da soberania e os princípios básicos do direito internacional (*equal state rights*) como fundamentos jurídicos na luta pela democratização internacional; os países desenvolvidos combinam a força armada e a diplomacia dos direitos humanos para reagir contra os direitos colectivos dos países em desenvolvimento.

É preciso distinguir as diferentes preocupações sobre a soberania. Os países em vias de desenvolvimento combatem a ameaça proveniente do hegemonismo e da política do poder contra a soberania externa; os países desenvolvidos dão importância à ameaça que possa existir nos países em vias de desenvolvimento contra a soberania interna. Julgamos que as divergências contribuirão, simultaneamente, para os desenvolvimentos democráticos da política interna dos países em vias de desenvolvimento e da política internacional.

A curto e médio prazo, as divergências da soberania são mais favoráveis para os países desenvolvidos, visto que a natureza da política internacional actual ainda é caracterizada pela política do poder e as forças estatais constituem factores determinantes das posições e influências internacionais. Os países mais avançados, exportam a sua ideologia ocidental para os países em vias de desenvolvimento, promovendo a democratização internas destes países, ao mesmo tempo, mantêm o uso da força armada.

Neste processo, as soberanias dos países em vias de desenvolvimento, sofrem de vez em quando prejuízos, ou as suas posições de independências suspendem-se. Os resultados que estes países procuram atingir na luta pela democratização internacional, são muito menores do que os resultados que países desenvolvidos têm na luta pelos direitos democráticos internos. Mesmo a sua posição independente poderá ser afectada, mas há pouca possibilidade de que um Estado soberano seja anexado por outro Estado soberano no mundo de hoje.

3. Os interesses nacionais da China

3.1. *Delimitação dos interesses nacionais básicos e essenciais da China*

Os interesses nacionais básicos, referem-se àqueles, fundamentais e prioritários para o Estado, enquanto os interesses nacionais essenciais são os que se revelam a fim de corresponder, apoiar, garantir e aumentar os interesses nacionais básicos.

Por ordem de prioridade, os interesses nacionais básicos da China são[335]:

1) assegurar a integridade territorial, a independência da soberania, a unidade da nação e a unificação do Estado;
2) assegurar a estabilidade política e social, evitar e impedir quaisquer tumultos políticos e desordens sociais;
3) realizar o crescimento económico contínuo, estável e racional e reduzir todos os riscos económicos.

De igual forma, por ordem de prioridade, os interesses nacionais essenciais da China são:

1) aumentar a quota da exportação comercial e não comercial da China no mercado internacional, aumentar a importação de recursos e produtos que são escassos internamente, absorver capitais estrangeiros e introduzir tecnologias avançadas internacionalmente;
2) manter e salvaguardar as circunstâncias periféricas relativamente estáveis e promover a prosperidade económica e a paz da Ásia do Pacífico;
3) participar activamente nos assuntos internacionais e assegurar a ordem internacional nas suas várias dimensões.

---

[335] Segundo os documentos oficiais ou os discursos das autoridades chinesas.

3.1.1. Os interesses económicos

Os interesses económicos nacionais constituem uma base substancial de outros interesses estratégicos.

Desde a abertura ao exterior, a economia chinesa mantém constantemente taxas de crescimento muito altas, melhorando significativamente qualidades e benefícios de crescimento. Actualmente, o índice de flutuação regista-se o mais baixo desde a fundação do país, a taxa real de crescimento da receita financeira e a taxa de crescimento do comércio, ultrapassam a taxa de crescimento do PIB, a taxa de inflação tem sido reduzida, mas a economia ainda se encontra em deflação. Recentemente, o consumo de energia atenuou-se pela primeira vez e o déficit ecológico começa a diminuir. Mesmo que as taxas de crescimento económico da China tenham baixado nos últimos anos, ela representa actualmente um dos países de crescimento mais rápido no mundo e, com uma macroeconomia estável, torna-se o motor e o estabilizador do crescimento económico e comercial da Ásia Oriental[336]. A entrada na Organização Mundial do Comércio, traz ainda, novas oportunidades para a China constituir a economia moderna de mercado.

No contexto da globalização, com o objectivo de adquirir interesses económicos a nível mundial, a China precisa de consolidar os resultados existentes e abrir novos canais de desenvolvimento e cooperação. Portanto, sendo uma grande potência, a China deve adoptar a estratégia do pluralismo de mercado e utilizar regras internacionais para defender os interesses económicos nacionais.

Mais especificamente, os interesses económicos da China revelam-se nos seguintes aspectos. Em primeiro lugar, trata-se do crescimento económico. Hoje em dia, o nível de vida da maioria dos chineses aproxima-se do "nível abastado", o que exibe uma grande conquista histórica. No entanto, segundo um estudo sob o título "Comparação entre a Economia dos EUA e a Economia da China", publicado pelo *Chinese Center for Economic Reserch* da Universidade de Pequim[337], o actual rendimento real *per capita* da China equivale

---

[336] Mais informações sobre a análise da economia chinesa, disponíveis em hiperlink: http://news.xinhuanet.com.
[337] Newsletter séries, número 99/099, em http://www.cenet.org.cn/cn/ReadNews.asp?NewsID=2997.

ao nível dos EUA no final do século XX. Portanto, a China tem de expandir a escala da economia e acelerar razoavelmente a velocidade do crescimento económico.

Em segundo lugar, a segurança económica é indispensável para a estabilidade e o desenvolvimento económico que são frequentemente afectados pelos factores externos, com o aprofundamento da globalização económica e a expansão do regionalismo. Uma forte economia interna, constitui a condição essencial da segurança económica. O governo deve reforçar as suas capacidades para ajustar e controlar a economia interna (designadamente, políticas económicas, políticas sectoriais, regimes comerciais, etc.) e ao mesmo tempo, participar activamente na cooperação económica internacional (absorver investimentos e tecnologias estrangeiros e os recursos internacionais)[338].

Em terceiro lugar, a quota da economia chinesa na economia mundial tem de ser aumentada de forma significativa.

3.1.2. Os interesses de segurança

Os interesses de segurança representam uma parte essencial dos interesses nacionais, sendo condição básica da sobrevivência e do desenvolvimento nacional. Todas as actividades do Estado baseiam-se na segurança nacional, isto é, diversos interesses nacionais poderão ser realizados somente com a satisfação bastante da segurança nacional. Confrontos e conflitos entre Estados soberanos ocorrem frequentemente, e é difícil obter a garantia eficaz da comunidade internacional no sentido da segurança nacional para algum país. Comparados com os interesses económicos, os interesses de segurança são primordiais e factores determinantes das relações estratégicas.

A questão prioritária dos interesses de segurança é prevenir a invasão do território nacional pela força estrangeira. Após a guerra-fria, a China pretende procurar um contexto internacional pacífico e estável, e particularmente, fazer esforços por adaptar a política de boa

---

[338] QIU YUANLUN (1999), "Globalização Económica e Interesses Nacionais da China", *World Economy,* vol. 12, pp. 3-13.

vizinhança[339]. Entretanto, existem muitas variáveis da questão da segurança, por exemplo, após o "11 de Setembro", os Estados Unidos aumentaram o seu espaço estratégico na Ásia do Sul e reforçaram a aliança militar e a cooperação com os países do sudeste asiático, o Japão começa a adoptar uma estratégia mais ofensiva; a voz de "independência de Taiwan" torna-se mais forte e as suas autoridades, dependendo das intervenções estrangeiras, procuram a separação pacífica; alguns separatistas nacionais constituem ameaça à segurança nas zonas fronteiriças; e as influências de crimes internacionais organizados e do terrorismo estão a aumentar.

Desde o estabelecimento da economia de mercado, os interesses nacionais da China estão estreitamente interligados com os interesses mundiais. Do ponto de vista da segurança, a sua estratégia está a ser modificada[340], o pensamento da guerra-fria foi abandonado e substituído pela ideia de confiança mútua, benefício mútuo, igualdade e cooperação.

Os interesses de segurança da China, incluindo não só a segurança territorial, como também a segurança de todos os interesses nacionais na concorrência internacional[341], têm como objectivo criar

---

[339] A China tem fronteira com 15 países e 18.000 quilómetros de costa. Acontecem frequentemente conflitos territoriais, disputas religiosas, contrabando de droga e atentados do terrorismo nos países vizinhos. Desde a implantação da República Popular em 1949, a China experimentou 6 guerras ou conflitos militares, designadamente, a Guerra da Coreia do Norte entre 1950 e 1953, o bombardeamento em Jinmen e Mazu em 1958, o contra--ataque fronteiriço China-Índia em 1962, o conflito fronteiriço China-União Soviética em 1969, a guerra marítima no arquipélago de Xisha em 1974 e o contra-ataque de autodefesa na zona fronteiriça com o Vietname em 1979. A partir dos anos oitenta do século XX, a China não se envolve nos conflitos militares. Recentemente, a China tem vindo a celebrar tratados fronteiriços com países vizinhos, contanto-se, entre os mais importantes, a Rússia.

[340] WANG, Yizhou, (1999), *Segurança Internacional na era da Globalização*, Shanghai, Editora do Povo de Shanghai, pp. 474-81.

[341] ZHANG, Wenmu, (2004), *Análise dos Interesses da Segurança Nacional da China na Geopolítica Mundial*, 2ª edição, Jinan, Editora do Povo de Shandong, p. 326, 399 e ss. O autor apresenta dois conceitos: "fronteira de segurança" e "segurança de fronteira". O primeiro refere-se à fronteira dos interesses nacionais que é dinâmica e ilimitada, o segundo constitui a segurança soberana que é limitada e estável. Para qualquer país, "fronteira de segurança" e "segurança de fronteira" afectam uma e outra, quando a "fronteira de segurança" ficar mais distante da "segurança de fronteira", o segundo goza de maior segurança; quando os dois se sobrepõem, significa a mínima exigência da segurança nacional.

um ambiente seguro internacional de paz e de estabilidade para a sua reforma interna[342].

Primeiro, a unificação da pátria, é a questão-chave da segurança nacional. Taiwan é considerado uma parte inalienável do território chinês. Os assuntos de Taiwan são assuntos internos da China, mas diferentes relativamente a outros assuntos internos quaisquer. A China deve persistir na promoção de opiniões comuns através dos meios políticos, económicos e culturais e não abandonar os meios militares, levando a cabo a missão de reunificação[343]. Se Taiwan se estabelecer como um país independente, seguir-se-á uma reacção em cadeia dos movimentos separatistas na China multinacional, perdendo esta, assim a sua estabilidade, sendo tal, acompanhado por desordem interior e confrontos políticos[344].

Em segundo lugar, a China, com a população de 1 bilião e 300 milhões de habitantes, tem de participar na revolução militar, adoptar uma estratégia defensiva activa, promover a modernização da força armada convencional e manter a intimidação nuclear.

Em terceiro lugar, com o incremento das relações externas da China, os seus interesses de segurança, que dependem da potência nacional e intensidade de trocas, expandem-se inevitavelmente. No processo da globalização, a segurança de um país está relacionada com a segurança dos seus vizinhos, da zona periférica e da comunidade global. Para estabelecer um regime de segurança da Ásia e do Pacífico mais estável, a China deve desenvolver a cooperação de segurança multilateral e criar um sistema de segurança internacional em múltiplos sectores.

---

[342] YAN, Xuetong (1997), pp. 154-78.

[343] QIAN, Qichen (2002), "Discurso Proferido no encontro de Docentes e Discentes da Faculdade de Relações Externas da Universidade de Pequim", *Revista de Estudo da Política Internacional*, Vol.1, pp. 8-9. Comparado com Hong Kong e Macau, o princípio de "um país, dois sistemas" a aplicar em Taiwan será mais flexível.

[344] Foi aprovada a *Lei Anti-Secessão* em 14 de Março de 2005 pela 3ª sessão plenária do 10º Congresso Nacional Popular, a versão inglesa é disponível em http://bbs.newgx.com.cn/showthread.php?t=201172.

O Presidente chinês Hu Jin Tao propôs 4 sugestões sobre as relações entre as duas margens do Estreito de Taiwan no novo contexto: (1) o princípio de uma só China não será enfraquecido; (2) os esforços em favor da reunião pacífica não serão abandonados; (3), a concretização da orientação de depositar esperança no povo de Taiwan, não será mudada; e (4) a luta contra actividades da independência taiwanesa não será conciliada.

3.1.3. Os interesses políticos

Os interesses políticos revelam-se nos seguintes aspectos: a independência política do Estado, a garantia dos direitos humanos dos cidadãos e a responsabilidade internacional.

A independência política representa um sinal importante da soberania. Durante o século XX, o povo chinês cumpriu duas tarefas históricas: a independência e libertação nacional e a prosperidade nacional[345]. A independência política revela-se, ainda, na escolha própria do sistema político[346].

A questão dos direitos humanos constitui uma divergência política entre a China e alguns países ocidentais[347]. A China julga que os direitos humanos se submetem às regras básicas das relações externas e ficam subordinados à soberania nacional e aos interesses nacionais. Mesmo que os direitos humanos sejam alvo de especial atenção da comunidade internacional e possuam as características internacionais, afinal de contas, são assuntos internos do país, reflectindo a ideologia social[348]. A China combate a superioridade dos direitos humanos relativamente à soberania nacional. O direito à vida e o direito ao desenvolvimento são prioritários dos seus

---

[345] Ver o preâmbulo da Constituição vigente da China "A partir de 1840 a China feudal foi-se reduzido gradualmente a país semi-colonial e semi-feudal. Pela sua independência e libertação nacional e pela democracia e liberdade, o povo chinês empreendeu sucessivas lutas heróicas. No século XX ocorreram na China grandes mudanças. A Revolução de 1911, conduzida pelo Dr. Sun Yat-sen, aboliu a monarquia feudal e fez surgir a República da China. Mas o povo chinês teve ainda de cumprir a sua histórica tarefa de derrotar o imperialismo e o feudalismo. Depois de uma muito árdua, prolongada e complexa luta, pelas armas e por outras formas, o povo chinês de todas as nacionalidades, dirigido pelo Partido Comunista da China e chefiado pelo Presidente Mao Zedong, acabou por derrubar em 1949 o domínio do imperialismo, do feudalismo e do capitalismo burocrático, obteve a grande vitória da nova revolução democrática e fundou a República Popular da China. Desde então o povo chinês tomou o poder em suas mãos e tornou-se senhor do seu próprio país..."

[346] Diferente do que vigora nos países ocidentais, onde o sistema vigente se rege pelo princípio da separação de poderes, o sistema político fundamental da China é o sistema do congresso popular. Ver, por exemplo, artigos 2º, 3º, 69º, 85º, 92º, 97º, 103º, 105º, 110º, 128º, 133º da Constituição da RPC.

[347] YAN, Xuetong (1997), pp. 201-7.

[348] DENG, Xiaoping (1993), *Selecções Literárias de Deng Xiaoping,* Pequim. Editora do Povo, pp. 330 e 332.

direitos humanos[349]. Na realidade, somente o bom desenvolvimento dos direitos humanos poderá defender melhor a soberania nacional.

A responsabilidade internacional envolve também os interesses nacionais da China. Um grande país que assume maior responsabilidade internacional, gozará de maior direito à palavra na contenda de interesses internacionais e pode revestir-se de maior influência nos assuntos internacionais. Ao longo dos últimos vinte anos, a força nacional da China aumentou rapidamente, ela começa a mostrar interesses em quase todas as áreas, desde a cooperação económica internacional, acções da ONU para salvaguardar a paz, as pesquisas polares, aeronáuticas e do fundo oceânico, mudanças do clima internacional até negociações multilaterais da crise nuclear da Coreia do Norte, assistências aos países da Ásia e do Pacífico, a prevenção da proliferação de armas excessivamente injuriosas, entre outras. Actualmente, as tarefas primordiais da China são defender a segurança económica e a estabilidade militar da região, diminuir potencialidades conflituais e promover a confiança e cooperação. A longo prazo, um papel construtivo neste domínio, é benéfico aos interesses nacionais da China.

3.1.4. Os interesses sociais

À medida que a globalização e a sua regulação se desenvolvem, destaca-se o papel dos interesses sociais. Durante os últimos vinte anos da abertura, a China obteve grande sucesso no desenvolvimento social, nomeadamente, o nível de vida aumentou e a sociedade tornou-se mais aberta e mantém-se estável a longo prazo. A estabilidade

---

[349] DENG, Xiaoping, (1993), p. 356. O autor explicou esta afirmação por três razões: em primeiro lugar, as lições dolorosas mostraram que após as lutas sangrentas o povo chinês valoriza os seus direitos, não permitindo invasões e intervenções estrangeiras; em segundo lugar, o programa para ter o suficiente para comer e vestir é o assunto primordial para um bilião e trezentos milhões de habitantes; em terceiro lugar, o desenvolvimento da China favorecerá a estabilidade mundial. A China já celebrou uma série de documentos internacionais em matéria dos direitos humanos, tais como Pacto Internacional Sobre os Direitos Civis e Políticos, Pacto Internacional Sobre os Direitos Económicos, Sociais e Culturais. A nível regional, como país anfitrião, a China tem organizado conferências de direitos humanos. A última revisão constitucional em 2004 consagra pela primeira vez no seu artigo 33º, "O Estado respeita e garante os direitos humanos".

social constitui uma base fundamental para garantir o crescimento económico e a reforma. O crescimento é importante, mas não à custa da estabilidade. Entretanto, a prosperidade económica não levará a cabo automaticamente a estabilidade social[350]. Além disso, o crescimento económico rápido não deve ser o objectivo único do governo. O desenvolvimento tem de ser sustentável e os seus benefícios têm de atingir os pobres e os vulneráveis. Actualmente, está a decorrer na China o maior ajustamento estrutural económico do mundo, tendo ela o maior número dos desempregados[351] e o maior desequilíbrio entre zonas rurais e as cidades do mundo[352], sendo que o ambiente ecológico está a sofrer a destruição em maior escala ao nível mundial.

Consideramos que a injustiça distributiva é uma das raízes da instabilidade social. De facto, trata-se não só o problema da moralidade, como também o problema da estabilidade social e política. A China deve dar importância à melhoria da qualidade de vida do povo e ao reforço da protecção ambiental, para que a economia nacional e a sociedade, tendam a estabilizar-se e a desenvolver-se continuamente.

3.2. O objectivo de desenvolvimento nacional dos próximos vinte anos

A fim de assegurar e realizar a maximização dos interesses nacionais, a China deve promover a sua competitividade internacional e reforçar o poder nacional. Tal, inclui: criar um regime económico e

---

[350] Banco Mundial (1997), *China 2020 Development Challenges in the New Century*, the World Bank, Washington D.C., *"But every silver lining has a cloud. Swift growth and structural changes, while resolving many problems, have created new challenges: employment insecurity, growing inequality, stubborn poverty, mounting environmental pressures, and periods of macroeconomic instability stemming from incomplete reforms. Unmet, these challenges could undermine the sustainability of growth, and China's promise could fade"*, citado no prefácio da obra.

[351] A China tem de criar anualmente 12 a 15 milhões de novas oportunidades de emprego para alcançar a taxa de crescimento da população. Actualmente, o governo chinês tem de resolver o problema de desemprego de 270 milhões pessoas. Hu, Angang (2004), *China: New Development Strategy*, Hangzhou, Editora Povo de Zhejiang, p. 16.

[352] A diferença do rendimento *per capita* entre famílias urbanas e famílias rurais atingiu 3,1 vezes em 2002, enquanto o índice de 1985 representava apenas 1,72 vezes. Hu, (2004), p. 17.

social dinâmico; mobilizar, organizar e afectar os recursos existentes e, para isso, como transformar tecnologias em capacidade produtiva real, é um assunto fundamental; desenvolver as vantagens dos recursos culturais da China, restabelecer o sistema da civilização moderna e reforçar a coesão da nação; adaptar e enfrentar a mudança impetuosa global e melhorar a capacidade de coordenar conflitos internacionais significativos.

Os objectivos de desenvolvimento da China dos próximos vinte anos são:

1) Promover a competitividade internacional e conseguir uma vantagem na disposição da concorrência mundial. Actualmente, a competitividade internacional da China representa apenas o 31º lugar na lista mundial[353]. Entre os oitos factores determinantes, o poder económico interno, o grau de internacionalização e a sua capacidade administrativa mostram algumas vantagens, mas no entretanto, o funcionamento financeiro, as infra-estruturas, o nível tecnológico e a qualidade nacional constituem desvantagens.

2) Chegar a ser uma nação poderosa com base em diversos domínios, designadamente, o PIB em termos de poder de compra, o volume do comércio externo, a força militar e o nível tecnológico, etc.

3) Atingir um nível de desenvolvimento social relativamente alto, e.g., baixo índice de analfabetismo, longa duração de vida, etc.

Os três objectivos principais estão ligados estreitamente, porque um país mais poderoso, cria condições prévias para a prosperidade da vida do seu povo e o segundo constitui a finalidade do primeiro.

---

[353] *World Competitiveness Yearbook, 1998-2002*, International Institute of Management & Development (IMD).

3.3. Status quo *da China*

3.3.1. *As vantagens e desvantagens comparativas da China na economia mundial*

3.3.1.1. *O desenvolvimento já realizado pela China*

Nos últimos anos, a China detém os recordes mundiais de expansão contínua do PIB, com a média anual de crescimento de 9,6% entre 1978 e 2005. Alguns números já se explicam por si só: em 1980, a China tinha apenas uma empresa estrangeira e em Março de 2002 eram 370 mil, com um total de US$ 216,5 biliões de investimentos advindos do exterior. Apenas em 2004, o valor dos investimentos directos estrangeiros foi de mais de US$ 60 biliões. Tanto as exportações, como as importações chinesas, cresceram acima das taxas de expansão do comércio mundial. Este processo iniciado lentamente nos anos 80 do século XX, depois do afrouxamento dos controlos sobre a importação e a exportação, acelerou nos anos 90 com as reformas na legislação das transacções comerciais, incluindo significativas reduções de tarifas. Em 1978, o volume total de importação e exportação da China era apenas US$ 20,6 biliões[354]. Em 2004, a corrente de comércio de importação e exportação da China cresceu 35,7% em relação a 2003, com US$ 1154,74 biliões, e pela primeira vez, ultrapassou US$ 1000 biliões, sendo o terceiro maior país comercial do mundo. Ou seja, o comércio externo aumentou 2,3 vezes em relação a 2001, após a adesão à OMC[355]. Em 2004, a reserva de divisas registou o segundo lugar do mundo[356].

O desenvolvimento económico da China e a sua integração na economia mundial, graças à reforma e à política de abertura e, particularmente, ao seu desempenho no comércio e dos investimentos

---

[354] ZHENG, Zhihai (2003), "Economic Globalization and Development of China's Foreign Economic Cooperation and Trade", *China's Economic Globalization Through the WTO,* editado por LU, Ding, WEN, Guanzhong James, ZHOU, Huizhong, The Chinese Economy Series, Ashgate Publishing Limited, England, p. 7.

[355] Segundo o Ministério do Comércio da República Popular da China e o site "China imports and exports" em http://www.cnie.cn.

[356] Consultar http://www.cnie.cn.

directos estrangeiros, atraem a atenção mundial. A China tem realizado grandes sucessos no comércio externo e na utilização dos investimentos estrangeiros, promoveu o crescimento rápido da economia interna e tornou-se um dos maiores beneficiários dentre os países em vias de desenvolvimento da globalização económica, já que agarrou muito bem as oportunidades surgidas do reajustamento internacional das estruturas industriais. Os primeiros passos da transformação da economia planificada foram: a eliminação do monopólio estatal sobre o comércio externo; a criação de várias Zonas Económicas Especiais em províncias próximas a Hong Kong, Macau e Taiwan, na costa sudeste[357]; a desvalorização da moeda nacional (renminbi, ou RMB); e o movimento gradual em direcção à convertibilidade da moeda[358].

---

[357] As empresas estrangeiras que actuam nas Zonas Económicas Especiais possuem toda liberdade no campo do comércio externo. Em 1990, foram criadas 13 Zonas Francas, que propiciam total isenção de impostos aduaneiros, como qualquer outro tributo para importação, exportação, fabricação e montagem de equipamentos a empresas ali instaladas. Permitem a livre movimentação de moedas estrangeiras e integral e imediata transferência de lucros para o estrangeiro. As zonas francas localizam-se em Shenzhen, Xiamen, Shantou, Haikou, Dalian, Tianjin, Qingdao, Zhangjiagang, Xangai, Ningbo, Fuzhou, Cantão e Fujian.

[358] Vide várias publicações, por exemplo, sobre uma apresentação simples e geral, Banco Mundial (1997), Capítulo I "Understanding the Present", no âmbito da reforma das empresas estatais, FAMA, Eugene and JENSEN, Michael (1983), "Seperation of Ownership and Control", *Journal of Law and Economics*, Vol. 26, pp. 301-25, HU, Xiaoyi (1996), "Reduction SOE's Social Burdens and Establishing a Social Insurance System", em BROADMAN, Harry, ed. *Policy Options for Reform of Chinese SOEs*, World Bank Discussion Paper No. 335, Washington, DC, pp. 125-48, LARDY, Nicholas, R. (1998), *China´s Unfinished Economic Revolution*, Brookings Institutions, Washington D.C., LIN, Justin Y. et al. (1998), "Competition, Policy Burdens, and State-Owned Enterprise Reform", *American Economic Review Papers and Proceedings*, Vol. 88, pp. 422-7, LIN, Yimin and ZHU, Tian (2001), "Ownership Restructuring in Chinese State Industry: An Analysis of Evidence on Initial Organizational Changes", *China Quarterly*, Vol. 166, PP. 305-41; no sector bancário e da liberalização financial, XIE, Ping, (1996), *Options of China Financial System Reform*, Shanghai, Shanghai Far East Press, Chapter 3, HUANG, Yiping and YANG, Yongzheng, (1998), "China´s Financial Fragility and Policy Responses", *Asian--Pacific Economic Literature*, Vol. 12 (2), November, LI, Xiaofeng and CHEN, Guang, (2000), "Current Development of Foreign Banks in China and Their Future Prospects", *International Financial Studies*, No. 5, pp. 44-7; na matéria do comércio externo, LARDY, Nicholas, R. (1992), *Foreign Trade and Economic Reform in China 1978-1990*, Cambridge, Cambridge University Press, DRYSDALE, Peter and SONG, Ligang, ed. (2002), *China´s Entry to the WTO: Strategic issues and quantitative assessments*, Routledge, London, PANITCHOAKDI, Supachai, CLIFFORD, Mark L (2002), *China and the WTO: changing China, changing world trade*, Singapore, John Wiley & Sons (Asia) Pte Ltd, entre outros.

Ao longo dos últimos anos, a estratégia principal da reforma da China, com carácter gradual, experimental e descentralizado, designada por Deng Xiao Ping como *"feeling for the stones while crossing the river"*, é considerada bem sucedida, especialmente, nas áreas principais como a agricultura, a indústria rural, o comércio e as empresas estatais[359]. Essas medidas não só permitam que a sociedade ajuste as mudanças a qualquer momento e em qualquer lugar e evite a turbulência social, como também oferecem às autoridades muitas oportunidades para fazer modificações durante os processos da reforma. Consequentemente, o movimento em direcção à economia de mercado aberta, tem sido calmo e estável.

A adesão à OMC é propícia ao melhoramento do ambiente internacional para a China desenvolver o seu comércio externo e a cooperação económica multilateral[360]. O volume total de comércio externo em 2004 ficou no terceiro lugar no mundo, seguindo os EUA e a Alemanha. A liberalização do mercado e outras reformas relacionadas com a entrada na OMC trouxeram ganhos de mais US $ 40 biliões anuais para a economia interna e mais de US$ 75 biliões de rendimentos reais para o mundo[361].

O Índice do Desenvolvimento Humano (*HDI, Human Development Index*) da China em 2004 aumentou significativamente, designadamente, a sua taxa de alfabetização entre os adultos atingiu 90,9% e a duração média de vida da população, atingiu 70,9 anos[362] (enquanto a média mundial era de 66,9 anos em 2004).

---

[359] Para os pormenores, consultar Banco Mundial, (1997), pp. 8-12.

[360] O consenso entre empresários estrangeiros que participam do comércio com a China é que a entrada desta na OMC permite que as negociações sejam feitas em bases mais seguras, transparentes e legais e evita mudanças inesperadas de legislação ou de regras. Consultar também a análise dos académicos, por exemplo, CHING, Cheong, CHING, Hungyee (2003), *Handbook on China´s WTO Accession and Its Impacts,* Singapore, World Scientific Publishing Co. Pte Ltd, chapter 6, "Economic Impacts of WTO membership", pp. 167-75.

[361] BHATTASALI, Deepak, MARTIN Will, LI, Shantong (2004), *China and the WTO: accession, polity reform and poverty reduction strategies,* World Bank Research Group, World Bank. Para mais detalhes, consultar *China and the WTO Online edition* do Banco Mundial.

[362] Consultar *Human Development Reports online*, http://hdr.undp.org/statistics/data/.

3.3.1.2. *A comparação internacional das vantagens e desvantagens económicas*

Para concretizar os seus objectivos dos próximos vinte anos, a China tem de reconhecer as suas vantagens e desvantagens no quadro mundial.

1) Os recursos da China no cômputo mundial

RECURSOS	PERCENTAGEM	RECURSOS	PERCENTAGEM
População	21,4	Prado	9,5
Mão-de-obra	26	Petróleo	2,6
Superfície nacional	7,1	Gás natural	0,9
Terra lavrada	7,0	Carvão	10,4
Área irrigada	19	Hidroeléctrica	13,22
Água doce	7	Patente internacional	0,27
Floresta	3,0	Investimento nacional	3,4
CO_2	11,2	PIB	2,07
Terra protegida	4	Exportação	2,8
Exportação produtos trabalho intensivo	10,55	Importação	2,6

Fonte: Instituto Nacional de Estatística da China

Quando analisamos as condições básicas da China e as suas vantagens e desvantagens comparativas, é fácil verificar que a China tem somente vantagem comparativa e competitividade dos recursos de mão-de-obra e tem desvantagens comparativas nas áreas de recursos agrícolas, de petróleo, de gás natural e produtos minerais. Em relação aos recursos de capital intensivo e de tecnologia intensiva, tem desvantagens visíveis. No século XXI, a população total da China aumentará de 1,2 biliões para 1,5 biliões até ao ano de 2020, e o PIB aumentará 10 vezes mais. Quanto ao total do comércio externo, este aumentará de igual forma e a disparidade será cada vez maior entre o aumento da população e o consumo dos recursos, bem como entre o aumento da economia e a prestação dos recursos. A China não pode depender totalmente dos recursos internos, como acontecia na década de oitenta, para suportar a enorme escala económica, proceder ao seu desenvolvimento e fazer face às necessidades de uma população com mais de 1 bilião de pessoas, especialmente a nível da alimentação e de outros recursos naturais. Devido a este facto, a China, para poder realizar o seu principal objectivo, que é o desenvolvimento do país, terá de se voltar para o mundo e dele obter mais recursos, capitais, mercados e técnicas de âmbito mais alargado.

2) A comparação internacional das características económicas

Em primeiro lugar, os recursos de produção espalham-se pelo mundo de forma desigual. Os países mais desenvolvidos (os Estados Unidos, a União Europeia, etc.), com pouca mão-de-obra, possuem a maior parte do capital a nível mundial. Pelo contrário, a China detém mais de 25% da mão-de-obra internacional e 7% da mão-de-obra qualificada, mas obtém menos de 4% do capital.

Além disso, a distribuição desigual dos factores de produção conduz à enorme diferença de intensidade dos factores e dos respectivos custos. Possui o volume menor do capital *per* trabalhador; maior percentagem de trabalhadores na estrutura de mão-de-obra e nível mais baixo de salário, situação totalmente diferente das condições dos países avançados.

Relativamente aos recursos naturais, o Japão e a China pertencem às regiões relativamente pobres em terra lavrada; comparadas com outros países, têm as taxas mais baixas na relação terra/trabalhador e as taxas mais altas de produção da terra. Nos Estados Unidos, no Canadá e na Austrália, a terra constitui um factor de produção muito abundante.

Por último, existe grande dissemelhança na estrutura sectorial entre a China e outros países desenvolvidos. A percentagem do sector primário, secundário e terciário na economia total da China é respectivamente 15%, 51% e 34%. No entanto, a percentagem do sector terciário dos países desenvolvidos representa mais de metade da economia.

3.3.2. Comparação internacional dos recursos estratégicos

Os recursos estratégicos são aqueles recursos essenciais, quer existentes, quer potenciais, que podem ser utilizados a fim de realizar objectivos estratégicos nacionais. Para MICHAEL PORTER, os cinco recursos são fundamentais: recursos físicos, recursos humanos, infra-estruturas, recursos de conhecimentos e recursos capitais[363]. Podemos adoptar o critério seleccionado pelo International Institute of Management & Development, (IMD), isto é, os seguintes oito elementos são factores determinantes do desenvolvimento estratégico e da competitividade do país: a economia interna, a internacionalização, o governo, a finança, as infra-estruturas, a administração do negócio, a ciência e a tecnologia e os recursos humanos.

Comparados com outros países, os recursos estratégicos da China, apresentam algumas vantagens ou desvantagens de acordo com o quadro que se segue.

Comparação internacional dos recursos estratégicos (2002)

	EUA	Japão	Brasil	China	Índia	Rússia
PIB	9728	3384	1319	5386	2510	1280
Taxa de crescimento do PIB *per capita*	0,54	(-)0,81	1,5	7,3	4,8	5,0
Taxa de crescimento real do PIB	0,7	(-)1,0	0,22	6,43	3,33	5,58
Percentagem do sector primário no PIB	2	1	8	15	25	7
Percentagem do sector secundário no PIB	27	31	36	51	27	38
Percentagem do sector terciário no PIB	71	68	56	34	48	55
Globalização	8,08	4,51	4,46	4,76	5,03	4,6
Nível de participação em blocos regionais	6,96	5,47	6,52	3,84	4,1	3,28
Taxa de dependência do comércio externo	12,72	10,94	42,82	25,02	15,44	35,4
Nova legislação	5,94	5,82	5,40	7,06	5,94	4,50
Quadro jurídico	6,23	4,62	3,83	5,60	4,52	4,12
Direito da concorrência	7,2	5,42	5,88	4,6	4,83	3,74

---

[363] Vide PORTER, Michael (1990), *The Competitive Advantage of Nations,* New York, Free Press.

Computador *per capita*	639	430	77	22	8	77
PIB e consumo energético	1,030	(-)1,256	1,027	10,995	5,526	1,268
Desenvolvimento sustentável	6,56	6,89	6,24	6,8	5,43	6,04
Percentagem de R&D no PIB	2,687	3,118	0,847	1,004	0,588	1,084
Percentagem de produtos de alta tecnologia na exportação	30,31	28,32	18,80	18,57	4,29	12,16
Patentes internacionais	113 280	83 814	320	235	192	514
Mão-de-obra	143,05	67,52	49,46	56,26	43,29	44,85

Fonte: Relatório da Competitividade Internacional da China[364], pp. 424-44.

3.4. Estratégias de desenvolvimento nacional no século XXI

Todos os países enfrentam um grande desafio da globalização: como se esforçar por tomar a iniciativa e se adaptar à nova situação para evitar choques entre a globalização e o sistema económico interno? Uma vez que a globalização não só requer a abertura dos mercados internos, exige também a adopção do sistema da administração económica segundo normas internacionais, os países têm de, partindo da realidade, escolher os sistemas económicos que melhor correspondem à necessidade da globalização.

Neste contexto, as estratégias de desenvolvimento, desde o início, constituem problemas de escolha entre os vários rumos de desenvolvimento estatal, tomando em consideração, como este aproveita condições externas e recursos externos.

No início do presente século, o mercado e o ambiente externo para o comércio e a cooperação económica da China, experimentarão uma mudança fundamental relativamente ao passado. Por exemplo, o leque da abertura da China vai estender-se de algumas áreas limitadas, para quase todas as áreas, de uma política de abertura para uma abertura previsível dentro do quadro jurídico, com carácter experimental, da abertura com uma direcção só para a abertura mútua entre a China e todos os membros da OMC. A China tem de estudar a

---

[364] Working Group of Chinese Competitiveness (2003), *Relatório da Competitividade Internacional da China*, Editora Universidade do Povo da China.

tendência principal da globalização económica e reajustamentos globais das estruturas económicas para que possa ganhar vantagens e evitar desvantagens durante o processo da globalização, usufruir maiores benefícios e evitar os riscos possíveis. Tendo em conta o *status quo* da China, as estratégias de desenvolvimento a expor na parte seguinte, poderão assegurar a maximização dos interesses nacionais básicos e essenciais, a concretização do objectivo de desenvolvimento de 2020 e a promoção da sua competitividade na economia mundial.

3.4.1. Estratégia de abertura

3.4.1.1. Justificação

A teoria da abertura económica remonta aos argumentos do livre cambismo e abrange análises sobre a economia aberta no âmbito da Economia Moderna, as estratégias de abertura da Economia do Desenvolvimento e todas as teorias da Economia Internacional.

As formas iniciais da teoria da abertura económica, são as hipóteses do comércio livre. As figuras clássicas são ADAM SMITH (teoria da vantagem absoluta) e DAVID RICARDO (teoria da vantagem comparativa). Estas teorias, como precursoras da teoria da abertura, justificam a necessidade da abertura de mercados e mostram que o comércio livre é favorável[365]. A teoria moderna da abertura económica, é geralmente composta por três partes: o mecanismo e a importância da circulação internacional dos factores e dos bens no micro nível, o significado da abertura económica para o desenvolvimento dos países atrasados no macro nível e o equilíbrio e o desequilíbrio de uma economia nacional após a abertura.

No contexto da globalização, adoptar uma estratégia de bloqueio, não é um caminho praticável. Além disso, a escolha de uma estratégia de abertura tradicional sofre também certas limitações, por um lado, a estratégia da substituição de importação, que exige a protecção das indústrias nacionais a longo prazo, não é aceitável

---

[365] Recorde-se a parte I deste trabalho.

pelas necessidades da globalização; por outro lado, a estratégia da orientação para a exportação, geralmente dependendo de activação política do governo, está cada vez mais restringida pelas regras comerciais internacionais[366].

Neste sentido, é necessário salientar que a estratégia de abertura económica, alvo do nosso interesse, é diferente do que a estratégia da economia orientada para o exterior pelas seguintes razões: em primeiro lugar, a estratégia de abertura económica tem como objectivo realizar a liberalização do comércio e do investimento e a melhor afectação dos recursos, ou seja, uma abertura total, baseado no mercado e nos mecanismos da globalização, enquanto a estratégia da economia orientada para o exterior, intenta promover a exportação, como força motriz do crescimento económico; em segundo lugar, uma economia orientada para o exterior, não é necessariamente uma economia aberta, uma vez que a segunda é medida pelos impostos aduaneiros, políticas de investimento, regimes de câmbio e o sistema económico. Além disso, por via de regra, somente os países pequenos ou litorais, têm maior vantagem geográfica para ser economias orientadas para o exterior.

Resumimos a seguir a importância da estratégia de abertura económica[367]:
– aumentar a eficiência da afectação dos recursos baseando-se nas vantagens comparativas;
– promover o crescimento económico e aumentar a procura através da exportação;
– adquirir a tecnologia, equipamentos e modos de administração mais avançados, através da importação e capitais estrangeiros (efeito externalizador ou *spillover effect*);
– introduzir a concorrência e aperfeiçoar o sistema económico existente.

---

[366] Hoje em dia, o proteccionismo da estratégia da substituição de importação, enfrenta muitas dificuldades na prática, visto que as medidas pautais e não pautais, somente podem ser utilizadas num prazo limitado. A estratégia da orientação para a exportação encontra, actualmente, a concorrência internacional mais intensa, as oportunidades de desenvolvimento trazidas pelos mercados estrangeiros, não têm as mesmas condições do que a época da industrialização recém-nascida. Muitas medidas de concorrência tornaram-se ilegais, segundo as novas regras do comércio internacional.

[367] WEI, Dan (2001), *A China e a Organização Mundial do Comércio*, Coimbra, Livraria Almedina, pp. 92-6, sobre as razões da estratégia da vantagem comparativa.

3.4.1.2. Aplicabilidade na China

Ao longo dos últimos vinte anos, a China tem contribuído tanto para o crescimento económico mundial através do seu êxito real, como para a teoria da economia, através das suas práticas sem precedentes. A contribuição da China para a teoria da abertura, não foi feita no debate académico com os economistas ocidentais, mas nasceu na própria prática, tendo em conta a sua realidade. Por isso, a teoria da abertura na China, procurando respostas estratégicas e políticas, revela algumas características da economia em transição e baseia-se na necessidade de desenvolvimento. Naturalmente, as seguintes questões atraem a atenção dos académicos chineses[368], nomeadamente, se a circulação dos bens e factores é favorável ao desenvolvimento económico e à modernização; quais são as vias mais eficazes e como chegar um equilíbrio entre a maior abertura e o desenvolvimento estável? Pode ver-se que a teoria da abertura da China corresponde, na sua maior parte, ao conteúdo da teoria da abertura do mundo ocidental, mas põe ênfase em questões diferentes, sendo um produto da modernização, da mercantilização e da liberalização da economia chinesa.

Quanto ao desenvolvimento da teoria da abertura económica pela China, passamos a expor três pontos. Em primeiro lugar, a nova apreciação a respeito da teoria do comércio internacional constitui um avanço teórico importante no início da abertura da China. Desde a fundação da República em 1949, a China começou a adoptar uma estratégia da recuperação do atraso[369], igualmente designada por "estratégia de contra vantagem comparativa"[370]. Nos anos oitenta do

---

[368] Por exemplo, Wu Jinglian, Wang Xinkui, Zhang Youwen, Jiang Xiaojuan, Yin Xiangshuo, Shen Yuliang, Hu Angang, Zhang Xiaoguang, Yu Yongding, entre outros.

[369] As características desta estratégia são: (1) a preferência do desenvolvimento do sector secundário, especialmente, a indústria pesada de capital intensivo e de energia intensiva; (2) a concretização da nacionalização, o estabelecimento da economia estatal, especialmente, a economia pública de grande escala com mais capital e menos trabalho; (3) a realização da orientação do tipo "elevada acumulação e baixo consumo"; (4) a adopção da política de substituição da importação no sentido de diminuir a diferença tecnológica relativamente aos países desenvolvidos.

[370] O governo chinês considerou que as suas diferenças relativamente aos países desenvolvidos, foram a estrutura industrial e a estrutura tecnológica. Portanto, para promover

século XX, houve um debate sobre a racionabilidade da vantagem comparativa entre os economistas. A conclusão deste debate foi positiva e expôs o interesse da abertura: a China possui vantagem comparativa nos produtos de trabalho intensivo e justifica, assim, a divisão internacional[371]. A utilização dos factores comparativos de mão-de-obra tornou-se um ponto-chave da estratégia comercial da China. A teoria do comércio externo e da divisão internacional do seu trabalho engloba ou combina a teoria tradicional da vantagem comparativa e a teoria da proporção dos factores[372], uma vez que salienta a vantagem comparativa dos produtos de trabalho intensivo. Após o reconhecimento da necessidade da divisão internacional do trabalho, os académicos chineses continuaram a estudar a distribuição dos ganhos comerciais, tais como se as trocas internacionais fossem de valores equivalentes ou se os países atrasados recebecem ganhos comerciais de maneira justa e razoável. A contribuição da

---

as estruturas industrial e tecnológica, os recursos limitados tinham de ser altamente mobilizados e a China tinha de apoiar artificialmente uma ou duas indústrias. Mas o problema consiste em que a optimização das estruturas industriais e tecnológicas depende da mudança estrutural da proporção dos factores numa economia. Geralmente, a proporção dos factores no período inicial do desenvolvimento, caracterizou-se pela carência enorme dos capitais. Para a realização do desenvolvimento prioritário do sector do capital intensivo, tudo que a China pôde fazer foi concentrar os capitais limitados em poucas indústrias pesadas. Como consequência, aquelas indústrias protegidas cresceram com base na distorção de preços e nas políticas de favorecimento mas falta-lhes a competitividade, enquanto outras indústrias, por causa da falta dos capitais, não eram competitivas. Isto é, uma estrutura industrial irregular contra as vantagens comparativas e a proporção dos factores rica em mão-de-obra continha o uso do trabalho. A maioria das pessoas encontrava-se em situação de pobreza.

[371] Na altura, muitos académicos chineses não distinguiram as diferenças entre a teoria da vantagem absoluta, a teoria da vantagem comparativa e a teoria da proporção dos factores. No entanto, esse facto não foi importante do ponto de vista prático.

[372] A verdadeira acepção do desenvolvimento económico, quer dizer, o aumento da intensidade dos capitais para todos os sectores. Este objectivo pode ser realizado somente com a melhoria da estrutura da proporção dos factores, ou seja, o aumento dos capitais. O capital provem da acumulação e o nível da acumulação do capital social, é por um lado, determinado pela escala do excesso, o que por sua vez depende da eficiência das actividades produtivas e, por outro lado, determinado pela propensão para aflorar. Quando a estrutura da proporção dos factores melhora, o capital torna-se mais barato e o trabalho torna-se mais caro, o trabalho será substituído naturalmente pelo capital, optimizando assim a estrutura industrial e a tecnológica. "Postas as condições a coisa funciona". Podemos afirmar, assim, que a adopção da estratégia da vantagem comparativa constitui a melhor via para optimizar a estrutura da proporção dos factores.

China para a teoria do comércio internacional põe ênfase na formação da vantagem comparativa dinâmica e da vantagem competitiva, ou seja, como aproveitar as suas vantagens comparativas e formar uma estrutura sectorial com mais vantagens competitivas internacionais[373]: (1) Diferentemente da teoria tradicional da vantagem comparativa, cujo ponto de partida consiste em situações presentes e passadas, novos factores são também considerados, designadamente, os recursos existente com vantagem comparativa, poderão transformar-se nos com desvantagem comparativa após um espaço do tempo ou vice-versa; (2) Além da análise do lado da oferta (custos da mão-de-obra e recursos existentes), a observação das vantagens comparativas do lado da procura, pode contribuir também para o comércio externo[374]; (3) A compreensão da vantagem comparativa não é exclusiva. Não concordamos com a opinião de que os países em vias de desenvolvimento, somente podem desenvolver indústria de trabalho e de recursos intensivos. Se uma indústria ou uma tecnologia da China não tem vantagem comparativa em relação a alguns países mais desenvolvidos, tal continua a justificar o seu desenvolvimento porque tem vantagem comparativa em relação a um país terceiro[375]. Mesmo para produzir um produto de trabalho intensivo, é necessário ter em conta as tecnologias e métodos utilizados; (4) Mais importante, trata-se da complementaridade mútua entre uma vantagem comparativa e uma vantagem competitiva. A teoria da vantagem comparativa

---

[373] O comércio transformador e os investimentos estrangeiros das grandes empresas competitivas a nível internacional são vias importantes para criar vantagens competitivas. Com o fim de satisfazer as necessidades do mercado internacional, através do aumento de factores tecnológicos, os produtos de trabalho intensivo não especializado ganham mais vantagens competitivas.

[374] Vejam o seguinte exemplo: a indústria de calçado da China tem vantagens comparativas visíveis no mercado internacional, particularmente, no mercado norte-americano e europeu, onde possui maior vantagem comparativa nas indústrias com altos valores agregados. No entanto, os calçados das famosas marcas mundiais como "Adidas" ou "Nike", fabricados na China, revelam vantagem comparativa em alguns países em vias de desenvolvimento, onde têm mais vantagens comparativas no petróleo ou nos bens agrícolas.

[375] Na prática, é difícil fazer escolhas entre todos os sectores do país. Então, qual será o critério? Claro que a teoria da vantagem comparativa não consegue oferecer todas as respostas. Pelo contrário, a teoria da vantagem competitiva, através da escala do mercado interno e da agregação das empresas, pode fornecer alguns princípios importantes, tanto para o Estado, como para os empresários.

estuda principalmente as relações entre vários sectores dos diferentes países ou territórios, indicando que o desenvolvimento de um sector, ou alguns sectores, de um determinado país ou território, tem a vantagem comparativa potencial e analisando a divisão do trabalho mais racional entre vários sectores de diferentes países. O seu fundamento é a proporção dos factores ou condições favoráveis do desenvolvimento, industrial. A teoria da vantagem comparativa, salienta vantagens reveladas na divisão do trabalho entre diferentes regiões ou países, bem como a sua complementaridade sectorial. A teoria da vantagem competitiva dá ênfase à mesma indústria implantada em diferentes países ou regiões, ou às relações entre bens substituíveis de uma indústria. Esta teoria estuda fundamentalmente a vantagem actual de uma indústria de um determinado país em relação aos outros. Os seus fundamentos são condutas estratégicas das empresas e sua criatividade. A teoria tradicional da vantagem comparativa foi construída num mundo da concorrência perfeita, sem escala da economia, nem actividades empresariais, segundo a qual, os produtos são homogéneos e só existe a concorrência dos preços. Enquanto isto, a teoria da vantagem competitiva foi concebida com base na concorrência imperfeita, e o comércio internacional acontece segundo a vantagem comparativa, em sentido mais amplo, visto que a vantagem competitiva dos preços provem não só da vantagem comparativa mas também doutros factores, tais como a escala da economia, entre outros. De qualquer maneira, a vantagem comparativa constitui uma base ou condição prévia da vantagem competitiva. Somente quando a vantagem comparativa da economia é desenvolvida plenamente, a vantagem competitiva das indústrias ou das empresas, se poderão formar.

Em segundo lugar, a China não só absorve largamente frutos académicos das teorias do investimento internacional[376], mas também enriquece estas teorias através das suas práticas, destacando o papel

---

[376] As teorias clássicas sobre a utilização do investimento internacional pelos países em vias de desenvolvimento acentuam o papel dos capitais estrangeiros no sentido de cobrir a brecha de depósito e de divisa. As teorias modernas do investimento internacional estão ligadas também às empresas multinacionais, provando que investimentos transfronteiriços são benéficos ao progresso tecnológico, à afectação dos factores, à expansão da exportação e à formação de mercado.

dos investimentos estrangeiros. Por exemplo, tanto remodela as empresas estatais com os investimentos estrangeiros sob regimes de "empresas de joint venture ou contrato de empreendimento comum" (incluindo *Sino-foreign equity joint venture* e *Sino-foreign contractual joint venture*)[377], como utiliza investimentos estrangeiros na exploração do terreno, na urbanização, na construção de habitação e de infra-estruturas, e promove a industrialização nas zonas rurais através de investimentos estrangeiros. Especialmente, o uso de capitais estrangeiros pelo sector terciário, proporciona novos conteúdos à teoria do investimento internacional.

Em terceiro lugar, semelhante à teoria da reforma, a estratégia de abertura da China foi gradual, tanto nas zonas experimentais, como nos diversos sectores. A abertura iniciou-se em algumas cidades, estendendo-se à parte litoral e a todo o território. O aproveitamento dos capitais estrangeiros limitou-se primeiro à indústria de manufactura, mais tarde, surgiu no sector financeiro e nos ramos de serviço e agora, na exploração urbana e na construção das infra-estruturas.

A aplicabilidade da teoria da abertura na China, encarna três fases distintas do desenvolvimento económico do país. Esta teoria resolveu o problema "deve ou não abrir-se?" na primeira fase; resolveu o problema "como se abre?" na segunda fase e está a responder à questão "como se abre ainda melhor", na fase actual.

Na época da economia planificada, após a China ter iniciado o socialismo, os capitais estrangeiros eram totalmente recusados, enquanto o comércio externo era considerado como um suplemento do desequilíbrio de planos. "Suprir necessidades recíprocas através do comércio dos bens", era quase a única teoria das relações económicas externas de então. No momento da abertura ao exterior, houve uma discussão na China em torno de um tema: qual deveria ser o fundamento teórico, a teoria do valor internacional ou a teoria do interesse comparativo (teoria da vantagem comparativa)[378]? Felizmente, os

---

[377] No direito da China, os empresários chineses e estrangeiros cooperam e estabelecem laços de modo a atingir os objectivos seguintes: a realização de economia de escala ou racionalização da produção, a redução de risco, a utilização de vantagem financeira, a obtenção de recursos tecnológicos, o aumento de eficiência e a internacionalização.

[378] Xu, Haining, Tian, Chunhua, Wen, Yaoqing, Chen, Aiping (1998), *Comércio Externo da China,* Xangai, World Books Publishing House, pp.5-9.

académicos chineses não negaram a primeira, nem abandonaram a segunda. O resultado desta discussão foi satisfatório porque a conotação de valores da teoria do interesse comparativa foi afirmada.

As Zonas Económicas Especiais da China representam "janelas" para conhecer e aprender com o mundo externo e ao mesmo tempo, experimentar o uso dos capitais estrangeiros e a expansão da exportação através de várias formas[379]. O êxito das Zonas Económicas Especiais, mostrou que era possível que tal acontecesse também nas zonas litorais. As suas vantagens geográficas e as menores diferenças relativamente aos países desenvolvidos constituíram condições de abertura. Dentro de poucos anos, a economia orientada para o exterior formou-se nas zonas litorais e tomou em conta a necessidade de coordenar o desenvolvimento económico do interior. À medida que todo o país possui condições de abertura, o consenso a que se chegou era o seguinte: para a China, país que ainda não tinha consciência da economia globalizada, mas sentiu a urgência da modernização, era importante agarrar a oportunidade da abertura e optimizar condições internacionais para acelerar o desenvolvimento interno. Mais tarde, com as negociações da reassunção ao GATT e as da entrada na OMC, surgiu uma nova afirmação de que a China dever-se-ia ligar ao mundo. Isto é, o aprofundamento da abertura não se limita à economia externa (incluindo o comércio externo e os investimentos estrangeiros), envolve ainda o sistema interno e as políticas internas. Os argumentos da "convergência para o mundo", visam estudar como a economia planificada e fechada, poderá transformar-se em economia de mercado aberta.

Neste sentido, a teoria da abertura da China distingue-se da mesma teoria nos países desenvolvidos e nos países em vias de desenvolvimento em geral. A abertura de natureza política passa a ser a abertura sistemática. Trata-se de uma mudança qualitativa na

---

[379] Em 1984, Deng Xiaoping mencionou quatro papéis de "janela" das Zonas Económicas Especiais, "As Zonas Económicas Especiais são as janelas, a janela de tecnologia, a janela de administração, a janela de conhecimento e a janela de políticas externas". Na realidade, o estabelecimento das Zonas Económicas Especiais promove a interacção mútua entre a China e o mundo. Sobre a teoria das Zonas Económicas Especiais, o seu nascimento e o desenvolvimento, *vide* YANG, Shengming, *ed.* (1999), *Teoria da Primeira Linha do Comércio Externo da China*, pp. 288-97.

sequência da mudança gradual. A natureza da "convergência para o mundo" é, no fundo, uma teoria da economia aberta.

Para concluir, a teoria da abertura económica da China, revela-se em algumas características. Antes de mais, tem aplicado essa abertura, para realizar a estratégia de desenvolvimento. Segundo, os argumentos clássicos da teoria da abertura dos países em vias de desenvolvimento, os capitais estrangeiros e o comércio externo destinam-se a cobrir brechas. A China, ao invés de negá-los, antes os enriquece com novos conteúdos. O aproveitamento dos capitais estrangeiros, não só satisfaz a grande necessidade financeira devido ao crescimento rápido, mas também ajuda à introdução de novas tecnologias, à melhoria da administração, à exploração do mercado internacional e à optimização das estruturas sectoriais; além disso, promove a transformação das empresas públicas. A teoria do investimento internacional por empresas multinacionais é remodelada para a teoria do aproveitamento do investimento estrangeiro na China, os temas de estudo abrangem como transformar vantagens dos capitais estrangeiros, em vantagens nacionais e como atrair capitais estrangeiros aproveitando vantagens nacionais existentes. Quanto ao comércio externo, por um lado, a China sublinha a vantagem por ter mão-de-obra abundante do ponto de vista de proporção de factores, mas, por outro lado, adopta outras formas[380] para exportar "mão-de-obra" como estratégia de desenvolvimento. Igualmente em evidência, sendo um país em via acelerada de desenvolvimento, no plano externo, no início da abertura, aceita a transferência de indústrias pelos países desenvolvidos ou recém-nascidos; no plano interno, após o aumento do nível de abertura, as indústrias implantadas nas zonas litorais foram sendo deslocadas para o interior. Como se sabe, a estratégia de abertura está estreitamente ligada à estratégia de desenvolvimento deste grande país em vias de desenvolvimento.

Em segundo lugar, a exploração da teoria da economia internacional na China, concentra-se mais em novas tarefas e na projecção de políticas ao invés de desenhar modelos económicos de equilíbrio

---

[380] Particularmente, "três processamentos e uma compensação" descrevem a estrutura do comércio externo da China. Os "três processamentos e uma compensação" referem-se a processamento de matéria-prima importada, cópia de modelos importados, montagem de peças importadas e o comércio de compensação.

dos países ocidentais. As teorias, apenas se tornam alvo de maior atenção quando estão relacionadas directamente com a escolha de políticas. Por exemplo, como projecta políticas para atrair mais capitais estrangeiros, como cria um ambiente económico e social interno de modo a atrair esse investimento estrangeiro, como realiza a reforma do sistema do comércio externo para expandir a exportação, como melhora o sistema de divisas de modo a favorecer o comércio externo, entre outros. Na China, as análises sobre contramedidas são mais eloquentes que as positivistas. Geralmente, os estudos à volta de políticas têm certas limitações, mas os académicos chineses apresentam sempre políticas no seu conjunto como suas sugestões. Esse facto mostra a dificuldade causada pelos limites sistemático no contexto da abertura e o conhecimento teórico incorporado atrás de análises políticas.

Em Julho de 1986, o governo chinês solicitou o regresso à sua qualidade de membro do GATT e iniciou as negociações de reassunção. Após o estabelecimento da Organização Mundial do Comércio, as negociações da reassunção tornam-se às de entrada na OMC. Neste longo processo, os círculos académicos nunca suspenderam as discussões sobre a escolha estratégica e a justificação da adesão à OMC. Tudo isso constitui novos assuntos da teoria da abertura da China. O objecto da análise não se limita apenas aos recursos, capitais e tecnologias estrangeiros, abrange também um ambiente de mercado internacional, e nele a China procura uma posição garantida pelo sistema jurídico internacional, para afastar as medidas unilaterais, como o "anti-dumping" e o tratamento da nação mais favorecida que foi concedida "por benevolência", sendo sempre instável. As longas negociações produziram uma série de subprodutos, designadamente, quais são as vantagens e os custos da abertura total, quais são as exigências da abertura na reforma interna, entre outros. A grande questão da abertura da China pode ser resumida ao seguinte: a China, um país que acaba de realizar a transição económica e inicia o desenvolvimento, como aguenta a dura concorrência proveniente do exterior ao longo da rápida abertura? Os economistas chineses ainda não tiveram tempo suficiente para aprender como o país se protege a si próprio com base nas regras da OMC, pelo contrário, estudam principalmente como ela sobrevive pelos seus esforços, sob a grande pressão de competição.

3.4.1.3. Vias concretas

A fim de apontar efectivamente vias concretas, vamos tomar como referência a estrutura do comércio externo da China dos últimos anos.

Factores Determinantes das exportações da China 1978-96: (%)

Ano	Produtos agrícolas	Recursos naturais	Capital físico	Capital humano	Trabalho não especializado
1978	21,4	13,0	12,8	9,5	43,3
1980	16,3	18,6	18,5	7,8	38,7
1985	14,6	23,0	13,9	7,6	40,9
1990	9,9	8,3	14,3	23,4	44,1
1996	4,3	3,7	16,1	29,8	45,4

Fonte: United Nations Statistical Office, citado em ZHANG, Xiaoguang, p. 55[381]

Percentagens dos produtos primários e manufacturados na exportação total: 1981-2005

Ano	1981	1985	1990	1995	1996	1997	1998	1999	2000	Janeiro, 2005
Produtos primários	50,3	50,05	25,60	14,40	14,50	13,11	11,20	10,22	10,21	7,13
Produtos manufacturados	49,7	49,95	74,50	85,60	85,50	86,89	88,80	89,78	89,79	92,87

Fonte: Calculado pela autora com base nos dados da Alfândega Geral da China

---

[381] ZHANG, Xiaoguang (1999), *China's Trade Patterns and International Comparative Advantage,* New York, Palgrave Macmillan.

Os 10 principais produtos exportados pela China em 2003: US$ milhões

Item	Valor
Equipamentos mecânicos e eléctricos	227,459
Produtos de alta tecnologia	110,320
Roupas e seus acessórios	51,916
Máquinas automáticas para processamento de dados e suas unidades	41,111
Fios de fibras têxteis, sintéticas ou artificiais	26,928
Componentes de máquinas automóveis para processamento de dados	18,226
Partes de aparelhos para interrupção de circuito eléctricos	15,853
Calçados	12,955
Partes e componentes de televisores, rádios e outros equipamentos de comunicação sem fio	7,604
Produtos plásticos	7,317

Fonte: Hong Kong Trade Development Council

Factores Determinantes das importações da China 1978-96: (%)

Ano	Produtos agrícolas	Recursos naturais	Capital físico	Capital humano	Trabalho não especializado
1978	21,4	2,2	50,1	17,2	9,0
1980	24,8	2,6	30,6	28,6	13,5
1985	4,2	2,7	31,3	49,3	12,5
1990	7,1	3,8	23,4	45,4	20,3
1996	5,0	6,0	25,7	43,6	19,7

Fonte: United Nations Statistical Office, citado em ZHANG, Xiaoguang, p. 57.

Os 10 principais produtos importados pela China em 2003: US$ milhões

Item	Valor
Equipamentos mecânicos e eléctricos	224,987
Produtos de alta tecnologia	119,301
Circuitos integrados e micro conjuntos electrónicos	41,105
Aço laminado	19,915
Petróleo em bruto	19,808
Tipo primário de plástico	15,724
Partes de equipamentos automáticos para processamento de dados	11,478
Máquinas automáticas para processamento de dados e suas unidades	11,414
Partes e componentes de televisores, rádios e outros equipamentos de comunicação sem fio	7,210
Instrumentos e aparelhos de medida, verificações etc.	6,669

Fonte: Hong Kong Trade Development Council

Em 2004, os três parceiros comerciais mais importantes da China foram a União Europeia (25 Estados-Membros), os Estados Unidos e o Japão, correspondendo a 44,9% do volume total do seu comércio externo[382]. Os principais produtos exportados pela China para a União Europeia, são equipamentos mecânicos e eléctricos, produtos de alta tecnologia, roupas, máquinas automáticas para processamento de dados e suas unidades, calçados, malas, brinquedos e produtos plásticos. Os produtos importados pela China da União Europeia, são produtos de capital, partes e componentes de automóveis, aço, equipamentos mecânicos e eléctricos, aviões, tipo primário de plástico, matérias industriais e equipamentos de transporte, entre outros. Também em 2004, as exportações de máquinas e produtos electrónicos cresceram a taxas maiores que a média de exportações, atingindo 44% e 54,3% de crescimento, e corresponderam, respectivamente, a 54,1% e 27,1% das exportações do país. A exportação da maioria dos produtos primários diminuiu, a exportação do petróleo bruto, a

---

[382] Os dados foram citados no site oficial do Ministério do Comércio da República Popular da China.

do produto oleaginoso final e a do carvão, reduziram-se respectivamente, para 25,8%, 21% e 6,9%, as exportações do milho, arroz, açúcar e fio de seda, diminuíram respectivamente 82,4%, 58,3%, 45,7% e 27,6%. Pelo contrário, as importações dos produtos de recurso intensivo de que a China carece, cresceram rapidamente, os minérios de ferro, o petróleo bruto e a soja em grão tiveram um crescimento extraordinário por entre as importações chinesas.

O núcleo da estratégia de abertura é desenvolver as vantagens comparativas e competitivas da China, utilizando capitais, tecnologias, recursos e mercados internos e externos.

Por conseguinte, as seguintes medidas deverão ser adoptadas:

(1) A China tem que explorar efectivamente e importar os três recursos internacionais de que carece: o recurso agrícola, o mineral e o energético. Em 1994, a percentagem da população do Japão e dos EUA no total mundial eram, respectivamente, de 2,2% e de 4,7%; entretanto, a percentagem na importação dos produtos de agricultura intensiva do Japão no total mundial era de 12,64%, sendo o primeiro país de importação dos produtos agrícolas. Os Estados Unidos são o primeiro país na importação dos produtos minerais, a sua percentagem representava 16,27% do total mundial. A do Japão era de 13,13%. Todavia, a percentagem da China na importação dos produtos agrícolas era apenas de 2,377%, e a da importação dos produtos minerais era apenas de 1,571%[383]. Isto é, as percentagens da China na obtenção dos recursos agrícolas e minerais eram mais baixas do que as do Japão e dos EUA e eram também mais baixas do que a percentagem da população da China no total mundial. Numa perspectiva de longo alcance dos interesses da China, o custo da autarcia dos recursos escassos é enorme e a continuação desta acção, significa sem dúvida, que a China abandonará os benefícios do comércio internacional. O objectivo que a China deveria prosseguir seria a concretização da sua autarcia, mas o facto, é que a sua realização tem um elevado custo e não será possível atingir esse objectivo a médio prazo. A carência dos recursos pela China não indica a falta dos recursos internacionais. Quando importa produtos tais como

---

[383] Hu, Angang (1999), *A Perspectiva do Desenvolvimento da China*, Hangzhou, Editora Povo Zhejiang, pp.228-35.

cereais, petróleo, madeira e pasta de papel, importa no fundo, terrenos, minas e floresta, o que é muito benéfico para optimizar a afectação dos seus recursos.

(2) A China tem que produzir e exportar os produtos de recursos intensivos e trocar alguns recursos por outros. A estrutura dos seus recursos agrícolas é diversificada. Há 94,970,000 hectares de terra lavrada, 35,350,000 hectares de terra inculta, mas cultivável, 313,330,000 hectares de prado disponível, 480,000 quilómetros quadrados de zona subtropical[384]. Embora a China não tenha vantagem comparativa nos produtos cerealíferos, tem vantagem comparativa nos produtos não cerealíferos. É muito vantajoso para a China exportar mais frutas, verduras, e produtos aquáticos e importar os produtos de terra lavrada intensiva. Como, por exemplo, os cereais. A China é também um país com vários recursos minerais. O carvão, o chumbo, o zinco, o estanho e o cimento, têm vantagens visíveis nos mercados de exportação. Isto significa que pode trocar alguns recursos por outros, promover o aumento da importação com o aumento da exportação, e assim poderá resolver a contradição entre a população e os recursos, entre o crescimento da economia e a prestação de recursos.

(3) A China tem que introduzir efectivamente técnicas estrangeiras avançadas e utilizar capitais estrangeiros. O nível da sua ciência e tecnologia, está atrasado em relação aos países desenvolvidos. A percentagem da autorização das patentes internacionais da China é de apenas 0,27% no quadro mundial. Introduzir novas técnicas significa a utilização das "vantagens do futuro". Adquirir tecnologia com a oferta de mercado é uma das suas mais importantes estratégias. O quantitativo do capital da China é de 3,4% no cômputo mundial, mas a atracção dos capitais estrangeiros vai complementar os investimentos internos[385]. Os investimentos estrangeiros nas infra-estruturas,

---

[384] http://www.stats.gov.cn
[385] MENDES, António Marques (2005), *Foreign Direct Investment (FDI) and TRIMs, TRIPs et al: their relevance for the EU, China and Macao*, trabalho apresentado no seminário sobre "EU Economic Integration and CEPA Agreements" que foi organizado pelo Centro de Formação Jurídica e Judiciária, Macau, 12 de Maio de 2005. O autor analisou experiências de 81 países no período entre 1980 e 1999 e descobriu que os investimentos directos estrangeiros causaram o crescimento económico somente em 12 países, e o crescimento económico atraiu investimentos directos estrangeiros em 11 países e no resto dos países, a relação era indeterminada. Quanto à relação entre investimentos directos estrangeiros

nas zonas mais atrasadas da China, são também uma estratégia de longo alcance[386].

(4) A China tem que explorar os recursos de mão-de-obra e promover a exportação dos produtos de trabalho intensivo. É o primeiro país na exportação dos produtos de trabalho intensivo no mercado internacional, a sua percentagem representa 10,55%, sendo mais elevada do que a dos EUA (6,3%) e do Japão (4,95%)[387]. A China resolve o problema de empregos para 1/5 da mão-de-obra mundial com apenas 3,4% do capital total internacional. Por isso, é necessário explorar os recursos humanos, trocar recursos por trabalho, fomentar a importação com a exportação. É necessário indicar que os produtos de trabalho intensivo, têm vantagem comparativa no comércio internacional, mas não é certo que estes produtos tenham vantagem competitiva a nível internacional. A China tem que desenvolver prioritariamente sectores de tecnologia intensiva e de capital intensivo, realizando a especialização e a escala e ao mesmo tempo promovendo a optimização da estrutura da exportação e o aumento de valor agregado dos bens.

(5) A China tem que pôr em prática a liberalização do comércio e do investimento, sobretudo, reduzir progressivamente impostos alfandegários, eliminar gradualmente barreiras não pautais, estabilizar

---

e investimentos internos, a análise empírica mostrou que nos 29 países, os investimentos directos estrangeiros excluíram os investimentos internos (efeito substitutivo), enquanto nos 23 países, os investimentos directos estrangeiros promoveram os investimentos internos (efeito complementar). Na América Latina, o efeito substitutivo era mais proeminente, na Ásia e na África, o efeito complementar era mais importante.

Como se sabe, na China, graças às políticas favoráveis, o estudo empírico mostrou que os investimentos directos estrangeiros têm vindo a promover o crescimento do comércio externo de forma directa e o aumento da competitividade das empresas nacionais, e as novas tecnologias e as experiências de administração de forma indirecta.

[386] Analisando as respectivas áreas envolvidas, os investimentos directos estrangeiros na China têm-se concentrado principalmente nos sectores de trabalho intensivo, promovendo a melhoria da estrutura da exportação de produtos chineses, ver Lu, Shengliang, (1999), "Empirical Study of the Relationship between Foreign Direct Investment and Growth of Foreign Trade", in Song, Ligang, Huang, Weiping (1999), *Comércio Externo, Crescimento Económico e Reforma Institucional,* Pequim, Editora Universidade do Povo da China, p. 111. No entanto, há um grande espaço da expansão pelos investimentos directos estrangeiros nas infra-estruturas na China, também nas zonas interiores, de acordo com a estratégia governamental de "*going west*".

[387] Hu, Angang (1999), p. 237.

taxas de câmbio e adoptar gradualmente um sistema do livre-câmbio, acelerar o processo da mercantilização, garantir os princípios de concorrência[388] e do tratamento nacional[389].

3.4.2. Estratégia de regionalismo

3.4.2.1. *A razão de ser*

No sistema do comércio internacional, coexistem o globalismo e o regionalismo. O regionalismo contribui para a integração económica regional e a criação de blocos regionais. Ele está em evolução e a desempenhar um papel cada vez mais importante do comércio internacional, bem como a influenciá-lo efectivamente. Actualmente, todos os membros (148 até 16 de Fevereiro de 2005) da Organização Mundial do Comércio, participam, pelo menos, num bloco regional[390], e mais de metade desse comércio internacional tem sido realizado intra-blocos regionais[391]. Nos últimos anos, o crescimento do regionalismo é mais notável, nomeadamente, o Acordo *FTAA (Free Trade Area of the Americas)* foi assinado em 2001, que incorpora 34 membros e pretende ser o maior bloco regional do mundo. Com o alargamento, dez economias aderiram à União Europeia em Maio de 2004. A *Association of South East Asian Nations (ASEAN)* está, neste momento, a esforçar-se no projecto de agrupamento de "ASEAN – plus – Three" (a China, o Japão e a Coreia do Sul).

Existe muita bibliografia sobre o regionalismo[392]. Após uma leitura minuciosa, com base nas análises empíricas, apesar da compreensão

---

[388] A fim de pôr na prática a estratégia da vantagem comparativa, a tarefa prioritária do governo é garantir uma plena concorrência do mercado. Assim, os sinais dos preços poderão reflectir exactamente o nível da escassez dos factores.

[389] Para mais detalhes, ver o disposto mais à frente nesta parte, sobre a estratégia do Estado de Direito.

[390] DAS, Dilip K. (2004), *Regionalism in Global Trade*, Edward Elgar, Cheltenham UK, Northampton, USA, p. 3.

[391] Ver OMC (2005), *Annual Report 2005*, Geneva.

[392] Por exemplo, FRANKEL, J.A. (1997), *Regional Trading Blocs in the World Economic System*, Washington, D.C., Institute for International Economics, LAMY, P. (2002), "Facing the challenge of globalization: regional integration or multilateral rules",

da preocupação de alguns economistas[393], julgamos que a tendência actual do regionalismo favorece a globalização económica[394]. As iniciativas dos blocos regionais constituem complementos, ao invés de alternativas em fase do livre cambismo global. Neste sentido, o regionalismo e o globalismo complementam-se e abrem possibilidades de ganhos do bem-estar mundial. Aliás, o regionalismo é o segundo óptimo da liberalização do comércio internacional. Os blocos regionais são passos imediatos do processo da integração na economia mundial e poderão conseguir a liberalização do comércio mais rápido, portanto, são considerados uma via mais fácil para chegar a acordo entre os diversos negociadores. As experiências do regionalismo são susceptíveis de se tornar um bem público global (*global public goods*)[395].

Do ponto de vista económico (no âmbito das ciências económicas e das teorias do comércio internacional e da integração), o regionalismo tem muitos benefícios[396]. Um mercado maior fornece a economia de escala às empresas e aos comerciantes, levando a cabo ganhos de eficiência. Um mercado maior atrai mais investimentos e facilita também a transferência tecnológica e a circulação dos factores[397]. As

---

Buenos Aires, disponível em http://www.wuropa.eu.int/comm/trade/speeches_articles/spla99_en.htm, HEYDON, K. (2002), "RIA market access and regulatory provisions", trabalho apresentado na conferência "The Changing Architecture of the Global Trading System", organizada pela OMC, Geneve, 26 de Abril de 2002, HOEKMAN B.M., KOSTECKI, M.M. (2001), PORTO, Manuel Carlos Lopes (2002) e (2004), entre outros.

[393] Por exemplo, KRUGMAN, Paul (1991), "Is Bilateralismo Bad?", em HELPMAN E., RAZIN, A., ed. *International Trade and Trade Policy,* Cambridge, MA: MIT Press, pp. 9-24. Ver ainda obras de Jagdish Bhagwati e Arvind Panagariya.

[394] Claro, o papel positivo do regionalismo depende largamente das iniciativas multilaterais, e os blocos regionais fechados prejudicam o comércio internacional. Às vezes, a redução de impostos alfandegários segundo um acordo regional, poderá ocorrer à custa dos outros países não membros do bloco.

[395] DAS, Dilip K. (2004), p. 4, *"An important illustration in this regard is that of APEC´s research on trade facilitation and its leadership on e-commerce, which proved to be of enormous assistance to the WTO".*

[396] DAS, Dilip K. (2004), p. 8, *"...the economic and regulatory links between trade and the rest of the economic systems of RIA (Regional Integration Agreements) members are expected to gradually harmonize and strengthen..."*, p. 22, *"... under regionalism, a legal framework of cooperation covering an extensive economic relationship is created, with the intention that it will be of indefinite duration, and with the possibility that the region will economically evolve in the future..."*

[397] DAS, Dilip K. (2004), p. 34, *"...However, Scollay has emphasized that this favorable impact of an RIA is subject to the proviso that adequate precaution is taken to*

várias economias sentem-se incentivadas para formarem blocos regionais, não só por causa do acesso aos outros mercados, mas porque poderão ganhar forças de negociação relativamente a países terceiros. Isso é mais sentido nas economias pequenas. Para as economias de transição, ou em vias de desenvolvimento, a participação de blocos regionais, é sempre um instrumento para acelerar a reforma do comércio externo, uma vez que as regras dos blocos regionais são frequentemente mais rigorosas do que as exigências da OMC[398].

Do ponto de vista jurídico, o regionalismo tem fundamento legal. Designadamente, quanto ao comércio de mercadorias, o artigo 24º do GATT[399], a *Enabling Clause*[400] que permite o sistema generalizado de preferências para as economias em vias de desenvolvimento e os dispositivos estabelecidos pela OMC relativamente à concessão, à excepção do artigo 1º do GATT possibilitam a criação dos blocos regionais. Sobre o comércio de serviços, o regionalismo está regulado pelo artigo 5º do Acordo Geral sobre o Comércio de serviços (GATS)[401]. Além disso, a criação de blocos regionais deve sujeitar-se

ensure that trade diversion effects do not outweigh trade creation ones, and the dynamic gains arising from regional liberalization, which can include productivity gains stimulated by increased competition and exploitation of economies of scale made possible by access to a large market. RIAs also enable developing economies to phase in their integration into global markets".

[398] Veja as experiências do México sobre a adesão à NAFTA, comentários encontrados em DAS, Dilip K. (2004), pp. 43 e ss.

[399] O quarto parágrafo do artigo 24º do GATT preceitua o seguinte: "As partes contratantes reconhecem ser desejável aumentar a liberdade do comércio, desenvolvendo, por meio de acordos livremente concluídos, uma mais estreita integração das economias dos países neles participantes. Reconhecem, igualmente, que a criação de uma união aduaneira ou de uma zona de comércio livre deve ter por objectivo facilitar o comércio entre os territórios constitutivos e não opor obstáculos ao comércio de outras partes contratantes com estes territórios". O quinto parágrafo do artigo 24º do GATT põe limites ao regionalismo.

[400] WANG, Xinkui, (1998), *WTO and Developing Countries*, Shanghai, Editora Yuandong, pp. 338-40. A *Enabling Clause* foi criada em Novembro de 1979 no Tokyo Round, através de *Decision on Differential and More Favorable Treatment Reciprocity and Fuller Participation of Developing Countries*.

[401] O artigo 5º do GATS dispõe que "O presente acordo não impedirá que qualquer dos seus membros seja parte ou subscreva um acordo de liberalização do comércio de serviços entre as partes nesse acordo, desde que o acordo em questão: *a)* tenha uma cobertura sectorial significativa e *b)* preveja a ausência ou a eliminação em termos substanciais de todo o tipo de discriminação, na acepção do artigo XVII, entre as partes nos sectores abrangidos pela alínea *a)*, através *i)* da eliminação de medidas de carácter discriminatório existentes, e/ou ii) da proibição da introdução de novas medidas de carácter discriminatório ou de medidas mais discriminatórias..."

aos procedimentos necessários, isto é, a notificação à OMC sobre a data de nascimento do bloco, informações detalhadas sobre os seus membros e os documentos legais. Podemos ver mais uma vantagem do regionalismo do ponto de vista jurídico, isto é, a criação de um bloco regional necessita de uma harmonização de sistemas jurídicos e de regras envolvidas, por exemplo, as barreiras não pautais (obstáculos tecnológicos, medidas sanitárias e fitossanitárias, padrões de mercadorias, procedimentos de inspecção, entre outros) têm de ser harmonizadas.

Em suma, o regionalismo desempenha um papel importante de equilíbrio entre a autonomia local e a participação na economia mundial. Ele é especialmente bem-vindo pelos países em vias de desenvolvimento, visto que a integração plena na economia mundial implica o alto nível de dependência do mercado global de capital[402].

Há geralmente dois modelos do regionalismo: o modelo institucional (blocos formais) e o modelo orientado pelos princípios (blocos informais). O APEC, de que a China faz parte, é um exemplo do segundo tipo[403]. Analisando as práticas da Ásia e da Zona Pacífico e as experiências nestas áreas dos últimos anos, parece que é certo que o regionalismo informal que contém a participação dos países desenvolvidos e dos países em vias de desenvolvimento adquire também um grande êxito económico. Especialmente, os princípios de flexibilidade e de pragmatismo adoptados pelo segundo modelo, enriquecem a teoria do regionalismo.

---

[402] OSTRY, Sylvia, ALEXANDROFF, Alan S., GOMES, Rafael, *ed.* (2002), *China and the Long March to Global Trade,* ROUTLEDGE, London and New York, p. 137.

[403] Até este momento, o APEC é composto por 21 países-membros (incluindo Hong Kong e Taiwan), 2 biliões e 500 milhões de habitantes. Os princípios consagrados pelo APEC são seguintes: o princípio de cooperação internacional, o princípio de solidariedade regional, o princípio de benefícios mútuos, o princípio de respeito mútuo e de igualdade, o princípio de pragmatismo, o princípio de consenso e de flexibilidade, o princípio de regionalismo aberto, o princípio de combinação entre acções unilaterais (designadas por IAP, no sentido de liberalização voluntária e unilateral) e acções colectivas (designadas por CAP). Consultar também DAS, Dilip, K. (2004), pp. 123-70, sobre *"regionalism in Asia-Pacific"*.

3.4.2.2. *Os passos concretos*

Se admitimos que a estratégia de abertura é vital para a China no sentido da realização dos seus interesses nacionais, a estratégia de regionalismo constitui, então, uma escolha prioritária.

3.4.2.2.1. A integração ao Asia-Pacific Economic Fórum

Em 1991, a China aderiu ao APEC. Começou a participar anualmente, a partir de 1993, na reunião informal, que conta com a presença de autoridades dos países membros. A integração ao APEC corresponde aos interesses fundamentais de segurança e de desenvolvimento da China, uma vez que é o maior país em vias de desenvolvimento na região; além disso, entre os quinze parceiros comerciais mais importantes, dez encontram-se localizados na Ásia e no Pacífico, 80% do comércio externo e 90% dos investimentos estrangeiros, são provenientes desta área[404]. Tendo em conta a importância geográfica e económica da China, a escala do APEC reduzir-se-ia significativamente sem a sua participação. O percurso da participação chinesa no APEC mostra que a posição e o direito à palavra da China na Ásia e no Pacífico têm aumentado.

Por um lado, os benefícios da integração no APEC, para a China são óbvios, nomeadamente, os interesses económicos podem aumentar, a redução de impostos alfandegários promove a importação de equipamentos modernos, tecnologias avançadas e recursos naturais, a capacidade de atrair capitais estrangeiros é reforçada, os consumidores têm mais benefícios por causa do custo baixo e da diversidade de escolhas, ainda, os canais de comunicação mais simples, facilitam a mútua confiança e a cooperação política[405].

Por outro lado, a integração no APEC, traz também muitos desafios para a China. Por exemplo, como é que se pode aumentar a competitividade das empresas chinesas e fazer com que o sistema

---

[404] CHENG, Jian, *ed.* (2004), *Blocos Regionais e a Estratégia da China*, Guizhou, Editora Povo Guizhou, p. 131.

[405] Ver explicações mais detalhadas na parte III deste trabalho, designadamente, a teoria do regime internacional.

económico corresponda às normas internacionais? Como é que se deve tratar as pressões vindas dos países desenvolvidos e dos países em vias de desenvolvimento, entre outros.

3.4.2.2.2. A criação de *Shanghai Organization of Cooperation*

Em 2001, a China criou a *Shanghai Organization of Cooperation (SOC)* conjuntamente com 5 países da ex-União Soviética[406]. O objectivo principal é a facilitação de investimento. Em 7 de Junho de 2002, teve lugar a primeira reunião ministerial dos seus membros, em que os mesmos chegaram a acordo nas seguintes áreas: aumentar a transparência de políticas e de leis, simplificar procedimentos alfandegários, reforçar a administração de fronteiras, aumentar a eficiência da circulação de mercadorias, proteger investimentos dos membros, uniformizar padrões, promover a troca de pessoas, a cooperação comercial, particularmente, a cooperação entre as pequenas e médias empresas.

3.4.2.2.3. A participação em "ASEAN-Plus-Three"

Em 2003, a China negociou com a ASEAN sobre a criação da área de comércio livre, ou seja, "ASEAN-PLUS-THREE" (APT). Os governos asiáticos sentiram particularmente a necessidade de agrupamento regional, depois da crise financeira em 1997, visto terem ficado desiludidos com as medidas aplicadas pelo FMI e pelos países ocidentais. Os países asiáticos esperam encontrar soluções próprias para resolver problemas económicos e financeiros que possam aparecer no futuro. Derrotados na reforma do sistema financeiro internacional, os países asiáticos esforçam-se mais na colaboração regional.

Neste momento, os passos preparatórios estão a decorrer.

---

[406] A SOC é geralmente considerada uma organização política regional. Aqui, concentramos apenas os aspectos económicos desta organização.

3.4.2.2.4. A implementação do Acordo de Estreitamento das Relações Económicas e Comerciais entre o Continente Chinês e duas Regiões Administrativas Especiais

Em 29 de Junho de 2003, foi assinado o Acordo de Estreitamento das Relações Económicas e Comerciais entre o Continente Chinês e Hong Kong, SAR (CEPA). Em 17 de Outubro de 2003, foi assinado o CEPA entre a China Continental e Macau, SAR[407].

A natureza dos Acordos do CEPA é semelhante à negociação das zonas de comércio livre, com base no facto, de que dentro de um país soberano se encontram vários territórios aduaneiros separados[408].

Desde o início da sua implementação, os dois acordos de CEPA têm produzido efeitos positivos no que respeita ao aumento do nível de trocas comerciais e na cooperação económica entre a China Continental e as duas Regiões Administrativas, bem como na promoção do desenvolvimento económico e comercial entre as duas partes dos acordos[409].

---

[407] Para obtenção de informações sobre as matérias do Acordo de CEPA em português, consultar no Centro de Informação sobre o Acordo de Estreitamento das Relações Económicas e Comerciais entre o Continente Chinês e Macau, http://www. economia. gov.mo.

[408] Segundos os acordos de CEPA, a China continental concede um tratamento de isenção de direitos aduaneiros a vários tipos de mercadorias, com origem de Hong Kong ou Macau, e concede também tratamento preferencial a vários sectores de serviços, em termos de acesso ao seu mercado.

[409] Segundo as estatísticas do governo da RAEK, "*In year 2004, Hong Kong economy saw a robust growth of 7.5%. In particular, exports of goods rose by 15% in the real term during the first 11 months; exports of services increased by nearly 17% in the real termo n the first three quarters. There was a 7.4% increase in private consumption expenditure during the first three quarters, the highest rise in the past decade. The unemployment rate has dropped steadily from a peak of 8.6% in 2003 to 6.5% at the end of 2004*". Citado em ZHANG, Lei (2005), *Some Legal Problems of CEPA,* trabalho apresentado no seminário sobre "A Integração Económica Europeia e os Acordos CEPA", Macau. Sobre o caso de Macau, "*The opportunities afforded by CEPA are: fostering the Macau economy's structural adjustment, ensuring a long-term, sustainable and balanced economic growth – the process of Macau's transformation from industry-based economy to service economy; fully realizing the benefits accruing under the concept of one country, two systems; promoting economic, social and cultural integration*", citado em IEONG, Pouyee (2005), *An Overview of Macao's Economic Situation & CEPA,* trabalho apresentado no seminário sobre "A Integração Económica Europeia e os Acordos CEPA", Macau.

3.4.3. Estratégia do Estado de Direito

3.4.3.1. *Importância do Estado de Direito*

Durante a transformação social, a economia e o direito constituem as duas áreas mais importantes[410]. O desenvolvimento económico autêntico, não se encontra, sem um sistema jurídico efectivo. O sistema jurídico de qualquer país desempenha uma função muito importante de garantia de estabilidade e justiça social, desenvolvimento e protecção dos interesses e valores das várias camadas sociais e dos estrangeiros. O mercado global coloca enormes responsabilidades nos Estados e empresas que querem participar na economia mundial. A necessidade da integração do sector privado, da luta contra a corrupção, da melhor regulação e da transparência, torna-se uma preocupação global e uma parte componente do desenvolvimento das instituições democráticas e dos sistemas económicos abertos[411].

A fim de realizar os objectivos de desenvolvimento do país, particularmente, deve, criar um sistema social dinâmico, competitivo e justo, restabelecer o sistema da civilização moderna e reforçar a coesão da nação para enfrentar a mudança global impetuosa, a China deve adoptar a estratégia do Estado de Direito e rever com antecedência o seu ordenamento jurídico, para se adaptar às novas realidades, usando como referências as experiências valiosas dos países estrangeiros e, ao mesmo tempo, baseando-se na sua situação nacional. Trata-se de uma questão de grande importância política e não apenas técnica.

---

[410] Se podemos usar uma metáfora, a preocupação dos economistas, é como fazer um bolo maior, enquanto a dos juristas, é como distribuir o bolo da melhor forma.

[411] PANITCHPAKDI, Supachai, CLIFFORD, Mark L. (2002), *China and the WTO: changing China, changing World Trade,* Singapore, John Wiley& Sons (Asia) Pte Ltd., p. 147, *"World Bank data shows that countries with good legal institutions are richer, more literate and have dramatically lower rates of infant mortality. World Bank President James Wolfensohn emphasizes that governments should recognize that an effective legal and judicial system is not a luxury, but a central component of a well-functioning state and an essential ingredient in long-term development".*

3.4.3.1.1. Várias concepções da noção de "Estado de Direito"

Nascida no ocidente, a noção de "Estado de Direito"[412] (em língua inglesa *Rule of Law* ou *Rule-based State*) remonta ao pensamento helénico. Desde PLATÃO, ARISTÓTELES, e através dos juristas romanos, pensadores do Direito Natural medievais, neo-estoicismo, pensadores do Direito Natural modernos, MONTESQUIEU, ROUSSEAU, fundadores norte-americanos, estudiosos alemães que defendem "*rechtsstaat*", até juristas contemporâneos como por exemplo, FRIEDRICH HAYEK, JOHN RAWLS, LON FULLER e THEODORE LOWI, entre outros, os esforços em favor do "Estado de Direito" têm sido sempre uma premência ou, pelo menos, uma realidade da vida política do ser humano.

Em primeiro lugar, tentamos descobrir o seu significado recorrendo aos dicionários jurídicos. De acordo com *Black's Dictionary of Law,* o Estado de Direito refere-se "*a legal principal, of general application, sanctioned by recognition of authorities, and usually expressed in the form of a maxim or logical proposition... sometimes called "the supremacy of law", provides that decisions should be made by the application of known principles or laws without the intervention of discretion in their application*"[413]. Segundo a interpretação dada por DINIZ[414], o Estado de Direito é a "situação criada em razão da lei, trazendo limitação do poder e das actividades estatais pelo Direito. O Estado de Direito tem por escopo o garantir dos direitos fundamentais, mediante a redução dos poderes da intervenção estatal, impondo-lhes restrições fundadas em lei". Para de PLÁCIDO E SILVA[415], o Estado de Direito, "É a organização de poder que se submeta à regra genérica e abstracta das normas jurídicas e aos comandos decorrentes das funções estatais separadas, embora harmónicas".

Do ponto de vista doutrinal, o "Estado de Direito" é sem sentido unívoco, mesmo que se concorde que esta é uma designação oposta

---

[412] CANOTILHO, José Joaquim Gomes (2003), *Direito Constitucional e Teoria da Constituição,* pp. 93-100.

[413] BLACK, Henry Campbell, *et al.* (1990), *Black's Law Dictionary,* St. Paul, Minnesota, West Publishing Co., p.1332.

[414] DINIZ, Maria Helena (1998), p. 407.

[415] SILVA, de Plácido (2002), *Vocabulário Jurídico,* 20ª edição, Rio de Janeiro, Editora Forense, p. 322.

à "governação arbitrária pelos particulares". Diferentes escolas jurídicas, com base em diferentes teses, entendem o conceito do "Estado de Direito" através de diferentes pontos de vista. Geralmente, é aceite uma classificação das diversas teorias sobre o Estado de Direito, sendo a perspectiva formal e a perspectiva substancial[416]. Segundo a primeira, as ordens normativas têm de ser imperativas, clarificadas e têm efeitos prospectivos ou retroactivos, entretanto, a segunda procura é ir além dos atributos formais e reconhecer certos direitos substantivos. As diferenças entre as duas perspectivas provêm de concepções distintas sobre o Direito.

A Escola do Positivismo Legal[417] considera que a existência e o conteúdo da lei dependem dos factos sociais e não dos seus valores, visto que a mente humana não poderia ir além dos ensinamentos ministrados directamente pelos factos, além disso, não existe nenhum ideal de Direito[418]. O Direito positivo, caracteriza-se apenas pelo

---

[416] ZHUO, Zeyuan (2001), *On the Country Ruled by Law,* Pequim, Editora Fangzheng da China, p. 11, ZHANG, Wenxian (1999), *Jurisprudence,* Pequim, Editora da Educação Superior e Editora da Universidade de Pequim, pp. 189-94.

[417] Surgiu esta corrente contra o racionalismo e o romantismo. O positivismo chamou a atenção para a necessidade de basear o pensamento em dados colhidos pela observação e pela experimentação. O positivismo foi produto da sua época e cumpriu a sua missão histórica, uma vez que a realidade humana e social não tem a precisão e a rigidez das ciências naturais. Entretanto, à sua concepção do Direito como minimamente ético, não falta nas críticas. Ver BATALHA, Wilson de Souza Campos, NETTO, Sílvia Marina L. Batalha de Rodrigues (2000), *Filosofia Jurídica e História do Direito,* Rio de Janeiro, Editora Forense, pp. 124-55.
Os grandes mestres do positivismo são o fundador Auguste Comte, Herbert Spencer, Wilhelm Wundt, Robert Adrigò, Bernhard Windscheid, Jeremy Bentham, John Austin, e no século XX, Hohfeld, Hans Kelson, H.L.A. Hart, Joseph Raz e Ncil MacCormick, entre outros. Mesmo que estes grandes mestres tenham posições diferentes, o positivismo legal caracteriza-se do seguinte modo segundo Hart, *"(1) laws are commands of human beings, (2) there is no necessary connection between law and morals, (3) the analysis of legal concepts is worth pursuing and distinct from sociological and historical enquires and critical evaluation, (4) a legal system is a closed logical system in which correct decisions may be deduced from predetermined legal rules by logical means alone, (5) moral judgments cannot be established, as statements of fact can, by rational argument, evidence or proof"*, pode-se observar que o positivismo legal distingue entre o direito como deve ser e o direito como realmente existe. Vide HART, H.L.A. (1983), *Essays in Jurisprudence and Philosophy,* Oxford, Clarendon Press, pp. 49-88; WACKS, Raymond (1987), *Jurisprudence,* 4ª edição, Londres, Blackstone Press Limited, p. 35.

[418] Isto não quer dizer que os juristas positivistas não se interessam por questões morais, na verdade, todos insistem na separação dos discursos jurídicos e morais.

formalismo da lei. De acordo com o sistema construído por HART, em cada sociedade há regras sociais relacionadas com a moral e com a obrigação. As regras relacionadas com a obrigação, são subdivididas em moralidade e regras jurídicas (o Direito) primárias e secundárias[419]. Para este efeito, há dois requisitos a preencher: primeiro, as regras válidas da responsabilidade têm de ser cumpridas pelos membros da sociedade, segundo, as autoridades têm de aceitar regras secundárias do ponto de vista interno[420]. Sobre o entendimento do Estado de Direito, HANS KELSON defende que "...*the attempt to legitimise the State as governed by law, as a Rechtsstaat, is revealed as entirely useless because...every State is governed by law in the sense that every State is a legal order. This, however, represents no political value judgment*"[421]; JOSEPH RAZ, por sua vez, aceita a importância do Estado de Direito e esclarece que "*rule of law is just one of the virtues which a legal system may process and by which it is to be judged... the rule of law is negative virtue in two senses: conformity to it does not cause good except through avoiding evil and the evil which is avoided is evil which could only been caused by the law himself*"[422]. A julgar pelo exposto, na abordagem positivista, o Estado de Direito não se deveria confundir com a democracia, a justiça, a igualdade e os direitos fundamentais dos cidadãos.

A abordagem positivista foi criticada pelo jusnaturalismo e pelo sociologismo jurídico pelas seguintes razões: no Direito faz falta a consideração de valor[423]; regras, ordens ou normas, em si, não expli-

---

[419] "*Legal rules are divisible into primary rules and second rules. The former proscribe the free use of violence, theft and deception to which human beings art tempted but which they must, in general, repress if they are to coexist in close proximity to each other. Primitive societies have little more than these primary rules imposing obligations. But as a society becomes more complex, there is a need to change the primary rules, to adjudicate on breaches of them, and to identify which rules are actually obligations rules. Three requirements are satisfied in each case in modern societies by introduction of three sorts of secondary rules: rules of change, adjudication and recognition*", Citada em WACKS, Raymond (1987), p. 62.

[420] Na perspectiva de Hart, consultar WACKS, Raymond (1987), p. 62.

[421] KELSON, Hans (1967), *Pure Theory of Law*, Berkeley and Los Angeles, University of California Press, pp. 318-9.

[422] RAZ, Joseph (1979), *The Authority of Law*, Oxford, Oxford University Press, p. 211 e p. 224.

[423] Por exemplo, Raz reconhece apenas a "tese social", segundo a qual, o Direito é considerado como um facto social e um sistema jurídico tem de ter a efectividade, o carácter

cam plenamente a realidade, o que ainda abrange o funcionamento do Direito e o papel judicial; o positivismo legal, simplesmente não apresenta uma visão clara e acessível do Direito[424]; além disso, falta-lhe uma qualquer conexão entre o Direito e a moralidade. No famoso debate com HART, LON FULLER na sua obra *The Morality of Law*[425], procura mostrar que o Direito tem uma moralidade interna (*internal morality*)[426] e dá a sua definição sobre o Direito[427], ou seja, o Direito tem de satisfazer certas necessidades morais ou requerer a legitimidade prática.

A doutrina do Direito natural[428], sob as diversas modalidades que apresentou ao atravessar os séculos, sempre fornece uma inter-

institucional e as fontes. Ver RAZ, Joseph (1980), *The Concept of a Legal System: An Introduction to the Theory of Legal System*, second edition, Oxford, Clarendon Press, pp.121-208.

[424] WACKS, Raymond (1987), p. 98, "...*legal positivism does not promote clear thinking about law. Modern positivists, it is sometimes said, have developed a highly complex, technical and occasionally barely comprehensible account of law. For all their brilliance, the works of Joseph Raz are frequently inaccessible to all but professional jurisprudes*".

[425] FULLER, Lon Luvois (1969), *The Morality of Law,* New Haven, Conn, London, Yale University Press.

[426] A moralidade interna é composta por oito requisitos: a generalidade, a promulgação, a não retroactividade, a clareza, a não contradição, a possibilidade de obediência, a constância e a congruência entre normas declaradas e acção oficial. Ver FULLER, Lon Luvois (1969), pp. 46, 51, 53, 63, 65, 73 e 82.

No entanto, Fuller não desenvolveu mais, sobre como estes oitos requisitos eram morais, por isso, muitos leitores ficam curiosos porque a moralidade interna apresentada por Fuller é bastante semelhante a oito princípios do Direito de Estado defendidos por RAZ, (1979), pp. 214-8.

[427] WACKS, Raymond, (1987), p. 98, "*the law is a purposive enterprise, dependent for its success on the energy, insight, intelligence, and conscientiousness of those who conduct it*".

[428] LU, Shilun (2001), *Sedimentação e Evolução da Jurisprudência*, Pequim, Law Press, pp. 349-503; BODENHEIMER, Edgar (1998), *Jurisprudence: The Philosophy and Method of the Law*, edição chinesa traduzida por Deng Zhenglai, Pequim, China University of Political Science and Law Press, capítulos 3 e 9 da parte I.

Começou com os gregos e os romanos, através dos juristas teológicos como por exemplo, S. Tomás de Aquino e dos juristas seculares como Grotius, Hobbes, Locke, Rousseau e Blackstone, o Direito natural diminuiu suas influências no Século XIX e renasceu no Século XX. Os seus representantes contemporâneos são Lon L. Fuller, John Finnis, Jacques Maritain, John Rwals, Ronald M. Dworkin, entre outros. Algumas razões explicam o renascimento do Direito Natural no Século XX, como por exemplo, o reconhecimento dos direitos humanos após a guerra mundial (designadamente, a Carta das Nações Unidas, a

-secção entre o Direito e a moral. Nos tempos modernos, o Direito natural, desempenha o papel decisivo de lutas políticas, quer revelando-se revolucionário, quer conservador, quer limitando-se a alguns princípios fundamentais, quer pretendendo a elaboração de Códigos eternos de preceitos racionais. Os jusnaturalistas, defendem por vezes o individualismo e outras vezes o contratualismo[429], destacando a natureza da função judicial. As normas jurídicas estatais, para a doutrina jusnaturalista, são frutos de uma árvore que tem as suas raízes no espírito e na adesão volitiva dos sujeitos[430]. A abordagem jusnaturalista sobre o Estado de Direito diz respeito a elementos substanciais, tais como os princípios à luz do espírito do Direito e as instituições jurídicas, determinadas pelos princípios, mais especificamente, o poder público, a responsabilidade do Estado, os direitos individuais, a liberdade social, os deveres dos cidadãos[431], a regulação democrática e a

---

Declaração Universal dos Direitos do Homem, a Convenção Europeia dos Direitos do Homem, a Declaração de Delhi sobre o Estado de Direito em 1959, entre outros), o reconhecimento do direito humanitário e a tutela constitucional dos direitos fundamentais através de solenes proclamações de natureza constitucional.

[429] BATALHA, Wilson de Souza Campos, NETTO, Sílvia Marina L. Batalha de Rodrigues (2000), pp. 55-6, "...o novo Direito natural tem carácter individualista, que se manifesta pela predominância da teoria do estado e de natureza, considerando com o único estado em que se pode realizar o Direito natural, ademais, o novo Direito natural é fundado em concepção nominalista; finalmente, o nominalismo do novo Direito natural teve como consequência lógica e teoria da autonomia da razão humana. E explica: essa teoria, aliada ao racionalismo da nova escola, desencadeou verdadeiro fanatismo de racionalização, do emprego do método dedutivo na elaboração de sistemas destinados a regrar até aos mínimos detalhes todas as instituições jurídicas (direito de crédito, direito real, direito civil, direito familiar, direito sucessório, direito público e direito internacional). Esses sistemas jurídicos, comparados com o Direito natural tradicional, menos completo, gozavam de grande prestígio por serem obra exclusiva da razão humana".

[430] BATALHA, Wilson de Souza Campos, NETTO, Sílvia Marina L. Batalha de Rodrigues (2000), p. 80.

[431] Para Locke, fundador do individualismo jurídico e moral, o poder público deriva do contrato. A função do Estado não é absorver os direitos do homem, os direitos naturais à liberdade e à propriedade, mas respeitá-los e salvaguardá-los. O poder legislativo é o poder supremo e reside no próprio povo, que elege como seus representantes, o poder executivo é submetido à lei. Se este violasse o pacto social e cessasse de garantir os direitos individuais, o povo reassumiria os direitos e ficaria livre dos vínculos do contrato. Partindo do individualismo, com o desenvolvimento pelo contratualismo representado por Rousseau, Kant e pelo iluminismo, o jusnaturalismo chegou ao apogeu. Segundo a Declaração da Independência dos EUA, "We hold these truths to be self-evidents: that all men are created equal; that

independência judicial, entre outros, no contexto moderno. Num Estado de Direito, o Direito prevalece sobre qualquer outra instituição ou interferência social, como por exemplo, a religião, a tradição ou a política.

Então, quais são as inspirações para nós, ou seja, o que podemos aprender através de discussões académicas? Claro, o presente trabalho não tem como objectivo comparar detalhada e profundamente as semelhanças e as divergências doutrinais entre o positivismo e o jusnaturalismo. Na nossa opinião, no mundo de hoje, o Estado de Direito necessita tanto dos requisitos formais como dos requisitos substanciais. Seja qual for a posição ou o critério adoptado, os requisitos formais na perspectiva positivista garantem a efectividade institucional do Direito, isto é, de uma ordem jurídica (seja ela boa ou má), diferente das normas religiosas, morais e costumeiras[432], somente funciona com um conjunto de instituições e normas necessárias[433]. A construção de um sistema jurídico formalmente satisfatório, destacando-se a função instrumental do Direito para aperfeiçoar a sociedade, não quer dizer a ausência da possibilidade de caminhar para o Estado de Direito substancialmente qualificado, desde que princípios fundamentais e o espírito da justiça e da moral, sejam nutridos[434] e o foco do Direito seja o seu empreendimento ("dever ser" v. "ser"). Na realidade, isso constitui um modelo de desenvolvimento para os países em transição.

---

they are endowed by their creator with inalienable rights; that among these rights are life, liberty; and the pursuit of happiness; that to secure those rights governments are instituted among men, deriving their just power from consent of the governed; that whenever any form of government becomes destructive of those ends; it is the right of the people to alter or abolish it, and to institute new government, laying its foundations on such principles, and organizing its power in such form, as to them shall seem most likely to effect their safety and happiness".

[432] As normas jurídicas referem-se às relações externas e mútuas dos homens, procedem de uma autoridade externa reconhecida e o seu carácter obrigatório é garantido por poderes exteriores. Ver BATALHA, Wilson de Souza Campos, NETTO, Sílvia Marina L. Batalha de Rodrigues (2000), p. 144.

[433] Recordem-se os argumentos de Hart e Raz, particularmente, RAZ, (1980).

[434] Explica assim a verdade admitida de que o conteúdo substancial determina a formalidade e a formalidade é restringida pelo conteúdo. No entanto, de acordo com a perspectiva positivista, o Estado de Direito pode servir tanto a boa utilidade, como a má utilidade, mesmo sem considerar requisitos morais.

Como se sabe, a noção e a tradição do Estado de Direito, têm uma história remota no mundo ocidental. Lancemos agora, porém, os olhos para a cena oriental.

A cultura chinesa não é orientada pelo Direito. De todo o modo, a China segue uma evolução própria. O sistema jurídico tradicional da China foi integrado numa concepção filosófica, sobretudo, o confucionismo[435] e influenciado, em grande medida, pelos pensamentos jurídicos do confucionismo e do legalismo[436]. O confucionismo descreve uma sociedade ideal e desejada. O conceito chave da

---

[435] DAVID, René (1996), *Os Grandes Sistemas do Direito Contemporâneo,* São Paulo, Martins Fontes, pp. 471-84. "A ideia fundamental que está na sua base é, independentemente de qualquer dogma religioso, o postulado da existência de uma ordem cósmica, comportando uma interacção recíproca entre o céu, a terra e os homens. Céu e terra obedecem a regras invariáveis; os homens, pelo contrário, são senhores dos seus actos, da maneira como se conduzem, vai depender a ordem ou a desordem no mundo. A harmonia, da qual dependem o equilíbrio do mundo e a felicidade dos homens, comporta um duplo aspecto. É, em primeiro lugar, uma harmonia entre os homens e a natureza... É necessário, em segundo lugar, uma harmonia entre os homens. É preciso, nas relações sociais, colocar em primeiro plano a ideia de conciliação, procurar o consenso. Toda a condenação, toda a sanção, toda a decisão da maioria devem ser evitadas. Todo o litígio deve ser diluído, mais que resolvido e decidido; a solução proposta deve ser livremente aceite por cada um, porque cada um a considera justa; ninguém deve ter, assim, o sentimento de ter levado a pior. A educação e a persuasão devem estar em primeiro plano, e não a autoridade e a coerção". Segundo a doutrina de Confúcio, o ser humano é composto por quatro dimensões: o eu, a comunidade, a natureza e o céu. As cinco virtudes essenciais do homem são o amor ao próximo, a justiça, o cumprimento das regras adequadas de conduta, a auto-consciência da vontade do céu e a sabedoria e sinceridade desinteressadas.

[436] Sobre a história da cultura jurídica chinesa, ver DAVID, René (1996), pp. 471-84, CHEN, Albert Hung-yee (1992), *An Introduction to the Legal System of the People's Republic of China,* Singapore, Butterworths Asia, GILISSEN, John (1995), *Introdução Histórica ao Direito,* 2ª edição, traduzida por António Hespanha, Lisboa, Fundação Calouste Gulbenkian, pp. 108-16, HESPANHA, António (1996b), "Direito e Poder na Cultura Chinesa Tradicional", *Administração,* n.º 32, vol. IX, 1996-2º, pp. 259-90, (1996a), "Linhas de Força da Cultura Jurídica Chinesa Contemporânea", *Administração,* n.º 31, vol. IX, 1996-1º, pp. 7-42, KAREN, Turner, (1992), "Rule of Law Ideals in Early China", *Journal of Chinese Law,* N.º 6, pp. 1-44.

O confucionismo surgiu na época "Primavera-Outono". O legalismo tinha um papel predominante nos sistemas jurídicos-políticos da época "Estados Guerreiros" e da Dinastia Qin. Esta predominância só veio a diminuir, gradualmente, nos primórdios da Dinastia Han. A partir do Século II antes de Cristo, com o Imperador Han Wu Di, que impôs o confucionismo com a única doutrina oficial, em detrimento de todas as restantes doutrinas, filosóficas e políticas, o pensamento jurídico do confucionismo assumiu-se com o apoio incondicional dos governantes feudais.

escola confucionista é *li (Ritos)* – um código não escrito de comportamento e um factor de socialização e de disciplina social[437]. Cada indivíduo, desempenha as suas funções sociais em conformidade com a sua respectiva posição social nas cinco relações principais (a relação entre o súbdito e o governante, as relações domésticas entre marido e mulher entre pais e filhos entre irmãos e a relação de amizade). Neste sentido, o *li*, representa apenas meios instrumentais normativos para manter a paz e a harmonia da sociedade feudal. Sustenta o princípio de personalização do poder político. Por outras palavras, uma boa regência de um país, depende do seu governante como se este fosse "o pai do povo". Admitindo o primado do *li*, o confucionismo defende o emprego simultaneamente de penas para garantir a estabilidade política e da prevenção contra a criminalidade. Os legalistas, como reformistas da sua era, exprimem uma concepção da lei e do Direito bastante semelhante à que prevalece no ocidente. Para o povo, são necessárias leis, sobretudo leis penais severas, o *fa* (o direito legislado) absoluto e geral. Segundo eles, a natureza humana é fundamentalmente má e egoísta e, por isso, é preciso submeter os homens a leis e castigar as infracções com penas severas. A Escola legalista defende "o governo pelas leis" ou "supremacia do *fa*" (que precisa ainda do poder legislativo na pessoa do imperador e do método de governo), oposto ao "governo pelos homens" ou "supremacia do *li*"[438]. Isto é, o fundamento das estruturas políticas e sociais deveriam fundar-se no Direito legislado. A este respeito, o *fa*, serve como um instrumento normativo para impor a obediência pela força.

Na sociedade tradicional chinesa, todas as dinastias elaboraram códigos escritos com a coexistência de o *li* e o *fa*, especialmente penais e administrativos[439], para que o espaço de privacidade cedesse ao espaço do interesse público; além disso, a função do Direito não

---

[437] HESPANHA, António (1996b), pp. 271 e 272.

[438] Segundo um legalista Shen Dao, "Ordenar segundo a lei é o caminho correcto para um estado". YU, Ronggen, *ed.* (2000), *História do Pensamento Jurídico Chinês*, Pequim, Law Press, p. 100.

[439] A Lei Tang, da Dinastia Tang, foi recebida e adoptada pelos governantes do Japão e outros países asiáticos. A Lei do Grande Manchu, continha normas, cujo conteúdo tratava 3.987 infracções e o Código do Grande Manchu que delimitava as competências do governo e da administração, foram traduzidos para o francês, o russo e o inglês nos Séculos 18 e 19.

foi manter a harmonia através de um quadro jurídico para condutas dia-a-dia, mas sim, incutir terror em quem infringisse tal harmonia. Para ANTÓNIO HESPANHA, o legado do pensamento jurídico tradicional revela-se em três aspectos[440]: (1) a boa ordem social repousa essencialmente sobre a observância das regras correctas de viver, tal como são aceites numa sociedade; (2) as leis não são, pelo menos, inúteis, mas normalmente prejudiciais, visto que o *fa* vale somente para as classes mais baixas, incapazes de serem disciplinadas pelos meios doces da educação; (3) os litígios devem resolver-se fora dos tribunais oficiais, através de arbitragem e compromisso.

No início da época moderna, surgiram, na China, várias correntes anticonfucionistas[441], nomeadamente, a corrente iluminista, a corrente reformista e a corrente revolucionária. Apareceram também as ideias da renovação e da modernização, do constitucionalismo, da liberdade e da democracia. Após a implantação da República Popular da China, as concepções marxistas sobre o Estado e o Direito, e instrumentalismo jurídico, exerceram grandes influências sobre o direito chinês: o Estado é a organização da classe dominante pela qual esta assegura a sua opressão sobre a classe explorada, a fim de salvaguardar os seus interesses de classe, o Direito é o instrumento que, na luta de classes, serve para salvaguardar os interesses da classe dominante e manter a desigualdade social e é um conjunto de normas sociais que regulamentam a relação de dominação da classe reinante, face à classe subjugada[442].

Durante muito tempo, na história chinesa, o Direito foi um instrumento do poder político, ou dito de outro modo, não existia a tradição do Estado de Direito de perspectiva ocidental na sociedade tradicional chinesa. Será que é possível analisarmos o Estado de

---

[440] HESPANHA, António (1996b), p. 282.

[441] A Revolta de Taiping entre 1851 e 1864, propôs uma reforma social baseada em princípio absolutamente opostos, como o igualitarismo e a modernização social. Alguns intelectuais reformistas durante a Reforma de Cem Dias em 1898 tinham o objectivo de implantar o regime de monarquia constitucional. Outros reformistas republicanos lutaram no movimento revolucionário democrático sob orientação dos três princípios do povo (o princípio da nação, o princípio da cidadania e o princípio do bem-estar). HESPANHA, António (1996a), pp. 7-8.

[442] BATALHA, Wilson de Souza Campos, NETTO, Sílvia Marina L. Batalha de Rodrigues (2000), pp. 220-31.

Direito no contexto actual da China, utilizando a concepção geralmente aceite? Antes de respondermos a esta pergunta, vejamos, em primeiro lugar, a posição defendida por alguns. Para RICHARD BAUM, a ideia de Estado de Direito pertence ao mundo ocidental, enquanto *"the concept ... in China means statist instrumentalism and invokes both doctrines of traditional Chinese legalism and the bureaucratic ethos of Soviet socialist legality"*[443]. A sua opinião reflecte argumentos de alguns académicos do Orientalismo Legal[444]. Aos olhos de EDWARD EPSTEIN, *"the Law in China is still conceived and operates as an instrument with which to uphold the socialist political order and perpetuate party domination and used to carry out and consolidate institutional, primarily economic, changes according to predetermined policy"*[445].

Reservamos a nossa opinião quanto a estes comentários. Não obstante, comparada com os países ocidentais, a sociedade chinesa esteja a caminhar em direcção a um Estado democrático e liberal, a função instrumental do Direito, baseada no positivismo legal, corresponde a alguns valores universais, ou seja, o instrumentalismo legal não se encontra apenas no oriente. Além disso, a história não poderá condicionar completamente o futuro. Mesmo que os valores e as técnicas do Direito Chinês tradicional continuem a influenciar o pensamento e a prática jurídica, as culturas jurídicas tradicionais não conseguem explicar o Direito Chinês contemporâneo. Acerca da evolução do Estado de Direito na China, é imprescindível ter em conta a sua tradição e as circunstâncias contemporâneas, particularmente as do século passado e a dos últimos anos, bem como as suas interacções cada vez mais frequentes com o mundo exterior. Aliás, a concepção ocidentalizada do Estado de Direito, tem vindo a ser realmente introduzida na China. Os seus esforços no sentido de convergir para a percepção ocidental deste conceito serão expostos a seguir.

---

[443] BAUM, Richard (1986), "Modernization and Legal Reform in Post-Mao China: the Rebirth of Socialist Legality", *Studies in Comparative Communism*, xix: 2 (summer 1986), pp. 70-2, citado em ZHENG, Yongnian (2004), *Globalization and State Transformation in China*, Cambridge University Press, p. 189-90.

[444] Sobre uma apresentação geral, ver RUSKOLA, Teemu (2002), "Legal Orientalism", *Michegan Law Review*, N.º 101, pp. 179-234.

[445] EPSTEIN, Edward (1994), "Law and Legitimation in Post-Mao China", in POTTER, Pitman B., ed. *Domestic Law Reforms in Post-Mao China*, Armonk, New York, M. E. Sharpe, p. 19, citado em ZHENG, Yongnian (2004), p. 190.

3.4.3.1.2. Curso histórico da China em direcção ao Estado de Direito

Após a Guerra do Ópio em 1840, a porta da China foi aberta por meios violentos pelos países europeus mais fortes e a cultura jurídica foi introduzida na China[446]. Trata-se da primeira reforma jurídica da China na época moderna: a ocidentalização do Direito Chinês. Os princípios adoptados implicavam estudar e emendar todas as leis vigentes tendo em vista as negociações comerciais internacionais e praxes dos países estrangeiros, para que novas leis fossem aplicáveis, tanto aos chineses, como aos estrangeiros em benefício do governo Manchu[447]. Os resultados desta primeira reforma jurídica contemporânea, foram a transplantação rápida do sistema jurídico do modelo romano-germânico[448]. Muitas importantes instituições e regimes jurí-

---

[446] A cultura jurídica europeia foi introduzida na China através de três vias: (1) os missionários, os comerciantes e aqueles estrangeiros que serviam como assessores das nobrezas da Dinastia Manchu, eram os intermediários das culturas ocidentais, as centenas de obras dos iluministas europeus, por exemplo, Locke, Rousseau, entre outros, foram traduzidas pelos missionários para a língua chinesa, os comerciantes estrangeiros traziam consigo a cultura do direito privado europeu e importantes instituições comerciais; (2) o fenómeno da extra-territorialidade promoveu conflitos entre a cultura jurídica tradicional da China e a cultura jurídica ocidental; (3) nas negociações pós-guerra, sobretudo, nas negociações dos tratados, a China sofreu grande humilhação e tinha de recorrer ao Direito Internacional com o objectivo de ser tratada igualmente no cenário internacional. Ver ZHANG, Jinfan (1997), *Tradição das Instituições Jurídicas da China e sua Transformação nos Tempos Modernos,* 2ª edição, Pequim, Law Press, pp. 346-61. Quanto à apresentação da jurisdição extra-territorial nos tratados celebrados entre o governo Manchu e outros países estrangeiros, ver WANG, Tieya (1998), *Introdução do Direito Internacional,* Pequim, Editora Universidade de Pequim, pp. 394-6.

[447] Aliás, as potências estrangeiras, nomeadamente, o Reino Unido, os EUA, o Japão e Portugal, entre outros, comprometeram-se a renunciar às jurisdições extra-territoriais e a ajudar o Governo Manchu a adoptar o Direito ocidental, ZHANG, Jinfan (1997), p. 437.

[448] Sobre os detalhes, ver HESPANHA, António (1996a), p. 11. Com o objectivo de reagir contra as críticas provenientes dos estrangeiros e acalmar a indignação do povo chinês na crise política, o governo Manchu encarregou os Srs. Shen Jia Ben e Wu Ting Fang como ministros da reforma jurídica. Com a ajuda dos juristas ocidentais e japoneses, o Gabinete da Reforma Jurídica elaborou uma série de anteprojectos de alguns códigos, nomeadamente, Nova Lei Penal do Grande Manchu, Anteprojecto da Lei Civil do Grande Manchu, Estatuto dos Comerciantes, Lei das Sociedades, Estatuto de Registo das Sociedades, Lei de Falência, Leis de Organização Judiciária, Anteprojecto da Lei Processual Penal, Anteprojecto da Lei Processual Civil, entre outros. No início da reforma, o governo Manchu, pôs ênfase no direito inglês, em especial, na área do Direito Internacional Público.

dicos ocidentais foram incorporados nos novos códigos ou no sistema judicial da China. Naturalmente, o processo da compilação das leis, não era nada fácil numa sociedade caracterizada pelo feudalismo, absolutismo e patriarquismo, sendo que os reformistas tinham de encontrar um equilíbrio entre a renovação e a fidelidade à tradição confucionista. Como diz o ditado, dever-se-ia "aprender da China para o substancial (a base), aprender do ocidente para o uso (o instrumento ou complementar)". Por outro lado, esta implantação jurídica apartou-se da realidade daquela época, as actividades legislativas que decoraram a fachada da reforma jurídico-constitucional e da compilação das leis, constituíram trabalhos de elites intelectuais, mas as concepções tradicionais continuaram a dominar a realidade da vida chinesa.

Depois da monarquia ser derrubada pelo movimento revolucionário, a ocidentalização do Direito Chinês foi acelerada no período republicano. O governo, chefiado pelo Partido Nacionalista, concluiu o trabalho de codificação e estabeleceu uma estrutura mais completa da lei escrita, que era conhecida como "o sistema de seis códigos"[449]. O Direito Chinês neste período, era baseado nos modelos ocidentais e tornou-se o Direito ocidental, quer na sua forma, terminologia, quer nas suas noções[450]. Muitas disposições antigas foram abando-

---

Entretanto, no início do Século XX, quer a estrutura, quer o conteúdo da compilação, adoptou a família continental, ao invés do modelo do *Common Law*. Este facto é atribuído às seguintes razões: primeiro, existia a tradição das leis escritas na China; segundo, semelhante ao Direito Romano, existia a concepção das autoridades patriarcal e estatal; terceiro, o modelo tradicional de audiência na China era parecido ao da família Continental e não com o processo contraditório da família *Common Law;* em quarto lugar, a experiência política do Japão na adopção do regime de monarquia constitucional era inspiradora para a China; em quinto lugar, do ponto de vista técnico, a língua japonesa é semelhante à língua chinesa, o que facilitou bastante o trabalho de tradução dos códigos.

[449] Originalmente, "os seis códigos", um termo proveniente do Japão, referiam-se ao Código Constitucional, Código Civil, Código Comercial, Código Penal, Código de Processo Civil e Código de Processo Penal. No período republicano da China, não houve um ramo de direito chamado Direito Comercial, independente do Direito Civil. Por isso, "os seis códigos" na China incluíram também a colectânea do Direito Administrativo. Mais tarde, este termo foi utilizado para se referir ao conjunto do direito legislado da China. YE, Xiaoxin (2002), *História das Instituições Jurídicas da China,* Xangai, Editora Universidade de Fudan, p. 359.

[450] CHEN, Jianfu, (1999), *Chinese Law: Towards an Understanding of Chinese Law, Its Nature and Development,* The Hague, Kluwer Law International, p. 24. O Código Civil da China, então vigente, era muito semelhante aos Códigos Civis Alemão e Suíço.

nadas[451]. Os tribunais foram estruturados segundo o modelo francês, com a excepção da China, que seguiu o princípio da separação do poder judiciário, do poder executivo, de acordo com a tradição do *Common Law*. O impacto da modernização do Direito neste período foi impedido, porém, devido à instabilidade do governo central. "A obra de alguns homens, ciosos de ocidentalizar o seu país, não teve por efeito, a transformação súbita da mentalidade chinesa e a adaptação, em poucos anos, dos juristas e do povo chinês à concepção romana do Direito, desenvolvida por um trabalho de mais de mil anos dos juristas cristãos do ocidente"[452], no entanto, não se pode negar o seu grande significado: em primeiro lugar, alguns caracteres do sistema jurídico da China feudal desapareceram, nomeadamente, a coincidência entre órgãos administrativos e judiciais, a não distinção entre o direito público e privado, a não distinção entre leis civis e criminais e o abandono de algumas velhas práticas; em segundo lugar, o edifício jurídico tradicional da China foi destruído, as instituições jurídicas ocidentais foram implantadas na China, o que serviu como base da modernização do Direito chinês; em terceiro lugar, a ideia do Estado de Direito desenvolveu-se[453].

Após a fundação da República Popular da China em 1949, o sistema jurídico vigente durante a regência do Partido Nacionalista foi totalmente abolido. Durante cerca de trinta anos, houve um recuo no caminho em direcção ao Estado de Direito. Na verdade, a regulação foi realizada em grande medida não dependendo de um sistema jurídico[454], o primado da política sobre o direito e o papel puramente instrumental do direito, estavam presentes frequentemente na doutrina oficial[455].

---

[451] Por exemplo, o princípio da analogia e cerca de 2.000 disposições civis antigas.
[452] DAVID, René (1986), p. 476.
[453] TAN, Poh-Ling (1997), *Asian Legal Systems: Law, Society and Pluralism in East Asia*, Butterworth, p. 23, *"The concept of the rule of law and the development of an adjudicative, rather than an administrative, legal system made some progress during the period of Nationalist rule"*.
[454] CHEN, Jianfu (1999), p. 34-8. Durante o período da Revolução Cultural, o sistema jurídico chinês foi totalmente sabotado. O funcionamento do Congresso Nacional Popular e do Presidente do Estado suspendeu-se. Os tribunais foram substituídos pelos bandos de massas populares, sendo extintas todas as procuradorias e as escolas foram encerradas.
[455] HESPANHA, António (1996a), p. 18.

Esta situação começou a mudar nos finais da década de 70 do século passado. Após ter recebido o baptismo dos anos mais difíceis, houve uma grande necessidade de reflexão teórica profunda sobre o valor autónomo do direito na vida social e política. Em face das novas circunstâncias, as teorias dominantes anteriormente "manifestaram uma profunda crise"[456]. Desde a 3ª sessão plenária da XI reunião do Comité Central do Partido Comunista Chinês, o sistema jurídico contemporâneo da China entrou numa nova fase. Tratou-se da terceira reforma jurídica que marcou a época no processo da modernização[457], isto é, além da transição da economia planificada para a economia de mercado socialista, o "governo das pessoas" tinha de ser transformado no "governo pelo direito"[458]. O princípio do Estado de Direito é previsto de forma expressa, "A República Popular da China administra os assuntos de Estado nos termos da lei, construindo um país de legalidade socialista... Todos os órgãos do Estado, as forças armadas, partidos políticos e organizações públicas e todas as empresas e estabelecimentos, devem obedecer à Constituição e à lei.

---

[456] HESPANHA, António (1996a), p. 20, "...Elas não podem explicar por que é que o sistema jurídico deve ser reforçado mesmo depois da eliminação das classes exploradas, nem elucidar as novas condições e novos problemas, tais como *um país, dois sistemas*. Por isso, é imperativo renovar a teoria do direito".

[457] HESPANHA, António (1996a), p. 22, "Traços deste renascimento do direito são os princípios ou constatações seguintes: 1. A actividade do Estado e dos serviços públicos, bem como a actuação dos funcionários e quadros políticos, deve decorrer de acordo com a lei... 2. Todos os cidadãos são iguais perante a lei, princípio pela primeira vez incluído, sob esta fórmula transclassista, no Código Penal de 1979 e, depois, na Constituição de 1982; 3. Na fase de modernização da economia, o alargamento da propriedade privada e das relações de mercado, ao tornar mais complexas as relações sociais, exige uma moldura legal mais firme, que discipline e torne previsíveis os comportamentos nas novas áreas da vida económica-social. Este tópico tornou-se particularmente importante após o 14º Congresso do P.C.C. (1992), que confirmou a estratégia de desenvolver uma economia socialista de mercado, em que as leis do mercado partilhassem com o sistema de planificação o controlo da actividade económica. No âmbito desta estratégia, entende-se que se necessita de leis e regulamentos que assegurem um progresso suave da reforma e abertura, em ordem a uma melhor gestão do conjunto da economia e da regulamentação dos comportamentos das empresas e dos indivíduos, como declarou Jiang Zemin em 1992; 4. A modernização económica implica, nos quadros de uma visão economicista da história, a modernização do direito".

[458] LI, Buyun, JIANG, Ping (2001), *OMC e a Construção do Sistema Jurídico da China*, Pequim, Editora China Fangzheng, pp. 138-40.

Todos os actos ofensivos da Constituição ou da lei, devem ser reapreciados. Nenhuma organização ou indivíduo, pode gozar do privilégio de estar acima da Constituição e da lei."[459] Evidente, a actividade do Estado e dos serviços públicos, bem como a vida social deve decorrer à luz da lei, isto é, o direito constitui um quadro indispensável de um país. É preciso mencionar que entre os académicos chineses e estrangeiros, houve uma discussão intensa sobre a diferença entre o termo "Estado de Direito" (*rule of law*) e o termo "Governação através do Direito" (*rule by law*): a China poderia ser caracterizada como o primeiro ou o segundo? Para alguns, tanto o Estado como o partido, encontram-se submetidos às leis[460]; para outros, o direito (leis escritas e o sistema jurídico), estão utilizados como um instrumento para assegurar o sistema político[461]. Mais tarde, a dimensão do debate foi alargada para o papel do direito e o significado da concepção do Estado de Direito no sistema jurídico chinês[462]. A verdade é que, independentemente da função ideológica, o direito, ao invés do poder político, influencia e restringe o exercício

---

[459] Artigo 5º da Constituição vigente da República Popular da China (tradução livre).

[460] ZHENG, Yongnian (1999), "From Rule by Law to Rule of Law", *China Perspectives*, N.º 25, September-October, pp. 31-43.

[461] HESPANHA, António (1996a), p. 21, "Admitido o papel dirigente do Partido em toda a vida política – como o continua a ser na doutrina política chinesa – não tem sido fácil fundar teoricamente a autonomia do direito nem o ponto de vista de que este poderia limitar a política (princípio da legalidade) ". Ver ainda FEINERMAN, J.V. (1997), "The Rule of Law", *Current History*, September, p. 280, POTTER, Pitman B. (1998), "Curbing the Party Peng Zhen and Chinese Legal Culture", *Problems of Post Communism*, vol. 45, n.º 3, pp. 17-28 (1999), "The Chinese Legal System: Continuing Commitment to the Primacy of State Power", *The China Quarterly*, pp. 673-4, YUAN, Yuansheng (2000), "Conceptions and Receptions of Legality: Understanding the Complexity of Law Reform in Modern China", na obra editada por Turner, Feinerman e Guy, *The Limits of the Rule of Law in China*, University of Washington Press, p. 27. Segundo estes autores, o preâmbulo da Constituição diz "Sob a égide do Partido Comunista da China e a inspiração do marxismo-leninismo e do pensamento de Mao Zedong, o povo chinês de todas as nacionalidades continuará a aderir à ditadura democrático popular..."

[462] Segundo LI, Buyun, o primeiro jurista chinês que propôs o Estado de Direito na China após a Revolução Cultural, o significado do Estado de Direito é o seguinte: o Estado de Direito constitui uma exigência objectiva da economia de mercado, uma condição indispensável da política democrática, um símbolo da civilização humana e uma garantia fundamental da estabilidade política e tranquilidade social perene. LI, Buyun, JIANG, Ping (2001), p. 114.

do poder público[463]. O Estado de Direito requer não só um sistema jurídico bem organizado, mas também um sistema de valores, que exige a tutela da cidadania através da garantia institucional do direito. Deve notar-se que, a partir de 1993, o planeamento económico baseado na propriedade pública socialista, foi substituído pela economia de mercado socialista[464]. A implantação desta, levou a cabo um grande avanço da reforma jurídica da China. Surgiu, então de novo a ocidentalização do direito. No início, o estilo legislativo ocidental manifestou-se nas áreas do investimento e do comércio externo, e mais tarde, estendeu-se para outras áreas económicas e sociais. Os objectivos eram bastante claros: convergir para práticas internacionais. Nas palavras de um famoso jurista chinês, *"law-makers in China are looking for experience and models in Western countries, particularly in the pursuit for rational law since 1992... Chinese law is increasingly becoming Weberian rather than Maxist"*[465]. Com a maior integração no mundo, particularmente, com a adesão à Organização Mundial do Comércio, a China está a praticar resolutamente a abertura ao exterior, dando-se, simultaneamente uma aproximação do sistema ocidental do direito (principalmente romanístico) e sendo as regras internacionais mais observadas e as divergências atenuadas. Neste sentido, quase podemos modificar o velho ditado para "aprender do ocidente, para o substancial, aprender da China para o uso"[466].

As vicissitudes históricas, demonstraram que o desenvolvimento da concepção do Estado de Direito na China, passou momentos, tanto de decadência, como de prosperidade. Parece que a diferença revelada sobre a concepção do "Estado de Direito" é cada vez menor entre a China e o mundo ocidental. Mesmo que a tarefa de construir um país democrático de Direito ainda esteja longe do seu fim, tendo em conta a trajectória da história, podemos afirmar que a China está

---

[463] BIDDULPH, Sarah, "Enhancing China's Rule of Law", em HOLBIG, Heike, ASH, Robert, ed. (2002), *China's Accession to the World Trade Organization: National and International Perspectives*, London, RoutledgeCurzon, pp. 195-6.
[464] Artigo 15º da Constituição vigente da RPC (tradução livre).
[465] CHEN, Jianfu (1999), p. 55.
[466] As questões relativas à transplantação jurídica na China, bem como à relação entre as instituições jurídicas estrangeiras, as condições e os recursos locais da China, serão desenvolvidas mais adiante.

de facto a caminhar para o Estado de Direito, do nada para algo, do simples para o sistematizado, da depreciação do papel do direito para a construção do governo pelo Direito.

3.4.3.1.3. Formação e aperfeiçoamento do Estado de Direito na China

Mesmo que a China tenha conseguido progressos notáveis na sua reforma jurídica, todos admitem que a construção do Estado de Direito, ainda se encontra inacabada[467]. De facto, o sistema do direito legislado da China, precisa de ser desenvolvido no sentido de assegurar a sua integridade e uniformidade, evitando conflitos entre várias fontes de direito; a independência judicial na prática encontra muitos factores restritivos, tais como, a estrutura dos tribunais populares coincide com a divisão administrativa, os tribunais locais não têm autonomia financeira; a aplicação da lei sofre o proteccionismo local; certos processos não foram respeitados; faltam ainda sistemas efectivos para proteger os direitos fundamentais; os profissionais jurídicos representam uma percentagem relativamente baixa na população total; a concepção do Estado de Direito ainda não foi implantada profundamente na consciência de cada cidadão chinês...

A reforma económica e a abertura ao exterior, trazem novos desafios para a formação e o aperfeiçoamento do Estado de Direito. Numa economia de mercado, a credibilidade constitui uma base de negócios e a legalização das normas morais. Comparada com a do século passado, a reforma jurídica da China no século XXI tem de se basear na economia de mercado e desenvolver-se em conjunto com o aperfeiçoamento dessa economia. A entrada da China na OMC em 2001, marcou um grande avanço do estabelecimento do seu sistema jurídico. De acordo com o Protocolo da Adesão da República Popular da China[468], as exigências da OMC no âmbito jurídico são as seguintes: nos termos do parágrafo I.2.A.2, o Protocolo, exige a aplicação e a administração, da forma uniforme, imparcial e racional, de todas as leis, regulamentos e medidas que regem o comércio de

---

[467] Sobre os pormenores, ver mais à frente.
[468] Hyperlink http://www.wto.org ou http://www.chinawto.gov.cn.

mercadorias e de serviços; os aspectos dos direitos de propriedade intelectual relacionados com o comércio, ou os aspectos do câmbio[469]; nos termos do parágrafo I.2.A.4, o Protocolo, exige da China, o estabelecimento do mecanismo através do qual a aplicação variada do sistema do comércio poderá ser revista pelas autoridades nacionais, ou seja, trata-se da revisão judicial administrativa[470]; a secção I.2.C exige a regra de transparência, isto é, somente as leis e regulamentos publicados e acessíveis serão executados[471]; a secção I.2.D do Protocolo, exige o estabelecimento do sistema da revisão judicial[472]. Por um lado, o Protocolo da Adesão expõe um programa de aperfeiçoamento jurídico da China em conformidade com os princípios e disposições do GATT e da OMC, o que implica, por outro lado, que a China tem bastante trabalho por fazer nesta área.

Além disso, na era da globalização, o estabelecimento do Estado de Direito já não pode ser realizado por bloqueio[473]. As interacções entre a China e o mundo, envolvem todos os aspectos, inclusive os jurídicos. No futuro, a China vai acelerar a legislação das seguintes

---

[469] *"China shall apply and administer in a uniform, impartial and reasonable manner all its laws, regulations and other measures of the central government as well as local regulations, rules and other measures issued or applied at the sub-national level (collectively referred to as 'laws, regulations and other measures' pertaining to or affecting trade in goods, services, trade related aspects of intellectual property rights or the control of foreign exchange)"*, vide I.2.A.2. do Protocolo.

[470] *"China shall establish a mechanism under which individuals and enterprises can bring to the attention of national authorities cases of non-uniform application of the trade regime"*, vide I.2.A.4. do Protocolo.

[471] *"China undertakes that only those laws, regulations and other measures ...that are published and readily available to other WTO members, individuals and enterprises, shall be enforced. In addition, China shall make available to WTO members, upon request, all laws, regulations and other measures...before such measures are implemented or enforced..."*, vide I. 2. C. do Protocolo.

[472] *"China shall establish, or designate, and maintain tribunals, contact points and procedures for the prompt review of all administrative actions relating to the implementation of laws, regulations, judicial decisions and administrative rulings of general application referred to in Article X: 1 of the GATT 1994, Article VI of the GATS and the relevant provisions of the TRIPS Agreement. Such tribunals shall be impartial and independent of the agency entrusted with administrative enforcement and shall not have any substantial interest in the outcome of the matter..."*, vide I.2.D. do Protocolo.

[473] As antigas reformas jurídicas da China decorreram "hermeticamente", mesmo que fosse a ocidentalização do direito.

áreas, nomeadamente, a tutela de direitos e liberdades dos cidadãos, actividades económicas e cíveis.

Há mais razões para estarmos confiantes no estabelecimento do Estado de Direito na China. Na sequência da 1ª sessão plenária da XVI reunião do Comité Central do Partido Comunista Chinês, uma nova estratégia de desenvolvimento para fundar uma sociedade harmoniosa, foi defendida. Trata-se de uma elevação notável das estratégias da China, ou seja, o desenvolvimento económico não será o único objectivo, pois a economia e a sociedade, devem desenvolver-se de uma forma sustentável e harmoniosa. "É necessário estabelecer uma sociedade de democracia, de direito e de justiça, com a credibilidade, a fraternidade, a vitalidade, a estabilidade e a ordem, onde vivem em harmonia o homem e a natureza"[474]. A harmonia conta com a garantia institucional e a justiça. Uma sociedade harmoniosa exige regras reconhecidas e previstas, sobretudo, regras jurídicas, que têm tal claridade e imperatividade que podem ser observadas por todos os seus membros. Esta nova estratégia, fornece uma solução para a sociedade em transição, onde existem contradições sociais rompendo, ao mesmo tempo com os conceitos e sistema antigos.

3.4.3.1.4. Uma abordagem sobre o constitucionalismo da China

O constitucionalismo abrange três elementos fundamentais: a democracia como base, o Estado de Direito como condição e os direitos humanos como finalidade[475]. O constitucionalismo, adesão aos princípios do regime constitucional, ou a divisão e a restrição dos poderes políticos através da Constituição[476], iniciou-se no começo do século XX na China e está ligado à sua modernização jurídica[477].

---

[474] As palavras do Presidente Chinês Sr. Hu Jintao, em várias ocasiões.

[475] LI, Buyun (2001), "Constitucionalismo e a China ", em LI, Buyun, JIANG, Ping, *ed.* (2001), p. 130.

[476] O espírito do constitucionalismo é comum entre diferentes Estados-Nação, mas as formas de expressão do constitucionalismo, como passos concretos para realizar o seu ideal, variam nos diferentes países.

[477] Sobre uma apresentação sucinta da história do constitucionalismo da China, ver ZHANG, Qianfan (2003), *Introdução ao Direito Constitucional,* Pequim, Law Press, pp. 87-142, CHEN, Jianfu (1999), "The Revision of the Constitution in the RPC: Conceptual Evolution

Como se sabe, o direito constitucional da China foi consequência das influências ocidentais na reforma jurídica no início do século XX. A primeira Constituição moderna da China, "As Linhas Gerais da Constituição", foi publicada em 1908 pelo governo Manchu, seguindo o modelo do regime monarquia constitucional do Japão[478]. Com base nas "Linhas Gerais da Organização do Governo Provisório da República da China" de 3 de Dezembro de 1911, a Carta Constitucional Provisória da República da China de 8 de Março de 1912, foi o único documento constitucional com características democráticas de burguesia[479]. Durante o período republicano, houve mais de 10 Constituições e anteprojectos constitucionais, de estilo ocidental[480].

Desde a fundação da RPC, a China adoptou 4 Constituições, respectivamente em 1954, 1975, 1978 e 1982, com excepção do "Programa Comum da Conferência Política e Consultiva do Povo Chinês" que representou o primeiro documento do direito constitucional da China contemporânea[481].

---

of Socialism with Chinese Characteristics", *China Perspectives,* n.º 24, July-August, pp. 66-79 (2004); "The Revision of the Constitution in the RPC: A Great Leap Forward or a Symbolic Gesture?", *China Perspectives,* nº. 53, May-June, pp. 15-32.

[478] Contava, no total, de 23 artigos, 14 artigos no texto principal e 9 artigos no Anexo. O texto principal consagrava os direitos do imperador e o anexo indicava os direitos de deveres dos cidadãos. Após a revolta de 10 de Outubro de 1911, em 3 de Novembro do mesmo ano, o governo Manchu publicou "19 Dogmas Fundamentais da Constituição", em que declarou a adopção do regime de parlamentarismo.

[479] A Carta Constitucional Provisória, com 7 capítulos e 56 artigos, baseava-se no princípio da separação de poderes, definindo também as liberdades, direitos do povo.

[480] Além da Carta Constitucional de 1912, existiram ainda outros documentos constitucionais, por exemplo, Projecto da Constituição da República da China em 1913, a Carta Constitucional de 1914, a Constituição da República da China em 1923, o Anteprojecto da Constituição da República da China em 1925, a Lei Orgânica do Governo da República da China em 1928, a Constituição Provisória do Período Titular da República da China em 1931, o Anteprojecto de 5 de Maio de 1936 e a Constituição da República da China em 1946.

[481] O Programa Comum tem 60 artigos, declarando a implantação da República Popular da China, confirmando que o sistema do Estado é a da ditadura democrática popular da classe operária. Do sistema político ressalta um Congresso Nacional Popular, até à criação deste Congresso, a entidade que detinha o poder era a Comissão do Governo Central Popular. São permitidas cinco modalidades de economia, com excepção da economia feudal e a economia capital-burocrática. Igualmente, estabelece os direitos e os deveres dos cidadãos. Sobre a perspectiva geral destas Constituições da República Popular da China, consultar CHEN, Jianfu (1999) e (2004).

O nosso interesse principal, neste momento, é o de estudar a Constituição actualmente em vigor e as quatro revisões (respectivamente em 1988, 1993, 1999 e 2004), averiguando em que sentido é que o constitucionalismo da China tem promovido os passos da reforma política e a tutela constitucional dos direitos económicos e individuais.

Comparada com as Constituições anteriores, a de 1982 avançou no desenvolvimento da democracia e na melhoria da legalidade socialista. Nos termos do artigo 2º: "Na república Popular da China todo o poder pertence ao povo. Os órgãos através dos quais o povo exerce o poder político são o Congresso Nacional Popular e os congressos populares locais dos vários níveis. O povo dirige os assuntos do Estado e administra os assuntos económicos, culturais e sociais através de diversos canais e de várias formas, em conformidade com a lei". Pela primeira vez, a Constituição posiciona o capítulo "Direitos e deveres fundamentais dos cidadãos" antes do capítulo "Estrutura do Estado". A nova Constituição introduziu reformas no que diz respeito ao regime político, por exemplo, reforçou o regime do Congresso Popular, aumentou as competências dos deputados do Congresso Nacional Popular, estabeleceu, "comissão permanente" do congresso popular local a partir do nível de distrito (art. 13º), eliminou o regime de mandato sem limites e, confirmou o princípio de "um país, dois sistemas".

A maioria das normas surgidas das revisões constitucionais de 1988, 1993 e 1999, concentraram-se principalmente no ajustamento do sistema económico.

A modificação de 1988 relacionou-se com a economia privada e a propriedade do terreno, tendo sido reconhecidos o direito de arrendamento de terras (art. 10º, §4) e a existência da economia privada como "o complemento da economia da propriedade pública socialista" (art. 11º).

A revisão de 1993 confirmou que a China se encontrava justamente "no período inicial do socialismo" (as últimas duas frases do sétimo parágrafo do preâmbulo), assim, pondo em prática "a economia de mercado socialista", ao invés do planeamento económico baseado na propriedade pública socialista (art. 15º), na qual "as empresas que pertencem ao Estado" (ao invés de empresas exploradas pelo Estado) "têm o direito de gestão autónoma dentro dos limites prescritos pela lei" (art.16º). A revisão também protegeu "o regime de responsabilidade de produção conjunta tendo por fundamento o contrato do agregado familiar" (art.8º). O objectivo do desenvolvimento era "transformar a China um país socialista próspero, democrático e culto" (as últimas duas frases do sétimo parágrafo do preâmbulo). Foi aditada a parte final do parágrafo 10º do preâmbulo, segundo o qual "O regime de cooperação multipartidária e de consulta política sob a direcção do Partido Comunista existirá e desenvolver-se-á permanentemente".

A revisão constitucional de 1999 deu mais um passo no reconhecimento da importância da protecção da economia privada. Embora a propriedade pública seja "principal" "no sistema económico fundamental" (art.6º), "a economia de propriedade não pública, designadamente a economia individual e a economia privada nos limites definidos pela lei, constituem uma importante parte da economia de mercado socialista" (não apenas o complemento da economia da propriedade pública socialista) e "o Estado exerce a orientação, a supervisão e a administração sobre a economia individual e a economia privada" (art. 11º). Além disso, a teoria de Deng Xiaoping tornou-se numa das orientações ideológicas do povo chinês (o sétimo parágrafo do preâmbulo). Também uma cláusula muito importante, foi introduzida no artigo 5º como número um do mesmo artigo: "A República Popular da China administra o país segundo as leis, construindo um país de legalidade socialista", e "outras actividades contra-revolucionárias", passaram a ser alteradas em "outras actividades criminosas que ameacem a segurança do Estado".

A revisão constitucional de 2004 introduziu "os três representantes", o que significa uma viragem da antiga ditadura e uma revolução para "a representação" e a governação democráticas[482]. Por um

---

[482] HAN, Xiuyi (2004), "Nova Estrutura Constitucional: Abertura da Via para uma Comunidade Jurídica Chinesa", *Administração*, n.º 65, vol. XVII, 2004-3.º, pp. 770-6. "A julgar pelo conteúdo de Os Três Representantes, trata-se de um sistema orgânico, com popularidade e generalidade, que torna a força produtiva como o eixo e a artéria, e a cultura e os interesses como as suas duas alas. Esta teoria apresenta grande semelhança como aquela que levou ao caminho do desenvolvimento político-social do Ocidente desde a era moderna. Quer dizer que a viragem nesta legitimidade é uma inevitabilidade histórica".

GOODMAN, Peter (2003), "China's Leaders Back Private Property: Proposed Amendments would Mark Break with Communist Roots", *The Washington Post,*

lado, a economia privada e a propriedade privada são melhor protegidas pela Constituição, "A propriedade privada legítima dos cidadãos é inviolável. O Estado protege legalmente os direitos dos cidadãos à propriedade privada e a herdar propriedade privada. O Estado pode, nos termos da lei e por motivos de interesse público, expropriar ou requisitar propriedade privada dos cidadãos mediante compensação" (art. 13º). Por outro lado, estabelecem-se os compromissos de que o Estado "respeita e garante os direitos humanos" (art. 33º, § 3)[483] e "estabelece e aperfeiçoa o regime de segurança social correspondente ao nível do desenvolvimento económico" (art. 14, § 4). Além disso, as competências do Comissão Permanente do Congresso Nacional Popular (e do Conselho de Estado) de "proclamar a lei marcial em todo o país (ou em determinadas províncias, regiões autónomas e municípios directamente subordinados ao Governo Popular Central)" são substituídas por "deliberar o começo do estado de emergência em todo o país (ou em determinadas províncias, regiões autónomas e municípios directamente subordinados ao Governo Popular Central)" (arts. 20º e 29º). Estas modificações introduziram muitos novos princípios a fim de tutelar novos direitos económicos dos cidadãos chineses. Trata-se, ainda, de uma consolidação política, que representa um arranjo institucional sistematizado, destinado à organização do Estado e à garantia de direitos, através de formas jurídicas[484].

Ao longo dos últimos anos, o conteúdo do constitucionalismo da China tem evoluído e sido enriquecido gradualmente. Antigamente, na economia planificada, tratava-se de "um governo grande e uma sociedade pequena". As funções do Estado abrangiam quase todas as áreas, os poderes públicos expandiam-se sem limitações devidas. Por isso, as disposições constitucionais baseavam-se no Estado, ao invés dos cidadãos. A centralização excessiva dos poderes económicos levou a cabo, naturalmente, a centralização dos poderes políticos. A administração dependia principalmente das medidas admi-

---

December, p. A.01, *"the Three Represents broadens the base of the Communist Party to include the economic elite and businesses. The theory essentially holds that the Communist Party should represent the interests of all Chinese people, not just the proletariat"*.

[483] HAN, Xiuyi (2004), p. 772, "o reconhecimento e a constitucionalização dos princípios dos direitos humanos já representam uma restrição racional dos poderes e do Estado..."

[484] HAN, Xiuyi (2004), p. 769.

nistrativas. Mas, esta situação tinha de mudar com o estabelecimento e o crescimento da economia de mercado. As iniciativas e a criatividade dos indivíduos são passíveis de se desenvolver, os interesses particulares são respeitados[485] e as funções do governo são transformadas. Numa disposição de "um governo pequeno e uma sociedade grande", as novas relações entre o Estado e os cidadãos são benéficas aos conceitos de democracia, do Estado de Direito e dos direitos humanos. Na economia de mercado, a maior autonomia dos indivíduos e dos poderes locais promove a construção da democracia. Além disso, a economia de mercado é um tipo de economia regulada pelo direito e meios jurídicos, e não apenas pelas medidas administrativas. Nas trocas de valores equivalentes entre as partes, as consciências da igualdade, da liberdade e dos direitos, reforçam, por sua vez, a ideia dos direitos humanos.

No decurso da concretização do constitucionalismo, o desenvolvimento da China revela a sua peculiaridade. Por falta da tradição dos direitos individuais e do solo da economia mercantil, há muito por onde aperfeiçoar o constitucionalismo da China. Mas, à medida que a China se integra activamente na economia mundial, somos mais optimistas quanto ao estabelecimento de um regime político mais democrático[486]. Cremos que a economia aberta com a liberalização do comércio, dá acesso a um regime político mais aberto.

---

[485] Durante os últimos anos, têm surgido mais casos constitucionais na China. Pela primeira vez, em Julho de 2001, um direito constitucional foi directamente imposto por um tribunal. Tratou-se do caso de Qi Yuling, no qual o Tribunal Popular Superior da Província de Shan Dong pediu o parecer do Supremo Tribunal Popular sobre se o direito à educação previsto na Constituição poderia ser aplicado directamente, e caso o fosse, se poderia constituir o fundamento legal da indemnização. Através da interpretação judicial, o Supremo Tribunal Popular respondeu positivamente. Também em 2003, o caso de Sun Zhigang, chamou a atenção das massas. Um jovem imigrante rural morreu enquanto detido em sequência de mau tratamento. Mais tarde, o regulamento administrativo que impunha restrições à residência dos imigrantes rurais nas cidades foi afrouxado pelo Primeiro-ministro Wen Jiabao. Para mais informações, consultar o website do Constitucionalismo da China: www.calaw.cn.

[486] PANITCHPAKDI, Supachai, CLIFFORD, Mark L. (2002), p. 154, "...*But no one interested in trade can ignore the question of what role, if any, freer trade and more open economies play in improving internationally recognized human rights as well as living conditions*".

3.4.3.1.5. O Estado de Direito e suas implicações para a China

O Estado de Direito já se torna uma urgência na era da globalização. Além da integração económica, muitos países dedicam-se às iniciativas da reforma jurídica para estabelecer o Estado de Direito. Por um lado, uma economia de mercado competitiva, necessita da garantia de instituições jurídicas, por outro lado, os governos procuram nova legitimidade para reforçar a regulação. A concepção do Estado de Direito, nascida no ocidente, possui assim universalidade no contexto actual.

No entanto, muitos países em vias de desenvolvimento, especialmente, naquelas economias de transição, limitam-se ainda à fase da instituição do sistema jurídico. A maior atenção tem sido concentrada nos requisitos necessários do direito positivo e poucos avanços foram dados quanto ao aspecto substancial do Estado de Direito, designadamente, à democracia liberal e aos direitos humanos. Do ponto de vista doutrinal, estes países em vias de desenvolvimento estão a satisfazer os requisitos formais do Estado de Direito, (argumentos do positivismo legal). No nosso entender, o período da instituição do sistema jurídico, constitui um passo crucial e nuclear no decurso em direcção ao Estado de Direito, uma vez que o verdadeiro Estado de Direito não existe, se faltarem os seus requisitos formais.

A China é o maior país em vias de desenvolvimento e, também, a maior economia em transição do mundo. É preciso destacar que não estamos de acordo com o exagero sobre a dimensão de divergência da concepção do Estado de Direito na China e a dos outros países mais desenvolvidos. Pelo contrário, a estratégia de Estado de Direito, será adoptada sem nenhuma reserva pelo governo chinês nos próximos anos no sentido da construção de uma sociedade harmoniosa. A partir do fim do século XIX, a China começou a preparar a sua legalização. Actualmente, o seu caminho para o Estado de Direito, é por sua própria iniciativa e vontade e não uma escolha constrangida. No percurso da modernização, a economia chinesa passou muitas fases: desde a economia natural do feudalismo, a economia capital burocrática, a economia planificada, até à implantação da economia de mercado, a entrada na Organização Mundial do Comércio e a mais activa integração na economia global. Hoje em dia, a China não é um país sem direito. O direito tem sido usado para aperfeiçoar a sociedade chinesa, a fim de estabelecer uma sociedade de democracia, de direito, de paz e de fraternidade. De facto, é o cumprimento do direito legislado existente, o problema essencial do estabelecimento do Estado de Direito. Mesmo que haja muitas imperfeições, particularmente, faltam mecanismos efectivos para garantir a democracia liberal, a China está a caminhar firmemente em direcção ao Estado de Direito. Por isso, devemos estudar o contexto chinês com uma visão evolutiva e não estática[487].

No mundo globalizado, onde a recepção e a transplantação jurídicas se tornam um fenómeno comum, a China, como outros países em vias de desenvolvimento, está também a aproximar-se às regras internacionais, ou dito de outro modo, em grande medida, está a modernizar e ocidentalizar o seu sistema jurídico. A recepção das instituições jurídicas estrangeiras depende, porém, da sua utilidade e da necessidade do país recipiente[488]. Uma lei que não é passível de ser aplicada, poderá prejudicar a credibilidade do sistema jurídico, bem como o estabelecimento do Estado de Direito. O Direito é condicionado pela cultura e varia com ela. Não é obra de jurisconsultos de gabinete e não se presta à fixação de padrões imutáveis. Durante a convergência das regras jurídicas com o mundo, a China tem de ter em consideração as suas próprias condições e interesses nacionais, como por exemplo, os ambientes económico, político, cultural e os recursos profissionais, entre outros. Neste sentido, concordamos com o ditado já referido: "aprender do ocidente para o substancial, aprender da China para o uso". Isto é, fazer que o estrangeiro sirva efectivamente as necessidades da China. Somente seguindo este princípio, se assegurará o desenvolvimento nacional mais estável.

Para a China, a principal implicação do exposto é a seguinte: a concepção do Estado de Direito, tanto formal, como substancial necessita de ser enraizada no solo chinês. O direito não existe no vácuo, mas sim na vida quotidiana da sociedade humana e na mente

---

[487] PANITCHPAKDI, Supachai, CLIFFORD, Mark L. (2002), p. 156, "*In China´s case, it almost certainly will be decades before it comes to approaching developed country standards of human rights*".
[488] ZWEIGERT, Konard und KÖTZ, Hein (1984), *Einführung in Die Rechtsvergleichung*, edição chinesa em 2003, traduzida por PAN, Handian, etc., Pequim, Law Press, p. 24.

humana, a sua eficácia é determinada pelos factores político, económico, histórico e cultural. Portanto, os académicos propuseram vários modelos de viabilidade[489]. Resumimos que há simultaneamente dois modelos a adoptar: a nível governamental, o governo chinês deve assumir voluntariamente a responsabilidade da época, para melhorar a construção do Estado de Direito; a nível popular, necessita do estabelecimento da sociedade civil na China[490]. Ambos são da mesma importância. Quanto ao primeiro, as autoridades podem evitar a desordem que possa existir nas reformas. Para o contexto da China, é mais importante criar uma sociedade civil baseada na economia de mercado, a autonomia privada e o direito, onde os princípios e os valores, tais como a liberdade dos indivíduos, a igualdade, os direitos e responsabilidades contratuais são consagrados[491]. Com a adesão à OMC, o desenvolvimento económico promovido pelo comércio e pelo investimento, contribuem para o estabelecimento da sociedade civil regulada pelo direito. À medida que a sociedade civil cresce, as infra-estruturas económicas e políticas requeridas pela liberdade e democracia, serão gradualmente desenvolvidas, que por sua vez, levarão a cabo, eventualmente, o estabelecimento das instituições democráticas.

A seguir, vamos analisar os desafios trazidos pela globalização na estratégia de Estado de Direito da China, concentrando-nos, principalmente no âmbito da legislação.

3.4.3.2. Desenvolvimento da produção legislativa

O desafio de globalização vai obrigar a China a repensar os próprios interesses nacionais e novas estratégias de inserção e afirmação internacional nesse mundo aberto. Na sociedade chinesa cada

---

[489] ZHUO, Zeyuan (2001), pp. 274-80, ZHANG, Wenxian, *ed.* (1999), p. 180.

[490] Estes dois níveis reflectem, respectivamente, os argumentos do Estado da sociedade predominante.

[491] Devido às influências tradicionais, a figura do Guanxi (boas relações) é muito importante no contexto chinês e faz parte de uma complexa rede de relacionamentos, que é indispensável para o funcionamento dos sectores social, político e organizacional. A pessoa é Guanxi, influente, encarregada de estabelecer contactos e sabe tratar de trâmites burocráticos ou relacionais que surjam. No entanto, essa tradição da época, "governação pelas pessoas", não é favorável ao estabelecimento do Estado de Direito moderno.

vez mais aberta, a legislação é um reflexo dos factores económico, político, cultural e moral, sendo restringida pelas condições internas e internacionais. O desenvolvimento do sistema económico, político e jurídico, o decurso do Estado de Direito, bem como a construção da sociedade civil e da moralidade social, a difusão da tecnologia, a revolução tecnológica e as interdependências da globalização, quer ao nível nacional quer ao internacional, influenciarão o progresso da legislação. Neste sentido, a recepção e a transplantação das instituições jurídicas estrangeiras são utilizadas mais frequentemente pela China para convergir às regras internacionais. Então, quais os princípios que devem ser adoptados?

3.4.3.2.1. Novo pensamento no contexto da globalização

a) *Mercantilização e integração económica*
Durante muito tempo, a mentalidade legislativa predominante na China, caracterizava-se por controlos fortes em todas as partes, devido às necessidades do planeamento económico. Do ponto de vista político, houve uma centralização do poder, uma intensa intervenção governamental na vida social, sendo os serviços fornecidos por uma "mão visível". Do ponto de vista jurídico, muitas medidas administrativas e mecanismos de controlo foram usados. Tratou-se da legalização sobre controlos planificados, sendo aplicadas medidas administrativas com uma capa legal. Com o estabelecimento da economia de mercado, foi introduzido no artigo 15º da Constituição, que "O Estado fortalece a legislação económica e melhora o reajustamento e o controlo macroeconómico". Desde então, foram elaboradas e publicadas numerosas leis que regem a economia de mercado[492]. É de

---

[492] Por exemplo, na área de sujeitos no mercado, foram publicadas *Lei das Empresas Industriais de Propriedade Pública do Povo*, *Lei das Sociedades* (revista em 2005), *Lei das Empresas com Capital Misto Sino-Estrangeiro*, *Leis das Empresas com Capitais Exclusivos Estrangeiros*, *Lei das Empresas de Cooperação Sino-Estrangeira*, etc; na área de regulação dos actos de mercado, foram publicadas *Lei dos Contratos*, *Lei dos Títulos de Crédito Mercantis*, *Lei dos Seguros*, *Lei do Comércio Externo*, *Lei das Garantias*, *Lei de Instrumentos Financeiros a Prazo*, etc.; na área da supervisão de mercado, foram publicadas *Lei Anti-Concorrência Desleal*, *Lei Anti-Dumping*, *Lei sobre a Protecção dos Direitos e Interesses dos Consumidores*, *Lei da Qualidade dos Produtos*, *Lei sobre a*

realçar que a elaboração e a melhoria das leis avulsas e dos diplomas administrativos, são uma consequência da vitalidade da economia de mercado. Por um lado, o papel do Estado tem-se alterado de um mero regulador/administrador, para um regulador/abastecedor de serviços, em consequência, a legislação económica não é apenas um meio de regulação, mas também tem a finalidade de servir melhor o povo. Por outro lado, alguns antigos modos legislativos têm sido modificados no novo contexto, por exemplo, a redacção legislativa torna-se mais rigorosa, detalhada e praticável[493]: o empirismo legislativo[494] deixa de funcionar na economia de mercado.

Após a adesão à OMC, a China aceita incondicionalmente as regras e compromete-se a cumprir os deveres apostas ao seu bilhete de entrada. Perante as regras de jogo internacionais, a autonomia da legislação interna, fica afectada e restringida, por cada vez mais factores internacionais, especialmente no âmbito da legislação económica[495]. O objectivo fundamental da China para entrar na OMC é aumentar a competitividade internacional e promover o desenvolvimento da economia nacional. Os legisladores chineses enfrentam novos desafios no contexto da globalização económica, designadamente, como se trata melhor a relação entre o governo e o mercado[496]? Como se atinge o equilíbrio entre uma boa ordem social e a afectação eficaz

---

Publicidade, etc. na área do macro controlo de mercado, foram publicadas; *Lei do Orçamento, Lei do Banco Popular da China, Lei Bancária Comercial, Lei sobre a Administração da Cobrança dos Impostos,* diversos regulamentos sobre os impostos: *Lei dos Preços, Regulamento de Gestão dos Bens Estatais, Lei de Gestão de Terras, Lei de Gestão de Prédios Urbanos, Lei das Florestas, Lei dos Prados, Lei de Recursos Minerais, Lei das Aguas, Lei das Pescas, Lei da Electricidade, Lei da Contabilidade,* etc.; na área do trabalho e da segurança social, foram publicadas: *Lei do Trabalho, Lei da Segurança Social,* etc., na área dos processos e qualificações, foram publicadas: *Lei sobre a Falência das Empresas, Lei da Arbitragem. Lei dos Advogados, Regulamento Provisório de Notário,* etc.

[493] Durante muito tempo, o princípio de "grossura e generalidade" foi muito aplicado pelos legisladores chineses. Em muitas leis e regulamentos administrativos, a linguagem jurídica é pouco precisa e especificada.

[494] Como diz o ditado chinês "terá lugar a legislação somente quando as situações são maduras".

[495] Por exemplo, no âmbito da produção legislativa, a construção dos blocos regionais na área do comércio, a adopção do "efeito extraterritorial" do direito da concorrência.

[496] A relação entre o governo e o mercado, é uma questão fundamental da doutrina do Direito Económico. Ver FRANCO, António de Souza, (1992), *Noções de Direito da Economia,* 1º volume, Lisboa, YANG, Zixuan (1999), *Economic Law,* Pequim, Editora Universidade de

dos recursos? Como pesar os custos e os rendimentos? Como se reagir na sociedade de risco globalizada?

Por um lado, a legislação económica interna tem em vista a questão do desenvolvimento, ou seja, quando a sociedade civil não se desenvolve suficientemente e a economia não cresce somente com as forças próprias do mercado, o governo tem de desempenhar a função de "força motriz", aumentando a competitividade dos sujeitos do mercado. Um exemplo deste tipo, é a elaboração da *Lei Promotora das Pequenas e Médias Empresas*[497]. Por outro lado, a legislação interna precisa de procurar garantir efectivamente a verdadeira equidade entre os vários sujeitos económicos, restaurando e preservando a competitividade da parte vítima, através dos mecanismos de supervisão, tais como anti-monopólios e anti-concorrência desleal.

Além da consideração dos interesses nacionais, a Organização Mundial do Comércio exige aos seus membros que tomem em linhas de conta com os interesses legítimos e as exigências razoáveis dos outros Estados-Membros[498], com base nos acordos da OMC. Portanto, a necessidade da integração económica exerce uma influência, por vezes, imperceptível, sobre a mentalidade dos legisladores chineses. A integração económica implica a normalização e a racionalização da aplicação no espaço e dos modos de regulação pelo Direito Económico. É de destacar que a liberalização do comércio não quer dizer o abandono da função reguladora do governo; pelo contrário, as regras de integração económica e as normas internacionais investem os legisladores chineses de novos métodos legítimos[499] para defender

---

Pequim e Editora do Ensino Superior. Há principalmente duas teorias na doutrina chinesa do Direito Económico, sendo a teoria da intervenção pública e a teoria da coordenação pública. Para a maioria dos países em vias de desenvolvimento, o problema principal é que o mercado menos desenvolvido impede o crescimento económico e a industrialização.

[497] Foi aprovada pela Comissão Permanente do Congresso Nacional Popular em 29 de Junho de 2003 e entrou em vigor em 1 de Janeiro de 2003.

[498] As exigências do sistema da integração económica incluem o seguinte: (1) o princípio da não discriminação, que é assegurado pelo tratamento da nação mais favorecida (art.1º do GATT) e tratamento nacional (art.3º do GATT); (2) o princípio do comércio justo, isto é, as partes contratantes não podem realizar a concorrência do comércio através das distorções injustas, especialmente, o dumping e a compensação, por exemplo, os artigos 6º e 16º do GATT; (3) o princípio da redução dos direitos aduaneiros e barreiras não aduaneiras, entre outros.

[499] Por exemplo, com o fim de salvaguardar a posição financeira externa e o equilíbrio da balança de pagamentos, poderá reduzir-se o volume ou o valor das mercadorias cuja importação é autorizada (art.12º). Mais exemplos encontram-se na Parte IV do GATT.

os interesses nacionais e criar condições favoráveis para a concorrência internacional, o que não era uma realidade antes da sua entrada na OMC. Novos conceitos têm sido incorporados na legislação nacional, o que revela as mudanças do pensamento legislativo, designadamente, o "credo" da igualdade, o "credo" da justiça, o "credo" da publicidade, o "credo" da unificação e o "credo" do Estado de Direito.

b) *Democracia e os direitos humanos*
Paralelamente à globalização económica, há a maré global da democratização e da internacionalização dos direitos humanos[500]. Por via das interacções política, económica, cultural e social, entre diferentes países ou sociedades, as democracias reflectidas em vários níveis, tornam-se um dos factores fundamentais da construção, da promoção e do aperfeiçoamento do sistema global. A democratização global, não significa o desprezo da democratização nacional, uma vez que a primeira não existe, sem o desenvolvimento da segunda. Na nossa opinião, a democratização, no fundo, pertence aos assuntos internos da soberania nacional, pois, mesmo na era da globalização, a democratização global não pode violar o princípio da soberania. Baseada nesta condição prévia, a nova ordem política e económica mundial, deve ser estabelecida também através de processos, formas e modos democráticos[501] e a promoção do decurso da democratização da legislação interna, constitui uma reflexão da soberania nacional.

A economia planificada é uma economia baseada no poder e nas pessoas. A implantação da economia de mercado necessita do espírito da democracia[502], dos direitos humanos e do Estado de Direito. Os efeitos da economia de mercado na China vão mais além. Comparada com a situação do passado, a produção legislativa da China

---

[500] Sobre este tema interessante, ver CANOTILHO, José Joaquim Gomes (2004), *Blocos Regionais, Constituições Civis e Constitucionalismo Global (Direito Constitucional Internacional)*, Jornadas de Macau.

[501] CANOTILHO, José Joaquim Gomes (2004), o autor indicou, no entanto, "...os princípios de uma democracia constitucional ancorada no poder político do Estado – legitimação, representação, responsabilidade, controlo – são dificilmente adaptáveis a estruturas de poder globais assentes em relações económicas, militares, culturais e políticas..."

[502] Podemos entender que a democracia significa a mais ampla participação de todos os sujeitos de direito. Os direitos de fazer negócios de importação e de exportação pelos particulares, são consagrados pela nova revisão da Lei do Comércio Externo da China em 2004.

torna-se mais democrática, nomeadamente, na fase da elaboração, os partidos democráticos, associações sociais, os peritos e os académicos poderão expressar suas opiniões e na fase da deliberação, terão lugar audiências, entre outros.

Nos tempos da globalização, há a constitucionalização, a universalização e a internacionalização dos direitos humanos. Os direitos humanos, não serão apenas as características formais extrínsecas da legislação nacional, mas sim os seus valores inerentes. A consideração dos direitos humanos encontra-se em numerosas actividades legislativas chinesas[503], o que revela o reforço da tutela nacional desses direitos. A assinatura pelo governo chinês do Pacto Internacional sobre os Direitos Civis e Políticos e do Pacto Internacional sobre os Direitos Económicos, Sociais e Culturais, revela, por seu lado, o reconhecimento dos direitos humanos a nível internacional.

c) *Compatibilidade da legislação interna com a legislação internacional*

A internacionalização do direito internacional e a internacionalização do direito interno, são os caracteres do desenvolvimento legislativo na era da globalização. Para participar na cooperação e na competição da economia internacional, os legisladores chineses têm de mudar o velho pensamento do auto-bloqueio. A aproximação às regras internacionais é um atalho para acelerar a modernização para os países em vias de desenvolvimento, ao mesmo tempo, produz a convergência entre as diferentes normas, o que significa a concorrência ou afluência dos diferentes sistemas jurídicos através da infiltração e recepção mútua nas trocas internacionais mais frequentes. Durante o processo da produção legislativa, cada vez mais as regras e práticas universais da comunidade internacional, têm sido incorporadas no sistema interno.

---

[503] Por exemplo, *Lei de Processo Administrativo, Lei sobre a Compensação Estatal, Lei do Recurso Administrativo, Lei sobre a Protecção dos Menores, Lei sobre a Protecção dos Direitos e Interesses das Mulheres, Lei sobre a Protecção dos Direitos e Interesses dos Idosos, Lei sobre a Protecção dos Direitos e Interesses dos Chineses Regressados do Ultramar e dos seus Familiares, Lei dos Juízes, Lei dos Procuradores Públicos, Lei da Polícia, Lei dos Advogados, Lei de Prisão, Lei Criminal, Lei de Processo Criminal, Lei de Processo Civil, Lei sobre Autonomia das Regiões de Minorias Nacionais, Lei de Casamento,* entre outras.

A convergência das normas jurídicas não se encontra apenas na área do direito privado, mas também na área do direito público. Por exemplo, no direito constitucional, o sistema de governo representativo, o sistema eleitoral, o sistema da divisão e da restrição dos poderes, a garantia dos direitos fundamentais e o sistema liberal, revelam-se na Constituição chinesa. Outro exemplo, a Lei Penal da China de 1997, absorve muitos princípios e disposições da legislação estrangeira, tendo aumentado o seu número total de artigos de 192 para 452[504]. A partir dos anos noventa do século XX, as referências e experiências estrangeiras já se tornaram um elo necessário da produção legislativa chinesa. A mudança da mentalidade encontra-se ainda na reforma do sistema judiciário da China, nomeadamente, quanto aos regimes de audiência, provas, execução da pena de morte, assistência jurídica, agregação dos juízes, novos trajes dos juízes, entre outros.

3.4.3.2.2. Problemas existentes

a) *Coordenação entre a situação da China e a globalização*

O processo da globalização está cheio de contradições: a economia mundial e os interesses nacionais, o conhecimento racional e os sentimentos do nacionalismo, diferentes compreensões da ocidentalização e da modernização, a abundância material e a decadência da moral, a prosperidade social e o desnível entre pobres e ricos, a globalização e a localização, o enfraquecimento da soberania nacional e a floração da regulação global, a protecção dos direitos humanos e dos direitos fundamentais, a prevenção do terrorismo internacional[505], o respeito para com a soberania nacional, a prevenção da intervenção nos assuntos internos, o desenvolvimento económico e a protecção ambiental, entre outros. Tudo isso inquieta cada Estado--Nação e cada indivíduo.

---

[504] Sobre as novidades da nova Lei Penal de 1997 relativamente à de 1979, comparar PEREIRA, Júlio, A. C. (1996), *Comentário à Lei Penal Chinesa,* Macau, Livros do Oriente e SUN, Guoxiang, *ed.* (2002), *Direito Penal,* Pequim, Science Press.

[505] Os direitos humanos dos suspeitos terroristas, foram limitados por alguns países ocidentais através da produção legislativa, por exemplo, pelo *Patriot Act* dos Estados Unidos em 2001 e pelo *Anti-Terrorism, Crime & Security Act* do Reino Unido em 2001.

Existe uma necessidade da coordenação entre a situação interna e as experiências legislativas estrangeiras. Por um lado, a legislação da China tem de se basear na própria situação nacional e no solo próprio, sobretudo, na sua base populacional grande, nos desequilíbrios do desenvolvimento económico e social e na cultura tradicional. Por outro lado, sem prejuízo da soberania nacional e dos princípios fundamentais do direito internacional e dos interesses nacionais, a China deve aceitar as regras de jogo da globalização.

Assim, trata-se da questão da vigência interna de regras jurídicas internacionais e dos tratados internacionais. Do ponto de vista legislativo, tentamos analisar respectivamente o caso dos tratados internacionais, de carácter tratado-lei (*law-making treaty*) e o caso dos Acordos da Organização Mundial do Comércio, de carácter tratado--contrato (contractual treaty)[506].

O Estado concernente dos tratados internacionais tem obrigação de executá-los pelos seus órgãos legislativo, judicial e administrativo[507]. Isto é, a execução dos tratados internacionais não auto--exequíveis, requer a produção legislativa adequada pela parte contratante e a possível invocação pelos seus tribunais nas acções civis, comerciais ou criminais. Devido à dissemelhança existente nas constituições nacionais, o procedimento da aplicação dos tratados internacionais depende da decisão livre de cada Estado. Há, geralmente, três modelos legislativos, sendo a transformação, a adopção e o modelo misto[508]. Quanto à hierarquia das fontes, alguns países reconhecem a

---

[506] No tratado-lei, dá-se a criação de uma regra de Direito pela vontade conforme das partes. No tratado-contrato, as vontades são divergentes, não surgindo assim a criação de uma regra geral de Direito, mas a estipulação recíprocas das respectivas prestações e contraprestações. PEREIRA, André Gonçalves e QUADROS, Fausto de (2000), pp. 182-3. Concordamos com os autores no sentido de que esta classificação não é absolutamente rigorosa, tendo em conta que os acordos da OMC são de carácter multilateral geral. Entretanto, as práticas chinesas mostram que a aplicação das regras da OMC se diferencia da dos tratados internacionais gerais, portanto, analisamos separadamente os dois casos.

[507] Recorde-se a parte I, 4.2.2 do presente trabalho.

[508] A transformação quer dizer que cada tratado internacional só assume vigência interna quando o órgão legislativo do país elabora regras internas; a adopção refere-se à disposição constitucional segundo a qual os tratados internacionais fazem parte do sistema jurídico interno; o modelo misto inclui tanto a transformação como a incorporação. Sobre a apresentação doutrinária do Direito Internacional e Direito Interno, ver PEREIRA, André Gonçalves e QUADROS, Fausto de (2000), pp. 81-148.

supraconstitucionalidade do direito internacional (e.g., o art. 91º, § 3 da Constituição Holandesa e o art. 50º da Constituição da Áustria), muitos países consideram que o direito internacional cede perante a Constituição, embora prevaleça sobre a lei (e.g., o art.55º da Constituição francesa, o art. 25º da Constituição alemã, o art. 28º da Constituição grega, o art. 98º, § 2 da Constituição japonesa, o art. 8º da Constituição portuguesa[509]). Em nosso ver, a segunda alternativa corresponde melhor à realidade da comunidade internacional e ao princípio da soberania nacional.

Actualmente, não se encontram disposições uniformes sobre a relação entre os tratados internacionais e o direito interno, tanto na Constituição chinesa e como nas leis chinesas. Relativamente ao procedimento interno da execução dos tratados internacionais, a legislação chinesa não prevê expressamente o modelo da transformação, nem o modelo da adopção. Nos termos do art. 89º, § 9 da Constituição, compete ao Conselho de Estado "...assinar tratados e acordos internacionais", e nos termos do art. 67º, § 14 da Constituição, compete à Comissão Permanente do Congresso Nacional Popular "ratificar e denunciar os tratados e os acordos mais importantes concluídos com Estados estrangeiros". A Lei de Processo da Conclusão de Tratados Internacionais, de 28 de Dezembro de 1990, apenas prevê processos correspondentes ao estabelecimento de tratados internacionais. A nível das leis fundamentais[510], há prescrições sobre conflitos entre os tratados internacionais e o direito interno. Nos termos do artigo 142º da Lei Geral de Direito Civil da RPC, "Quando haja diferença entre o disposto em tratado internacional em que a República Popular da China seja parte celebrante ou participe, e o disposto na sua lei civil, aplica-se o disposto naquele, excepto as cláusulas em que tenha declarado a sua reserva. Quando nada se encontrar disposto, quer na lei da República Popular da China quer em tratado internacional em que seja parte celebrante ou participe, podem aplicar-se as regras costumeiras internacionais"[511]. Preceito semelhante, encontra-se ainda na

---

[509] CANOTILHO, José Joaquim Gomes e MOREIRA, Vital (1984), *Constituição da República Portuguesa anotada*, vol. I, 2ª edição, Lisboa, pp. 92-3.

[510] Na China, o Congresso Nacional Popular aprova as leis fundamentais, nos termos do art. 62º, § 3 da Constituição.

[511] Tradução livre.

Lei de Processo Civil (art. 238º) e na Lei de Processo Administrativo (art. 72º). Pode ver-se que, nas acções civis e administrativas, os tratados internacionais em que a China seja parte celebrante ou participe, vigoram directa e automaticamente na ordem interna[512]. Isto é, a condição prévia, é que os tratados internacionais tenham vigência interna e possam ser executados e invocados directamente pelos tribunais e órgãos administrativos. Há outros casos que a produção legislativa interna se realizou após a celebração dos tratados internacionais. Por exemplo, a China aderiu respectivamente em 1975 e 1979 à Convenção de Viena sobre a Representação dos Estados nas suas Relações com as Organizações Internacionais e à Convenção de Viena sobre as Relações Consulares, e estas duas convenções vigoram directamente na ordem interna chinesa. O governo chinês, tendo em vista a situação nacional, elaborou o Regulamento de Privilégios e Imunidades Diplomáticos em 1986 e o Regulamento de Privilégios e Imunidades Consulares em 1990. Os preceitos emanados destes regulamentos são mais flexíveis, sem prejuízo da execução directa das duas convenções internacionais com eficácia superior ao direito nacional. No entanto, nem todas as leis prevêem preceitos expressos sobre a hierarquia do tratado internacional na ordem interna. Ou seja, ainda não há regras uniformes no sistema jurídico chinês sobre esta questão. Os preceitos em algumas leis específicas, embora mostrem a inclinação das políticas legislativas, não permitem que se conclua no sentido de que todos os tratados internacionais têm vigência directa e prevaleçam sobre o direito interno. Como por exemplo, com o objectivo de aplicar a Convenção de Berna e outros acordos bilaterais celebrados com países estrangeiros. O Conselho de Estado da China elaborou o Regulamento sobre a Aplicação da Convenção Internacional dos Direitos de Autor[513]. Pelo exposto, há uma grande necessidade de definir um princípio geral (através da revisão constitucional ou da produção legislativa das leis fundamentais), de relacionamento entre o direito internacional e o direito interno.

---

[512] Neste sentido, podemos afirmar que estes preceitos são baseados na tese monista com primado do direito internacional.
[513] WEI, Dan (2001), p. 164.

Relativamente às regras da Organização Mundial do Comércio[514], a questão torna-se mais laboriosa. Nos termos do artigo 67° do Relatório do Grupo de Trabalho sobre a Entrada da China na OMC[515], "The representative of China stated that China had been consistently performing its international treaty obligations in good faith. According to the Constitution and the Law on the Procedures of Conclusion of Treaties, the WTO Agreement fell within the category of "important international agreements" subject to the ratification by the Standing Committee of the National People's Congress. China would ensure that its laws and regulations pertaining to or affecting trade were in conformity with the WTO Agreement and with its commitments so as to fully perform its international obligations. *For this purpose, China had commenced a plan to systematically revise its relevant domestic laws. Therefore, the WTO Agreement would be implemented by China in an effective and uniform manner through revising its existing domestic laws and enacting new ones fully in compliance with the WTO Agreement*" (o

---

[514] Os documentos legais da OMC incluem 29 acordos e mais de vinte declarações e decisões ministeriais, com um vasto conteúdo, desde o comércio de mercadorias, o comércio de serviços, os direitos de propriedade intelectual relacionados com o comércio, as medidas de investimento relacionadas com o comércio, entre outros. O conjunto das regras da OMC procura dar uma moldura multilateral do regime do comércio aberto, justo e uniforme, definir os direitos e os deveres das partes contratantes, estabelecer mecanismos de exame das políticas comerciais e de resolução de litígios, supervisionar a elaboração e a execução de leis, estatutos, regulamentos, políticas e medidas relacionados com o comércio dos membros. De acordo com o princípio *Pacta sunt servanda*, as regras da OMC têm imperatividade e coercibilidade, o incumprimento das obrigações, incorre numa sanção. Além disso, as regras da OMC padronizam e restringem comportamentos governamentais dos Estados-membros, a fim de eliminar ou restringir a intervenção no comércio transfronteiriço e, ao mesmo tempo, garantir os princípios de não discriminação, da liberalização de mercado e da concorrência justa. Diferentemente da Convenção sobre o Contrato de Venda Internacional de Produtos das Nações Unidas e outras convenções que regulam os direitos e deveres das partes interessadas do âmbito do "direito privado", cabe aos governos cumprir as obrigações da OMC. Uma outra característica das regras da OMC é que esta exige que todos os membros observem certas regras gerais, mas deixa a flexibilidade para cada Estado-membro no cumprimento das obrigações internacionais; especialmente. A OMC fornece arranjos flexíveis de natureza transitória para os países em vias de desenvolvimento. Portanto, as regras representam uma alavanca que coordena o livre cambismo mundial e os interesses legítimos dos seus membros, situando-se entre as regras jurídicas mundiais e as políticas comerciais dos seus membros.

[515] Disponível em www.mofcom.gov.cn/table/wto/04.doc.

itálico é nosso). Isto é, a China compromete-se a cumprir as suas obrigações internacionais, no entanto, as regras da OMC não têm vigência directa e automática na ordem interna chinesa[516], a sua execução depende da escolha da forma técnica do cumprimento do governo chinês: a produção legislativa e modificações necessárias. Os acordos da OMC não fazem parte integrante do sistema jurídico da China, nem representam uma fonte independente no ordenamento interno[517], mas constituem um sistema jurídico fora da ordem interna, impondo a sua obrigatoriedade à República Popular da China e não aos particulares, pessoas jurídicas e outras associações na China. O artigo 68º do Relatório do Grupo de Trabalho sobre a entrada da China na OMC, constitui uma excepção da vigência indirecta dos acordos da OMC, "The representative of China confirmed that administrative regulations, departmental rules and other central government measures would be promulgated in a timely manner so that China's commitments would be fully implemented within the relevant time frames. *If administrative regulations, departmental rules or other measures were not in place within such time frames, authorities would still honour China's obligations under the WTO Agreement and Protocol.* The representative of China further confirmed that the central government would undertake in a timely manner to revise or annul administrative regulations or departmental rules if they were inconsistent with China's obligations under the WTO Agreement and Protocol. The Working Party took note of these commitments." (o itálico é nosso).

Assim, as regras da OMC colocam questão da execução na ordem interna chinesa. Segundo as práticas na China, os tratados internacionais vigoram, quer de forma directa quer de forma indirecta. Não existe, como vimos, ainda nenhuma disposição constitucional de carácter universal sobre a vigência directa e o primado dos tratados internacionais. Mesmo em áreas determinadas, a sua execução directa limita-se a certas condições, por exemplo, "excepto as cláusulas em que a República Popular da China tenha declarado a sua reserva". Entretanto, a adesão à OMC implica o acolhimento global

---

[516] Tal como as práticas dos Estados Unidos e da União Europeia.

[517] Isto implica que, quando haja diferença entre o disposto dos acordos da OMC e o disposto na lei interna, os tribunais e os órgãos administrativos se submetem à lei interna.

dos seus acordos e anexos sem nenhuma reserva. Pode ver-se que a exclusão da vigência directa dos documentos legais da OMC contradiz as disposições legais vigentes[518] ou representa uma excepção dessas disposições legais. Tudo isso, requer o esclarecimento dos órgãos legislativos chineses[519], uma vez que a Comissão Permanente do Congresso Nacional Popular delegou o seu poder[520] ao Presidente para ratificar a entrada da China na OMC e não deu explicações particulares sobre a execução das regras da OMC na ordem jurídica interna[521].

A elaboração das novas leis e a modificação das leis existentes, constituem as vias mais importantes e mais fáceis para cumprir as obrigações exigidas pela OMC[522]. Especialmente, em áreas, tais como o comércio de mercadorias, o comércio de serviços, os direitos de propriedade intelectual relacionados com o comércio, as medidas de investimento relacionadas com o comércio, o processo administrativo, o processo judicial, o direito interno tem de conformar com as regras da OMC. Segundo os dados estatísticos, para tal efeito, a China deve elaborar ou modificar por volta de 40 leis e regulamentos administrativos e mais de 1000 normas regulamentadoras administrativas[523].

---

[518] Designadamente, a Lei Geral de Direito Civil, a Lei de Processo Civil, a Lei de Processo Administrativo, a Lei das Marcas, a Lei das Sucessões, a Lei sobre o Comércio Marítimo e outras leis, publicadas pelo supremo órgão da China, designadamente, o Congresso Nacional Popular ou a sua Comissão Permanente.

[519] O Congresso Nacional Popular e a sua Comissão Permanente, poderiam ter esclarecido na Decisão sobre a Aprovação da Entrada da China na OMC, que os acordos da OMC não vigoram automaticamente na China, ou seja, a sua vigência necessita da transformação da legislação interna, sendo que os documentos legais da OMC não podem ser invocados directamente nas acções.

[520] Nos termos do art. 67º, § 14 da Constituição da RPC, "ratificar e denunciar os tratados e os acordos mais importantes concluídos com Estados estrangeiros". Fica ainda a nota de que o Presidente da República Popular da China pode promulgar as leis, em obediência às decisões do Congresso Nacional Popular, segundo o artigo 80º da Constituição.

[521] Por via de regra, os órgãos legislativos chineses não explicam a questão da execução dos tratados internacionais quando os ratificam.

[522] Os acordos da OMC, destinados aos seus membros, dizem respeito aos comportamentos legislativo, judicial e executivo, e não às relações civis e comerciais de particulares e pessoas jurídicas de cada Estado-membro.

[523] ZHANG, Delin, ed. (2002), *Summary of China's Adjusted Economic Laws after WTO*, Pequim, Law Press, p. 303. Actualmente, há cerca de 400 leis, 800 regulamentos administrativos de nível central e cerca de 8000 regulamentos locais na China, segundo notícia do Congresso Nacional Popular, de 27 de Março de 2002.

Até este momento, 14 leis e 37 regulamentos administrativos, foram publicados ou modificados, 12 regulamentos administrativos foram revogados e cerca de 1000 normas regulamentadoras administrativas e medidas políticas foram criadas, modificadas ou revogadas[524]. Nos trabalhos da coordenação entre os dispostos internos e os dispostos da OMC, três princípios foram sublinhados: o princípio da unificação do sistema jurídico, o princípio da não discriminação e o princípio da transparência.

b) *Divisão racional da competência legislativa entre o poder central e os poderes locais*
O impacto da globalização bem como a contínua abertura e a política de descentralização da China exercem grandes influências sobre o desenvolvimento económico e social local, nomeadamente, maior abertura, maior flexibilidade e maior autonomia.

Existe uma tendência no âmbito da produção legislativa, no sentido de os poderes locais se esforçarem por ter mais poderes legislativos, graças ao pluralismo dos agentes económicos, à diversidade dos interesses económicos e ao crescimento da economia local. Na verdade, nos últimos vinte e tal anos da abertura, as competências legislativas ao nível local aumentaram bastante, à medida que o poder central se tem descentralizado.

A divisão da competência legislativa[525] passa por três fases distintas desde a implantação da República Popular da China. A primeira

---

[524] Hiperlink em http://www.wtolaw.gov.cn.
[525] Como se sabe, a divisão da competência legislativa é influenciada, tanto pelo sistema político, como pelo sistema estatal. No caso da China, o seu sistema político é o Congresso Popular. Todo o poder pertence ao povo, os órgãos através dos quais o povo exerce o poder político são os congressos populares. Todos os órgãos administrativos, judiciais e de procuradorias do Estado são constituídos pelos congressos populares, respondem perante eles e estão sujeitos à sua fiscalização. Ou seja, não há a ideia da separação dos poderes no sistema político chinês. Os congressos populares exercem todos os poderes públicos, inclusive os legislativos. Os órgãos administrativos, exercem em certa medida o poder legislativo, mas ficam numa posição subordinada. Quanto ao sistema estatal, a China é um país unitário, a legislação do nível local, fica numa posição subordinada relativamente à legislação do nível central. Existe uma excepção, os congressos populares das zonas nacionais autónomas têm competência para fazer regulamentos de autonomia e regulamentos específicos à luz das características políticas, económicas e culturais da nacionalidade ou das nacionalidades das respectivas zonas (o art. 116º da Constituição e o artigo 66º da Lei sobre a Legislação).

fase, compreendida entre a fundação da República em 1949 e a publicação da Constituição em 1954, corresponde à separação do poder legislativo entre o nível central e o nível local. A segunda fase, de 1954 a 1979, diz respeito ao período da centralização exclusiva[526]. A terceira fase, com início em 1979 até aos nossos dias, marca a expansão do poder legislativo local[527], nos termos do artigo 3º da Constituição, "...A divisão de funções e poderes, entre os órgãos centrais e os órgãos locais do Estado, obedece ao princípio de deixar a maior liberdade à iniciativa e ao entusiasmo das autoridades locais sob a direcção unificada das autoridades centrais". Resumimos, de acordo com a Constituição e a Lei sobre a Legislação da RPC, a divisão actual da competência legislativa como o seguinte: O órgão supremo do poder público na China, é o Congresso Nacional Popular. A sua agência permanente é a Comissão Permanente. O Congresso Nacional Popular e a sua Comissão Permanente exercem o poder legislativo do Estado[528] e têm a competência de aprovar e alterar a Constituição e as leis[529]. O Conselho de Estado, corpo executivo do órgão supremo do poder público e o órgão supremo da administração pública, em conformidade com a Constituição e a lei, é encarregado de fazer regulamentos administrativos[530]. Os ministérios, comissões e outros departamentos competentes do Conselho de Estado, de harmonia com as leis, os regulamentos, as directivas, decisões e ordens do Conselho de Estado, podem emitir ordens, directivas e normas regulamentares administrativas dentro do âmbito de competência dos respectivos departamentos[531]. Os congressos populares das províncias e das municipalidades na dependência directa do Governo Central e as suas comissões permanentes podem adoptar regulamentos locais[532].

---

[526] Houve 1115 leis ou diplomas elaboradas pelo nível central entre o período de 1954 e 1979. Li, Buyun (1999), *Do Sistema Jurídico Socialista com Características Chinesas,* Pequim, Editora Documentos de Ciências Sociais, p. 63.

[527] Ma, Huaide, *ed.* (1999), *Sistema, Processo e Supervisão da Legislação da China,* Pequim, Editora Sistema Jurídico da China, pp. 31-4.

[528] Artigo 58º da Constituição.

[529] Artigos 2º, 62º, § 1, 2 e 3, 67º, § 2 e 3 da Constituição, e artigos 87º, 88º, 89º, 90º e 91º da Lei sobre a Legislação.

[530] Artigos 85º e 89º, § 1 da Constituição e artigo 56º da Lei sobre a Legislação.

[531] Artigo 90º, § 2 da Constituição e artigo 71º, § 1 da Lei sobre a Legislação.

[532] Artigo 100º da Constituição e artigo 63º da Lei sobre a Legislação.

Os governos populares das províncias, das regiões autónomas, das municipalidades directamente dependentes do Governo Central e das grandes cidades, podem adoptar normas regulamentadoras locais, em conformidade com as leis, os regulamentos administrativos e os regulamentos locais, emanados pelo congresso popular do mesmo nível[533]. O Congresso Nacional Popular pode alterar ou revogar decisões inadequadas da sua Comissão Permanente[534], a Comissão Permanente do Congresso Nacional Popular, pode revogar as regras e os regulamentos administrativos e as decisões ou ordens do Conselho de Estado que contradigam a Constituição e as leis[535] e pode revogar os regulamentos locais de órgãos de poder das províncias, regiões autónomas e municipalidades directamente dependentes do Governo Central que infrinjam o disposto na Constituição, na lei ou em regras e regulamentos administrativos[536]. O Conselho de Estado pode alterar ou anular as normas regulamentadoras administrativas inadequadas emanadas de ministérios ou comissões e decisões e ordens inadequadas, emanadas de órgãos locais da administração pública de diferentes níveis, que sejam inconsistentes com a Constituição, as leis e os regulamentos administrativos[537].

No entanto, os dispositivos da Constituição e da Lei sobre a Legislação acima mencionados, não conseguem resolver os problemas de conflitos entre as diversas normas jurídicas, particularmente, a questão da legislação local. Existem numerosos casos de conflitos entre os regulamentos locais e as leis/os regulamentos administrativos[538], entre os diversos regulamentos locais, entre as diversas normas

---

[533] Artigo 73º da Lei sobre a Legislação.
[534] Artigo 62º, § 11 da Constituição.
[535] Artigo 67º, § 7 da Constituição.
[536] Artigo 67º, § 8 da Constituição.
[537] Artigo 89º, § 13 e § 14 da Constituição.
[538] Hierarquicamente, as leis e os regulamentos administrativos prevalecem sobre os regulamentos locais. Só que na prática, muitos regulamentos publicados pelos congressos populares locais e as suas comissões permanentes, ultrapassam as suas competências e regem as matérias de finanças, impostos, valores, alfândega, comércio externo e divisa, que pertencem à competência legislativa exclusiva do nível central (o art. 8º da Lei sobre a Legislação). Outros regulamentos locais contradizem ou diferenciam os dispostos nas leis e nos regulamentos administrativos. Ver os exemplos apresentados por LIU, Xin, ed. (2003), *Conflitos entre as Normas Jurídicas Internas e Contramedidas Legislativas*, Pequim, Editora Universidade Chinesa da Ciência Política e de Direito, pp. 12-20.

regulamentadoras locais[539], entre os regulamentos locais e as normas regulamentadoras administrativas[540], entre as normas regulamentadoras locais e as normas regulamentadoras administrativas[541].

Analisando estes conflitos, há dois problemas da competência legislativa dos poderes locais por resolver. Por um lado, os regulamentos e as normas regulamentadoras locais, fazem parte integrante do sistema jurídico chinês e devem manter a sua unificação, nomeadamente, não podem contradizer as fontes hierarquicamente superiores, nem ultrapassar o âmbito das competências legislativas devidas. Por outro lado, a legislação local deve prevenir esse proteccionismo local, que sobrevive devido ao atraso económico e à falta de competitividade[542].

No entanto, na era da globalização, a tendência geral é a de delegar maior autonomia aos poderes locais, a fim de mobilizar a iniciativa das diversas regiões e aumentar a vitalidade do desenvolvimento local. A competência legislativa gozada pelo nível local representa um dos progressos mais notáveis do sistema jurídico da China e promove o processo do "governo por pessoas", para o "governo pelo direito". Antigamente, a relação entre o nível central e o nível local, no período do planeamento económico, caracterizava-se pela centralização administrativa, ou seja, os direitos e os deveres eram definidos através dos mecanismos administrativos. Os poderes do

---

[539] Horizontalmente, um assunto pode ser legal num local, mas ilegal noutro e os procedimentos administrativos variam entre as diferentes localidades.

[540] Os conflitos entre os regulamentos feitos pelos congressos locais ou suas comissões permanentes e as normas regulamentadoras administrativas elaboradas pelos departamentos do Conselho de Estado existem, porque não se encontram disposições na Constituição sobre o âmbito de competência legislativa central e local. A Lei sobre a Legislação não esclarece a relação hierárquica entre as duas fontes.

[541] Os conflitos entre as normas regulamentadoras emanadas pelos governos locais e as normas regulamentadoras administrativas publicadas pelos departamentos do Conselho de Estado, referem-se às áreas de administração.

[542] O proteccionismo local tem constituído um grande problema na China. Desde os anos oitenta do século XX, as empresas de vila e comarca, surgiram como uma nova força. Geralmente, a sua expansão obteve grande apoio dos governos locais. Estas empresas tinham de enfrentar a concorrência que veio da fora. Para proteger estas empresas, a que falta a competitividade, mas que forneciam empregos, os governos locais impuseram diversas barreiras, tais como impostos, preços fixos, ou publicaram normas locais discriminatórias. Nestes termos, o proteccionismo local impede a formação da escala da economia e a afectação racional dos recursos.

nível local eram determinados pela política de "relaxar o controlo" do nível central. Os seguintes comentários reflectem, em certa medida, os conflitos de interesses: "Em cima há uma medida, em baixo uma contra-medida"; "A centralização perde a vitalidade, a perda da vitalidade é requerida pelo nível local, assim o governo central tem de relaxar o controlo, o que leva a cabo a confusão, e o governo central então revoga os poderes de delegação"; "Desenvolver a economia, desapertar o direito e romper o semáforo vermelho". Desde a sua abertura ao exterior, os poderes locais têm tido consciência dos mecanismos jurídicos no sentido de promover o crescimento económico, regular o mercado e proteger os interesses locais. Há, desde então, uma tendência de subida da legislação local[543]. A divisão actual da competência legislativa entre o poder central e o poder local mantém o *status quo,* sem ultrapassar a moldura prevista pela Constituição.

À medida que o nível local tem maior autonomia e abertura, o problema da harmonização entre os interesses locais e os interesses da comunidade internacional, coloca-se com grande acuidade. Mesmo que as várias localidades da China não tenham poderes que pertencem somente ao Estado soberano, possuem mais poderes e autonomia nas áreas económica e comercial, e enfrentam também desafios e riscos da globalização. Por um lado, o governo central, com base na qualificação do Estado soberano, deverá assegurar a sua missão de proteger a economia nacional para contrabalançar ou moderar impactos negativos da globalização, designadamente, aderir à OMC, ratificar tratados internacionais, produzir a legislação unificada (e.g., Lei sobre o Anti--dumping) e tomar medidas judiciais unificadas. Por outro lado, os poderes locais poderão obter maior autonomia para que se possam integrar no mercado internacional, através de mecanismos flexíveis que garantam a concorrência leal e a protecção dos interesses legítimos através da legislação local.

---

[543] No período entre 1979 e 1998, o Congresso Nacional Popular e a sua Comissão Permanente fazia anualmente, em média, 7 leis, o Conselho de Estado fazia anualmente 42 regulamentos administrativos, e os congressos populares e as suas comissões permanentes, faziam anualmente 260 regulamentos locais, ver LI, Buyun (1999), p. 43.

c) *Uniformidade e diversidade legislativa*

A uniformidade do sistema jurídico constitui um princípio fundamental do desenvolvimento legislativo da China[544]. As regras internacionais do comércio, os critérios internacionais dos direitos humanos e outras normas jurídicas internacionais, influenciam seriamente o sistema jurídico interno. No contexto da globalização, a uniformidade legislativa, não diz apenas respeito ao direito interno, mas também ao direito regional, ao direito internacional e aos conflitos entre várias instituições e culturas jurídicas.

Do ponto de vista interno, tendo em conta o pluralismo de interesses e o desequilíbrio dos níveis de desenvolvimento que se encontra nas várias regiões, a divisão da competência legislativa não é realizada de forma igual. Há cerca de 300 sujeitos legislativos na China[545]. Um número tão elevado como este, indica a diversidade dos interesses da sociedade chinesa, bem como a complexidade das fontes de direito. A expansão da competência legislativa não é somente reflectida no alargamento das fontes de direito[546], mas também no aumento dos sujeitos competentes[547].

---

[544] Nos termos do artigo 4º da Lei sobre a Legislação da RPC, "A produção legislativa deve ser feita à luz da competência e procedimento legalmente fixado e salvaguardar a unificação e dignidade do sistema jurídico socialista, partindo dos interesses conjuntos do Estado" (tradução livre).

[545] LIU, Xin, *ed.* (2003), p. 73.

[546] As fontes do direito da China continental incluem a Constituição, leis, regulamentos administrativos, regulamentos específicos e regulamentos de autonomia, regulamentos locais, normas regulamentadoras administrativas e locais. Antigamente, as normas regulamentadoras não eram consideradas como fonte de direito.

[547] Além do Congresso Nacional Popular e a sua Comissão Permanente, o Conselho do Estado, 29 ministérios e comissões e 17 departamentos do Conselho de Estado (inclusive o Banco Popular da China e a Auditoria Nacional), os congressos populares locais e as comissões permanentes das províncias, das regiões autónomas e das municipalidades directamente dependentes do Governo Central, das 27 cidades capitais das províncias e regiões autónomas, das 18 cidades autorizadas pelo Conselho de Estado e das 4 cidades das Zonas Económicas Especiais, os governos populares das províncias, das regiões autónomas e das municipalidades directamente dependentes do Governo Central, das 27 cidades capitais das províncias e regiões autónomas, das 18 cidades autorizadas pelo Conselho de Estado e das 4 cidades das Zonas Económicas Especiais, a Comissão Militar Central também é competente para legislar sobre regulamentos e normas regulamentadoras militares, de acordo com a Lei sobre a Legislação.

A China é, igualmente, um país plurilegislativo em que os sistemas jurídicos de Hong Kong, Macau e Taiwan gozam de autonomia e independência do sistema jurídico da China Continental. Trata-se de um país (a República Popular da China), dois sistemas (o sistema socialista e o capitalista), duas famílias de direito (a família Romana--Germânica que se aplica na China Continental, Macau e Taiwan e a do Common Law que se aplica em Hong Kong) e quatro jurisdições (a China Continental, Hong Kong, Macau e Taiwan). O Congresso Nacional Popular da China, autoriza as regiões administrativas especiais a exercer um alto grau de autonomia e a gozar de poderes executivo, legislativo e judicial independente, incluindo o de julgamento em última instância, de acordo com as disposições da Lei Básica de Hong Kong e da Lei Básica de Macau[548]. Taiwan, sendo uma parte inalienável do território chinês e uma das regiões administrativas especiais, gozará da competência legislativa e judicial (inclusive a última instância) após a reunificação.

Pode ver-se como num país com uma população total de 1,3 biliões de pessoas espalhadas num território de 9,6 milhões de km2, é inelimínavel a contradição entre a uniformidade legislativa e a diversidade legislativa. Não é possível, assim, chegar a um equilíbrio perfeito, por isso, a China deve procurar uma harmonia dinâmica e relativa, com respeito da condição prévia da compatibilidade.

d) *Procedimentos legislativos*

A produção legislativa tem de se submeter ao controlo processual e à normalização, que são os requisitos essenciais da legislação moderna para todos os países democráticos. Para que os actos legislativos sejam normalizados, a China precisa de estabelecer um conjunto de procedimentos legislativos completos. Entretanto, não é nada fácil atingir este objectivo a curto prazo numa sociedade em que falta a tradição democrática e de direito. Além das experiências locais, os

---

[548] Segundo a Lei Básica de Macau, o poder executivo é atribuído ao Chefe do Executivo, órgão unipessoal, designado pelo Governo da República Popular da China, com competências administrativas e políticas, sobressaindo como o órgão predominante no sistema de governo de Macau, sendo o dirigente máximo do Governo, em que também se integra (arts. 45º e ss. da Lei Básica). A Assembleia Legislativa, por seu turno, desfruta de competências legislativas e políticas (arts. 67º e ss. da Lei Básica).

frutos estrangeiros, nomeadamente, a transparência legislativa, a publicidade, a participação democrática, o referendo, a audiência, a reconsideração legislativa, a decisão da reconsideração, a fiscalização da constitucionalidade, entre outros, deverão ser utilizados. A Lei sobre a Legislação da República Popular da China, tenta estabelecer procedimentos legislativos modernos, mas devido à limitação da situação nacional, ainda não atingiu o objectivo desejado.

e) *Controlo da inconstitucionalidade*

Encontram-se previstos, quanto a este ponto, o "princípio de não violação" da produção legislativa e o sistema de fiscalização na Constituição. O primeiro impõe que o exercício da competência legislativa pelo Conselho de Estado e pelos congressos populares locais e suas comissões permanentes, não deve violar a Constituição e as leis[549]. Quanto ao sistema de fiscalização, cabe à Comissão Permanente do Congresso Nacional Popular, supervisionar o trabalho do Conselho de Estado, do Supremo Tribunal Popular e da Suprema Procuradoria Popular[550]. Todos os órgãos administrativos, judiciais e de procuradoria do Estado são constituídos pelos congressos populares, respondem perante eles e estão sujeitos à sua fiscalização[551]. Outras leis avulsas, diplomas ou regulamentos, dispõem também sobre o sistema de homologação/arquivo e sobre o sistema da interpretação legislativa. No entanto, por falta de um sistema próprio e específico de controlo da inconstitucionalidade, o princípio da legalidade da produção legislativa, é difícil ser assegurado. Os estudiosos chineses apresentaram várias propostas, mas parece que todas elas se encontram a ser apuradas academicamente.

Há pessoas que defendem que cabe aos tribunais populares comuns examinar a constitucionalidade na China. Trata-se do modelo norte-americano, que permite aos tribunais aceitar processos constitucionais e ao Supremo Tribunal Popular exercer o direito de examinar a constitucionalidade nas instruções de casos concretos. A vantagem deste modelo é que a legislação se submeteria à fiscalização independente de uma instituição alheia judicial. O problema é que, segundo

---

[549] Artigos 89º, § 1 e 100º da Constituição.
[550] Artigo 67º, § 6 da Constituição.
[551] Artigo 3º, § 3 da Constituição.

o sistema do congresso popular, que diferencia do princípio da separação dos poderes, os tribunais são constituídos pelos congressos populares, são responsáveis perante eles e estão sujeitos à sua fiscalização. Se os tribunais fiscalizassem o exercício da competência legislativa dos congressos populares, a relação estabelecida pela Constituição entre os dois seria modificada fundamentalmente, visto que os tribunais se tornariam uma força de "bloqueio", situada em pé de igualdade com os congressos populares. Este argumento constitui certamente um grande desafio para o sistema do congresso popular, já que o modo de evitar conflitos frontais entre o poder judicial e o poder legislativo, representa uma grande barreira, que é difícil de ultrapassar pelo controlo da constitucionalidade exercido pelos tribunais populares comuns.

Há outros autores que propõem a criação de um Tribunal Constitucional, independente do Congresso Nacional Popular e que se responsabilizaria pelo controlo da constitucionalidade. A utilidade na criação de um Tribunal Constitucional na China, baseia-se também no facto de que os custos de transformação das instituições existentes (tais como a superioridade do poder legislativo, relativamente aos outros poderes, as formas de exercício da competência da interpretação judicial, a organização e a competência dos tribunais de vários níveis) serão menores, podendo tal órgão de revisão judicial ser criado a curto prazo, evitando assim a falta de confiança para com a justiça judicial. A execução deste projecto requer também a sua compatibilidade com o sistema do congresso popular, designadamente, a supremacia do Congresso Nacional Popular (art. 57º da Constituição) e a possibilidade de compartilhar a sua competência de fiscalização com outros órgãos estatais. Se estas duas questões não forem resolvidas de forma inovativa, serão invocados argumentos de falta de legitimidade contra esta proposta.

A terceira proposta é a seguinte: sob o existente sistema político de congresso popular, poderia fundar-se numa Comissão Constitucional (a Comissão da Constitucionalidade ou a Comissão do Controlo da Constitucionalidade), incorporando-as no Congresso Nacional Popular. Existem, a este propósito, duas possibilidades. A primeira hipótese é criar esta Comissão Constitucional ao mesmo nível que a Comissão Permanente do Congresso Nacional Popular, para controlar a constitucionalidade da legislação da Comissão Permanente do Congresso

Nacional Popular e das legislações hierarquicamente inferiores, o que implica, que tal Comissão Constitucional não poderia fiscalizar a constitucionalidade das leis emanadas do próprio Congresso Nacional Popular. No entanto, os poderes públicos são exercidos unificadamente pelos congressos populares e suas comissões permanentes[552], o que seria um óbice a esta posição. Também, a criação desta Comissão da Constitucionalidade poderá abalar a autoridade do Congresso Nacional Popular e a sua Comissão Permanente. Além disso, de acordo com a Constituição, compete à Comissão Permanente do Congresso Nacional Popular interpretar a Constituição e vigiar seu cumprimento. Como é que a Comissão da Constitucionalidade fiscalizaria a constitucionalidade destas actividades? A segunda hipótese é criar uma Comissão da Constituição de competência especializada, que se incorpora, no Congresso Nacional Popular. Pelo menos, esta proposta é conforme com os princípios fundamentais e o sistema do congresso popular. Tendo em conta os preceitos constitucionais[553], a criação suplementar de uma comissão especializada não envolve uma revisão constitucional, o que é mais favorável à sua estabilidade. A comissão a criar, como um órgão permanente, que auxilia o Congresso Nacional Popular e a sua Comissão Permanente a vigiar o cumprimento da Constituição, contribuiria para a especialização e a regularização da fiscalização constitucional. Podem, ainda, ser-lhe delegados poderes para fiscalizar a constitucionalidade das leis feitas pelo Congresso Nacional Popular ou pela sua Comissão Permanente, dos regulamentos administrativos do Conselho de Estado, dos regulamentos locais pelos congressos locais e das normas regulamentadoras administrativas e locais.

Trata-se esta de uma questão premente do desenvolvimento legislativo da China e da garantia institucional da compatibilidade da legislação interna com a tendência mundial no contexto da globalização.

---

[552] Nos termos do artigo 2º da Constituição, "Na República Popular da China todo o poder pertence ao povo. Os órgãos através dos quais o povo exerce o poder político são o Congresso Nacional Popular e os congressos populares locais dos vários níveis".

[553] Segundo o artigo 70º da Constituição, "O Congresso Nacional Popular institui uma Comissão de Nacionalidades, uma Comissão de Leis, uma Comissão Económica e Financeira, uma Comissão para a Educação, Ciência e Saúde Pública, uma Comissão dos Negócios Estrangeiros, uma Comissão para os Chineses do Ultramar e outras comissões especiais que se mostrem necessárias. Estas comissões especiais funcionam sob orientação da Comissão Permanente do Congresso Nacional Popular quando o Congresso não se encontra reunido..."

A Lei sobre a Legislação prevê a hierarquia das fontes de direito chinês e a relação horizontal da fonte do mesmo nível (e.g., *lex specialis derogat lege generalis, nova statuta derogat vetera statuta*), bem como situações da revogação ou da alteração das leis, regulamentos e normas regulamentadoras. De facto, há bastante dispostos legais, aqui e ali, que dizem respeito à fiscalização constitucional. No entanto, devido à ausência de um órgão especial e de um procedimento legal do controlo da constitucionalidade, a fiscalização constitucional na China encontra dificuldades práticas, pelo que as medidas de recurso e o sistema da fiscalização na área da legislação, não desempenham eficazmente o seu papel. Na prática, alguns departamentos do nível central, expandem a sua competência legislativa, o que causou um proteccionismo sectorial, a nível local, muito embora, o proteccionismo, com base na competência legislativa, busque sempre interesses indevidos. Ainda para algumas pessoas, a produção legislativa funciona como um remédio milagroso que pode regular todas as relações sociais. Tudo isso acontece em grande medida por causa da falta do regime eficaz da fiscalização constitucional. A judicialização da Constituição e a punibilidade das infracções às leis poderão ajudar à resolução do problema. Acompanharemos com atenção esta inovação institucional.

3.4.3.2.3. Exemplo ilustrativo um: Direito de propriedade intelectual

A protecção dos direitos de propriedade intelectual, está relacionada estreitamente com os interesses económicos nacionais e a ordem económica. Especialmente, à medida que a globalização económica e a economia de conhecimento se desenvolvem, a protecção dos direitos de propriedade intelectual torna-se uma preocupação internacional. Sensivelmente durante os últimos vinte anos, o desenvolvimento da legislação do direito de propriedade intelectual na China foi galopante[554]. Este exemplo facilita a nossa compreensão do desenvolvimento legislativo chinês, especialmente, a compatibilidade da

---

[554] Assim, quanto à aplicação, à protecção judicial e às medidas correctivas administrativas na China, há bastantes questões por resolver, sobretudo porque existe ainda pouca consciência do valor da protecção do direito da propriedade intelectual.

legislação interna com a legislação internacional e o cumprimento das obrigações internacionais através do aperfeiçoamento da ordem interna.

Antes de 1979, não existia a protecção dos direitos de propriedade intelectual na China em sentido estrito, porque, especialmente a partir de 1958, excepto em matérias básicas das necessidades quotidianas dos indivíduos, todos os patrimónios eram considerados públicos ou colectivos (interesse social comum). Por conseguinte, a propriedade intelectual formava parte do património do Estado[555]. Sob a influência da mentalidade tradicional, as pessoas acreditavam que a base do sistema económico socialista, era a propriedade pública socialista dos meios de produção, o trabalho intelectual, era um tipo do trabalho produtivo, as riquezas criadas, eram parte integrante da propriedade pública e os indivíduos não possuíam direitos de propriedade intelectual. Os interesses sociais prevaleciam sobre os interesses particulares. Comparado com os particulares que eram proibidos de exercer os direitos privados, o Estado tinha grande discricionariedade para usar direitos de propriedade intelectual, por exemplo, o direito de ceder licenças obrigatórias e a utilização gratuita de obras particulares. O regime de protecção dos direitos de propriedade intelectual encontrava-se, assim, em branco. Mesmo a ideia de que os direitos de propriedade intelectual são direitos privados, era difícil de aceitar.

Em 1979, nas negociações do *Acordo Sino-Americano Relativo à Física de Alta Energia,* o governo chinês ficou surpreendido em face da cláusula de protecção dos direitos de propriedade intelectual[556]. Esta atitude reflectiu a grande diferença da questão da protecção dos direitos de propriedade intelectual dos dois países e, ao mesmo tempo, previu a intensidade dos conflitos neste domínio no futuro próximo. Realmente, apenas a partir de 1979, o regime de propriedade intelectual da China, tem vindo a ser estabelecido.

---

[555] Para mais informações, consultar XUE, Rongjiu (1997), *The WTO and China´s Economic and Trade Development, WTOCETD,* Pequim, Editora Universidade de Economia e Comércio Externo, pp. 499-500.

[556] LI, Mingde (2000), *A Cláusula Especial 301 e os Conflitos Sino-Americanos de Propriedade Intelectual,* Pequim, Social Sciences Documentation Publishing House, pp. 173-174.

Quanto à legislação respectiva, mais leis, regularizando a propriedade intelectual foram publicadas, nomeadamente, *a Lei das Marcas*[557], *a Lei das Patentes*[558], *a Lei dos Direitos de Autor*[559] e *a Lei Contra a Concorrência Desleal*[560]. Correspondendo a cada lei, existem regras pormenorizadas de execução, publicadas pelos respectivos órgãos[561]. Para todos os crimes contra a propriedade intelectual, os infractores são susceptíveis da responsabilidade penal, nos termos da secção VII do terceiro capítulo da parte especial do Código Penal da China.

---

[557] *A Lei das Marcas* foi aprovada na 24ª sessão pela Comissão Permanente do Quinto Congresso Nacional Popular em 23 de Agosto de 1982 e entrou em vigor em 1 de Março de 1983. Esta lei foi modificada a 22 de Fevereiro de 1993 e a 27 de Outubro de 2001, com a entrada em vigor em 1 de Dezembro de 2001.

[558] *A Lei das Patentes* foi aprovada na 4ª sessão pela Comissão Permanente do Sexto Congresso Nacional Popular em 12 de Março de 1984, entrou em vigor em 1 de Abril de 1984 e foi modificada duas vezes: em 1992, com o fim de cumprir O Memorando de Entendimento entre a China e os EUA do mesmo ano, e em 2001, com o fim de se harmonizar com as exigências do Acordo sobre os Aspectos dos Direitos de Propriedade Intelectual Relacionados com o Comércio (TRIPS).

[559] *A Lei dos Direitos de Autor* foi aprovada na 15ª sessão pela Comissão Permanente do Sétimo Congresso Nacional Popular em 7 de Setembro de 1990 e entrou em vigor em 1 de Junho de 1991. Esta lei foi modificada em 2001.

[560] *A Lei Contra a Concorrência Desleal* foi aprovada na 3ª sessão pela Comissão Permanente do Oitavo Congresso Nacional Popular em 2 de Setembro de 1993 e entrou em vigor em 1 de Dezembro de 1993.

A Lei Contra a Concorrência Desleal estipula rigorosamente os actos considerados ilícitos, incluindo: (1) obter os segredos comerciais do titular através de furto, sedução ou uso de outros métodos ilegítimos; (2) divulgar, usar ou autorizar a aquisição dos segredos comerciais através de processos ilícitos, como furto, sedução, ameaças e outros; (3) abusar dos direitos contra as práticas comerciais leais.

[561] Por exemplo, *Regras Pormenorizadas da Aplicação à Lei das Marcas* foram decretadas pelo Departamento Administrativo Nacional da Indústria e do Comércios; *Regras Pormenorizadas da Aplicação à Lei das Patentes* foram decretadas pelo Departamento Nacional das Patentes (modificadas pelo Conselho de Estado em 12 de Dezembro de 1992); *Regras Pormenorizadas da Aplicação à Lei dos Direitos de Autor* foram decretadas pelo Departamento Nacional dos Direitos de Autor; *o Estatuto da Protecção dos Programas de Computadores* foi promulgado pelo Conselho de Estado; *o Estatuto da Protecção Fronteiriça pela Alfândega Geral da República Popular da China no que diz respeito aos Direitos de Propriedade Intelectual* foi promulgado pelo Conselho de Estado em 1995, modificado em 2000.

À medida que a legislação vai sendo aperfeiçoada, a China tem adoptado várias providências, com o fim de reforçar poderes de executar e atacar todos os delitos no que diz respeito à propriedade intelectual, nomeadamente, *o Programa de Acção da Protecção Efectiva dos Direitos de Propriedade Intelectual* em 1995.

O nascimento da protecção dos direitos de propriedade intelectual tem uma característica geográfica, a qual promoveu a cooperação a nível mundial e conduziu ao surgimento das convenções internacionais. Sob a orientação de abertura, a China participa activamente na Organização Mundial da Propriedade Intelectual (OMPI), (sendo um novo membro da OMPI, a partir de 3 de Junho de 1980) e nos vários acordos internacionais com o objectivo de ajustar o seu regime de propriedade intelectual às normas mundiais. É membro da *Convenção de Paris*, desde 19 de Março de 1985, do *Tratado Sobre a Protecção da Propriedade Intelectual Relativa aos Circuitos Integrados* e do *Acordo de Madrid Relativo ao Registo Internacional das Marcas*, desde 1989, da *Convenção de Berna Sobre a Protecção das Obras, Literárias e Artísticas* e da *Convenção dos Direitos de Autor* desde 1992, da *Convenção de Fonogramas*, desde 1993, do *Acordo de Nice Sobre a Classificação Internacional de Mercadorias e Serviços para a Aplicação do Registo das Marcas*, do *Tratado da Cooperação das Patentes* e da *Convenção de Genebra Sobre a Protecção dos Desenhos e Modelos Industriais*, desde 1994, do *Tratado de Budapeste*, desde 1995[562]. A China também participou, enquanto observador, nas negociações multilaterais, inclusive nas do TRIPS do *Uruguai Round*.

Os esforços para aperfeiçoar o regime de protecção dos direitos de propriedade intelectual da China, acompanharam as negociações da sua entrada no GATT e na OMC, especialmente, as negociações sino-americanas sobre a propriedade intelectual[563]. Após a entrada na

---

[562] YE, Jingsheng, (2000), *A OMC e o TRIPS: normas e compromissos*, Hefei, Editora Huangshan Shushe, pp. 95-9.

[563] Após 1991, havia três acordos bilaterais sobre a resolução dos conflitos dos direitos de propriedade intelectual entre a China e os EUA. Tais acordos foram elaborados com o fim de evitar sanções comerciais aos dois países. O primeiro Memorando de Entendimento entre a China e os EUA foi elaborado em 17 de Janeiro de 1992, no qual a China prometeu melhorar a protecção dos direitos de propriedade intelectual, incluindo a modificação da *Lei das Patentes*, entre outras, e os EUA declararam a interrompação da investigação segundo "special 301" na propriedade intelectual (a China foi um *priority country* na lista dos EUA). O segundo acordo sino-americano foi assinado em 26 de Fevereiro de 1995, sendo constituído ainda pelo anexo *Programa de Acção da Protecção Efectiva dos Direitos de Propriedade Intelectual na China*. Este acordo concentrou-se mais na execução das leis dos direitos de propriedade intelectual da China. A China comprometeu-se a aplicar o segundo acordo sino-americano à comunidade europeia, ao Japão e a outros países.

OMC, a China tem que assumir os deveres do TRIPS. Para os países em vias de desenvolvimento, o TRIPS estabeleceu um período de transição de 5 anos (com entrada em vigor antes de 1 de Janeiro de 2000); a China declarou, em 1998, que não ia exigir a preferência do período transitório.

Agora, como um Estado-Membro da OMC, a China passa a ter novas normas sobre o critério da protecção dos direitos de propriedade intelectual do TRIPS e novos processos que regem a resolução de litígios da OMC nos futuros conflitos relativos à propriedade intelectual. Os impactos do TRIPS na legislação chinesa, não só se manifestam nas novas alterações e novas produções legislativas[564], mas também nos novos pensamentos da protecção dos direitos de propriedade intelectual. O preâmbulo do TRIPS reconhece que "os direitos de propriedade intelectual são direitos privados" e vários dos seus dispositivos impõem a protecção efectiva e adequada dos direitos de propriedade intelectual[565]. Tudo isso contribui para o melhoramento da produção legislativa e para a efectiva execução da lei sobre os direitos de propriedade intelectual da China.

O terceiro acordo sino-americano foi assinado em 17 de Junho de 1996, sendo um acordo de acção em vez de uma série de promessas, abrangeu os problemas da execução das leis, das medidas fronteiriças e o acesso aos mercados. Desde então, a China já fechou, até Maio de 1996, 15 fábricas produtoras de CD, CD-ROMs e VCD. Depois da celebração do último acordo, não têm havido muitas divergências de opinião entre a China e os EUA no que diz respeito à protecção dos direitos de propriedade intelectual e ao acesso aos mercados, embora o problema da propriedade intelectual seja sempre o assunto em questão. Li, Mingde (2000), pp. 173-231.

[564] Quase todas as leis e regulamentos desta área foram modificados na sequência da entrada na OMC. Desde logo, o Conselho de Estado promulgou em 2001 o *Regulamento sobre a Protecção da Topografia e Circuitos Integrados*. Em 1989, a China assinou a *Convenção de Washington* e garantiu o cumprimento dos seus deveres. Até 2001, não havia nenhuma lei relativa à protecção da topografia e circuitos integrados na China. A publicação deste regulamento em 2001 justificadamente preencheu esta lacuna legislativa.

[565] Por exemplo, o artigo 21º do TRIPS dispõe que "Os membros podem definir as condições aplicáveis à concessão de licenças e à cessão de marcas, no pressuposto de que não será permitida a concessão de licenças obrigatórias e que o titular de uma marca registada terá o direito de ceder a marca com ou sem a transferência da empresa a que a marca pertence"; o artigo 31º estipula concretamente restrições de outras utilizações do objecto de uma patente pelos poderes públicos, ou por terceiros autorizados pelos poderes públicos, sem o consentimento do respectivo titular; o artigo 32º impõe que "Será facultada a possibilidade de revisão judicial de qualquer decisão relativa à revogação ou prescrição de uma patente".

a) *A Lei dos Direitos de Autor*

A alteração da Lei dos Direitos de Autor em 2001, consagra o princípio do tratamento nacional no artigo 2º, § 2, para se conformar com o artigo 3º do TRIPS. Os estrangeiros já não gozam, assim, de tratamento mais favorável do que o tratamento nacional, como antes sucedia[566].

No âmbito dos objectos da protecção, a China considera que os programas informáticos são protegidos enquanto obras literárias, ao abrigo da *Convenção de Berna,* além disso, os autores dos programas informáticos obterão os direitos de autor, sem precisar de quaisquer procedimentos. A modificação de 2001 abrangeu também a protecção de compilações de dados, na sequência do disposto no artigo 10º do TRIPS.

No âmbito dos conteúdos dos direitos de autor, a lei chinesa menciona 17 direitos que precisam de ser protegidos, entre os quais, o direito à expressão, o direito à assinatura, à emenda, à protecção da integridade de obras, à reprodução, à emissão, o direito de locação, de exposição, de representação, de projecção, de transmissão, de divulgação informática de rede, de produção, de adaptação, de tradução, de compilação, entre outros. Especialmente, o direito de divulgação informática de rede foi acrescentado, tendo em conta o desenvolvimento das novas tecnologias e o uso amplo da Internet. Os direitos de locação e serviços de locação, foram introduzidos de acordo com os padrões do TRIPS (art. 11º).

---

[566] Por exemplo, segundo *o Estatuto da Protecção dos Programas Informáticos* da China, os autores apenas podem apresentar queixas ou acusações quando os seus programas já tiveram sido registados no órgão administrativo competente. Contudo, *o Regulamento Sobre a Aplicação da Convenção Internacional dos Direitos de Autor,* permite que os autores estrangeiros dos programas informáticos não precisem de ter procedimentos de registo, tendo assim um tratamento mais favorável do que o tratamento nacional. XUE, Rongjiu (1997), p. 512; outro exemplo, *o Regulamento Sobre a Aplicação da Convenção Internacional dos Direitos de Autor,* dispõe que a Estação de radiodifusão ou a de televisão, tem de obter a autorização dos autores estrangeiros e pagar a remuneração, quando transmite a gravação, enquanto a versão antiga do artigo 43º da Lei dos Direitos de Autor da China permitia que a Estação de radiodifusão e a de televisão utilizassem gratuitamente obras gravadas sem o consentimento dos autores chineses. A nova modificação do artigo 43º da mesma lei, diz que "A Estação de radiodifusão ou a de televisão podem transmitir obras já publicadas sem o consentimento dos autores, mas deve pagar-lhes uma remuneração".

O progresso mais notável da produção legislativa chinesa sobre os direitos de autor, consiste em vários sistemas da sua aplicação efectiva (do artigo 48º ao 52º da Lei dos Direitos de Autor). Por exemplo, quanto a indemnizações, "quando os danos reais do titular ou as rendas ilegais do infractor são indetermináveis, os tribunais populares, tendo em conta as circunstâncias dos actos ilícitos dolosos, são habilitados a ordenar ao infractor que pague ao titular do direito uma indemnização não superior a 500,000RMB". Além disso, injunções e providências conservatórias e cautelares, foram também estabelecidas com a modificação de 2001.

No tocante à duração da protecção, os dispositivos da legislação interna da China são compatíveis com os objectivos da *Convenção de Berna* e do TRIPS. Relativamente aos direitos conexos, a duração da protecção dos produtores de fonogramas e dos organismos de radiodifusão, é superior à disposição da *Convenção de Berna* e é compatível com as cláusulas do TRIPS (o artigo 12º), "Sempre que a duração da protecção de uma obra... seja calculada numa outra base que não a vida de uma pessoa singular, essa duração não deverá ser inferior a 50 anos a contar do final do ano civil em que teve lugar a publicação autorizada ou, se a publicação autorizada não ocorrer no prazo de 50 anos a contar da realização da obra, 50 anos a contar do final do ano civil da realização".

Resumindo, a lei chinesa dos direitos de autor, atinge o objectivo do TRIPS, ultrapassando-o mesmo em alguns aspectos, por exemplo, nos direitos conexos, os editores chineses gozam do direito exclusivo de publicação.

b) *A Lei das Marcas*
No âmbito dos objectos de protecção, a modificação da lei chinesa, em 1993, estendeu as disposições das marcas de produtos às de serviços, em conformidade com a exigência do TRIPS. A modificação em 2001, por sua vez, diminuiu a diferença entre a lei interna com as regras internacionais e acrescentou novas estipulações. Como por exemplo, os artigos 9º, § 1, 13º, 14º e 41º da Lei das Marcas, com base no artigo 16º, § 2 e 3 do TRIPS, dizem respeito à protecção das marcas notoriamente conhecidas. No passado, a protecção desta área foi assegurada apenas por uma fonte de direito mais baixa – a norma regulamentadora administrativa – ao invés da lei. Agora, por um

lado, os tribunais aumentam a protecção judicial das marcas notoriamente conhecidas, por outro lado, a protecção da legislação contribui para a concorrência empresarial no sentido de criar marcas famosas. Os artigos 3º e 16º da Lei das Marcas da China, prestam atenção especial à protecção de indicações geográficas, com o fim de compatibilizar as disposições do TRIPS (art. 22º)[567]. Sobre a protecção dos direitos adquiridos, o primeiro parágrafo do artigo 16º do TRIPS prevê que o registo e a utilização de uma marca "não prejudicarão quaisquer direitos anteriores existentes". Em 1993, o conceito de "direitos anteriores" já foi apresentado pelas *Regras Pormenorizadas da Aplicação à Lei das Marcas* decretadas pela Administração Nacional da Indústria e do Comércio do Estado. Entretanto, este regulamento administrativo, colocou ênfase nos requisitos subjectivos dos agentes, isto é, o registo não pode ser obtido por fraude, nem por medidas irregulares, cabendo aos titulares dos direitos anteriores existentes, assumir o ónus de prova. A modificação da Lei das Marcas da China deu um passo a mais na protecção efectiva, prevendo expressamente que os direitos anteriores existentes não devem ser prejudicados, sem os sujeitar ao preenchimento de requisitos subjectivos. Pode ver-se que a legislação interna já atingiu as regras do TRIPS. A lei chinesa enumera também vários delitos relacionados com a exclusividade das marcas, sendo mais concreto do que o artigo 16º, n.º 1 do TRIPS.

No que diz respeito à duração da protecção, a lei chinesa prevê um período de 10 anos, passível de ser renovado (compatível com o artigo 18º do TRIPS).

No aspecto da exigência de utilização das marcas registadas, a Lei das Marcas da China, dispõe que o seu registo pode ser anulado após um período ininterrupto de não utilização de pelo menos 3 anos (compatível com o artigo 19º, n.º 1, do TRIPS).

---

[567] Indicações geográficas são aquelas que identifiquem um produto com sendo originário do território de um membro, ou de uma região ou localidade desse território, caso que acontece nas situações em que determinada qualidade, reputação ou outra característica do produto, seja essencialmente atribuível à sua origem geográfica.

Antes da entrada na OMC, sendo um membro da *Convenção de Paris,* a China já se comprometeu a proteger as indicações geográficas, de acordo com os objectivos da convenção, por exemplo, a alfândega deterá as mercadorias com falsas indicações geográficas na altura da importação, XUE, Rongjiu, (1997), p. 516.

Além da protecção substancial, a legislação chinesa dá importância à protecção processual. Quanto ao processo de requerimento do registo de marcas, a Lei das Marcas consagra o princípio de "first--to-file", isto é, se duas ou mais marcas, idênticas ou semelhantes são pedidas para efeitos de registo, o primeiro que apresentou tal pedido, tem prioridade sobre o outro. No caso em que duas aplicações independentes foram apresentadas no mesmo dia e surge em litígio a sua prioridade, a marca que foi primeiramente utilizada gozará de prioridade (ver os artigos 24º e 25º da Lei das Marcas da China). Toda a documentação submetida deve ser real, exacta e completa, diferentemente das experiências passadas, em que a reconsideração, a objecção, a oposição e o cancelamento de marcas eram decididos exclusivamente pela autoridade administrativa. Com o desenvolvimento da legalização na China, as pessoas reforçaram a confiança na protecção legal dos direitos de propriedade intelectual. Os legisladores chineses, conforme o artigo 41º, § 4 do TRIPS, forneceram mais vias correctivas para os titulares de direitos, pois "as partes num processo terão a possibilidade de pedir a revisão por uma instância judicial das decisões administrativas finais…". Mais uma série dos procedimentos cautelares também foi estabelecida para os processos judiciais.

c) A Lei das Patentes

Desde a promulgação da Lei das Patentes em 1985, houve duas modificações, respectivamente em 1992 e 2000. A modificação em 1992, aumentou o âmbito tecnológico da protecção de patentes, incluindo-se na patenteabilidade os produtos farmacêuticos e os agroquímicos, alimentos, bebidas e especiarias, incluindo plantas de novas espécies; prolongou-se o prazo da protecção, sendo que o período de protecção das patentes inventivas de 20 anos e o das patentes susceptíveis de aplicação industrial de 10 anos, a partir da data de depósito; conferiu aos titulares das patentes o direito de impedir que um terceiro, sem o seu consentimento, fabricasse, utilizasse, pusesse à venda, vendesse ou importasse para o efeito, o referido produto; aboliu as obrigações dos títulos das patentes de produzir produtos patenteados e utilizar métodos patenteados na China, ou autorizar terceiros, a produzir produtos patenteados ou utilizar métodos patenteados também na China. A modificação em 2000, com a finalidade de cumprir os compromissos do governo chinês na entrada da OMC e aprofundar a abertura ao exterior, reforçou mecanismos da protecção, simplificou procedimentos administrativos a favor dos titulares e estimulou a criatividade tecnológica[568]. Particularmente, agora, as empresas estatais, como outras empresas privadas, podem ser titulares das patentes[569], o direito de solicitar uma patente das invenções não profissionais, pertence aos requerentes particulares. Portanto, os dispositivos internos, são agora compatíveis com as convenções internacionais e o TRIPS.

d) *O Estatuto da Protecção Fronteiriça pela Alfândega Geral no que respeita aos Direitos de Propriedade Intelectual*
À medida que o comércio internacional se desenvolve, há cada vez mais comércio de mercadorias que violam os direitos de propriedade intelectual. Os produtos de imitação e de má qualidade infiltram-se nos domínios de produção e de circulação, constituindo prejuízos e ameaças à segurança nacional e à segurança e saúde do povo. Às autoridades alfandegárias, compete controlar a importação e a exportação, portanto, desempenham um papel activo na fiscalização das infracções de direitos de propriedade intelectual. O Estatuto da Protecção Fronteiriça pela Alfândega Geral no que diz respeito aos Direitos de Propriedade Intelectual, com 6 capítulos e 36 artigos, atribui às autoridades alfandegárias, competências para impedir a entrada de mercadorias que eram consideradas ou suspeitas de violação aos direitos de propriedade intelectual reconhecidos na China, incluindo marcas registadas, direitos de autor, patentes registadas, entre outros[570].

---

[568] As principais alterações nesta nova lei dizem respeito à oferta de venda (o artigo 11º, § 1) face ao dispositivo do artigo 28º, § 1 do TRIPS, à revisão judicial das decisões para invenções (os artigos 41º e 46º), face ao artigo 41º, § 4 do TRIPS, dos processos leais e equitativos (o artigo 61º), face ao artigo 42º do TRIPS, ao ónus da prova (o artigo 57º), face ao artigo 34º do TRIPS, entre outros. Para mais informações, consultar ZHANG, Delin (2002), pp. 126-35.

[569] Antigamente, as empresas da propriedade de todo o povo, eram os titulares das patentes.

[570] Os conteúdos deste Estatuto abrangem disposições gerais, o arquivo na Alfândega, a requisição, a pesquisa e a administração, a responsabilidade legal e o anexo, consular ZHANG, Delin (2002), pp. 146-51.

3.4.3.2.4. Exemplo ilustrativo dois: Direito da concorrência

A) O papel do Direito da concorrência no contexto da globalização económica

A-1) Papel regulador do Direito da concorrência na economia global

No âmbito do Direito Económico, a concorrência[571] refere-se à rivalidade no domínio económico entre produtores, fabricantes, empresários ou comerciantes, que põem à venda mercadorias da mesma natureza e qualidade[572], ou quer significar que tal operação é feita pela melhor oferta ou pelo melhor preço[573]. A concorrência é vista como um expediente que contraria o atraso tecnológico, os altos custos de produção, o desperdício de recursos, a baixa qualidade e a baixa eficiência, portanto, os seus objectivos, são a protecção dos consumidores, a garantia da liberdade de acesso ao mercado e o reforço da competitividade dos agentes económicos e do país, em aspectos gerais.

Num mercado onde existe a concorrência, as empresas rivalizam entre si na exploração de novos produtos e na prestação de serviços, realizando assim a optimização dos recursos sociais em

---

[571] É interessante falar brevemente sobre a evolução da concorrência. Durante a Idade Média, os grémios organizavam as actividades económicas em forma de monopólio e uniformizavam os preços e a qualidade dos produtos. Essa situação mudou no fim do século XVI na Inglaterra, com a contestação da legalidade destes monopólios. Com a transição do absolutismo para o liberalismo, Adam Smith propôs a lei natural do mercado, isto é, a intervenção estatal, que, como "mão invisível" (as suas funções são: limitar o tamanho do estômago do senhorio, curvar o egoísmo residual de um senhorio, optimizar a produção e preservar a ordem natural), se deveria reduzir significativamente. Segundo o raciocínio, os agentes económicos poderiam promover o bem geral da sociedade. Só que as empresas pequenas não se sustentavam frente a grandes concentrações. As imperfeições do liberalismo geraram insatisfação popular e pressão dos pequenos e médios empresários. A solução veio com a intervenção estatal. Após a crise de 1929, com a crise da Bolsa de Valores de Nova Iorque, Roosevelt em 1932 iniciou uma nova política de desenvolvimento económico, com a finalidade de construir um Estado do bem-estar social, com a intervenção estatal necessária. Surgiu, assim, o neoliberalismo que visou preservar alguns caracteres do liberalismo e superar as suas imperfeições. Desde então, o objectivo da intervenção pública tem sido a garantia da liberdade económica dos agentes, mas apenas de forma indirecta, fiscalizando, orientando e incentivando a economia nacional para o caminho da prosperidade.
[572] DINIZ, Maria Helena (1998), p. 734.
[573] SILVA, de Plácido E. (2002), p. 193.

termos de quantidade, qualidade, custos e preços. Os mercados mais concorrenciais registam maiores índices de produtividade e maior eficiência na utilização dos recursos. A concorrência, permite a livre entrada e saída de empresas do mercado: uma empresa eficiente e competitiva, tem vantagens no acesso ao consumidor; uma empresa ineficiente é afastada do mercado. Aquelas empresas que não conseguem atingir os padrões de inovação e eficiência, muito provavelmente, têm pela frente os riscos de aquisição, transformação e cisão. Além da eficiência e do crescimento, o mercado competitivo fornece ainda mais oportunidades económicas, aumentando a elasticidade e a estabilidade macroeconómica[574]. Já numa economia a que falta a competição, os poderes económicos concentram-se nas mãos de poucas pessoas. O abuso da posição dominante e o cartel[575] mantêm preços monopolistas através da restrição da produção. Quer dizer, a oferta da quantidade de produtos e de serviços, será limitada e a procura de novos produtos por parte dos consumidores, não poderá ser explorada e proporcionada. Assim, haverá menos criatividade e possibilidade da variedade de serviços. Além disso, certas normas governamentais inadequadas, poderão também constituir obstáculos à concorrência.

Aumentar a eficiência económica e a optimização de recursos no seu conjunto de uma sociedade, são justamente os objectivos primordiais do direito da concorrência. Neste sentido, o direito da concorrência proporciona apoios institucionais para a maximização do bem-estar social. O direito da concorrência nasce a fim de eliminar actos de concorrência desleal, actos restritivos da concorrência e os monopólios, que podem assumir três qualificações: actos que contrariam objectivamente normas de lealdade na concorrência, actos ilícitos civis e actos ilícitos penais[576]. Os principais actos proibidos pelo direito da concorrência são, por exemplo, acordos da concorrência desleal verticais, entre as empresas ou horizontais, entre o comprador

---

[574] Através da concorrência, as empresas tornam-se mais adaptáveis aos choques provenientes do interior e do exterior, portanto, os custos macroeconómicos para reagir contra a instabilidade são mais baixos.

[575] Geralmente, sendo difíceis de detectar por serem secretos, os cartéis são acordos em que as empresas restringem a produção para vender a um preço mais elevado.

[576] Ascensão, José de Oliveira (2002), *Concorrência Desleal,* Coimbra, Livraria Almedina, p. 14.

e o vendedor, comportamentos unilaterais e abusivos das empresas em posição dominante e concentrações ou fusões anti-concorrenciais, entre outros. Por via de regra, o direito da concorrência não abrange restrições gerais de comportamentos específicos, mas proíbe aqueles que limitem seriamente a concorrência e aqueles que criem ou protejam posições monopolistas dominantes. A legitimidade dos comportamentos é determinada pelos impactos reais ou potenciais no mercado, que são produzidos por uma empresa ou por várias empresas, monopolizando o mercado. No entanto, há que salientar que, em primeiro lugar, o direito da concorrência somente põe restrições ao abuso dos direitos e não proíbe simplesmente o monopólio, graças à alta eficiência das empresas; em segundo lugar, o poder monopolista é usado para limitar o volume da produção ou aumentar preços e não é uma manifestação do papel da escala empresarial. O monopólio encontra-se tanto no mercado de produtos[577], como no mercado geográfico[578].

Após a Segunda Guerra Mundial, a redução significativa das barreiras pautais e não pautais relacionadas com o comércio e o investimento, fez com que a concorrência levasse a cabo o aumento de eficiência e de criatividade e o desenvolvimento económico. Há uma convergência a nível internacional sobre os objectivos do direito da concorrência. No caso da Europa, tendo em conta o objectivo de romper os obstáculos de baixa eficiência e criar um mercado único, o Tratado de Roma prevê o direito da concorrência como o direito substancial aplicado de forma directa e compulsória pela Comissão Europeia[579]. Todos os países da Organização de Cooperação e Desenvolvimento Económico já elaboraram leis da concorrência, muitos

---

[577] Um exemplo destes é o seguinte: a empresa *A* é um dos produtores nacionais de um tipo de mercadoria e detém o poder monopolista, quanto a outro tipo de mercadoria, existe somente um produtor, que é a empresa *B,* sem necessariamente deter o poder monopolista.

[578] Quer dizer, numa determinada área geográfica, os consumidores podem adquirir produtos ou serviços apenas a uma empresa. Os factores determinantes do monopópio geográfico são, essencialmente, os custos de transporte.

[579] Consultar o Regulamento (CE) n.º 1/2003 do Conselho, de 16 de Dezembro de 2002, relativo à execução das regras de concorrência estabelecidas nos artigos 81º e 82º do Tratado, no Jornal Oficial n.º L001 de 04/01/2003, pp. 0001-0025. A legislação anexa, de 1 de Maio de 2004 descentraliza da Comissão Europeia para os tribunais e autoridades nacionais da concorrência a aplicação, em paralelo, das leis-antitrust comunitárias.

países de transição e os países da ex-União Soviética também aplicam leis da concorrência.

No contexto da liberalização do mercado, os agentes económicos gozam da liberdade de iniciativa em face ao Estado. As consequências da dinâmica de mercado, ou as falhas na sua economia, trazem consigo a insuficiência concorrencial (por exemplo, o monopólio natural e práticas anti-concorrenciais, entre outros). Cada agente económico tem o direito da livre concorrência em face a outro agente económico. Assim, é imprescindível a intervenção do Estado, como regulador, protector da concorrência e dos direitos dos consumidores e pequenos concorrentes[580]. A globalização económica reforçou a ideia da liberdade de iniciativa. A defesa do princípio da liberdade de concorrência depende do Estado. Apenas, hoje em dia, na era da globalização, a regulação baseia-se na competitividade de mercado e não no controlo directo pelo Estado de certas actividades de interesse público. Num mundo de fusões em alta escala e de grandes proporções, a defesa da concorrência, através da regulação interna e da regulação internacional[581], parece ser cada vez mais necessária.

A-2) Importância para os países em vias de desenvolvimento

Analisaremos esta questão através dos níveis governamental e nível particular.

Do ponto de vista governamental, a globalização parece um jogo de competição, em que participam todos os países e territórios. Os países em vias de desenvolvimento têm actuado em união construtiva por uma ordem económica internacional mais justa e racional. Cancún foi um exemplo. Os países em vias de desenvolvimento e alguns países desenvolvidos competitivos em matéria agrícola, têm consistentemente advogado resultados, tendo em linha de conta a letra e o espírito dos compromissos de liberalização do comércio agrícola assumidos na Reunião de Doha. A 5ª Conferência Ministerial

---

[580] Intervenção do Senhor Secretário de Estado Adjunto do Ministro da Economia de Portugal, na conferência sobre "Novos Rumos do Direito da Concorrência", na Faculdade de Direito de Lisboa, em 9 de Maio de 2003.

[581] Sobre os impactos da globalização nas áreas específicas do direito internacional, recorde-se da Parte I.4, especialmente no direito económico internacional, o direito da concorrência.

da OMC, realizada em Cancún no final de 2003, representou um momento de inflexão, em que o mundo em desenvolvimento soube articular-se em torno de propostas concretas. Para os benefícios da liberalização terem a maior capacidade de ajudar a romper com o ciclo vicioso da pobreza, muitos países defenderam o fim dos subsídios distorcidos ao comércio de produtos agrícolas, praticados pelos principais países desenvolvidos. Os países em vias de desenvolvimento, tinham ainda interesses sobre regras anti-dumping, subsídios, medidas compensatórias, entre outros. Infelizmente, os 148 Estados--Membros da OMC não chegaram ao acordo sobre a eliminação dos subsídios aos produtos agrícolas, nem sobre as políticas da concorrência, em Cancún.

No mundo em globalização, muitos factores desempenham um papel cada vez mais importante na concorrência económica internacional, tais como: padrões técnicos, regras do comércio, obstáculos técnicos, compras públicas, medidas de investimento, entre outros, e conduzem a muitas divergências e discussões entre os países desenvolvidos e os que estão em vias de desenvolvimento[582]. Neste sentido, o direito internacional da concorrência e as políticas concorrenciais saudáveis, asseguram o desenvolvimento sustentável global e a ordem económica mais justa e equilibrada, sobretudo, a comparticipação de frutos da globalização por países menos desenvolvidos.

Do ponto de vista particular, as fusões em grande escala, entre as grandes empresas multinacionais e os cartéis internacionais, poderão exercer influências a nível internacional, inclusive quanto aos interesses dos países em vias de desenvolvimento. O abuso do monopólio no mercado internacional é especialmente desfavorável para estes países, visto que em muitos países destes, sendo mais fracos na concorrência internacional, não existe ainda legislação em matéria anti--monopolista. Isto quer dizer, os consumidores nos países em vias desenvolvimento não podem obter auxílios jurídicos e os interesses nacionais destes países sofrerão, por conseguinte, grandes prejuízos.

---

[582] Por exemplo, nos âmbitos do ambiente e dos padrões laborais (critérios sociais), ver ANDERSON, K. (1998), "Environmental and Labor Standards: What Role for the WTO?", KRUEGER, A.O., ed. *The WTO as an International Organization,* The University of Chicago Press, pp. 231-56.

Para as economias de transição, o sistema jurídico encarrega-se das tarefas importantes. O fim do monopólio estatal e o desenvolvimento do sector privado, necessitam de um conjunto de regras concorrenciais para evitar a ocorrência de turbulência social.

A-3) Significado para a China

Durante o período entre 1956 (ano da conclusão da transformação socialista da indústria e comércio) e 1978, numa economia planificada, inexistia o direito da concorrência na China[583]. O Estado monopolizava as actividades económicas. As empresas públicas tradicionais, eram apenas anexos do governo central ou meras entidades de produção, ou de orçamento, e não se interessavam na concorrência, pois a venda, ganho e perda eram controlados pelo Estado.

Com a introdução da economia de mercado, o Estado deixa de ser o comandante e assume uma nova função reguladora[584]. Deve, por um lado, proceder a uma série de reformas fundamentais do sistema de gestão das empresas públicas e, por outro lado, incentivar uma concorrência saudável no mercado. A dinamização da concorrência, constitui instrumento essencial para promover o bem-estar dos consumidores, uma eficaz utilização dos recursos, estimular a inovação e aumentar a produtividade da economia nacional. No entanto, muitos actos anti-concorrenciais perturbam a economia de mercado, tendo, o sistema jurídico actual uma nova missão de regularizar a ordem do mercado.

Sendo o maior país em vias de desenvolvimento do mundo, a China em si, constitui um grande mercado em termos da dimensão (9,6 milhões de quilómetros quadrados) e de número dos consumidores internos (20% dos habitantes do planeta)[585]. O fenómeno do

---

[583] Na China tradicional, ocorria um forte anti-comercialismo, sendo a posição social dos comerciantes mais baixa do que a dos camponeses; já que na maior parte da China feudal, o mercado não era activo. Por exemplo, a legislação da Dinastia Tang (618 d.C. – 907 d.C.) classificou a hierarquia social para a classe dominada, sendo respectivamente os letrados, os camponeses, os artesões e os comerciantes. Cfr. YE, Xiaoxin (2002), pp. 159-60.

[584] Recorde-se da Parte I.3 do presente trabalho.

[585] Veja-se só um exemplo simples: somente há cerca de dez anos atrás, se iniciou o negócio do telemóvel na China, em 2004, o número de clientes internos de telemóvel atingiu já 296 milhões, segundo as informações disponíveis em http://world.people.com.cn/GB/42032/3205477.html.

crescimento do intercâmbio comercial chinês, com, o mundo nos últimos anos parece comprovar o que Napoleão Bonaparte disse há séculos sobre a China: "A China é um gigante que está dormindo. Deixem-no dormir, pois quando acordar ele irá sacudir o mundo" (o volume total de importação e de exportação da China em 2004, registou o terceiro lugar no mundo). Seguindo os Estados Unidos, a China é o segundo país do mundo que atrai mais capital estrangeiro[586]. O mercado interno é frequentemente influenciado pelos cartéis internacionais. As empresas com investimentos exclusivos estrangeiros[587], começam a expandir-se rapidamente no mercado chinês, sendo que algumas já possuem uma posição monopolista, revelando-se designadamente, em alguns sectores específicos, em algumas marcas conhecidas, em algumas tecnologias avançadas e em padrões industriais.

Após a adesão à OMC, a China participa na cooperação e concorrência no maior âmbito e de forma mais profunda. O governo chinês tem de se comprometer a cumprir as obrigações internacionais, aprofundar a abertura ao exterior, aperfeiçoar o sistema jurídico interno e criar um ambiente de mercado mais transparente e mais justo, segundo o princípio da liberalização do comércio, o princípio da transparência, o princípio da livre concorrência e o princípio do tratamento nacional da OMC. Muitas empresas chinesas estatais de pequena e média dimensão, já passaram o processo da societarização, algumas grandes empresas estatais, estão na fase da privatização ou

---

[586] Em 2002, os investimentos directos estrangeiros dirigidos à China, corresponderam a cerca de 50% do total de investimentos directos estrangeiros nos países em vias de desenvolvimento, MENDES, António Marques (2005).

[587] Sobre o seu conceito e os caracteres, bem como as diferenças entre empreendimentos estrangeiros e empreendimentos com investimentos estrangeiros, ver WEI, Dan, (2001), pp. 45-6. Como se sabe, os empreendimentos com investimentos estrangeiros são divididos em três tipos: *joint ventures* (*Chinese-Foreign Equity Joint Ventures*), cooperativas com capitais estrangeiros (*Sino-Foreign Contractual Cooperative Enterprises*) e sociedades com capitais exclusivos estrangeiros (*Enterprises Operated Exclusively with Foreign Capital*). Devido às políticas governamentais mais flexíveis, a estrutura dos empreendimentos com investimentos estrangeiros altera-se espectacularmente. Em 1986, entre os projectos com mais de 30 milhões de dólares americanos, não havia a forma de sociedades com capitais exclusivos estrangeiros, e 87,5% adoptaram *joint ventures*. Já em 2002, os *joint ventures* representaram somente 28,57% e as sociedades com capitais exclusivos estrangeiros corresponderam a 62,34% dos empreendimentos com investimentos estrangeiros (fonte: o Ministério do Comércio da RPC).

absorvendo capitais estrangeiros e particulares. Quer dizer, um mercado de economia cada vez mais maduro, requer uma série de regras jurídicas que asseguram o funcionamento efectivo do mecanismo do mercado; além disso, a preocupação da corrupção e da afectação inadequada de recursos económicos, necessita também de produção legislativa na matéria da concorrência. Neste sentido, o direito da concorrência põe limites a excessos sobre os poderes económicos, exercidos pelo governo central e governos locais. O bloqueio local e o proteccionismo sectorial serão, assim, quebrados.

Quanto ao acesso ao mercado chinês, o direito da concorrência é imprescindível para um país, ao qual falta, tradicionalmente, a cultura de concorrência. O seu objectivo é constituir um mercado interno aberto, competitivo e único em todo o território chinês. Este não só garante a contínua eliminação de numerosos obstáculos a favor de empresas particulares e estrangeiras, mas também protege efectivamente os interesses das empresas chinesas contra a concorrência desleal praticada pelos adversários estrangeiros no mercado interno. Actualmente, há ainda muitos fenómenos de abuso dos monopólios, tanto por empresas internas como estrangeiras na China, não se submetendo estas a qualquer restrição legal.

Por outro lado, a generalidade das empresas chinesas é menos competitiva no mercado internacional. As empresas chinesas enfrentam igualmente, dificuldades do acesso ao mercado estrangeiro[588]. O monopólio internacional impede a sua participação no jogo e muitas práticas de anti-dumping são frequentemente utilizadas pelos seus parceiros comerciais contra os produtos chineses. Não há dúvida de que a China não só deve melhorar o quadro jurídico interno em matéria da concorrência, mas também participar mais activamente na colaboração internacional, para gozar plenamente dos benefícios da globalização.

---

[588] Queremos acrescentar aqui, que é muito importante, para as empresas nacionais não só competirem com concorrentes estrangeiros no país, mas também investirem no mercado internacional, com a finalidade de aprender as experiências internacionais. Assim, as empresas serão mais incentivadas por terem interesses em comum do mercado interno e do mercado internacional.

B) *Status Quo* do direito da concorrência chinês

Não obstante a utilidade do direito da concorrência, o *status quo* da legislação chinesa, está longe de ser satisfatório. Para uma melhor compreensão da insuficiência do quadro jurídico, começamos por apresentar sucintamente algumas informações das características do mercado chinês.

Para a maioria dos investidores estrangeiros, a primeira dificuldade, consiste em obter informações do mercado chinês[589]. Há bastantes normas administrativas e políticas governamentais que poderão impedir o mercado de fornecer informações úteis, ou seja, existem ainda elementos distorcidos que confundem informações de mercado[590]. Em outros casos, para exercerem negócios comerciais, os investidores estrangeiros sentem ainda a falta da transparência, o que poderá aumentar o custo de transacção.

Por outro lado, as empresas de várias formas de propriedade na China são tratadas diferentemente, sendo diferentes categorias de empresas submetidas a diferentes regimes de falência e de impostos de rendimento.

Mesmo que o nível da concentração industrial na China seja relativamente baixo (20%)[591], isso não quer dizer que não se encontre o problema do monopólio no mercado interno. Independente da tendência do monopólio das empresas multinacionais no mercado chinês,

---

[589] Todos os participantes num mercado precisam de informações. Num mercado competitivo, a relação entre o comprador e o vendedor é dinâmica e constante. Uma invenção do produtor poderá mudar a procura do consumidor, e a preferência do consumidor, por sua vez, orienta actividades do produtor. A falta de informação de mercado impede o acesso ao mercado e o empenhamento da empresa. O mercado em si, fornece muitas informações aos participantes. Se o preço de um produto sobe, naturalmente, o consumidor considera seu substituto, o produtor actual ou potencial poderá ter consciência de novas oportunidades de negócio. Se o preço do produto desce ou a preferência do consumidor altera de um produto para o outro, este facto implica ao produtor que deverá reduzir a quantia da produção daquele produto ou melhorar a sua qualidade.

[590] Por exemplo, se um empréstimo bancário destinado a uma empresa não é feito com base na relação entre a oferta e a procura no mercado, mas sim com base numa autorização administrativa, então as informações do mercado são distorcidas por outros factores.

[591] Banco Mundial, (1994), Country study, *China: o Desenvolvimento e a Regulação do Mercado Interno,* Washington, D.C., pp. 18; HOLDEN, John L. (1999), *China´s Modernization: the Role of Competition,* disponível em http://www.fas.harvard.edu/~asiactr/MAS_032699.htm.

o monopólio administrativo (o abuso do poder administrativo) é comum e carece de fundamento legal. Além disso, o proteccionismo local, também constitui um grande obstáculo à concorrência leal.

A legislação interna na matéria da concorrência, começou em Outubro de 1980, quando o Conselho de Estado promulgou o *Regulamento Provisório sobre a Promoção e a Protecção da Concorrência Socialista*[592]. Pela primeira vez, o papel da concorrência de revigorar a economia, de satisfazer as necessidades dos consumidores e de acelerar o desenvolvimento, foi reconhecido. Mesmo com evidentes limitações, este Regulamento teve uma importância profunda na legislação interna e promoveu também o estudo académico desta matéria. Desde então, o direito da concorrência tem atraído a atenção de várias regiões e de departamentos de vários níveis.

Ao nível da legislação local, o primeiro regulamento local sobre o impedimento dos actos da concorrência desleal, surgiu em 1985, na cidade de Wuhan[593]. Mais tarde, outros governos locais publicaram também regulamentos temporários contra a concorrência desleal. Entretanto, alguns dispositivos destes regulamentos não eram coincidentes com os dispositivos das leis económicas então vigentes, já que uma conduta poderia ter consequências jurídicas distintas, segundo diferentes fontes do direito, na realidade. Ainda assim, estes regulamentos locais não foram executados efectivamente. Os ministérios ou departamentos do governo central, por sua vez, fizeram numerosos regulamentos nos anos oitenta do século XX para regular actividades económicas[594]. Após a adopção da política de abertura, mas antes da introdução da economia de mercado, as normas administrativas e regras jurídicas fragmentárias sobre a concorrência representavam uma experimentação primária do mecanismo de mercado no contexto da reforma económica interna. As técnicas da produção

---

[592] LIU, Jianwen, CUI, Zhengjun, *ed.* (1997), *Introdução ao Direito da Concorrência*, Wuhan, Editora Universidade de Wuhan, p. 41. O Regulamento considerava que havia uma diferença fundamental entre a concorrência nos países socialistas e a dos países capitalistas, porque a primeira existia com base na propriedade pública de produção, de acordo com os planos estatais.

[593] LIU, Jianwen, CUI, Zhengjun, *ed.* (1997), p. 44.

[594] LIU, Jianwen, CUI, Zhengjun, *ed.* (1997), p. 45. Designadamente, o conceito da concorrência desleal e o conceito do monopólio eram estipulados por estas normas regulamentadoras administrativas.

legislativa, a estrutura e o âmbito da regulação, encontravam muitas imperfeições. No entanto, as práticas da legislação local, ganharam valiosas experiências para a uniformidade da legislação central do direito da concorrência da China.

A primeira lei relacionada com a concorrência da China, a Lei Contra a Concorrência Desleal (*Law Against Unfair Competition*) entrou em vigor em 1 de Dezembro de 1993 e é executada pela Administração Nacional da Indústria e Comércio do Estado e pelos outros órgãos. O objectivo desta lei, é incentivar e proteger a concorrência justa, punir a concorrência desleal e salvaguardar os interesses legítimos dos empresários e dos consumidores[595]. A publicidade enganosa, a revelação de segredos comerciais, a elevação injustificada de preços por parte de especuladores, a falsificação, o suborno comercial e a difamação, entre outros, são considerados pelo legislador. Numa economia de transição como a da China, as regras de jogo no mercado ainda não foram estabelecidas plenamente, as empresas ou os consumidores que sofreram prejuízos, têm meios de tutela limitados, por isso, a proibição de praticar actos comerciais injustos por parte do Estado é imprescindível para o estabelecimento do mercado concorrencial.

Isto força-nos a distinguir a relação entre a concorrência desleal e o direito da concorrência. Será que é possível afirmar simplesmente que a concorrência desleal é uma parte integrante do direito da concorrência[596]? O direito da concorrência proíbe actos que prejudicam a concorrência no mercado, que conduzem à redução de produção ou ao monopólio de preços, enquanto os actos regulados pela Lei Contra a Concorrência Desleal são ilícitos, mesmo sem que se considere os seus impactos no mercado[597].

---

[595] *Vide* o artigo 1º da Lei Contra a Concorrência Desleal da RPC.

[596] AscENSÃO, José de Oliveira (2002), p. 93, segundo o autor, num direito da concorrência poderiam ser integrados, sem que isto represente uma opção definitiva nos seguintes aspectos: as proibições de concorrência (proibições legais e as obrigações negociais de não concorrência), as práticas restritivas da concorrência (*kartellrecht*), a concorrência desleal, o direito das concentrações de empresas (*konzernrecht*) e o direito industrial, ou pelo menos o direito dos sinais distintivos do comércio. "Resta a orientação que consideramos correcta: a concorrência desleal é um sector de um amplo Direito da Concorrência", cfr. p. 85.

[597] AscENSÃO, José de Oliveira (2002). Na parte especial desta obra, o autor classificou situações diferentes da concorrência desleal, sendo lesão de interesse de concorrentes, lesão de interesses dos consumidores, lesão do interesse colectivo no regular funcionamento do mercado.

A Lei Contra a Concorrência Desleal da China, concentra-se principalmente na protecção dos direitos da propriedade intelectual[598/599]. Onze comportamentos anti-concorrenciais são enumerados no 2º capítulo desta lei, entre os quais, sete tipos, são práticas da concorrência desleal[600] e quatro tipos, dizem respeito ao monopólio[601]. Nesta lei podem encontrar-se alguns comportamentos anti-concorrenciais que são englobados pelo direito da concorrência, designadamente, a fixação predatória de preços (reduções de preços com finalidade restritiva da concorrência)[602], a venda sujeita a condição injusta (por exemplo, venda-casada), o monopólio administrativo e a manipulação conspirativa de preços. É ainda importante salientar, que estes dispositivos não proíbem comportamentos de monopólio exclusivo prejudiciais na China.

Após a publicação da Lei Contra a Concorrência Desleal, surgem mais regulamentos locais ou normas regulamentadoras administrativas a fim da aplicação efectivamente desta lei[603].

---

[598] SONG, Bing (1995), "Competition Policy in a Transitional Economy: the Case of China", *Stanford Law Journal*, vol. 31, pp. 387, 394, 400 e 413.

[599] Por exemplo, o artigo 10º da respectiva lei, define que os segredos comerciais são as informações tecnológicas ou comerciais confidenciais, protegidas pelos interessados, podendo ser aplicáveis e rendíveis. Estipula ainda rigorosamente os actos ilícitos, incluindo: (1) obter os segredos comerciais do titular através de furto, sedução ou uso de outros métodos ilegítimos; (2) divulgar, usar ou autorizar a aquisição dos segredos comerciais através de processos ilícitos, como furto, sedução, ameaças e outros; (3) abusar dos direitos contra as práticas comerciais leais. Além disso, a Lei contra a Concorrência Desleal têm ainda disposições que punem os actos de contrafacção ou piratagem de marcas famosas.

[600] Designadamente, a imitação fraudulenta (arts. 5º e 21º), a venda com prejuízo (art. 11º), as vendas com brindes impróprios (arts. 13º e 26º), a publicidade enganosa (arts. 9º e 24º), o suborno comercial (arts. 8º e 22º), a infracção de segredos comerciais (arts. 10º, 20º e 25º) e a difamação (arts. 14º e 20º).

[601] Designadamente, o abuso de posição dominante (arts. 6º e 23º), o monopólio administrativo (arts. 7º e 30º), os acordos restritivos (arts.11º e 15º) e a fusão. Consultar ZHONG, Mingzhao, ed. (2004), *Do Direito da Concorrência*, Textbook Series for 21st Century, Peuim, Higher Education Press, p. 87.

[602] Pode observar-se que a lei chinesa não impõe que a venda tenha de ser realizada a preço superior ao custo, nos termos do artigo 11º; a lei portuguesa não admite a venda com prejuízo, no art. 3º do Decreto-Lei n.º 370/93, de 29 de Outubro, *vide* ASCENSÃO, José de Oliveira (2002), p. 619.

[603] Sobre os detalhes, ver LIU, Jianwen, CUI, Zhengjun, ed. (1997), p. 50. Há mais de 25 províncias na China que promulgaram regras pormenorizadoras da Lei Contra a Concorrência de 1993.

Entrou em vigor em 1 de Maio de 1998, a Lei de Preços da RPC, que estabelece dois mecanismos de controlo de preços: a fixação de preços e a sua orientação pelo governo, que podem ser aplicadas nas seguintes situações: mercadorias que estão intimamente ligadas com a vida do povo e o desenvolvimento da economia nacional, mercadorias raras e escassas, mercadorias do monopólio natural, importantes serviços públicos e importantes serviços de assistência social. Sobre os preços ou a moldura de preços dos últimos três tipos, a lei chinesa permite a participação do público na audiência[604]. Com excepção destas situações[605], os preços de todos os produtos e serviços, devem ser determinados pelo mercado. Além disso, todos os preços determinados pelo mercado ficam sujeito à restrição de macrocontrolo económico[606]. A Lei de Preços, proíbe cartéis de fixação de preços de mercadorias reajustadas pelo mercado e permite a livre concorrência dos mesmos na maioria das empresas[607]. Há numerosos preceitos restritivos sobre a fixação de preços anti-concorrenciais nesta lei, sobretudo, esta Lei aplica-se apenas a actos relacionados directamente com preços, e os dispositivos sobre a fixação predatória de preços e a sua discriminação, podem ser utilizados contra o monopólio exclusivo.

Existem também disposições noutras leis que se relacionam com a área da concorrência, por exemplo, a Lei de Concursos Públicos e de Adjudicação de 2000 (*Bid and Tender Law*), a Lei sobre a Quali-

---

[604] A Lei de Preços da China adopta disposições restritivas idênticas às práticas de fixação anti-concorrencial nas legislações dos países da OCDE.

[605] Geralmente, na China, os preços de cereais, produtos farmacêuticos, tabaco, publicações, água, electricidade, carvão, gás e preços de serviços de interesses públicos, são controlados ou orientados pelo governo.

[606] Nos termos do artigo 27º desta lei, "O governo pode estabelecer o sistema de reserva de mercadorias importantes, criar fundos para o ajustamento de preços, reajustar os preços e estabilizar o mercado". Além disso, no caso de emergência, compete ao Conselho de Estado, adoptar medidas urgentes para controlar os preços e as taxas de juro.

[607] Nos termos do artigo 14º da Lei de Preços, "*Enterprises must not act whatsoever in the following ways to conduct illegal price behaviors: cooperate with other enterprises to control market prices to the detrimental impact of the lawful rights and interests of their competitors or consumers*". A Lei de Preços delega poderes aos órgãos responsáveis de adoptar medidas administrativas para impedir infracções, confiscar rendimentos ilegais e impor coimas ou anular a licença de negócio do infractor, além disso, os consumidores que sofreram prejuízos ou outros concorrentes, podem propor acções civis, solicitando indemnizações.

dade dos Produtos e a Lei sobre a Protecção dos Direitos e Interesses dos Consumidores da RPC. Em 2001, foram publicadas Regras sobre a Prevenção de Actividades destinadas à Divisão Geográfica do Mercado[608]. Mesmo que estas leis sejam importantes, é relevante saber que nenhuma lei ou nenhum regulamento, proíbe o monopólio exclusivo.

O Regulamento Anti-Dumping e o Regulamento sobre Medidas de Compensação da RPC (entradas em vigor em 1 de Janeiro de 2002), ambos aprovados pelo Conselho de Estado em 31 de Outubro de 2001, revogaram os velhos dispositivos que protegiam a indústria nacional e reafirmaram o objectivo legislativo da defesa da ordem do comércio externo e da concorrência justa.

Numerosos sucessos têm sido conseguidos, embora haja um caminho longo por decorrer. Tentaremos resumir alguns carácteres do quadro jurídico chinês vigente no âmbito da concorrência, para perceber a sua diferença em relação aos países mais desenvolvidos e às práticas internacionais.

Em primeiro lugar, trata-se do carácter do próprio sistema legislativo. A actual legislação chinesa na área da concorrência, é uma mistura do modelo uniforme e do modelo duplo[609]. Mesmo que

---

[608] Nos termos do artigo 3º deste Regulamento, *"All forms of geographic market division shall be forbidden. All activities conducted by any individual or unit with the purpose of preventing the products or construction services of one region from entering the local markets of another or vice versa shall be prohibited"*.

[609] ZHU, Yikun (2003), *Concise Chinese Law,* Pequim, Law Press, pp. 245-6, LIU, Jianwen, CUI, Zhengjun, *ed.* (1997), pp. 8-10. Devido às diferenças existentes nos sistemas políticos e económicos, no nível de desenvolvimento e na tradição da cultura jurídica, os países adoptaram diferentes modelos legislativos para normalizar o sistema do direito da concorrência. Nos países da família da *common law,* o sistema do direito da concorrência é composto pelas leis avulsas e jurisprudência. Cada lei avulsa ou diploma, regulariza um determinado âmbito e aplica-se à respectiva área, a fonte do direito legislado serve-se como cláusulas generalizadas e a jurisprudência desempenha um papel particular. Nos países da família romano-germânica, a codificação é uma forma principal para proteger e promover a concorrência e o papel de casos precedentes é menos significativo. Nestes países, há o modelo duplo e o modelo uniforme. O primeiro refere-se que a concorrência desleal e o monopólio, são regulados separadamente, a Alemanha, Japão, Suíça e Coreia do Sul são exemplos deste. A França e a Itália publicaram o Código Anti-Trust (anti-monopólio), e os dispositivos relacionados com a concorrência desleal encontram-se nos Códigos Civis. O segundo, quer dizer que o monopólio, obstáculos à concorrência, à concorrência desleal, são regulados num código, como por exemplo, a Austrália e a Hungria.

a lei de 1993 traga o nome de Lei Contra a Concorrência Desleal, tanto há regras anti-concorrenciais desleais, como há regras anti--monopolistas. Além disso, o legislador prestou mais atenção ao âmbito dos direitos de propriedade intelectual e aos actos relacionados com a "boa-fé" no mercado, mas não ao inteiro mecanismo de mercado da concorrência livre. Evidentemente, a própria Lei Contra a Concorrência Desleal não é suficiente para o bom funcionamento do mercado. Até agora, na China, não existe uma lei anti-monopólio sistematizada e completa, nem dispositivos que regularizam o abuso da posição dominante e a fusão de empresas, portanto, comportamentos anti-concorrenciais e comportamentos restritivos da concorrência, não podem ser impedidos efectivamente. Além do monopólio económico, tais como os acordos da concentração horizontal e da integração vertical, o abuso da posição dominante e outras práticas restritivas da concorrência, o monopólio administrativo, particularmente o proteccionismo local e o proteccionismo sectorial, que prejudicam muito uma concorrência saudável, devem ser também considerados na futura legislação chinesa[610], especialmente neste período de transição da economia planificada para a economia de mercado[611]. Embora o nível da concentração industrial seja baixo na China, após a adesão à OMC, mais empresas multinacionais podem entrar no mercado chinês através de fusões ou de criação de *joint-venture,* cooperativas com capitais estrangeiros e sociedades com capitais exclusivos estrangeiros, portanto, empresas nacionais enfrentarão uma concorrência mais intensa. Neste sentido, a elaboração da lei anti-monopólio, como resposta activa da globalização económica, não é

---

[610] Na Lei Contra a Concorrência Desleal, encontram-se dois objectivos de monopólio administrativo: a transacção forçada e o bloqueio regional, nos termos dos artigos 7° e 30°. As disposições sobre o monopólio administrativo são bastante simples e os infractores têm poucas responsabilidades legais. Deve sublinhar-se que segundo o artigo 30° desta lei, a sanção do monopólio administrativo é apenas administrativa, os infractores ficarão sujeitos à repreensão. Por isso, o monopólio administrativo somente recorrerá à responsabilidade administrativa, mas não à acção judicial.

[611] A partir dos anos setenta do século XX, muitas economias de transição na Europa têm publicado leis anti-monopólio, por exemplo, a Jugoslávia promulgou a Lei Contra a Concorrência Desleal e os Acordos de Monopólio em 1974, a Hungria publicou a Lei sobre o Impedimento de Actividades Irregulares em 1984, a Polónia promulgou a Lei Contra o Monopólio da Economia Nacional em 1987.

uma medida preventiva ou adiantada[612], mas sim uma necessidade imperativa da reforma do sistema económico nacional e do funcionamento regular da economia de mercado.

Desde 1994, a China tem preparado a elaboração do projecto da Lei Anti-monopólio. A Comissão Permanente do Congresso Nacional Popular já anunciou que o projecto desta lei seria deliberado em breve, provavelmente em 2005[613]. Sabemos, então, que os legisladores chineses elaborarão uma Lei Anti-monopólio separadamente da Lei Contra a Concorrência Desleal, ao invés da elaboração de um Código da Concorrência, onde se incorporariam todos os dispositivos relacionados com a concorrência. Assim, precisa de tratar bem a relação complementar entre a Lei Anti-monopólio e a Lei Contra a Concorrência Desleal.

Em segundo lugar, trata-se da unificação do quadro jurídico. Relativamente ao direito da concorrência, sendo necessária a convergência entre todas as fontes desta área, bem como a harmonia entre o direito da concorrência e outros ramos de direito. O direito da concorrência da China tem de ser unificado a nível nacional, isto é, todas as políticas concorrenciais e os estatutos administrativos publicados pelo governo central ou pelos governos locais, não devem contrariar as leis. Antes da entrada na OMC, aplicavam-se diferentes regras a empresas públicas e privadas, a empresas com capitais nacionais e a empresas com investimentos estrangeiros[614]. A ausência da unifica-

---

[612] Há quem defenda que as empresas públicas da China não estão acostumadas à concorrência de mercado, assim, o incentivo da sua vitalidade é mais importante do que a limitação dos seus comportamentos; outras pessoas consideram que a escala das empresas chinesas é relativamente pequena, estas empresas não podem desenvolver vantagens da economia de escala, nem conseguir competir no mercado internacional, por isso, a produção legislativa na área do monopólio, contradiz os benefícios da economia de escala. No entanto, não concordamos com estas opiniões. A Lei Anti-monopólio estabelece e defende mecanismos do mercado e o facto de haver grandes empresas, não constitui o objecto da regulação da Lei Anti-monopólio. Sobre uma posição idêntica com a nossa, ver também ZHONG, Mingzhao, *ed.* (2004), pp. 216-7.

[613] Em 22 de Abril de 2005, teve lugar a Conferência Sino-Europeia sobre Políticas Concorrenciais em Pequim, na qual o vice ministro do comércio da China informou que provavelmente a Lei Anti-monopólio da China poderia ser aprovada em 2006. Informações disponíveis no site de *China Daily* do mesmo dia.

[614] Por exemplo, comparadas com as empresas privadas, as empresas estatais têm maior facilidade em obter apoios dos bancos comerciais do Estado; quanto ao regime fiscal,

ção jurídica impossibilitou o funcionamento regular da economia de mercado e a concorrência justa por todos os participantes. Agora, a China tem de assegurar a igualdade de oportunidades no mercado, segundo o princípio da não discriminação da OMC, particularmente, esforçando-se para eliminar o monopólio estatal[615], local[616] e sectorial[617], que contradizem a livre concorrência. Além disso, a produção legislativa uniforme na área da concorrência deve ser realizada segundo a orientação da Lei sobre a Legislação de 2000.

Geralmente, o direito da concorrência aplica-se a todas as áreas económicas e está ligado estreitamente com outras leis da vizinhança, podendo concorrer com as mesmas[618]. Existem também quadros jurídicos específicos de certos ramos de serviços. Assim, torna-se indispensável uma harmonização entre o direito da concorrência e

---

as empresas com investimentos estrangeiros, gozam de taxas de imposto preferenciais além de outros numerosos tratamentos favoráveis; as empresas de diferentes regiões não podem concorrer nas mesmas condições, aquelas localizadas na zona litoral e nas Zonas Económicas Especiais gozam de numerosas facilidades, tais como, taxas de imposto de rendimento mais baixas, a livre movimentação de moedas estrangeiras, total isenção de impostos aduaneiros como qualquer outro tributo para importação, exportação, fabrico e montagem de equipamento.

[615] Por exemplo, antes da entrada na OMC, o petróleo era monopolizado pela Sinopec, uma empresa estatal, e todos os postos de gasolina na China eram operados pela Sinopec. Agora, várias empresas estrangeiras podem entrar no mercado chinês para fornecer este tipo de serviço.

[616] O proteccionismo local na China constitui um grande obstáculo à livre concorrência. Muitas medidas administrativas eram utilizadas para dificultar o acesso ao mercado local.

[617] Quer dizer, num ramo da actividade económica, existe somente um operador. Na China, por muito tempo, nos sectores de telecomunicações, de transporte e de outros serviços públicos, não havia lugar a concorrência.

[618] Os exemplos são a Lei sobre a Protecção dos Direitos e Interesses dos Consumidores, a Lei sobre a Qualidade dos Produtos, as Leis dos Direitos da Propriedade Intelectual, a Lei de Higiene Alimentar, a Lei do Comércio Externo, a Lei sobre a Publicidade da RPC, entre outras.

A relação entre o direito da concorrência e o direito administrativo já é mais complexa. A execução efectiva do direito da concorrência depende da colaboração de órgãos administrativos e o direito da concorrência põe limites ao exercício do poder executivo e impõe o monopólio administrativo.

A responsabilidade penal constitui uma das responsabilidades legais do direito da concorrência.

Sobre a relação entre a concorrência desleal e outros ramos de direito, consultar também ASCENSÃO, José de Oliveira (2002), pp. 65-85.

aqueles sistemas reguladores[619]. O facto de que as empresas ficam sujeitas às regras de preços e de volume de produção não implica a isenção de normas proibitivas dos actos anti-concorrenciais. Mesmo que os organismos de supervisão sectorial sejam competentes para restringir comportamentos anti-concorrenciais ou desleais, é bom que as empresas se submetam ao direito da concorrência. A exclusão de responsabilidade de certos sectores ou de certas empresas, através da produção legislativa, poderá causar muitos problemas[620], e assim dificultará a harmonia entre o direito da concorrência e outros quadros jurídicos específicos. Na realidade, os organismos de supervisão sectorial não devem possuir poderes absolutos de aplicação do direito da concorrência[621].

Por fim, necessita de um órgão de execução independente, exclusivo e competente para realizar efectivamente os objectivos do direito da concorrência, visto que actualmente a Comissão para o Desenvolvimento, Reforma e Planeamento do Estado (de nível ministerial), a Administração Nacional da Indústria e Comércio do Estado e o Ministério do Comércio, são os órgãos de execução das normas jurídicas concorrenciais.

C) Referências dos Estados Unidos da América e da União Europeia

O primeiro sistema do direito da concorrência, com o objectivo de constranger actividades anti-concorrenciais de grandes *trusts,* surgiu nos Estados Unidos da América, com a publicação de *Sherman Act* em 1890[622]. Durante largo tempo, as pequenas e médias empresas

---

[619] Nomeadamente, a relação entre o direito da concorrência e a Lei das Telecomunicações, a Lei de Energias, entre outras.

[620] A Lei das Telecomunicações da China, exclui algumas empresas da aplicação da Lei Contra a Concorrência Desleal.

[621] OECD (2002), *China in the World Economy: the Domestic Policy Challenges-Synthesis Report,* edição chinesa publicada pelo Editora da Universidade de Tsing Hua em 2004, Pequim, p. 353.

[622] Por exiguidade de espaço, o nosso objectivo aqui é descrever muito sucintamente o direito da concorrência dos EUA e da Europa, para procurar explicar o encaixe da produção legislativa chinesa.

Sobre uma apresentação completa sobre o desenvolvimento do direito da concorrência nos EUA, consultar KOVACIC, William & SHAPIRO, Carl (2000), "Antitrust Policy: A Century of Economic and Legal Thinking", *Journal of Economic Perspective,* vol. 43,

eram protegidas pela legislação americana na competição com os grandes concorrentes. A partir dos anos oitenta do século XX, no entanto, a eficiência económica tornou-se o ponto-chave da política concorrencial, ou seja, o centro da protecção era a concorrência, ao invés dos concorrentes. Isto implica uma mudança dos objectivos legislativos do direito da concorrência dos EUA: um mercado com alta concentração industrial, por si não está errado e o nível equilibrado da concentração, poderá levar à maximização de benefícios da economia de escala. Portanto, nos EUA, o pensamento dominante sobre a restrição de monopólio é a orientação pelo mercado e a redução da intervenção governamental.

Tendo em conta a posição adoptada, os órgãos de aplicação do direito da concorrência nos EUA (*Federal Trade Commission* and *Justice Department*) terão menos probabilidade de considerar a aquisição e *mergers* (principalmente regulados por Clayton Act) como actos anti-concorrenciais, se comparados com as práticas de outras partes do mundo[623].

O *Sherman Act* dispõe que *"every contract, combination, or conspiracy that restrains trade or commerce among the states, or with foreign nations, is illegal and that every person who monopolizes, or attempts to monopolize is guilty of a felony"*[624]. O *Clayton Act*, tem como objectivo aperfeiçoar os dispositivos do *Sherman Act*[625] e é aplicável aos *mergers,* com efeitos imediatos anti-concorrenciais ou com a possibilidade, no futuro, de reduzir substancialmente a concorrência[626].

GERBER, David J. (2002), *Constructing Competition Law in China: The Potential Value of European and U.S. Experience,* trabalho apresentado na conferência "Competition Law and Economic Development" em Pequim, organizada pela Academia Chinesa das Ciências Sociais, *"(Sherman Act) contained extremely general language and failed to provide guidance as to the goals to be used in interpreting it. In addition, the Sherman Act did not create new institutions, procedures, or methods to apply the law. The Statute provided for government and private lawsuits to enforce it. Private lawsuits were encouraged by providing treble damage awards for successful plaintiffs".*

[623] *Vide* GERBER, David J. (2002).
[624] *Vide* GERBER, David J. (2002).
[625] ZHONG, Mingzhao, *ed.* (2004), p. 33, o autor introduziu detalhadamente as disposições suplementares do Clayton Act.
[626] *Vide* GERBER, David J. (2002).

Nos EUA, a operação do actual sistema do direito da concorrência depende largamente dos tribunais. Nas acções, cada parte, tem direitos consideráveis relativamente à revelação de informações, isto é, uma das partes pode requerer à outra ou a terceiro qualquer informação que seja possível de ser admitida como prova. A abundância de informações poderá influenciar os juízes na avaliação de alegações dos factos e na criação de doutrinas, baseando-se nos factos específicos. Portanto, os litígios relativos ao direito da concorrência nos EUA são muito complexos e caros[627].

A Europa também tem experiências ricas sobre o direito da concorrência[628]. Os princípios orientadores da produção legislativa centravam-se nas diversas questões, consoante cada contexto histórico e social. Antes da Segunda Guerra Mundial, o direito europeu da concorrência caracterizava-se como o "modelo de controlo administrativo"[629]. Semelhante ao contexto do nascimento do *Sherman Act* nos EUA, o objectivo principal da produção legislativa daquela época era controlar a capacidade das grandes corporações no sentido de não distorcer a concorrência, nem prejudicar interesses dos consumidores e dos concorrentes mais fracos. Aos órgãos administrativos eram delegados poderes bastantes para agir e apoiar a realização deste objectivo. No período entre o termo da segunda Guerra Mundial e a criação da Comunidade Económica Europeia, muitos países europeus reconheceram o papel do direito da concorrência como uma via importante para incentivar a vitalidade económica, reduzir o antagonismo mútuo e restabelecer a liberdade, isto é, além da consideração da eficiência económica, a defesa da transacção justa e da justiça social e a relação entre a economia e a sociedade, também foram tidos em conta. Entretanto, a efectividade do direito da concorrência na maioria dos países europeus era ainda bastante limitada[630].

---

[627] Sobre a perspectiva comparativa, ver GERBER, David J. (1986), "Extraterritorial Discovery and the Conflict of Procedural System: Germany and the United States", vol. 34, *American Journal of Comparative Law*, p. 745.

[628] *Vide* GERBER, David J. (2002). O autor recordou a evolução do direito da concorrência da Alemanha.

[629] GERBER, David J. (2002).

[630] GERBER, David J. (2002), "*In most of these systems, however, competition law was embedded in economic regulatory framework that impeded its effectiveness and it was seldom supported by significant economic, political, or intellectual resources. As a result, these systems remained a rather marginal component of general economic policy, and some have only gradually developed beyond that point*".

A publicação da lei concorrencial alemã em 1957, marcou a época do novo pensamento do direito europeu da concorrência: a liberdade económica e a concorrência, eram fontes da prosperidade e a liberdade política e o quadro jurídico adequado, asseguravam o funcionamento da economia de mercado, bem como interesses sociais[631]. Além disso, considerava que o direito da concorrência somente poderia atingir tal objectivo de acordo com princípios e procedimentos judiciais, ao invés, de com simples prescrições administrativas.

O direito da concorrência da União Europeia remonta ao Tratado de Roma de 1958[632]. As novas tarefas do direito da concorrência, seriam a eliminação de barreiras ao comércio existentes nas fronteiras nacionais e a criação de condições favoráveis para um mercado europeu comum e uniforme mais atractivo e competitivo. Desde então, o primado do direito comunitário faz com que os países membros reforcem a produção legislativa nacional desta área e alinhem os seus quadros jurídicos com o direito da concorrência da União Europeia[633].

As fontes do direito da concorrência da União Europeia incluem dispositivos concorrenciais do Tratado da UE, quer gerais, quer substanciais e processuais, regulamentos e directivas, decisões, outros comunicados e jurisprudência, bem como tratados internacionais, em que a União Europeia é parte contratante. As regras concorrenciais encontram-se previstas principalmente no Tratado de Roma[634]. Com-

---

[631] CAMPOS, João Luiz Mota de (2004), *Manuel de Direito Comunitário,* 4ª edição, Fundação Calouste Gulbenkian, Lisboa, p. 603, "Exactamente, porque importa acautelar os interesses legítimos de todos os agentes económicos, a concorrência no seio do mercado comum europeu não pode ser uma competição selvagem, em que impere a lei do mais forte; antes uma concorrência leal, conforme as regras definidas no interesse de todas as partes envolvidas: o mercado comum europeu obedece, certamente, ao princípio *laissez passer,* mas não consente o *laissez faire* socialmente irresponsável".

[632] Sobre uma apresentação sistematizada sobre o direito da concorrência da União Europeia em língua chinesa, ver RUAN, Fangmin (1998), Pequim, Editora Universidade Chinesa da Ciência Política e de Direito. As obras sobre o direito comunitário da concorrência são por exemplo, WHISH, Richard (1993), *Competition Law,* London, Buttworth & Co Publisher Ltd, KORAH, Volentin (1994), *An Introduction Guide to EC Competition Law and Practice,* London, Sweet & Maxwell. Especialmente, ver CAMPOS, João Luiz Mota de (2004), pp. 603-46.

[633] Sobre a evolução a regulação da concorrência desleal em Portugal, ver as referências em ASCENSÃO, José de Oliveira (2002), pp.19-41.

[634] SINGHAM, Shanker A. (1998), "Symposium Article Shaping Competition Policy in the Americas Scope for Transatlantic Cooperation?" vol. 24, *Brook. Journal of International Law,* p. 363.

parado com as leis concorrenciais americanas, o direito comunitário da concorrência, presta mais atenção ao abuso da posição dominante, do que à prevenção da concentração estrutural. O artigo 81° tem um objectivo semelhante ao do *Sherman Act,* proíbe todos os acordos e todas as práticas concertadas que sejam susceptíveis de afectar o comércio entre os Estados-Membros e que tenham por objectivo ou efeito impedir, restringir ou falsear a concorrência no mercado comum. O artigo 82°, idêntico aos objectivos do *Clayton Act,* proíbe o abuso da posição dominante através de condições de transacção não equitativas, fixação de preços, redução da produção, venda vinculada à compra de outro produto e dumping. "O artigo 81° diz respeito a comportamentos de cartelização: acordos entre empresas. O artigo 82°, semelhante nas práticas, só difere do anterior por respeitar a comportamentos unilaterais – empresas em posição dominante num dado mercado"[635].

Semelhante à prática dos tribunais nos EUA, na União Europeia, o âmbito de aplicação no espaço do direito comunitário da concorrência, tem efeitos extra-territoriais[636].

A reforma do direito europeu da concorrência teve início em 1999, com o Livro Branco sobre a Modernização das Regras de Aplicação dos Artigos 81° e 82° do Tratado da UE. As regras da concorrência na União Europeia sofreram uma alteração substancial em consequência da aplicação, a partir de 1 de Maio de 2004, do Regulamento 1/2003, de 16 de Dezembro de 2002, relativo à execução das regras de concorrência, e do Regulamento 139/2004, de 20 de Janeiro de 2004, relativo ao controlo das concentrações de empresas[637]. As alterações introduzidas, proporcionaram um ambiente de menor burocracia e de maior igualdade das condições da concorrência no mercado único europeu e reduziram a intervenção da Comissão aos casos com impacto económico significativo (a descentralização

---

[635] MATEUS, Abel M. (2004), *A Nova Política da Concorrência Comunitária: Quais as suas implicações para os tribunais?* Ver www.autoridadedaconcorrencia.pt/vImages/ericeira_13Maio.pdf.

[636] RUAN, Fangmin (1998), pp. 71-8.

[637] O Regulamento 1/2003 aplica as principais disposições de concorrência do Tratado da União Europeia, concretamente os artigos 81° e 82°. O Regulamento 139/2004 aplica-se às fusões e aquisições com repercussões na União.

da aplicação pela Comissão)[638]. O direito comunitário da concorrência passa a ser aplicado com o direito nacional, o que requer a coordenação entre as autoridades nacionais em matéria de concorrência e a autoridade central de concorrência da União Europeia, formando, deste modo, a Rede Europeia da Concorrência[639]. O Tribunal de Justiça fiscaliza a actividade da Comissão, apreciando as suas decisões que fixem coimas ou sanções pecuniárias compulsórias. Pode-se ver, assim, que a Comissão e os tribunais europeus, continuam a desempenhar um papel importante no quadro jurídico da concorrência.

D) Aplicabilidade na China

D-1) Experiências que se encaixam na situação nacional da China
No mundo em globalização, a China pode usar como referência, as experiências valiosas dos países mais desenvolvidos, cujo direito da concorrência, parece mais maduro e completo. Claro, a recepção de instituições jurídicas estrangeiras, depende sempre do ambiente político e económico do país recipiente, nomeadamente, se certas

---

[638] Deixaram de existir procedimentos de notificação morosos, segundo o Relatório Geral da Europa de 2004.

[639] A autoridade europeia e os tribunais nacionais têm uma responsabilidade acrescida quanto à vigilância reforçada do respeito das regras de concorrência. Para facilitar a realização deste objectivo, é necessária a troca de informações entre as diversas instituições. Quando a Comissão inicia um procedimento, as autoridades dos países membros deixam de se responsabilizar. Além disso, a Comissão Europeia compromete-se a consultar a autoridade nacional referida antes de iniciar o procedimento. Por outro lado, quando uma autoridade de concorrência de um Estado-Membro ou a Comissão, receber uma queixa relativa a um acordo, decisão de associação de empresas ou prática concertada que está a ser, ou já foi, tratada por outra autoridade de concorrência, pode suspender o procedimento ou rejeitar a queixa. No que respeita à cooperação que deve existir entre as autoridades europeias de concorrência – incluindo a Comissão – e os Tribunais nacionais, o regulamento 1/2003 dispõe que estes últimos podem solicitar à Comissão a comunicação de informações na sua posse, ou a emissão de um parecer sobre questões relativas à aplicação das regras comunitárias da concorrência. Por outro lado, os Estados-Membros comprometem-se a transmitir à Comissão, cópias de todas as sentenças pronunciadas pelos Tribunais nacionais em aplicação dos artigos 81.º ou 82.º do Tratado. O regulamento 1/2003 prevê também a possibilidade de a Comissão e as autoridades de concorrência dos Estados-Membros formularem observações escritas ou orais, perante os órgãos jurisdicionais nacionais. Estas informações estão disponíveis no site oficial da União Europeia. Consultar também MATEUS, Abel M. (2004), *Direito e Política da Concorrência: uma área prioritária para Portugal*, disponível em www.autoridadedaconcorrencia.pt

instituições jurídicas ou regimes importados, funcionam bem, ou se novas instituições transplantadas, estão em harmonia com o sistema jurídico actual em conjunto. Mesmo que sejam úteis e benéficas, as experiências estrangeiras merecem a nossa atenção no sentido de encaixar a situação da China.

Perante as experiências do direito da concorrência dos EUA e da União Europeia, a corrente principal dos legisladores chineses vai no sentido de que a China e a União Europeia possuem algumas semelhanças.

O direito da concorrência dos EUA baseia-se no sistema da *common law*. Do ponto de vista económico, historicamente, não existia o sistema da propriedade pública de grande dimensão nos EUA e o seu sistema económico tinha raiz na livre economia de mercado, ou seja, o direito da concorrência nasce de inspiração liberal nos EUA. Na China, o processo da concorrência e os valores relacionados, ainda se estão formar. Do ponto de vista político, os EUA é um país federal, onde tanto o governo federal bem como os governos estaduais, exercem a competência de regulação. No caso chinês, mesmo que os poderes locais tenham grande autonomia, o sistema unitário caracteriza-se pelo centralismo. O funcionamento do direito da concorrência nos EUA, depende primariamente do papel judicial. Comparando as vias judicias, o modelo administrativo de investigação e de aplicação, parece mais eficaz na China. Além disso, tendo em conta a actualidade chinesa, o pedido judicial de indemnização de três ordens de danos, não é muito realista num país em vias de desenvolvimento. Os objectivos legislativos do direito da concorrência norte-americano salientam a protecção do bem-estar dos consumidores, enquanto os objectivos legislativos do direito chinês são mais diversos.

Já na União Europeia, o direito legislado da concorrência, que é mais completo, baseia-se na família Romano-Germânica. É facultado à Comissão Europeia – órgão central de supervisão dos Estados- -Membros – aplicar os dispositivos legais. A China tem também um sistema jurídico fundamentado na codificação e uma tradição política da centralização. Os objectivos legislativos do direito da concorrência comunitário sobre a promoção do mercado comum, a defesa da justiça social, para além da protecção dos direitos dos consumidores são proveitosos para a China. Na União Europeia, há uma grande diversidade dos sistemas políticos e jurídicos, e às vezes, o proteccionismo encontrado nas indústrias nacionais por parte dos seus membros, é semelhante ao proteccionismo local que existe na China. Além disso, o monopólio das empresas estatais na Europa, é mais universal do que nos EUA, o que se assemelha bastante com a situação chinesa. Para os legisladores chineses que estão ansiosos por aprender com experiências mundiais, poderão ser úteis os dispositivos positivistas do direito europeu da concorrência, quer as normas proibitivas ou autorizadoras, quer a jurisprudência muito bem elaborada sobre a interdição do abuso de posição dominante.

D-2) Questões que merecem a atenção no processo da legislação interna

O processo da legislação interna do direito da concorrência tem sido levado por diante pelo mecanismo de mercado e pelas exigências da integração mundial. O papel regulador do direito económico consiste em aumentar a competitividade da economia nacional. Para a China, um país de transição, cuja economia ainda não está desenvolvida, os maiores desafios são, livrar-se do atraso económico e realizar a industrialização, o que se diferencia muito das situações dos países mais desenvolvidos, onde se encontra a falha do mercado ou a falha da intervenção pública. Por isso, a premissa da legislação económica da China baseia-se na própria situação nacional. De igual forma, outra filosofia do direito económico consiste na justiça essencial. No âmbito do direito civil e do direito comercial, os pontos-chave são os princípios da boa-fé, da voluntariedade e da autonomia privada. O direito económico tem a responsabilidade própria de preocupar-se com a igualdade e a justiça. Trata-se não só da justiça formal em termos de acesso de oportunidades na concorrência, mas também a justiça material em termos de força e capacidade de diversos sujeitos económicos, designadamente, o Estado por um lado, assume a tarefa supervisora, regulando o monopólio e a concorrência desleal, restaurando e defendendo a competitividade da parte de que sofreu o prejuízo e salvaguardando interesses dos consumidores, por outro lado, desempenha o papel incentivador, suportando e reforçando a competitividade das pequenas e médias empresas.

Já a nível internacional, os acordos multinacionais da OMC criam critérios extrínsecos para a relação entre o Estado e o mercado. Isto é, todos os membros seguiram as mesmas regras, a fim de realizar a integração económica. Enquanto defendem os interesses nacionais, devem levar em consideração os interesses dos outros membros[640]. Perante o desenvolvimento da globalização económica, os acordos da OMC, não apenas se interessam por medidas transfronteiriças, mas também a legislação e a decisão interna, não só as barreiras ao comércio, mas também barreiras ao acesso de mercado, não só o livre-cambismo mas também a liberalização dos factores, não só questões comerciais mas também questões económicas e sociais[641]. Naturalmente, a legislação chinesa deve estar de acordo com as regras internacionais.

Tendo em conta as exigências intrínsecas e extrínsecas, os seguintes princípios básicos devem ser pedras fundamentais legislativas do direito da concorrência chinês: o princípio de concorrência justa, o princípio de não discriminação[642], o princípio da transparência[643], o princípio da introdução da concorrência para reformar o regime económico, entre outros.

---

[640] As regras concorrenciais do GATT pretendem criar um ambiente internacional favorável à competição justa, procurando regular comportamentos dos Estados-Membros e dos governos. Além disso, são estabelecidas expressamente medidas sancionarias de comportamentos anti-concorrenciais, tais como o dumping e subvenções. Muitos dispositivos do Acordo Geral sobre o Comércio de serviços e anexos (GATS) e do Acordo sobre os Aspectos dos Direitos de Propriedade Intelectual Relacionados com o Comércio (TRIPS), regulam directamente os comportamentos das empresas. Os mais novos tópicos de negociação da OMC incluem investimentos, políticas concorrenciais, o comércio e o padrão laboral, o comércio e o padrão ambiental, o comércio electrónico, a compra pública, entre outros. Pode-se ver que tudo está relacionado com a concorrência internacional.

[641] Sobre as imperfeições do sistema da OMC na matéria de políticas concorrenciais, vide HOEKMAN, Bernard & MAVROIDIS, P.C. (1994), "Competition, Competition Policy and the GATT", *World Economy,* vol.17, pp.121-50, HOEKMAN, Bernard, M. KOSTECKI, Michel M. (1998), *The Political Economy of the World Trading System – From GATT to WTO* (edição chinesa), Law Press, Pequim, p. 265.

[642] Na China, as condições preferenciais concedidas às empresas privadas, tais como o investimento de risco, a operação de empréstimo, o financiamento, os impostos, são menos favoráveis do que as condições concedidas para empreendimentos com investimento estrangeiro. Trata-se de um tratamento nacional excessivo, que não viola o pacto da OMC, mas constitui uma concorrência injusta para as empresas de investimentos internos.

[643] O princípio da transparência é estipulado no artigo 10º do GATT, e no artigo 3º do GATS, entre outros. Recorde-se também dos compromissos do governo chinês da adesão à OMC.

Actualmente, a tarefa principal é a elaboração do projecto da Lei Anti-Monopólio[644]. A legislação chinesa desta área, começou muito tarde, mas por outro lado, os legisladores internos podem aprender as experiências internacionais mais avançadas e incorporar novas ideias e instituições.

Os seguintes pontos não podem ser esquecidos. Em primeiro lugar, no contexto da globalização económica, cada vez mais, mercados internos tornam-se partes integrantes do mercado global. Num mercado interno, a existência da alta concentração industrial ou do monopólio, por si próprio, não deve ser considerada ilegal[645], aliás, aquelas fusões que são favoráveis à economia de escala não devem ser prejudicadas. Somente certas práticas poderão ser excluídas por lei[646], nomeadamente, comportamentos de cartelização (acordos entre empresas) e comportamentos unilaterais do abuso da posição dominante, visto que na ausência de grandes dificuldades do acesso ao mercado, a posição dominante no mercado interno tem carácter temporário. Mesmo que haja o monopólio no mercado internacional, isso deve ser resolvido através das regras internacionais anti-monopolistas. Os problemas estruturais de alguns mercados específicos (como por exemplo, mercadorias, serviços e tecnologias), dependem largamente do mercado em si, a função da legislação é eliminar obstáculos do acesso aos mercados específicos e não desfazer as

---

[644] ZHANG, Lei (2005), *New Trends in Recent Chinese Economic Legislation*, trabalho apresentado no seminário sobre "A Integração Económica Europeia e os Acordos CEPA", Macau. O autor teve acesso ao anteprojecto da Lei Anti-Monopólio da PRC. Transcrevemos a estrutura deste anteprojecto que contém 8 capítulos, sendo: "*General Principles, Preclude Restrictive Agreement, Prohibits Abuse of Dominant Position in the Market, Control on Acquisition, Prohibits Administrative Monopoly, Anti-Monopoly Investigation, Legal Liability, Supplementary Provisions*".

[645] ZHANG, Lei (2005), nos termos do artigo 3º do Anteprojecto desta Lei, "*The monopolistic activity refers to those activities which preclude or restrict competition, damage consumer rights, and impair the public interests of the society. Monopolistic activity includes (1) business dealers´ activity of collusion; (2) business dealers´ activity of abusing market position; (3) business dealers´ acquisitions which may preclude or restrict competition; (4) government and its subordinate agency's activities which may abuse administrative power or preclude or restrict competition*".

[646] Trata-se do modelo legislativo da União Europeia, nomeadamente os artigos 81º e 82º do Tratado da CE e não do modelo estrutural norte-americano (secções 1 e 2 do *Sherman Act*).

empresas da posição dominante. Em segundo lugar, tanto o monopólio natural (por exemplo, fornecimento de energia eléctrica, telecomunicações, transporte ferroviário, gás natural, etc.)[647], bem como o monopólio administrativo[648], devem ser regulados, devendo o direito da concorrência atacar o proteccionismo local. Em terceiro lugar, a futura Lei Anti-Monopólio poderá ser aplicável fora do território chinês (*Effects Doctrine*)[649], para se aproximar às regras internacionais e defender os interesses das empresas nacionais.

D-3) Reforço da cooperação internacional

Ao longo da globalização económica, as políticas concorrenciais e o direito da concorrência não são apenas questões internas, pelo contrário, tornam-se condições necessárias da competitividade internacional. As dissemelhanças do direito positivo e da execução da lei constituem obstáculos à internacionalização das regras internacionais. A nível multinacional, a OMC não exige que cada Estado-Membro tenha políticas da concorrência. Actualmente, os comportamentos anti-concorrenciais das empresas multinacionais, não são

---

[647] Antes de mais nada, deve existir uma linha clara entre a função governamental e a gestão empresarial. A seguir, os sectores de infra-estruturas devem ser regulados através das regras concorrenciais, designadamente, a regulação pública estandardiza os preços dos produtos do monopólio natural e salvaguardam os interesses públicos. Além disso, a criação de um órgão governamental independente no sentido de fiscalizar a reforma é também necessária.

Na China, por exemplo, no sector de energia eléctrica, a Empresa Estatal de Energia Eléctrica separou-se do governo em 1998, foi dissolvido ao mesmo tempo o Ministério da Indústria Eléctrica. No ano seguinte, o Conselho de Estado aprovou o plano da separação entre a produção eléctrica e a transmissão e a distribuição eléctrica. Os preços são fixados pela Comissão para o Desenvolvimento, Reforma e Planeamento do Estado. Até 2000, os investimentos estrangeiros neste sector já atingiu 10%. Cfr. OECD (2002), pp. 358-9.

[648] ZHANG, Lei (2005), há quatro artigos do Anteprojecto que envolvem o monopólio administrativo, sendo "*Compulsory Transaction, Restriction on Market Access, Compulsory Competition Restriction, Other unreasonable administrative regulations that restrict competition*". Ainda, segundo o Anteprojecto, os actos administrativos concretos são sujeitos à revisão judicial.

[649] O *effect doctrine* foi estabelecido em 1911 nos EUA (United States versus American Tobacco) e já foi adoptado pela legislação interna da maioria dos países desenvolvidos. Cfr. ZHANG, Lei (2005), nos termos do artigo 2º do Anteprojecto desta lei, "*The law is applied when any activities which violates this law have been conducted outside the territory of P. R. China and its anti-competition effects have been shown on domestic market*".

controlados pelas políticas do comércio reguladas pelas regras da OMC, os comportamentos das empresas no mercado de exportação e as políticas que possam influenciar a exportação, não pertencem à esfera de competência da OMC[650]. Tendo em conta as divergências existentes entre os diversos países, a criação de regras internacionais da concorrência, é uma tarefa importante e duradoura[651].

Por isso, com o objectivo de defender os interesses nacionais, a China deve reforçar a cooperação internacional na matéria da concorrência através da via regional e da via bilateral. A celebração de acordos cooperativos bilaterais ou multilaterais, é um bom método de resolver disputas internacionais, trocando comunicações, informações e harmonizando procedimentos de resolução de conflitos.

---

[650] A cartelização de exportação é um dos exemplos destes. Mesmo que a regulação de exportação, a restrição quantitativa e os subsídios à exportação sejam proibidos nos países desenvolvidos, os actuais dispositivos do GATT e da OMC concedem a liberdade aos seus Estados-Membros de estabelecer impostos alfandegários de exportação. Isto é, os Estados-Membros podem aumentar em grande medida preços relativos dos produtos exportados, assim causando prejuízos para outros países. Ver BAI, Shuqiang (2000), *Da Concorrência Internacional: Teorias e Políticas da Concorrência Internacional no Contexto da Globalização Económica,* Pequim, Chinese Social Science Press, p. 227.

[651] Recorde-se da parte I do presente trabalho sobre o impacto da globalização económica no Direito da Concorrência. Cfr. ASCENSÃO, José de Oliveira (2002), pp. 380-90. A nível multinacional, há a Convenção da União de Paris (CUP) e o TRIPS, no âmbito da OMC, entre outros.

PARTE III
A Ordem Mundial e as Relações Externas da China

1. Disposição mundial e sistema internacional

1.1. *Delimitação conceptual*

As expressões *disposição internacional, sistema internacional* e *ordem internacional,* aparecem por vezes usadas como sinónimos. Existe todavia uma definição operacional destes conceitos no âmbito do fenómeno político.

A palavra disposição refere-se a uma estrutura, situação ou a um modelo, em que vários poderes convivem temporariamente de forma equilibrada.

A disposição mundial, como conceito derivado, compreende as dimensões política, económica, militar, e de relações internacionais[652]. Entendemos a disposição das relações internacionais como o estado formado por inter-vínculos e interacções dos diversos poderes estratégicos internacionais (principalmente os Estados soberanos que desempenham o papel de protagonistas no palco internacional, mas em que há também grupos de Estados fortes ou organizações internacionais influentes) a nível global num determinado período histórico.

---

[652] Seguimos a definição adoptado pelo Professor Adriano Moreira: "A expressão relações internacionais compreende as relações entre entidades políticas, a maior parte delas governando um povo que não é uma Nação, e relações entre entidades provadas sujeitas a entidades políticas diferentes, assim como as relações entre entidades privadas e entidades políticas de que não estão dependentes", COSTE, René (1967), *Moral Internacional,* Barcelona, p. 38 e ss., citado MOREIRA, Adriano (1996), p. 50.

A disposição das relações internacionais, revela-se nas relações conflituais ou cooperativas dos Estados em busca de seus interesses nacionais. Desde modo, o termo de disposição das relações internacionais, poderá ser substituído pelo de disposição mundial. As três típicas disposições internacionais, são o modelo unipolar, o modelo bipolar e o modelo multipolar.

O conceito de sistema das relações internacionais salienta a *unificação* composta por *todos os actores* (cada entidade política é considerada um poder internacional e tem seus interesses e influências). Esta expressão é definida em termos de modos de interacções, tendências equilibradas ou outras características[653]. Julgamos que a disposição das relações internacionais constitui a parte essencial do sistema das relações internacionais[654].

A ordem internacional ou mundial[655], *princípio ordenador do sistema internacional,* refere-se ao mecanismo, pelo qual os principais poderes estratégicos influenciam entre si, normas de comportamento da comunidade internacional para regularem as relações entre os Estados soberanos[656]. A ordem internacional, abrangendo a ordem política internacional e a ordem económica internacional, determina,

---

[653] VIOTTI, Paul R., KAUPPI, Mark V. (1998), pp. 45-58, 245-7, 460-1. Na Ciência das Relações Internacionais, a palavra *sistema* pode ser explicada e usada diferentemente pelas distintas correntes académicas (realismo, pluralismo ou globalismo). A teoria do sistema internacional que contribui para o estudo da disposição das relações internacionais, foi fundada por Morton A. Kaplan nos anos cinquenta do século XX, ver KAPLAN, Morton A. (1957), *System and Process in International Politic,* Nova Iorque, John Wiley and Sons, Inc.

[654] MOREIRA, Adriano, (1996), *Teoria das Relações Internacionais,* Coimbra, Livraria Almedina, p. 45, "a estrutura do sistema internacional tem um *princípio ordenador* e uma *distribuição de poder* como elementos essenciais do sistema".

[655] Vide alguns estudos clássicos, entre os quais, BULL, Hedley (1977), *The Anarchical Society: A Study of Order in World Politics,* Nova Iorque, Columbia University Press (2002), *A Sociedade Anárquica,* Brasília, Editora Universidade de Brasília, p. 13, a ordem internacional é "(...) um padrão de actividades que sustenta os objectivos elementares ou primários da sociedade de Estados, ou sociedade internacional"; e p. 26, a ordem mundial é "(...) os padrões ou disposições da actividade humana que sustentam os objectivos elementares ou primários da vida social na humanidade considerada em conjunto" e MILLER Lynn H. (1990), *Global Order: Values and Power in International Politics,* Boulder, Westview Press.

[656] PAN, Qichang, *ed.* (2001), *Relações Internacionais Europeias,* Editora Ciência Económica, Pequim, p. 73.

em certo modo, características da disposição das relações internacionais. Geralmente, uma determinada ordem internacional corresponde a essa determinada disposição internacional, por sua vez, a ordem internacional é sempre afectada e restringida pela mesma disposição internacional. Quando aparece uma nova disposição internacional, será também implantada uma nova ordem internacional correspondente.

1.2. Retrospectiva da disposição e ordem mundial tradicional

1.2.1. *Supremacia e impérios na época arcaica*

Na época arcaica, quando ainda não se havia formado o Estado-Nação, os actores do sistema internacional, eram tribos, cidades, impérios, federações dos estados feudais ou reinos. Havia poucos contactos políticos e económicos inter-regiões, enquanto que em cada região, se encontrava isoladamente um círculo de poder político caracterizado por: separação – contenda pela supremacia – unificação – separação[657].

As pessoas da antiguidade tinham a convicção do direito natural[658] e do cosmopolitismo (que nega as divisões territoriais e políticas, considerando o ser humano como cidadão do mundo), ou seja, a existência de princípios e valores que se aplicam a todos os homens, independentemente das suas etnias, culturas e religiões. A criação de um império e de *jus gentium* correspondeu justamente o universalismo.

---

[657] O sistema internacional moderno é fermentado ou desenvolvido com base no sistema internacional europeu. Cfr. GILISSEN, John (1995), pp. 73-8, 127-31, 165-7. Por exemplo, na China, houve o império Chou de Oeste (771- 476 a. C.), o império Qin (221--206 a. C.) etc. Na Europa Ocidental, houve dezenas de cidades na Grécia e também nas regiões do Mediterrâneo que os Gregos colonizaram, em que os mais conhecidos Atenas e Esparta, que lutaram cerca de cem anos pela supremacia. De seguida, a supremacia dessa região foi conquistada pelo Império de Alexandre e mais tarde pela *Pax Romana*. O Império Romano do Ocidente desmoronou-se no século V, sob os golpes das invasões germânicas. Os Visigodos, os Burgúndios, os Francos e os Ostrogodos, estabeleceram respectivamente os seus reinos. Alguns não tiveram uma existência longa. O reino franco transformou-se no Império de Carlos Magno a partir de 800, mas este desmantelou-se pela partilha do Tratado de Verdun de 843. Na Alta Idade Média, os poderes políticos seculares encontravam-se divididos pelas diversas unidades feudais.

[658] Assim foi afirmado por Platão, Aristóteles e os Estóicos e Cícero.

Neste sentido, a conquista, a supremacia (ou a hegemonia)[659] e a imposição imperial, eram toleráveis para os povos dos tempos antigos.

1.2.2. Balanceamento equilibrado de poderes nos tempos modernos

Na Baixa Idade Média (século XIII), na Europa, manteve-se como sobrevivente, o Sacro Império Romano-Germânico, cujo poder começou a enfraquecer a favor dos senhorios territoriais e das cidades. Os reis e certos grandes senhores territoriais, reforçaram o poder para a soberania, ou seja, todos os poderes concentravam-se nas mãos do monarca absoluto, que não prestava contas da sua administração ou dos seus actos, pois não se submetia à Igreja[660], nem ao Império. O absolutismo[661], mantém algumas formas do feudalismo e ao mesmo tempo, possui caracteres dos Estados modernos tais como a centralização das funções legislativa, executiva e judicial e o monopólio único das forças[662]. O cosmopolitismo desvaneceu-se no campo laico.

O fim da Guerra dos Trinta Anos e a assinatura do Tratado de Westfalia em 1648, marcaram a época e exerceram grandes influências sobre as relações internacionais na Europa e o desenvolvimento do Direito Internacional[663]. Os Estados-Nação passaram a ser protago-

---

[659] Sobre o princípio da hegemonia, ver GILPIN, Robert, (1981) *War and Change on World Politics,* Cambridge, Cambridge University Press.

[660] No mundo cristão, defendem-se os supremos valores cristãos e do *jus gentium* como regras que presidem aos conflitos internacionais. Entre as normas da sociedade internacional, influenciadas pelo cristianismo, ainda não houve um princípio de que os Estados eram actores primordiais no palco internacional, ou, em outras palavras, as qualificações relativas aos membros da sociedade internacional eram confusas e ambíguas.

[661] Consultar as teorias de Jean Bodin e de Thomas Hobbes, já referidas.

[662] KRASNER, Stephen D. (1993), "Westphalia and All That", in GOLDSTEIN Judith & KEOHANE, Robert O. (1993), *Ideas & Foreign Policy: Beliefs, Institutions, and Political Change,* Ithaca and London, Cornell University Press, pp. 235-64.

[663] Designadamente, foram consagrados princípios importantes do Direito Internacional, tais como o princípio do respeito mútuo dos Estados pela sua soberania, a não intervenção nos assuntos internos, a sanção colectiva contra o Estado que violasse o princípio "*pacta sunt servanda*". Ver WANG, Shengzu (1995), *História das Relações Internacionais,* Vol.1, World Knowledge Press.

O Direito Internacional radica em Grotius, Pufendorf, Vattel, Kant, entre outros, que

nistas e a independência da soberania foi bem definida. O Tratado de Westfalia cortou o passo do Sacro Império Romano-Germânico de restaurar um novo império. Os Estados modernos europeus, lutavam entre si contra a hegemonia. A falta de uma autoridade superior aos poderes, tornou iminente o encontrar de uma solução. Surgiu desde então uma escolha: a balança de poderes equilibrada, situação esta que se manteve por centenas anos[664].

O princípio do equilíbrio de poderes políticos[665] foi reforçado pelo sistema de Viena em 1815, em que as relações entre os cinco Estados europeus passaram a ser regulamentadas por conferências e tratados. Houve ainda tentativas de "coordenação europeia" (*Concert of Europe*)[666], cujo objectivo era manter a estabilidade e a paz através da ordenação dos agentes principais, desenvolver mecanismos para resolver disputas e distribuir os ganhos depois das hostilidades[667]. Neste equilíbrio cautelosamente estabelecido, a tarefa de cada Estado soberano era a de restringir a capacidade dos outros. Finalmente, o equilíbrio foi rompido na sequência da Primeira Guerra Mundial.

Durante este período, o motivo das competições ou dos conflitos internacionais era o de lograr territórios, recursos, poderes e posição, em vez de tomar a iniciativa de modificar a sociedade interna e a sociedade internacional, através de um conjunto de convicções ou instituições.

---

procuraram consolidar os fundamentos de um normativismo internacional (corrente positivista e corrente jusnaturalista). Por outro lado, os argumentos realistas representados por Maquiavel e Hobbes, consideram que conflitos absolutos e universais entre os Estados formavam a política internacional e os Estados deviam empregar todas as forças para aumentar o poder. MOREIRA, Adriano (1996), *Teoria das Relações Internacionais,* Coimbra, Livraria Almedina, pp. 28 e 30.

[664] FRIEDRICH Carl J. e BLITZER, Charles (1962), *The Age of Power,* Kanell University Press, pp. 30 e ss.

[665] Sobre este princípio, ver WALTZ, Kenneth (1979), *Theory of International Politics,* Nova Iorque.

[666] Para a análise pormenorizada, ver JERVIS, Robert, "Security Regimes", em KRASNER, Stephan D. (1983), *ed., International Regimes,* Ithaca, Nova Iorque, pp. 178-84.

[667] De facto, é reconhecido que o sistema de Viena contribuiu para a estabilidade da disposição europeia durante os 30 anos que se sucederam. Após a revolução em 1848, o nacionalismo, substituiu o internacionalismo, tornando-se um conceito ideológico que se estendeu pela Europa.

1.2.3. *Do equilíbrio europeu à era política global no século XX: papel da institucionalização*

A partir do início do século XX, na sequência da integração da economia mundial capitalista e da difusão tecnológica[668], o sistema internacional centrado na Europa (Eurocêntrica), começou a caminhar para um sistema globalizado[669], designadamente, a Ásia, as regiões do Pacífico e as nações da África, chegaram a ser o âmago da política internacional. Por um lado, surgiram recém-nascidos (novas potências), como os Estados Unidos da América e o Japão, por outro lado, as antigas colónias, declaram sucessivamente a independência.

Durante as quatro décadas de estabilidade após a Segunda Guerra Mundial, a disposição mundial era descrita como "estrutura bipolar"[670] dos EUA e da URSS[671]. A formação do bipolarismo modificou a geopolítica do sistema internacional, que se compõe principalmente de Sistema Atlântico chefiado pelos EUA, e o Sistema Soviético – Europa de Leste, Sistema Asiático Oriental e Sistema do Médio Oriente. Nos anos sessenta e setenta do século XX, à medida que a maioria das antigas colónias se tornaram Estados-Nação independentes, uma nova força política (o Terceiro Mundo)[672], marcada pelo Movimento da Não-Aliança e pela formação do Grupo dos 77 começou a desempenhar um papel no sistema internacional global.

Durante a Guerra-Fria, existiam ideologias distintas sobre a ordem internacional, sendo o liberalismo democrático representado pelos

---

[668] Isto devido à expansão dos Impérios Ultramarinos dos países europeus (Portugal, a Espanha, e Holanda) e ao crescimento de alguns países não europeus, que conseguiram estruturar os seus sistemas internacionais de natureza regional.

[669] BARRACLOUGH, Geoffrey (1967), *An Introduction to Contemporary History*, Harmondsworth, Middlesex, chapter 1, 2 and 4, edição chinesa em 1996 por Shanghai Academy of Social Science. YANG, Zewei (2001), *História das Relações Internacionais do Século XX*, Pequim, China Legal Press.

[670] MOREIRA, Adriano (1996), p. 9, "...como aconteceu no bipolarismo até 1989, a subordinar cada prato da balança de poderes a uma especificidade ideológica, no caso a democracia ocidental e o sovietismo, cada um considerando o outro o mal absoluto".

[671] KENNEDY, Paul (1987), *The Rise and Fall of the Great Powers*, Nova Iorque, pp. 321-364; KISSINGER, Henry (1994), *Diplomacy*, Nova Iorque, chapter 2.

[672] DINH, Nguyen, *et.* (1999), p. 915, "Já preconizado pela Conferência de Bandung em 1955, os entendimentos regionais no Terceiro Mundo foram fortemente encorajados pela resolução 23 (II) da C.N.U.C.E.D. em 1968."

EUA, o comunismo pela URSS e o anti-colonialismo pelos novos países em vias de desenvolvimento[673]. Todas essas três ideologias eram contra as relações internacionais tradicionais e estavam a favor de institucionalização[674]. Houve um amplo consenso sobre a necessidade de criar alguma forma de uma nova ordem.

No século XX teve início uma proliferação significativa das leis e das organizações internacionais. A nível global, a Organização das Nações Unidas e o GATT são os exemplos mais claros. Foram desenvolvidos mecanismos de diálogos norte-sul. Além disso, os blocos regionais tais como a União Europeia, a NAFTA e a ASEAN (*Association of South-East Asian Nations*) cresceram rapidamente. A expansão de todos os tipos das organizações não governamentais fez parte da institucionalização global.

Após as vicissitudes da arena internacional, dado que a balança dos poderes equilibrada, que caracterizava a disposição internacional nos tempos modernos, não conseguiu sustentar o sistema internacional contemporâneo, o institucionalismo internacional, partindo da globalização e da interdependência dos Estados-Nação, começou a substituir a teoria da balança dos poderes equilibrada[675]. Por outras

---

[673] Sobre os detalhes de cada ideologia, ver GUO, Shaotang (1998), *Os Estados--Nação e a Ordem Internacional: um caminho para a modernização da política ocidental*, Pequim, Editora da Universidade Normal da Capital, pp. 236-9.

[674] O Sistema Atlântico formou-se na sequência da Conferência de Bretton Woods, do plano Marshall e da fundação da OTAN (NATO). No âmbito económico, foi afirmado o livre cambismo; no âmbito político, o sistema baseou-se na interdependência e na segurança pluralista, os EUA estabeleceram vários sistemas de aliança militar que rodeavam o continente euro-asiático. No bloco oriental, os países então socialistas fizeram parte do Conselho de Auxílio Económico Mútuo (COMECOM) no âmbito económico; havia Serviços de Inteligência no âmbito político e no campo militar foi celebrado o Tratado de Amizade, Cooperação e Assistência Mútua em Varsóvia. Por causa da dispersão geográfica e da complexidade de tradições históricas, o nível da integração no seio do Terceiro Mundo era menos sofisticado, mas os novos actores, criando várias organizações internacionais, compartilharam semelhantes posições quanto ao anticolonialismo, à consolidação da soberania e à reforma da velha ordem económica e política internacional.

[675] Sobre o debate teórico entre os argumentos "*the state-centric*" e os argumentos de "*interdependence*" do neo-liberalismo dos anos setenta, ver WANG, Yizhou (1998), pp. 136-58. As figuras mais importantes do neo-liberalismo são Robert O. Keohane e Joseph S. Nye. Dentro do campo de neo-liberalismo, existem várias escolas, tais como a teoria da escolha racional, a teoria da acção colectiva, a teoria dos jogos, a teoria do regime internacional e a Economia Política Internacional, entre outras.

palavras, a nova ordem seria baseada na cooperação explícita ou implícita das grandes potências, e não em expectativas, ambições ou reivindicações surgidas no século XIX.

Desde o sistema de Westfalia e os três séculos seguintes, a prática política internacional mostrou que o papel de instituições internacionais foi sendo consolidado constantemente. Comparado com a era clássica, o século XX possui as suas peculiaridades: as normas internacionais deram importância à justiça e não à confirmação do *statu quo*, deram importância à promoção de reforma e não à procura de estabilidade. Especialmente quando as qualificações dos membros da comunidade internacional se tornaram cada vez mais diversificadas e equívocas, a moral fundamental (conceitos de moral e valores) ganhou grande vitalidade no sistema internacional, onde os seus actores tentaram modificar as velhas normas com maior iniciativa. Na comunidade internacional, a moral fundamental, frisando o respeito mínimo para com os actores mais fracos e o princípio da igualdade, actuou sobre o Direito Internacional, designadamente, a preocupação da "justiça distributiva" que interessou a maioria da população mundial, reflectiu-se na legislação internacional, tendo sido consagradas regras internacionais de anti-colonialismo, anti-racismo e anti-discriminação racial. Em especial, foi definida a distinção entre guerra justa e guerra injusta, o que tinha sido completamente abandonado no passado[676].

---

[676] Antigamente, todas as guerras eram consideradas legitimadas, "na tradição de Maquiavel, portanto, todo o Estado deve estar preparado para a guerra, isto é, para um confronto violento com o objectivo de submeter outro Estado pela força armada, com vista a assegurar a ratificação de exigências, ou para se opor a elas. A força é usada com violência, isto é, viola, quebra e destrói os valores, humanos e materiais, contra os quais é dirigida", ver MOREIRA, Adriano (1996), p. 321. Já no século XX, através do esforço do normativismo, o uso da força nas relações internacionais foi limitado significativamente tanto no âmbito de direito, como no âmbito moral. O fim dos confrontos entre as duas super-potências e blocos militares e os primeiros passos em direcção ao desarmamento foram dois dos grandes sucessos da política internacional.

1.3. Disposição e ordem internacional no século XXI

1.3.1. *Grandes desafios provenientes da globalização*

No século XXI, alguns factores tradicionais estão a desaparecer, enquanto outros estão a surgir, tornando-se o seu papel cada vez mais importante. De um ponto de vista de médio prazo, os três factores essenciais seguintes, vão influenciar a formação da nova ordem internacional:

Em primeiro lugar, trata-se dos fluxos de capitais internacionais, representados por empresas multinacionais e os seus efeitos sobre a disposição produtiva e comercial. As empresas transfronteiriças têm-se desenvolvido rapidamente, procurando os melhores sítios de investimento e bases de produção no âmbito dos mercados e recursos mundiais.

Em segundo lugar, trata-se do choque da revolução das novas tecnologias. Estamos na "era de informação", em que, com a revolução informática, na qual progressos tecnológicos atingem todos os aspectos da vida humana. É difícil prever, para já, as influências trazidas por essa revolução à sociedade humana.

Em terceiro lugar, trata-se da harmonização dos interesses supranacionais. Com o aumento e a frequência das actividades económicas internacionais, em certo sentido, estão a surgir novos mecanismos de harmonização supranacional: por um lado, o regionalismo e o agrupamento de diversos países está a evoluir, por outro, o papel de regularização pelas organizações multinacionais está a ser reforçado.

No início do século XXI, os três factores acima referidos causarão grandes desafios através de dois modos principais: em primeiro lugar, a mudança profunda do novo século, desafia o modo de vida e o modo de produção existentes, bem como a estrutura social e a respectiva disposição tradicional dos interesses; em segundo lugar, desafia a disposição tradicional dos interesses dos vários países. Devido a estes desafios, sem dúvida, as actuais relações e normas internacionais mudarão em conformidade.

1.3.2. Restabelecimento da ordem mundial e importância dos regimes

1.3.2.1. *Razões para restabelecer uma ordem mundial*

As consequências da globalização para o sistema internacional são duplas: por um lado, a globalização revela um carácter destrutivo, ou seja, enfraquece a base e a condição prévia da ordem internacional do passado e leva a cabo o fim da Guerra-Fria e a desintegração do bipolarismo; por outro lado, ela tem um papel construtivo, isto é, necessita, assim, de uma nova disposição correspondente e novos padrões, visto que a abertura do mercado exige a garantia de normas, regras e respectivos procedimentos e os conflitos requerem a coordenação internacional. Neste sentido, a globalização, não só promove directamente o restabelecimento da ordem internacional, como também traz novas forças ao quadro de instituições nela presentes.

O novo contexto histórico produz uma nova disposição internacional[677], onde rapidamente surgem outros agentes não estatais e a distinção tradicional entre os assuntos internos e os internacionais torna-se cada vez mais ambígua, por outras palavras, certas funções de regulação, estão a ser executadas, mediante actividades que não têm origem nos governos soberanos. Portanto, a nova disposição internacional exige novas regras de jogo. Tanto os Estados-Nação, como a comunidade internacional, estão a caminhar em direcção à institucionalização, à legalização e à regularização.

Entretanto, as diversas posições ou opiniões encontram-se sempre num estado contraditório e transigente. Na realidade, o restabelecimento de uma nova ordem internacional pode ser realizado somente num processo evolutivo de confrontos e transigências.

Do ponto de vista político, mesmo que as intervenções violentas de alguns países, consigam realmente reprimir vozes dos outros países, a maioria dos Estados não aceita a hegemonia, pelo menos do ponto de visto estratégico. Alguns países grandes, como a China e a Rússia,

---

[677] A desintegração da URSS nos anos noventa do século passado, marcou o fim do sistema da confrontação, os EUA, como a única super-potência, têm tido confiança de dominar a ordem mundial. Mas na realidade, os elementos que restringem a nova ordem mundial formulada pelos EUA, também estão a aumentar.

esforçam-se por aumentar as suas forças, enquanto outros países europeus, constroem uma aliança política e a solidariedade sul-sul é posta na ordem do dia. Comparado com o unipolarismo, o multipolarismo mostra grande vitalidade e boa perspectiva de desenvolvimento. A ordem política internacional é o resultado da luta pela superação do unipolarismo.

Do ponto de vista económico, os países desenvolvidos têm que tomar medidas adequadas para responder às exigências dos países em vias de desenvolvimento[678]. A formação natural dos G-20 foi uma demonstração de tal prática. O Grupo reúne actualmente países em desenvolvimento, grandes e pequenos, da África, da Ásia e da América Latina, que respondem por mais de 60% da população agrícola mundial[679]. Entre os países desenvolvidos, a concorrência para o papel predominante é também intensiva. Tudo isso revela que a estabilidade da ordem económica internacional será realizada gradualmente e somente num equilíbrio dinâmico.

Do ponto de vista cultural, hoje em dia, há uma tendência mundial para destacar a identidade cultural no seio do pluralismo. Os Estados estão perante um combate pela sobrevivência da cultura nacional contra a invasão exterior e o cosmopolitismo, assegurando a

---

[678] Sobre a relação norte-sul, há tradicionalmente duas abordagens: a abordagem económica e a abordagem de poder. Segundo a primeira, os comportamentos políticos dos líderes dos países em vias de desenvolvimento são impulsionados pelo aumento do bem--estar e as contradições entre norte-sul serão aliviadas à medida que as economias dos países em vias de desenvolvimento se tornam mais prósperas. De acordo com a segunda abordagem, baseada no realismo clássico, os Estados são agentes principais no sistema internacional e os regimes alteram-se em conformidade com a mudança da estrutura de poderes.

Os argumentos apresentados por Stephen D. Krasner são muito interessantes, ver KRASNER, Stephen D. (2001), *Structural Conflict,* edição chinesa, Hangzhou, Editora Povo Zhejiang, parte introdutória. O autor propôs uma abordagem diferente, designada por "*modified structuralism*", que tem em consideração os conceitos de poder nacional e de regimes internacionais. Na relação norte-sul, o maior motivo da acção dos países em vias de desenvolvimento é diminuir a sua fragilidade ou a sua vulnerabilidade através da defesa do princípio da "igualdade da soberania" e outros regimes internacionais. Entretanto, essa obra (edição original) foi publicada em 1985, por isso, não conseguiu referir a realidade dos países em vias de desenvolvimento no contexto da globalização económica.

[679] Muitos blocos regionais na Ásia, na África e na América Latina, são também exemplos do empenhamento dos países em vias de desenvolvimento na área da integração económica.

diversidade de ofertas culturais. A multiculturalidade será constantemente renovada e acrescida, mas sobretudo, coexiste com conflitos[680].

Tendo em conta o *status quo,* a nova ordem mundial poderá ser realizada apenas como consequência da interacção e transigência de todos. Para tal efeito, somente o regime internacional, relativamente razoável, também relativamente reconhecido e aceitável pela maioria dos Estados, preenche o papel de harmonização das diversas posições. Ou seja, o regime internacional é justamente a manifestação externa e a pormenorização específica desta nova ordem mundial.

1.3.2.2. *Inovação institucional: importância dos regimes*

No mundo de hoje, que se caracteriza por interacções e dependências mútuas, a autonomia dos comportamentos de cada actor no sistema internacional não possui um sentido absoluto, isto é, quer nas suas decisões, quer nas suas práticas, cada actor é restringido pelo exterior e simultaneamente produz efeitos sobre o exterior. Consequentemente, o direito à liberdade de acção, será limitado passivamente e trará responsabilidades quando tiver influências negativas. Todos se encontram inscritos num jogo de trocas, ora ganhadores ora perdedores, mas irremediavelmente condenados a se encontrar e interagir uns com os outros.

Ora, desde que se encontrem interacções e trocas, necessita-se realmente de instituições que restrinjam acções individuais. Todas as indicações são de que aumentarão as interdependências internacionais no mundo em globalização, fazendo com que sejam necessárias mais instituições, e instituições mais fortes[681]. Dito de outra forma, o regime internacional surge, tendo especialmente em consideração o

---

[680] Sobre a relação entre a identidade cultural nacional e globalização, ver por exemplo, FEATHERSTONE, Mike, *ed.* (1990), *Global Culture: Nationalism, Globalization, and Modernity,* London, Sage; ALBROW, Matin, (1996), *The Global Age: State and Society Beyond Modernity,* Stanford, Stanford University Press; BECK, Ulrich (2000), *What is Globalization?* translated by P. Camiller, Oxford and Malden, Polity Press and Blackwells; NERY, Rui (2000), "A Cultura Portuguesa e a Mundialização", em TEIXEIRA, Nuno Severiano, *et al.* (2000), pp. 179-95; TOMLINSON, J. (2000), *Globalization and Culture,* Chicago, University of Chicago Press.

[681] Sobre a importância dos regimes internacionais, ver adiante Parte III, 2.1.4.

sistema internacional de interacção, em que os comportamentos de Estados-Nação são afectados pelos outros actores[682]. Os governos querem trocar mutuamente alguma liberdade de acção por influências que sejam susceptíveis de exercer sobre outros. As empresas multinacionais e as ONGs, querem aumentar as suas influências de modo a promover a previsibilidade e a transparência das transacções transfronteiriças.

Por outro lado, a proliferação dos problemas públicos globais, mostra que há interesses comuns ou interesses públicos na "aldeia global". Entretanto, em muitos casos, a existência de interesses comuns não garante inevitavelmente o aparecimento automático da cooperação dos actores, a não ser que estes tenham suficientes oportunidades de se encontrar novamente, para que o resultado da sua próxima interacção seja de interesse. A transformação desses interesses comuns, em realidade, para cada um deles exige instituições internacionais, e não a estabilidade e hierarquização conquistadas pela hegemonia ou pela balança equilibrada de poderes. Neste sentido, o regime internacional constitui uma via importante de "regulação através do direito (*rule of law*)". Os comportamentos e processos de decisão dos Estados devem ser feitos dentro do quadro do regime internacional. Na resolução de conflitos internacionais ou problemas globais, estes vão recorrer à coordenação desse regime, ao invés da intervenção violenta. A finalidade dessa renovação institucional, não é mais apenas a de regulamentar relações internacionais, principalmente horizontais, bilaterais e multilaterais, mas de favorecer a acção colectiva para a realização de fins comuns.

O Direito Internacional é um instrumento dinâmico da comunidade internacional no sentido da sua regulamentação jurídica. Contudo, nele há muitas lacunas, uma vez que este rege a cada segundo milhares de interacções através das fronteiras, e zonas de não-direito, subsistem e são inevitáveis. Não se poderia pedir ao Direito Internacional que resolvesse todos os problemas aparecidos das trocas internacionais. O conceito de regimes internacionais tem um valor heurístico, que permite designar e estudar diversas formas de regulação não

---

[682] KEOHANE, Robert O., "The Demand for International Regimes", in KRASNER, Stephen D., *ed.* (1983), *International Regimes,* Ithaca, New York, Cornell University Press, pp. 141-71.

inscritas nos textos jurídicos que se podem constatar na vida internacional e para as quais nenhum conceito satisfatório existia até então.

2. Regime Internacional

2.1. Teoria do regime internacional

2.1.1. Análise conceptual

O primeiro uso do conceito de "regime" foi atribuído a JOHN RUGGIE, um académico institucionalista que considera o regime como *"a set of mutual expectations, rules and regulations, plans, organizational energies and financial commitments, which have been accepted by a group of states"*[683].

Os regimes internacionais[684], são geralmente compreendidos como arranjos ou conjuntos de princípios, normas, regras e procedi-

---

[683] RUGGIE, John (1975), "International Response to Technology: Concepts and Trends", *International Organization*, 29, p. 570, citado em BECK, Robert J., AREND, Anthony Clark, LUGT, Robert D. Vander, (1996), *International Rules: Approaches from International Law and International Relations*, Oxford University Press, p. 165.

[684] Os autores mais prestigiosos desta corrente são: KRASNER, Stephan D. (1983), *ed., International Regimes*, Ithaca, New York, Cornell University Press; ARTS, Bas (2000) 'Regimes, Non-State Actors and the State System: A "Structurational" Regime Model', *European Journal of International Relations*, 6:4, pp. 513-42; CORTELL, Andrew P., JAMES, W. Davis Jr. (2000) "Understanding the Domestic Impact of International Norms: A Research Agenda", *International Studies Review*, 2:1, pp. 65-87; EVANS, Tony and PETER, Wilson (1992) 'Regime Theory and the English School of International Relations', *Millennium*, 21:3; HASENCLEVER, Andreas, PETER, Mayer, RITTBERGER, Volker, (1997), *Theories of International Regimes*, Cambridge, Cambridge University Press; KEOHANE, Robert O. (1984), *After Hegemony: Cooperation and Discord in the World Political Economy*, Princeton, Princeton University Press (1988) "International Institutions: Two Approaches", *International Studies Quarterly*, 32:4, pp. 379-96; (1989), *International Institutions and State Power: Essays in International Relations Theory*, Boulder, Westview Press; FRIEDRICH, Kratochwil and RUGGIE, John (1986), "International organization: a state of the art or an art of the state?", *International Organization*, 40:4, pp. 753-75; LEVY, Marc, YOUNG, Oran and ZÜRN, Michael (1995), "The Study of International Regimes", *European Journal of International Relations*, 1:3, pp. 267-330; RITTBERGER, Volker ed. (1991), *Beyond Anarchy: International Cooperation and Regimes*, Oxford, Oxford University

mentos decisórios, implícitos ou explícitos, para os quais convergem as expectativas dos actores governamentais e não governamentais, destinados a sustentar e a regulamentar as actividades transfronteiriças em domínios específicos[685], mas não se tratando necessariamente de uma organização formal[686].

Então, quais são as características dos regimes internacionais? Em primeiro lugar, os regimes internacionais só existem quando se encontram compreensões, expectativas ou convicções dos actores no sistema internacional sobre a legitimidade e a moralidade de condutas. Ou seja, a existência dos regimes internacionais exige a cognição e o consentimento comuns. Não é necessário usar a força ou as sanções para levar os participantes a entrar no regime e sujeitar-se a ele. A maioria, senão todos, está a favor da sua existência.

Outros carácteres dos regimes internacionais são a efectividade e a robustez. A efectividade salienta que os participantes obedecem a princípios, normas, regras e procedimentos, ou, pelo menos, os tomam

---

Press; ANDREAS, Behnke (1995), "Ten Years After: The State of the Art of Regime Theory", *Cooperation and Conflict*, 30:2, pp. 179-97; RUGGIE, John Gerrard (1982), "International Regimes, Transactions, and Change: embedded liberalism in the post-war economic order", *International Organization*, 36:2, pp. 379-415; YOUNG, Oran R. (1989), *International Cooperation: Building Regimes for Natural Resources and the Environment*, Ithaca, Cornell University Press.

A teoria dos regimes internacionais, designada também como a teoria do multilateralismo, revela características do liberalismo e é uma corrente dominante da Ciência Política Internacional desde os anos sessenta do século XX.

O objectivo desta parte não é fazer comentários sobre os vários estudos, dado que já é muito rica a literatura de que se dispõe. Esta parte visa apresentar de maneira clara as ferramentas essenciais desse saber e aplicá-las às grandes questões do mundo e à China.

[685] KRASNER, Stephen D., ed. (1983), p. 2, YOUNG, Oran R. (1989), p. 13, HASENCLEVER, Andres, PETER, Mayer, VOLKER, Rittberger (1997), p. 14.

Para Krasner, "*Principles are beliefs of fact, causation and rectitude. Norms are standards of behavior defined in terms of rights and obligations. Rules are specific prescriptions or proscriptions for action. Decision-making procedures are prevailing practices for making and implementing collective choice*", vide "Structural Causes and Regime Consequences: Regimes as Intervening Variables", in BECK, Robert J., AREND, Anthony Clark, LUGT, Robert D. Vander (1996), p.168.

[686] KEOHANE, Robert O. (1989), "Neoliberal Institutionalism: A Perspective on World Politics", *International Institutions and State Power,* Boulder, Westview Press, p. 3. Para Keohane, o regime é uma forma de instituição internacional na qual há uma convergência significativa entre os Estados a respeito de normas, crenças, regras e procedimentos, mas não necessariamente uma organização formal.

como referência[687]. Do ponto de vista da ciência política, a existência dos regimes internacionais não requer medidas jurídicas coercivas, os seja, os arranjos efectivos nascem das práticas da política internacional e da cognição destas práticas, e não da aplicação de medidas jurídicas. Neste sentido, a efectividade quer dizer que os regimes internacionais exercem influências sobre comportamentos de actores internacionais[688]. É claro, nem todos os regimes contribuem efectivamente muito para a resolução de problemas colectivos, alguns regimes (tais como regimes de cooperação no domínio da segurança) gozam de menos consenso do que outros (por exemplo, regimes do comércio e do ambiente). Uma vez que viola regimes, o actor tem de se submeter a medidas sancionatórias por um lado e por outro, a sua capacidade de elaborar novos regimes é prejudicada[689]. A robustez mede-se pela capacidade do regime de resistir às mudanças.

Em terceiro lugar, o objectivo dos regimes internacionais é o de facilitar a cooperação, mas a forma cooperativa é maior do que atingir interesses egoístas a curto prazo através dos acordos temporários. Os comportamentos orientados por regimes, não se baseiam apenas em interesses imediatos, visto que os actores aceitam certas obrigações gerais e sacrificam interesses a curto prazo. Esse carácter distingue-se dos compromissos feitos pelos países europeus no sistema de Westfalia, no qual eram induzidos a conseguir um equilíbrio, o que não configurava um verdadeiro "regime".

Alguns factores poderão contribuir para o desenvolvimento dos regimes internacionais, tais como interesses egoístas, o poder político, normas e princípios, costumes e conhecimentos[690].

---

[687] Ocorreu um debate em torno da efectividade dos regimes internacionais entre os autores americanos e os autores europeus. Sobre a análise deste debate, ver RITTBERGER, Volker (1993), "Research on International Regimes in Germany: the Adaptive Internalization of an American Social Science Concept", *Regimes Theory and International Relations,* Oxford, Clarendon Press, também veja adiante 2.1.3.

[688] Desde o seu advento, no mundo de hoje, a maior preocupação dos teóricos não consiste se os regimes internacionais têm ou não efeitos sobre a política mundial, mas sim como desempenham eles o seu papel importante e em que nível? *Vide* MARTIN, Lisa L., SIMMONS, Beth A. (1998), "Theories and Empirical Studies of International Institutions", *International Organization,* vol. 52, N°. 4, Autumn, p. 730.

[689] KEOHANE, Robert (1984), p. 126.

[690] KRASNER, Stephen, "Structural Causes and Regime Consequences: Regimes as Intervening Variables", reproduzido em BECK, Robert J., AREND, Anthony Clark, LUGT, Robert D. Vander (1996), pp. 175-84.

A noção de regimes internacionais, semelhante à de ordem mundial, de Direito Internacional e de organizações internacionais, merece ser precisada pelas reflexões seguintes.

A definição das características do regime, sintetiza uma diferença essencial quanto à ordem mundial, isto é, o regime é utilizado para uma determinada área ou área temática das relações internacionais. A ordem mundial, que já é mais ampla, não se limitando a uma esfera singular, refere-se aos "entendimentos prevalecentes nos hiatos entre os vários regimes, e aos princípios, às normas, às regras e aos procedimentos aplicados, quando dois ou mais regimes se sobrepõem, conflituam, ou de algum outro modo, exigem a acomodação entre interesses conflituantes"[691].

O conceito de "instituição internacional" já é mais próximo ao de regime internacional. A palavra "instituição" refere-se a organismo ou sistema/regimes. "As instituições, são os modos como as práticas sociais, desenvolvidas em reacção a problemas particulares que confrontam uma sociedade, se transformam em rotinas compostas por conjuntos específicos de regras. Podem ser organizadas com maior ou menor formalidades, e as sanções que sustentam essas regras, variam da lei à pressão da opinião pública. No nível global, incluem práticas com o apoio convencional do direito das gentes, como é o caso da diplomacia, os arranjos duradouros, regulando as acções em esferas particulares, comummente conhecidos como "regimes" e organizações internacionais com regras explícitas e mecanismos destinados a garantir o seu cumprimento"[692]. Para Keohane, as instituições "são conjuntos de regras (formais e informais) persistentes e relacionadas entre si que prescrevem papeis, limitam a actividade e modelam expectativas"[693], isto é, as instituições internacionais abrangem três elementos, sendo eles organizações internacionais governamentais e não governamentais, regimes internacionais e praxes internacionais[694]. Neste sentido, o âmbito das instituições internacionais é mais

---

[691] ROSENAU, James N., "Governança, ordem e transformação na política mundial", em ROSENAU, James N., CZEMPIEL, Ernst-Otto (2000), *Governança Sem Governo: Ordem e Transformação na Política Mundial,* traduzido por Sérgio Bath, Brasília, Editora Universidade de Brasília, p. 21.
[692] ROSENAU, James N., CZEMPIEL, Ernst-Otto (2000), pp. 190-1.
[693] KEOHANE (1989), p.5.
[694] KEOHANE (1989), p. 5.

amplo do que o dos regimes internacionais e estes regimes são um grupo subdividido das instituições internacionais[695].

O Direito Internacional faz-se do conjunto de normas alusivas aos superiores interesses da sociedade, na interdependência dos Estados soberanos e disciplinadores das relações transnacionais e das existentes entre órgãos internacionais e entre pessoas físicas ou jurídicas dos diferentes países. O Direito Internacional Público, é um conjunto de normas consuetudinárias e convencionais, que regem as relações directas ou indirectas entre Estados e organismos internacionais, que as consideram obrigatórias[696]. Mesmo que sejam semelhantes e se complementem mutuamente, o regime internacional diferencia-se do Direito Internacional pelas seguintes razões: em primeiro lugar, nem todas as normas do regime internacional são englobadas pelo Direito Internacional, dado que o seu normativismo é mais elevado e o regime internacional reflecte a realidade da política mundial; em segundo lugar, os indivíduos já são reconhecidos como sujeitos do Direito Internacional, mas os principais agentes do regime internacional são os Estados e as organizações internacionais.

Parece mais fácil discernir da relação entre os regimes internacionais e as organizações internacionais. Todas elas vivem sempre, conforme certos regimes internacionais ou são estabelecidas na sequência dos seus regimes, mas a existência desses regimes internacionais, não depende necessariamente de organizações internacionais específicas. Geralmente, as organizações constituem sinais do nível de desenvolvimento dos regimes internacionais ou são suas manifestações externas ou portadoras (órgãos de aplicação dos regimes internacionais), e ao mesmo tempo, promovem e salvaguardam a evolução dos regimes internacionais[697].

---

[695] CLAES, Dag Harald (1998), *What do Theories of International Regimes Contribute to the Explanation of Cooperation (Failure of Cooperation) Among Oil-Producing Countries?* Arena Working Papers, WP99/12, University of Oslo.

[696] DINIZ, Maria Helena (1998), *Dicionário Jurídico*, São Paulo, Editora Saraiva.

[697] Alguns exemplos dos regimes internacionais revelados nas organizações internacionais são: Organização de Estandardização Internacional (ISO), União Internacional de Telecomunicações (ITU), União Postal Universal, Organização dos Países Exportadores de Petróleo (OPEC), GATT e OMC, Fundo Monetário Internacional (FMI), Nações Unidas, entre outros.

2.1.2. Genealogia e desenvolvimento da teoria dos regimes

Na linha do internacionalismo liberal[698], seguindo o funcionalismo[699] nos anos cinquenta, o neofuncionalismo[700]; nos anos sessenta a teoria da interdependência[701]; nos anos setenta, a teoria dos regimes tem sido uma corrente dominante na Ciência Política Internacional desde segunda fase dos anos oitenta.

O funcionalismo problematiza a abordagem centrada no Estado, procura introduzir outros actores participantes das relações internacionais (tais como grupos de interesses multinacionais, grupos de interesses dentro de cada país e partidos políticos) e acentua o papel das forças sociais e económicas. Essa abordagem está construída sobre a premissa de que o Estado contemporâneo é inadequado para satisfazer as necessidades socioeconómicas. Na perspectiva funcionalista, as sociedades são compostas por sectores que podem ser separados uns dos outros, para os objectivos iniciais de cooperação e os vínculos intersectoriais garantem que os sucessos iniciais sejam transmitidos para os sectores relacionados. Desse modo, a conduta cooperativa das muitas áreas ultrapassará linhas territoriais. O fenómeno de *spillover* (contaminação), constitui a chave do funcionalismo, isto é, a cooperação iniciada em um sector, estender-se-á a outros sectores, das áreas económicas para as políticas. Assim, necessitarão de instrumentos de coordenação e numerosas organizações internacionais tanto no sector público como no sector privado[702].

---

[698] Para um estudo aprofundado dessa abordagem, ver VIOTTI, Paul R., KAUPPI, Mark V. (1993), pp. 268-79.

[699] O fundador do funcionalismo é David Mitrany, as suas obras mais conhecidas são: *The Progress of International Government,* (1933), New Haven, Yale University Press, *A Working Peace System,* (1966), Chicago, Quadrangle.

[700] Sobre os comentários do neofuncionalismo, ver DOUGHTY, James E., PFALTZGRAFF, Robert L. (2003), edição chinesa, pp. 551-8, *"Nye redefined the theory of neofuncionismo and proposed some new arguments: the concept of spillover, rising transactions, deliberate linkage and coalition formation, elite socialization, regional group formation, ideological and identitive appeal and involvement of external actors in the process ".*

[701] KEOHANE, Robert O., NYE, Joseph S. (2001), *Power and Interdependence,* 3ª edition, Addison Wesley Longman, part I, pp. 1-53.

[702] De facto, o funcionalismo foi animado pelos passos da integração europeia, especialmente, a criação da CECA (Comunidade Europeia do Carvão e do Aço) em 1952 e da CEE (Comunidade Económica Europeia) em 1956, na sequência do Tratado de Roma.

Entretanto, o funcionalismo por si mesmo, explicou mal o papel do poder e das instituições. Essas limitações foram percebidas pelos neofuncionalistas representados por ERNST HAAS, LEON LINDBERG, PHILIPPE SCHMITTER e JOSEPH NYE[703]. Segundo eles, com excepção de uma soma zero da estrutura dos interesses (em que um ganha e os outros perdem), por um lado, o aumento do conhecimento adquirido possibilitará trocas mutuamente benéficas, ajudará a identificar temas em que o conflito pode ter resultados danosos e incentivará os Estados a transcender antigas diferenças[704]; por outro lado, as instituições contribuirão de forma decisiva para a integração[705]. Os Estados agem na base dos interesses de cada um e colaboram, quando há uma coincidência de interesses. A integração internacional é considerada como uma consequência da política de interesses, desenvolvida dentro das instituições existentes, nacionais e internacionais. Os conflitos de interesses persistem ainda, quando os Estados tentam contê-los dentro de uma ordem comum, normativa e institucional.

A teoria da interdependência analisa de maneira sistemática situações que implicam uma grande variedade de actores na comunidade internacional – "interdependência complexa"[706]. Para os seus funda-

---

Os funcionalistas julgam que o caminho para a unidade europeia deve ser construído sobre uma base de interesses e demandas sociais. Não se poderia estabelecer uma construção política europeia sem antes reunir pessoas dos vários aspectos da vida e empenhá-las em esforços práticos conjuntos. Quando muitos desses grupos começam a entender as vantagens práticas da cooperação, os grandes debates sobre os nacionalismos perdem importância. Os teóricos funcionalistas salientam os aspectos sociais e económicos da sociedade e põem de lado a sensibilidade política até a um momento oportuno.

Tanto o funcionalismo como a neofuncionalismo foram concebidos para explicar os processos económicos e sociais da integração regional na Europa Ocidental. Ver VIOTTI, Paul R., KAUPPI, Mark V. (1993), pp. 241-3.

[703] DOUGHTY, James E., PFALTZGRAFF, Robert L. (2003), edição chinesa, p. 551. *Vide* também HAAS, Ernst (1964), *Beyond the Nation-State: Functionalism and International Organization,* Stanford, Stanford University Press, LINDBERG, Leon N., *ed.* (1971), *Regional Integration: Theory and Research,* Cambridge, Harvard University Press, NYE, Joseph S. (1971), *Peace in Parts: Integration and Conflict in Regional Organization,* Boston, Little Brown (1988), "Neorealism and Neoliberalism", *World Politics,* 40, January, pp. 238-9.

[704] Neste processo, o papel das elites e das burocracias transnacionais na aprendizagem da cooperação internacional e nos fenómenos de *spillover* é muito importante.

[705] Assim, os actores políticos são incitados a voltar as suas esperanças para as instituições que têm preeminência sobre os Estados, o que é compreendido como "integração".

[706] VIOTTI, Paul R., KAUPPI, Mark V., (1993), pp. 401-21.

dores KEOHANE e NYE, a efectividade das instituições internacionais varia directamente com o nível de interdependência dos actores participantes, isto é, níveis crescentes de interdependência, não só aumentam a necessidade de arranjos institucionais para controlar a intervenção mútua, como proporcionam também aos actores da sociedade internacional formas de pressão que podem ser usadas contra os violadores das normas e dos direitos de uma instituição.

A teoria dos regimes internacionais, inscrevendo-se na corrente "neo-institucionalista liberal", tomou corpo no início dos anos oitenta. Em 1975, o conceito de "regime internacional" foi apresentado pela primeira vez por JOHN RUGGIE[707], o que implicou uma mudança fundamental dos estudos institucionais. Antigamente, o estudo sobre instituições internacionais era subordinado ao funcionalismo e ao neofuncionalismo e equiparava-se ao estudo das organizações internacionais. A partir dessa data, o surgimento do estudo dos regimes internacionais, demonstra que os académicos alargam as suas visões para a regulação (ou governança) internacional.

Esta teoria aproveita a lição de outros ramos de ciência. Os regimes internacionais são principalmente analisados na perspectiva da ciência económica e da ciência política nos Estados Unidos e na perspectiva da sociologia na Europa[708]. No início, a teoria dos regimes foi inspirada por uma reflexão económica: na ausência da concorrência perfeita e dos preços verdadeiros, em razão da repartição assimétrica da informação entre os agentes económicos, nenhum deles pode sozinho introduzir procedimentos para obter a informação necessária, mas as organizações já podem reduzir os custos das trocas, devidos às imperfeições do mercado e ajudar cada agente a definir os seus interesses e funcionamento. As teorias subjacentes, são a teoria da escolha racional (teoria económica da política) e a teoria dos jogos (particularmente o dilema dos prisioneiros)[709]. Cada agente é considerado racional, isto é, visa maximizar os seus interesses de acordo com a sua utilidade e, tendo em conta a existência de prefe-

---

[707] PFALTZGRAFF, Robert L. (2003), edição chinesa, p. 567.
[708] SU, Changhe (2000), *Problemas Comuns Globais e Cooperação Internacional: Uma Análise Institucional,* Shanghai, Editora do Povo de Shanghai, p. 37.
[709] PORTO, Manuel Carlos Lopes (2004), *Economia: Um Texto Introdutório,* 2ª edição, Coimbra, Livraria Almedina, pp. 71-2 e 171-2.

rência, o agente pode racionalmente fazer uma escolha. O mesmo raciocínio estende-se ao âmbito político e ao domínio das relações internacionais. Os participantes da comunidade internacional, com o objectivo de resolver o dilema dos prisioneiros e de problemas relacionados à coordenação colectiva, chegam a um entendimento e defendem os seus interesses, integrados através das escolhas e arranjos institucionais ou regimes, portanto, os regimes reforçarão a reciprocidade dos participantes e tornarão mais pesado o custo do confronto e mais vantajoso o acto da cooperação.

O estudo dos regimes decorre em três fases. A primeira, compreendida entre os anos setenta e o início dos anos oitenta, corresponde aos estudos destinados ao papel dos actores não governamentais nas relações internacionais. Nesta, foi apresentado o conceito dos regimes internacionais, mas faltavam argumentos sistemáticos e completos. A segunda, compreendida nos anos oitenta, caracteriza-se por análises concentradas nos regimes internacionais e debates teóricos entre as várias correntes. A terceira, é compreendida a partir de 1989 até aos nossos dias, em que o estudo dos regimes, não só abrange análises teóricas, como também investigações da realidade[710].

O desenvolvimento da teoria dos regimes internacionais reflecte a pluralidade de abordagens. Apresentaremos as principais abordagens mencionadas pelas grandes figuras desse saber. Para STEPHEN KRASNER[711], existem três modelos analíticos: o estruturalismo ou o realismo, o estruturalismo modificado ou o realismo modificado é o da tradição de GROTIUS. O primeiro, compreende o mundo composto por actores racionais (Estados soberanos, grupos, empresas ou indivíduos) que são egoístas e defendem os seus interesses, por isso, são regimes que não têm ou têm poucos impactos. O segundo considera

---

[710] KEOHANE, Robert O. (1998), "International Institutions: Can Interdependence Work?" *Foreign Policy,* Spring, citado em SU, Changhe (2000), p. 37. Sobre os diversos períodos da evolução dos estudos dos regimes, ver WANG, Jie, ed. (2002), *On International Regimes,* Pequim, Editora de Xinhua, pp. 73-6.

[711] BECK, Robert J., AREND, Anthony Clark, LUGT, Robert D. Vander (1996), pp. 170-5, "...*The conventional structural views the regime concept as useless, if not misleading. Modified structural suggests that regimes may matter, but only under fairly restrictive conditions. And Grotian sees regimes as much more pervasive, as inherent attributes of any complex, persistent pattern of human behavior*". Foram também mencionados os representantes dos diversos modelos analíticos.

que regimes podem ter impactos quando o primeiro-óptimo de Pareto não fosse passível de ser realizado através das expectativas dos interesses individuais. O terceiro afirma que os regimes existem em todas as áreas das relações internacionais, porque os comportamentos individuais produzem expectativas convergentes e, assim, normas e procedimentos reconhecidos. Para ROBERT KEOHANE[712], há duas formas de abordar o tema: a análise racional e a análise reflectiva (*rational approach and reflective approach*). Para ANDRES HASENCLEVER, MAYER PETER e VOLKER RITTBERGER[713], a teoria dos regimes internacionais pode ser classificada em teorias baseadas no poder (teorias do realismo), teorias baseadas no interesse (teoria do neo-liberalismo) e teorias baseadas no conhecimento (teoria do construtivismo ou cognitivismo). Há outros académicos que distinguem diversas metodologias pelo individualismo, colectivismo e comunicação social[714].

2.1.3. *Regime internacional nas várias perspectivas doutrinárias*

Durante as últimas décadas, a teoria internacional tem sido estudada no debate entre o realismo e o institucionalismo liberal[715]. Aliás, alguns académicos, como ROBERT KEOHANE e JOHN RUGGIE lançaram desafios ao realismo e ao neo-realismo, por terem analisado os regimes. Quanto à apreciação dos regimes internacionais, existem também diferentes posições doutrinárias. Analisaremos separadamente a posição realista que dá ênfase ao poder, a posição liberal que salienta interesses e a posição construtivista que analisa principalmente o papel

---

[712] KEOHANE, Robert O. (1988), reproduzido em BECK, Robert J., AREND, Anthony Clark, LUGT, Robert D. Vander (1996), pp. 187-205, "...*Rationalistic theory is good at posing questions and suggesting lines of inquiry, but it does not furnish us with answers... Rationalistic theories do not enable us to understand how interests change as a result of changes in belief systems. They obscure rather than illuminate the sources of states´ policy preferences...Some analysts in the reflective camp have sought to correct this lack if attention to historicity and learning... Only by understanding how individuals think about their world can we understand changes in how the world is organized – for instance, the shift from medieval to modern international politics. Socially influenced patterns of learning are crucial*".

[713] HASENCLEVER, Andres, PETER, Mayer, RITTBERGER, Volker (1997), p. 1.
[714] SU, Changhe (2000), p. 39.
[715] DONNELLY, Jack (2000), p. 131.

do conhecimento[716]. Todas as abordagens se complementam umas às outras. As principais dissemelhanças entre várias escolas, focalizam o papel dos regimes internacionais, mais especificamente, a efectividade e a robustez.

2.1.3.1. Perspectiva do realismo/neo-realismo

A ideia básica do realismo é a seguinte: a sociedade internacional é anárquica, onde os Estados representam actores racionais e egoísticos, que são subordinados à estrutura do sistema internacional e estão em busca do poder[717]. O ponto de partida da teoria dos regimes internacionais na abordagem realista, é que a distribuição dos poderes exerce grande influência sobre o aparecimento dos regimes e, os poderes relativos numa anarquia restringem a efectividade dos regimes[718].

Os teóricos realistas concebem que os regimes internacionais bem como, seus procedimentos funcionais, objectivos e efeitos, reflectem geralmente interesses dos países mais poderosos. Num estado anárquico, cada Estado quer maximizar a sua segurança e autonomia para enfrentar ameaças externas. Por isso, na perspectiva realista, os regimes internacionais seriam preferíveis, se eles não afectassem comportamentos dos Estados, pelo menos, não são capazes de os obrigar a actuar contra as próprias vontades. Uma forma dos regimes internacionais é a aliança[719], tratando-se de uma cooperação política ou militar entre nações, mediante compromisso, formalizado pela

---

[716] Este tipo da divisão corresponde à ideia de Andres Hasenclever, Mayer Peter e Volker Rittberger sobre várias metodologias da teoria dos regimes. Seguimos os três paradigmas das relações internacionais e aplicamo-los aos correlativos comentários.

[717] Recorde-se de TEIXEIRA, Nuno Severiano, et al. (2000), p. 119 e da Parte II 1.1.3.

[718] DONNELLY, Jack, (2000), pp. 132-5.

[719] PFALTZGRAFF, Robert L. (2003), edição chinesa, pp. 572-83. O autor mencionou outras obras famosas sobre a teoria das alianças, por exemplo, ROTHSTEIN, Robert L. (1968), *Alliances and Small Powers,* Nova Iorque, Columbia University Press. Os teóricos realistas consideram que quando existe uma ameaça comum para dois Estados ou mais, a aliança poderá desempenhar temporariamente um papel importante e, quando tal ameaça se extingue, a aliança dissolver-se-á. A aliança é um instrumento útil para todos os aliados contra os seus inimigos comuns e também para os mais poderosos restringirem os mais pequenos.

assinatura de tratado ou acordo, para proteger os seus interesses. Além disso, é considerada também uma forma de regime internacional, o comércio internacional ou os contactos económicos entre os aliados. Talvez o paradigma clássico da teoria dos regimes internacionais baseada em poderes, seja a hipótese da estabilidade hegemónica[720]. Isto é, um país hegemónico pode estabelecer, a um custo muito baixo, regimes favoráveis aos seus interesses a longo prazo, controlando a política regional e garantindo a segurança e a autonomia dos países pequenos (esta hegemonia é considerada adequada ou natural pelos actores mais fracos). Neste sentido, os regimes internacionais existem, mas são determinados pelos poderes ou vontades dos países hegemónicos[721]. Quando surja o enfraquecimento da hegemonia, os regimes alteram-se de forma correspondente.

Em suma, segundo o realismo, com excepção os interesses ou consentimentos dos países poderosos ou dos países iniciadores, os regimes em si, não têm os seus principais interesses independentes[721]. Algumas razões podem levar ao cumprimento de regimes, tais como interesses militares comuns entre os aliados, compensações ou sanções dadas pelos países hegemónicos.

2.1.3.2. *Perspectiva do neo-institucionalismo liberal*

O neo-institucionalismo liberal[723], formado nos desafios ao neo--realismo, argumenta que a sociedade internacional é anárquica mas com certa ordem, contando com determinadas formas institucionais e

---

[720] GILPIN, Robert (1994), *War and Change in World Politics*, edição chinesa, Pequim, Editora Universidade do Povo Chinês, pp. 35-6 e IKENBERRY, John (2001), *After Victor: Institutions, Strategic Restraint and the Rebuilding of Order after Major Wars*, Princeton, Princeton University Press.

[721] Na perspectiva neo-realista, a cooperação seria minada pela possibilidade de ganhos relativos entre Estados, ou seja, quando um Estado ganha mais ou menos do que outros. Como são múltiplas as áreas de cooperação (militar, económica, ambiental, entre outros) qualquer ganho relativo, implicaria um jogo de soma zero, onde um Estado "A" (+1) se tornaria mais poderoso às custas de um Estado "B" (−1).

[722] DONNELLY, Jack (2000), p. 148, "...*If norms and institutions are simply reflections of the distribution of power in the world, then their effects, realists might argue, are not really independent*".

[723] Recorde-se a parte II 1.1.3.

normas de comportamento. Os Estados, como actores principais, embora sejam racionais e egoístas, pretendem perseguir interesses absolutos e, independentemente dos conflitos, eles tentam cooperar entre si, para defender os seus interesses; neste jogo é necessário haver mecanismos eficazes que permitam a realização dos interesses comuns e a cooperação internacional. Os regimes internacionais são justamente vias eficazes para conseguir tal desígnio[724].

A abordagem institucionalista liberal representa a corrente dominante do estudo de regimes[725].

Esta corrente aceita, em grande parte, os pressupostos do realismo[726], nomeadamente, os Estados são racionais e egoístas, no sentido de se preocuparem com ganhos e perdas absolutos[727]. Além da segurança e da autonomia, o bem-estar do povo constitui outra preocupação. Nos casos de comércio e de investimento, os Estados reconhecem que os interesses comuns poderão maximizar o seu bem-estar através da abertura. A questão fundamental é que eles precisam de garantias para que a cooperação estabelecida não seja aproveitada por um país terceiro para lançar a anarquia. Os regimes internacionais configuram essas garantias pela redução dos custos na obtenção de informações sobre as capacidades e vontades dos outros países, tendo em conta as seguintes razões.

Em primeiro lugar, as organizações internacionais em si poderão exigir dos seus membros informações relativamente ao cumprimento dos seus compromissos, sendo as mesmas acessíveis também para

---

[724] ROSENAU, James N., CZEMPIEL, Ernst-Otto (2000), p. 314, "...não só limitam os Estados e lhes estendem delegações de poderes, de modo sistemático, como também modificam a percepção dos seus auto-interesses. Além disso, podem transformar os meios com os quais os Estados buscam atingir esses interesses. O poder dos Estados é definido cada vez mais em termos da sua capacidade de trabalhar com as numerosas fontes rivais de poder e influência na política mundial, não contra elas".

[725] HASENCLEVER, Andreas, PETER, Mayer, RITTBERGER, Volker (1997), p. 23 e SU, Changhe (2000), p. 39.

[726] DONNELLY, Jack, (2000), p. 133, "*Realists and liberal institutions do both assume that states pursue their self-interests; that is, that they are instrumentally rational. But they have very different substantive conceptions of rational self-interest. Mearsheimer (um teórico realista) views states as short-term power maximizers. Liberals, however, see rational states as those that pursue long-run utility* ".

[727] Por exemplo, para um determinado país, a melhoria do nível de vida relativamente ao passado, é mais importante do que o seu nível de vida relativamente aos outros países.

outros membros. Naturalmente, essas informações diminuem desconfianças acerca dos compromissos dos membros, mas aumentam expectativas à cooperação. Neste sentido, as informações influenciam somente a confiança com o ambiente estratégico de que o actor não mudará as suas preferências pelos interesses nacionais.

Em segundo lugar, os regimes internacionais, dão impulsos aos países passivos, para reforçar a cooperação, por exemplo, as organizações internacionais podem proporcionar tecnologias, informações ou peritos, o que, para um determinado país, pode ser inacessível ou acessível, mas a custo muito elevado. Além disso, os regimes internacionais impedem os países que desistam da cooperação, sob pena de sanções ou perda de interesses das outras áreas.

Em terceiro lugar, desde que os países acreditem em vantagens da cooperação, eles vão persistir na interacção a curto prazo. Ou seja, a convicção da interacção a longo prazo aumenta o custo da consecução de proveitos a curto prazo, porque outros países não querem mais colaborar com o país violador, perdendo assim interesses de longo prazo, uma colaboração.

Em quarto lugar, os regimes internacionais fornecem um palco, para que os países aumentem o seu prestígio na cena internacional.

As contribuições mais importantes do neo-institucionalismo liberal são concepções que provêm da Ciência Económica, segundo a qual os Estados racionais estão restringidos por regras institucionais, assim, as autoridades de um país podem aproveitar os regimes internacionais para avançar com reformas internas[728].

Diferente do realismo, o neo-institucionalismo liberal, acredita que os regimes internacionais são mais justos e revelam interesses comuns, são também benéficos para as grandes potências, visto que a força militar não é tão eficaz em áreas polémicas[729].

---

[728] Há muitos exemplos, nomeadamente, os Estados da zona Euro cedem as suas políticas monetárias à união monetária, o que impede as autoridades de continuar a seguir políticas do menor rigor, os reformistas chineses alegam os compromissos governamentais da adesão à Organização Mundial do Comércio para aprofundar reformas da economia de mercado.

[729] Os argumentos institucionais procuram demonstrar que as teorias de organizações na perspectiva realista não conseguem explicar certas cooperações entre os países, designadamente, nas áreas económicas e ambientais.

2.1.3.3. Perspectiva do construtivismo

Dando ênfase aos paradigmas académicos plurais, os argumentos construtivistas[730], defendem que as relações internacionais são um tipo de construção social dinâmica, na sequência do credo e do comportamento. No processo desta construção, os princípios da moral desempenham um papel primordial, outros elementos, tais como culturas, identidades e normas, exercem também influências sobre a regulação de relações internacionais e interesses. Comparado com o realismo e o neo-institucionalismo liberal, o construtivismo não propõe uma teoria completa sobre comportamentos dos Estados, mas constitui em si uma abordagem analítica[731].

Para os construtivistas, há muitos factores determinantes dos regimes internacionais, tais como o conhecimento, a consciência e a ideologia. Os regimes internacionais não são considerados molduras que limitam as condutas dos actores, mas sim "agentes sociais", no sentido de promover a sua identidade e interesse como organizações internacionais ou "o ambiente social" no sentido de os representantes dos Estados disporem de novas compreensões sobre interesses próprios[732].

Com efeito, os regimes internacionais podem influenciar independentemente, condutas dos Estados. Os regimes em si, constituem um poder de representação nas relações internacionais, isto é, através dos órgãos institucionais e do seu desenvolvimento ideológico, os regimes internacionais tornar-se-ão promotores activos de regras e normas. E isto pelas seguintes razões:

Em primeiro lugar, as organizações internacionais têm grande prestígio e gozam da legitimidade. Qualquer menosprezo ou ignorância das regras institucionais prejudicará o prestígio e a imagem do Estado. Em segundo lugar, os regimes internacionais até ensinam a existência de novos interesses nacionais para os Estados[733]. Em ter-

---

[730] Recorde-se a Parte II 2.3.2.2.

[731] Sendo um ponto de partida, o construtivismo não propõe uma suposição expressa de quais são os motivos dos actores para tomar medidas, mas sim como interacções sociais entre diversos actores constituem uma estrutura que poderá redefinir a identidade de cada actor.

[732] FINNEMORE, Martha (2001), pp. 36-40.

[733] FINNEMORE, Martha (2001), pp. 43-82, a autora deu bastantes exemplos para explicar como o UNESCO ensina aos Estados ,o valor e a importância dos órgãos estatais tecnológicos e dos projectos tecnológicos.

ceiro lugar, os regimes internacionais como "agentes", exercem grande influência sobre "os actores coordenadores" ao nível interno e através destes actores coordenadores, esses ensinamentos serão divulgados e reforçados no âmbito nacional[734].

A perspectiva construtivista apoia, em grande medida, juízos a respeito dos regimes internacionais, isto é, fora da estrutura dos poderes políticos internacionais, existem independentemente dos regimes internacionais que afectam condutas dos Estados e o desenvolvimento da política mundial. Neste sentido, trata-se de uma posição mais aproximada ao neo-institucionalismo liberal. Porém, a perspectiva institucionalista liberal acentua a função dos regimes internacionais enquanto o construtivismo tem maior interesse na análise do papel de elementos subjectivos na formação dos regimes internacionais; a perspectiva institucionalista liberal considera os regimes internacionais como consequência da procura consciente de interesses pelos Estados racionais e egoístas, enquanto para a perspectiva construtivista, os regimes internacionais não são criados conscientemente.

2.1.4. Função e limites do regime internacional

2.1.4.1. *Função do regime internacional*

A) Função informativa

Uma das contribuições do institucionalismo liberal é a introdução dos factores económicos, para a análise das relações internacionais. A questão do custo de transacção[735] representa um fenómeno impor-

---

[734] Por exemplo, depois que os Tribunais dos Estados-Membros da União Europeia aceitem os critérios e os valores jurídicos do Tribunal de Justiça das Comunidades Europeias, este torna-se vinculativo. Uma vez que os tribunais de justiça nacionais são órgãos independentes, os governos dos Estados-Membros, nem podem desfiar as decisões judiciárias, a influência do Tribunal de Justiça das Comunidades Europeias relativamente aos Estados-Membros aumenta, acompanhando o tempo.

[735] Su, Changhe (2000), pp. 105-11, o autor explicou o conceito de custo de transacção e o Teorema de Coase (*Coase Theorem*): os custos que variam em dimensão de um sistema económico para outro, incluem os de negociação e elaboração dos acordos e os custos subsequentes de ajustamento dos desalinhamentos. A significação do Teorema de Coase, reside no que é variável, o estabelecimento de regimes internacionais para reduzir os

tante no mundo da interdependência. Cada país tem de contactar com o exterior, beneficiando a sua sobrevivência ou o seu desenvolvimento, obtendo interesses que não podem ser adquiridos por si próprio, ou maiores vantagens com a colaboração dos outros, através das trocas e interacções. Neste processo surge o custo de transacção[736] que aumenta à medida que os contactos interdependentes se tornam mais estreitos. Contudo, o custo de transacção pode ser reduzido efectivamente pelos regimes internacionais, graças à sua função informativa.

Os regimes internacionais forneçam de forma directa ou indirecta aos Estados, informações fidedignas[737] (até apoios financeiros e tecnológicos) e canais de comunicação, diminuindo a sensação de insegurança, devido a mal-entendidos e, reforçando, assim, a confiança e a cooperação. Dentro de um sistema aberto, as informações são acessíveis para todos os participantes, por isso, o dilema dos prisioneiros altera-se com a transparência de informações e as condutas dos participantes tornam-se mais previsíveis.

B) Função regularizadora

Além da restrição de condutas e políticas externas de cada Estado, os regimes internacionais regularizam problemas comuns.

Na comunidade internacional, existem numerosos bens públicos (*international public goods*)[738]. Por um lado, as externalidades destes

---

elevados custos de transacção na comunidade internacional. Sobre o Teorema de Coase, vide COASE, R. H. (1960), "The Problem of Social Costs", *Journal of Law and Economics*, Vol. 3, pp. 1-44 e RUTHERFORD, Donald (1998), *Dicionário de Economia*, Algés, Difusão Editorial, S.A., p. 538.

[736] O custo de transacção nas relações internacionais pode ser observado desde a estandardização de medição até à execução e à supervisão dos acordos internacionais.

[737] KEOHANE, Robert O., NYE, Joseph S. (2001), p. 291, "*Shared information, particularly on issues that easily cross national boundaries – such as controlling the spread of communicable diseases, allocating telecommunications frequencies, and limiting pollution of the atmosphere and the oceans – is essential for effective action*".

[738] HUFBAUER, Gary C., "Looking 30 Years Ahead in Global Governance", em SIEBERT, Horst, ed. (2003), *Global Governance: An Architecture for the World Economy*, Heidelberg, Springer, pp. 245-74. O autor fala de alguns bens públicos, tais como o sistema de comércio liberalizado, princípios de segurança acordados, atentados terroristas, poluições ambientais, taxas de câmbio, pobreza, imigração, e doenças contagiosas são os exemplos dos regimes internacionais.

bens (isto é, custos ou benefícios de condutas de um país podem influenciar os outros), requerem alguma intervenção pública, por outro lado, alguns países participam no consumo dos bens públicos sem querer assumir os respectivos custos e responsabilidades[739].

A nível interno, tanto as externalidades como os fenómenos de *"free-riding"* podem ser resolvidos pela autoridade governamental[740]. Na ausência de um governo mundial, os problemas comuns poderão ser regulados através das negociações e escolhas dos países, mais especificamente, através dos regimes internacionais projectados.

C) Função coordenadora

Todos os contactos globais (informações, bens, serviços e circulação de capitais) necessitam duma coordenação. Os requisitos tecnológicos não compatíveis e os diferentes critérios, limitarão intercâmbios transnacionais. Por exemplo, as diferentes técnicas de reconhecimento utilizadas pelos diversos países no comércio electrónico, fazem com que a transacção na Internet se torne menos estável e mais complexa. Outro exemplo, diferentes padrões e sistemas de avaliação aumentam significativamente custos de produtos e constituem, às vezes, obstáculos técnicos ao comércio internacional. Na verdade, tais divergências poderão ser coordenadas efectivamente pelos regimes internacionais[741].

D) Função protectora

Uma função peculiar dos regimes internacionais diz respeito ao papel de proteger os valores núcleos, sendo eles, o pilar da moral e o pilar do direito.

O realismo reconhece a moral fundada em poderes, ou seja, "sobrevivência do mais adaptado". Segundo este princípio, os Estados recorrem a todos os meios para procurar poderes e interesses. Durante muito tempo, a moral sustentada pelo idealismo foi considerada como uma ilusão ou uma nova forma de hegemonia. No meio da interacção entre estas posições distintas, um novo moralismo,

---

[739] SIEBERT, Horst, *ed.*, (2003), p. 273.
[740] PORTO, Manuel Carlos Lopes (2004), pp. 94-6.
[741] *Vide OMC.*

mais em conformidade com a realidade, tem sido desenvolvido na comunidade internacional e constituído um fundamento justo dos regimes internacionais.

Desde a Segunda Guerra Mundial, alguns valores da moralidade e princípios fundamentais do legado humanista, foram consagrados na Carta da ONU e outros documentos do Direito Internacional[742], bem como na diplomacia dos Estados[743]. O caminho para realizar o moralismo internacional, será construir uma nova ordem mundial, baseada na justiça[744]. Hoje em dia, quando a comunidade internacional comenta uma determinada política ou um conflito internacional, os critérios morais são fundamentos cada vez mais importantes, mesmo que haja posições completamente diferentes quanto aos mesmos.

Nota-se que os regimes internacionais protegem os valores da moral nos seguintes aspectos: em primeiro lugar, o tradicional conceito bastante limitado de poder e de interesses altera-se, os interesses de longo prazo baseados em cooperação e benefícios mútuos estão a substituir gradualmente interesses absolutos de curto prazo; em segundo lugar, as responsabilidades morais e o princípio da acção colectiva (o multilateralismo) são aceites e reconhecidos pela maioria dos países, particularmente, o multilateralismo reveste-se de um justo processo legal adjectivo que garante a justiça distributiva; em terceiro lugar, os princípios da moral constituem restrições efectivas às estratégias e condutas dos Estados. Mas, devido aos diferentes sistemas sociais, níveis de desenvolvimento económico, tradições culturais e posições internacionais, os conceitos da moral ainda não são idênticos, nomeadamente, os países em vias de desenvolvimento julgam que a base do moralismo internacional é a soberania, sendo fundamental a igualdade política e a justiça económica, os países mais desenvolvidos consideram que os critérios morais são universais e

---

[742] Vejam por exemplo, a Carta da ONU, a Declaração Universal dos Direitos do Homem, Pacto Internacional Sobre os Direitos Económicos, Sociais e Culturais, Pacto Internacional Sobre os Direitos Civis e Políticos, entre outros.

[743] Especialmente a partir dos anos cinquenta do século XX, o moralismo internacional tem mostrado grande vitalidade, por exemplo, os Dez Princípios da Conferência de Bandung, os diálogos norte-sul e a diplomacia dos direitos humanos.

[744] Desde os tempos antigos até os dias de hoje, numerosos pensadores, como por exemplo, Platão, pensadores do Iluminismo como refere RAWLS, John (2000), *Theory of Justice,* Harvad University Press, Cambridge, Massachusetts, elucidaram o sentido de justiça.

transnacionais, cujos núcleos são salvaguardar o princípio do tratamento justo dos destinos dos indivíduos. Com efeito, as divergências existentes na compreensão da moral internacional limitam, por vezes, o desempenho dos regimes internacionais.

Se a afirmação de que o moralismo representa um fundamento racional para os regimes internacionais é certa, o legalismo constitui, então, valores legais dos regimes internacionais. Em teoria, o legalismo reveste-se de uma ideia de ordem ou de sistema legal, segundo a qual se estabelecem as relações internacionais, ou seja, os meios jurídicos regularizam condutas externas dos Estados e a distribuição de interesses inter-estatais.

Diferente de uma ordem mundial dominada pela hegemonia, o novo valor trazido pelos regimes internacionais, é justamente o legalismo, dependendo da aceitação e do cumprimento dos Estados, que tem como a finalidade conter confrontos e conflitos, reforçar a cooperação e a negociação e promover a paz e o desenvolvimento mundial.

Na realidade, os regimes internacionais contribuem progressivamente para a construção do Direito Internacional, sendo que o seu papel é cada vez mais importante, mas não só, eles também afectam comportamentos dos Estados por força coerciva e restrição moral, uma vez que os Estados os aceitam voluntariamente.

2.1.4.2. *Limites do regime internacional*

Apesar da existência dos regimes internacionais, a estrutura de poderes no sistema internacional limita certamente o desempenho das suas funções. Devido às diferentes posições internacionais e aos diferentes objectivos estratégicos, os países tomam diferentes atitudes. Por exemplo, os Estados Unidos utilizam os regimes internacionais em busca da hegemonia global, outros países desenvolvidos partilham a mesma ideologia, sistemas políticos e económicos com os Estados Unidos e, ao mesmo tempo, tentam aumentar as suas influências internacionais e desviar dos Estados Unidos, a maioria dos países em vias de desenvolvimento. Querem prevenir a intervenção de grandes potências em assuntos internos com a ajuda dos regimes internacionais e conquistar a igualdade na cena internacional.

A maioria dos regimes internacionais em vigor, é produzida pelos países ocidentais depois da Segunda Guerra Mundial. Os essenciais princípios, normas, regras e procedimentos decisórios dos regimes internacionais têm génese no mundo ocidental, inclusive os regimes internacionais mais recentes são projectados e aplicados principalmente pelos países ocidentais[745]. Neste sentido, os regimes internacionais nem sempre reflectem os pedidos e interesses de toda a comunidade internacional. Até hoje, esses regimes, reflectem em grande parte, os interesses e preferências dos poderosos[746].

Além disso, a efectividade dos regimes internacionais vigentes está dependente do apoio e cooperação dos grandes países, tendo em conta as suas responsabilidades e posições predominantes[747]. De facto, enquanto alguns países grandes continuarem a lançar mão de acções unilaterais, os regimes internacionais e o Direito Internacional encontrar-se-ão em desordem.

2.1.5. Teoria do regime internacional e outras teorias relacionadas

2.1.5.1. O regime internacional e a teoria da globalização

Como se sabe, a globalização tem vindo a desafiar as relações internacionais tradicionais e a soberania nacional. As alianças militares que se encontravam nas teorias políticas tradicionais cedem o lugar gradualmente às parcerias estratégicas de longo prazo, estáveis e capazes de trazer benefícios mútuos. Cada vez mais Estados partilham visões bastante convergentes em diversos temas da agenda

---

[745] XIE, Chao, Hu, Jian (2004), *As Organizações Inter-governamentais Internacionais e a Estratégia Diplomática da China*, Guiyang, Editora Povo de Guzhou, pp. 248-51. Os autores criticaram algumas medidas aplicadas pelo FMI à Jugoslávia em 1992 e à Coreia do Sul em 1997.

[746] Os países desenvolvidos têm o papel dirigente nos procedimentos de decisões e no estabelecimento de regras das organizações internacionais, especialmente, o caso do Fundo Monetário Internacional, Cfr. MARC, Milliams (1994), *International Economic Organization and the Third World*, Harvester Wheatsheaf.

[747] Na realidade, pode haver concorrência entre os regimes internacionais, regionais e os regimes internacionais globais. Os diferentes regimes internacionais regionais necessitam também de uma melhor coordenação.

internacional e, acima de tudo, valorizam um sistema internacional multipolar, em que não se consolidem hegemonias unilateralistas que possam cercear as suas margens de autonomia em questões de interesses nacional. Os países em vias de desenvolvimento não querem que a militarização da agenda internacional se sobreponha, designadamente, à luta contra a pobreza. Hoje em dia, o apelo às soluções negociadas para os conflitos, particularmente no âmbito das Nações Unidas e o apelo às negociações e cooperações, são a melodia principal no concerto internacional. A preocupação de interesses mútuos ou de interesses comuns permite o reforço do papel de regras internacionais. Essas regras internacionais devem basear-se no conceito da solidariedade e de interdependência.

A teoria do regime internacional está estreitamente ligada com a teoria da globalização. As duas teorias relacionam-se intimamente com os argumentos do neo-liberalismo e valorizam a cooperação internacional. Ambas contribuem para o surgimento de um novo paradigma da teoria das relações internacionais. A teoria da globalização, por um lado, fornece um vasto campo para os estudos do regime internacional e promove o desenvolvimento dessa teoria de regime. Por outro lado, constitui condições para verificar a aplicabilidade da teoria do regime internacional.

Já sabemos que a teoria dos regimes internacionais pode ser classificada em teorias baseadas no poder (teorias do realismo), teorias baseadas no interesse (teoria do neo-liberalismo) e teorias baseadas no conhecimento (teoria do construtivismo ou cognitivismo). Os argumentos realistas extremos parecem ser inviáveis na realidade da globalização económica, porque na sua perspectiva, os Estados são reconhecidos como agentes nucleares e egoístas dos assuntos internacionais, e por conseguinte, não se interessam pela cooperação internacional e pela convergência das regras internacionais. Já na perspectiva neo-liberal, os Estados não são os únicos actores no palco internacional, estando sempre dispostos à cooperação internacional e preocupados com os interesses absolutos. Neste sentido, também a perspectiva neo-liberalista descuida frequentemente os obstáculos à cooperação internacional existentes na realidade[748].

---

[748] WANG, Jie, *ed.* (2002), pp. 152-5.

2.1.5.2. *O regime internacional, a soberania e os interesses nacionais*

Será muito importante debruçarmo-nos sobre a relação entre a soberania, os interesses nacionais e o regime internacional, isto é, como é que se põe em marcha o regime internacional e se cede o direito de exercício da soberania para defender melhor os interesses nacionais? Os interesses nacionais, sem dúvida, são pontos de partida e os objectivos últimos, quando se trata do peso relativo, entre a soberania nacional e o regime internacional.

Em teoria, a soberania nacional, como garantia dos interesses nacionais, representa uma última linha de defesa destes. Mas, na prática, a realização dos interesses nacionais não implica, necessariamente, salvaguarda a soberania nacional. A aceitação de arranjos do regime internacional, criados e feitos pelos Estados soberanos, tem como finalidade, realizar os interesses nacionais, o que é especialmente útil na resolução dos problemas comuns, mas que não se confunde, necessariamente como conseguir aquele objectivo, devido às políticas unilaterais ou às limitações da realidade da comunidade internacional. A soberania nacional, constitui um princípio fundamental do regime internacional, mas em determinadas circunstâncias, a sujeição a esse regime, pode corroer ou enfraquecer a soberania nacional.

Neste sentido, a participação no regime internacional, a defesa da soberania nacional e a realização dos interesses nacionais, possuem simultaneamente convergências e contradições. No caso em que haja a contradição entre a defesa da soberania e a realização de interesses nacionais, é preciso ter-se em conta, se os interesses pretendidos são gerais ou fundamentais, ou seja, se forem os interesses nacionais gerais, não há necessidade de ceder a soberania nacional, mas se forem os interesses fundamentais, tal justifica a cessação da soberania. Claro, tal cessação deve ser feita segundo o princípio da igualdade e do benefício mútuo. Em suma, os interesses nacionais serão uma balança na resolução da contradição entre a participação no regime internacional e a defesa da soberania nacional.

2.1.6. Tomada de posição

O regime internacional, no fundo, reflecte a cultura do pluralismo, a democratização dos assuntos internacionais e a ideia do multilateralismo[749], que são altamente valorizadas por nós.

O multilateralismo, "como uma forma arquitectural"[750], é um princípio da estruturação ou organização da vida internacional. Este, baseia-se em regras de comportamento universais, é destinado a coordenar relações internacionais, num mínimo de três Estados e possui caracteres de não divisibilidade (*invisibility*), princípios organizadores generalizados (*generalized organizing principles*) e a reciprocidade difusa (*diffuse reciprocity*)[751]. Trata-se de uma convicção no funcionamento das relações externas e também uma forma para resolver assuntos internacionais.

A afloração do multilateralismo surge na era da globalização. Como se disse anteriormente, num mundo cada vez mais interdependente, acções arbitrárias sofrem mais resistência; simultaneamente, o regime e a cooperação internacional, estão a desempenhar um papel imprescindível. Hoje em dia, mesmo para os apoiantes do realismo, os valores da diplomacia multilateral são reconhecidos.

Primeiro, o multilateralismo implica a cooperação internacional, os Estados abandonam benefícios temporários e procuram interesses a longo prazo.

Segundo, o multilateralismo promove a paz e a estabilidade internacional. Os participantes no arranjo internacional sentem-se mais solidarizados e os frequentes intercâmbios são benéficos ao conhecimento, interesses e reconhecimento mútuos. Os laços de contacto reforçam, naturalmente, a confiança recíproca.

Terceiro, o multilateralismo ajuda também à formação e ao desenvolvimento de organizações e de regras internacionais[752].

---

[749] Sobre a análise doutrinária profunda do multilateralismo, a bibliografia existente é pouco satisfatória. RUGGIE, John G., *ed.* (2003), *Multilateralism Matters: The Theory and Praxis of an Institutional Form,* edição chinesa, Hangzhou, Editora Povo de Zhejiang. O autor não está satisfeito com a contribuição da teoria do regime internacional para o conceito do multilateralismo.

[750] RUGGIE, John G., *ed.* (2003), p. 60.

[751] RUGGIE, John G., *ed.* (2003), p. 105.

[752] Veja o exemplo da construção da União Europeia, da fase da cooperação económica (a Organização Europeia de Cooperação Económica e a Organização de Cooperação e

No entanto, é comum a posição de que o multilateralismo tem boa aparência mas falta-lhe a efectividade necessária. Neste sentido, o multilateralismo depende largamente da melhoria do regime internacional. Não há um multilateralismo maduro sem um regime internacional maduro. O regime internacional, favorável para países grandes é proveitoso também para países pequenos e é indispensável para salvaguardar a justiça da comunidade internacional.

2.2. O regime internacional na prática

O regime internacional inclui organizações ou órgãos internacionais formais[753], convenções e protocolos internacionais[754] e as regras e costumes internacionais duradouros e genéricos, de nível global; os blocos regionais, diálogos e cooperações de nível regional – quer governamentais, quer não governamentais –; e, ainda, "a diplomacia sem diplomatas", em que participam representantes oficiais, semi-oficiais e privados.

Tendo em conta, grandes diferenças em termos de natureza, as funções, características e influências que se encontram nas diversas formas de expressão do regime internacional, não é possível demensuradas por critérios uniformes. O estudo sobre o regime internacional tem de ser concretizado.

Desenvolvimento Económico), à fase da cooperação (o Conselho da Europa) e à fase da integração (a criação da Comunidade Europeia do Carvão e do Aço, a criação da CEE e da CEEA). Dentro da União Europeia, há órgãos de direcção e execução: a Comissão, o Conselho da União Europeia, o Conselho Europeu e outros órgãos auxiliares, há órgãos comunitários essencialmente de controlo: o Parlamento Europeu, o Tribunal de Justiça das Comunidades Europeias, o Tribunal de Contas. Os órgãos levam a cabo a cooperação em muitas áreas e promovem o pluralismo de interesses: interesses nacionais, interesses cooperativos e interesses da toda a comunidade. Os interesses económicos comuns, estendem-se aos interesses políticos e aos interesses da segurança.

[753] Tais como o Conselho de Segurança das Nações Unidas, *Peace-Keeping Organization* (PKO), a OMC, o FMI, entre outros.

[754] Por exemplo, o Pacto Internacional sobre os Direitos Civis e Políticos, o Pacto Internacional sobre os Direitos Económicos, Sociais e Culturais, a Convenção de Paris sobre a Protecção da Propriedade Intelectual, a Convenção sobre a Plataforma Continental, o Tratado sobre a Proibição Compreensiva da Prova Nuclear, a Convenção sobre o Reconhecimento e a Aplicação das Sentenças Arbitrais Estrangeiras, entre outros.

Por exiguidade do espaço, referimos aqui apenas a tipologia do regime internacional na realidade. É possível classificar o regime internacional segundo diversos critérios[755]. Consoante o conteúdo, pode falar-se em regime internacional de segurança, regime internacional político, económico e ambiental. Conforme os caracteres formais, classificam-se os regimes internacionais em formais e informais. Tendo por critério o âmbito de aplicação, referem-se os bilaterais, os regionais e os globais.

3. Regime internacional e a China

3.1. Factos históricos

Na história, a China era um país grande que formava um sistema próprio. O Império Chinês tinha uma civilização remota, caracterizada pela cultura confucionista e exercia influências sobre alguns países vizinhos. A ideia sobre as relações externas do Império Chinês era diferente de relativa à Europa ocidental, uma vez que a China se desenvolvia num contexto isolado em termos geopolíticos. Os imperadores chineses julgavam que a cultura chinesa era superior relativamente às outras e, assim, os países estrangeiros deviam ser incorporados no sistema tributário de comércio estabelecido pela China[756] e deviam ser leais às tradições e cultos cívicos chineses[757]. A China colocava-se a si própria na centralidade da Ásia Oriental, onde se aplicava a cultura chinesa como únicas regras regulando a realidade mundial.

---

[755] Ver por todos, WANG, Jie (2002), pp. 39-45.

[756] WANG, Tieya (1998), pp. 365-73. A China ficava numa posição central e os outros países que tinham relações com ela eram tratados como países subordinados. O imperador chinês, como "o filho do céu", era líder do universo. O objectivo do sistema tributário de comércio não era conquistar e reinar, mas sim a defesa e a segurança e, também, o prestígio do grande império.

[757] Veja-se por exemplo, ALVES, Jorge Manuel dos Santos (1995), "Natureza do Primeiro Ciclo de Diplomacia Luso-Chinesa (séculos XVI a XVIII)", em SALDANHA, António Vasconcelos de e ALVES, Jorge Manuel dos Santos, ed. (1995), *Estudos de História do Relacionamento Luso-Chinês: Séculos XVI-XIX,* Macau, Instituto Português do Oriente, pp. 202-3.

Enquanto os imperadores chineses mantinham uma posição vaidosa e adoptavam a política de "portas fechadas", ou seja, enquanto a economia natural da China estava a permanecer calma e tranquila como sempre, a economia industrial na Europa conseguiu desenvolver-se vigorosamente desde o século XVII. "O mundo chinês" tinha de ser transformado passivamente na "China no mundo" a partir do século XIX, tendo sido obrigado a entrar no sistema internacional devido à Guerra do Ópio e ao movimento de ocidentalização. Durante muito tempo, a China sofreu grande humilhação e muitas derrotas pelas potências estrangeiras, e o seu território nacional foi repartido arbitrariamente[758]. A China, não era então reconhecida como um Estado soberano civilizado[759]. Por isso, o governo Manchu, por um lado, esperava regressar ao auto-bloqueio, por outro lado, tentava ser um membro da família internacional para beneficiar de um melhor tratamento segundo o princípio da igualdade.

No início do século XX, a China começou a tomar uma atitude mais activa quanto à participação nas relações externas. Em 1916, participou na Primeira Guerra Mundial contra a Alemanha e tornou-se um país vencedor pela primeira vez nos tempos modernos. Entretanto, foi excluída na discussão sobre arranjos internacionais após a Primeira Guerra Mundial e não conseguiu obter o direito à palavra, nem a capacidade para defender os interesses nacionais.

A adesão à Liga das Nações foi um passo importante na integração na comunidade internacional. Contudo, tal facto não constituiu qualquer auxílio aquando da invasão japonesa em 1931.

Durante a Segunda Guerra Mundial, a China resistia contra os agressores japoneses, contribuindo significativamente para a guerra mundial contra o fascismo. Em 1 de Janeiro de 1942, assinou a Declaração das Nações Unidas em Washington juntamente com 25 outros países. Em 1943, foi convidada para assinar a Declaração Comum sobre a Paz em Moscovo. No ano seguinte, sendo represen-

---

[758] Para as informações mais completas sobre os tratados internacionais que a China foi obrigada a assinar nos tempos modernos, consultar Xu, Jilin, Chen, Kaida, *ed.* (1995), *História da Modernização da China: 1800-1949,* Shanghai, Editora Sanlian, pp. 169 e ss., Wang, Tieya (1998), pp. 383-400.

[759] Gong, Gerrit W., (1988), "China's Entry into International Society", in Bull, Hedley & Watson, Adam, *ed.* (1988), *The Expansion of International Society,* New York, Oxford University Press, pp. 171-83.

tante dos Estados-Nação atrasados no oriente, a China participou activamente na preparação da construção pós-guerra. Em 25 de Junho de 1945, foi o primeiro país signatário da Carta da ONU[760]. A posição da China como uma grande potência é reconhecida pelo mecanismo da ONU e ela é um dos cinco países-membros permanentes do Conselho de Segurança[761].

No entanto, após a implantação da República Popular da China em 1949, os principais países desenvolvidos recusaram o reconhecimento do poder político do Partido Comunista Chinês. A China, como país alheio aos assuntos internacionais, foi excluída, mais uma vez, pelo regime internacional. Tendo em conta as dificuldades do seu contexto interno e externo[762], três princípios orientadores da diplomacia foram adoptados como sejam: "reconstruir um outro fogão"[763], "convidar a comer depois da limpeza da casa"[764] e "inclinar-se para um lado"[765].

Nas décadas de sessenta e setenta do século XX, houve uma quebra do relacionamento entre a China e a União Soviética[766]. O

---

[760] YANG, Zewei (2001), pp. 189-232.

[761] A participação da China na Organização das Nações Unidas obteve grande apoio dos EUA, ver LI, Tiecheng, ed. (1993), Trajectória da ONU, Editora Instituto das Línguas de Pequim, pp. 80 e ss.

[762] A nível interno, o novo regime político precisava da consolidação, visto que o Tibete a província de Hainan e outros lugares, ainda não foram libertados. A economia nacional encontrava-se na beira do desmoronamento. Ao nível internacional, na altura da implantação da RPC, deu-se o clímax da Guerra-Fria. Os EUA utilizavam ameaças militares, o isolamento político e o bloqueio económico para sufocar o novo regime. A China optou aliar-se com a União Soviética e outros países socialistas.

[763] Refere-se que o novo regime chinês não reconheceu as relações diplomáticas estabelecidas pelo Partido Nacionalista no passado e a diplomacia seria restaurada com base no novo regime.

[764] Refere-se que antes do desenvolvimento das relações de amizade com países estrangeiros, devem eliminar-se os privilégios gozados pelas potências estrangeiras e suas forças residuais na China.

[765] Isto é, a China estava a favor do campo chefiado pela União Soviética e a favor da justiça e paz mundial.

[766] A União Soviética transformou-se rapidamente de um amigo para um inimigo muito perigoso da China. Em 1972, a China e os EUA decidiram o abandono das divergências ideológicas e assumiram um entendimento tácito, ficando em conjunto vinculadas ao combate do hegemonismo da União Soviética. Para uma apresentação geral, ver YE, Zicheng (2001), O Pensamento Diplomático da Nova China: De Mao Zedong a Deng Xiaoping, Pequim, Editora Universidade de Pequim, pp. 150-251.

campo dos países socialistas foi dissolvido e os países em vias de desenvolvimento, entraram em cena na política internacional. Mao Zedong, propôs a teoria dos "três mundos" e reajustou a estratégia internacional da China. Em Outubro de 1971, a deliberação n.º 2758 das Nações Unidas reconheceu que o representante da República Popular da China era o único representante legal. Isto marcou uma linha importante, porque, a partir então, a China regressou novamente ao regime internacional global.

O fim da Guerra-Fria levou a cabo uma alteração profunda da disposição mundial. A China agarrou a oportunidade histórica e começou a desempenhar um papel construtivo[767], manifestando o seu interesse de integrar o "mundo" e de convergir para regras internacionais.

Somente no século XX, a China experimentou duas aberturas distintas. A primeira abertura ocorreu no início do século, quando perdeu a soberania nacional e as suas portas foram abertas violentamente pelas potências ocidentais. A segunda abertura, foi da iniciativa do próprio governo chinês, em face da necessidade da reforma económica. Desde 1971 a 2001, ano em que a China aderiu à Organização Mundial do Comércio, a sua participação no regime internacional é cada vez mais ampla e profunda. Mais declarações internacionais foram intituladas com o nome da China[768], mais documentos internacionais incorporaram as propostas do governo chinês, e pode ver-se que a China está a defender efectivamente a segurança e a estabilidade regionais[769].

Ao longo do processo de aprendizagem do regime internacional, a China, não apenas cumpre obrigações internacionais, mas também assume as suas responsabilidades. Designadamente, como o segundo maior país do mundo que emite gás na estufa, a China aderiu ao Protocolo de Kyoto; como o maior país do mundo que produz e consome o tabaco, o governo chinês aderiu à Convenção

---

[767] As divergências da questão de Taiwan entre a China e os EUA fizeram com que a China adoptasse a independência e autonomia na política pacífica das relações externas. YE, Zicheng (2001), pp. 159-68.

[768] Por exemplo, a Declaração de Pequim, a Declaração de Shanghai, a Declaração de Yangze, etc.

[769] A China participa activamente na Organização de Cooperação de Shanghai, nas negociações sobre a desnuclearização da Península Coreana, nos diálogos "10 mais 3" da Aliança dos Países do Sudeste Asiático (aqui o "3" refere-se à China, ao Japão e à Coreia do Sul), etc.

de Enquadramento sobre o Controlo de Tabaco; antigamente, a China aceitava o capital estrangeiro e a assistência tecnológica, hoje em dia, a China simultaneamente fornece ao exterior o capital e a assistência necessárias. Evocando o passado, a China nunca procurou a hegemonia. Actualmente, o seu objectivo é de participar no regime internacional, é desempenhar a função de grande país através do mecanismo cooperativo multilateral (organizações regionais e internacionais), ao invés de pretender alterar unilateralmente as relações internacionais existentes.

3.2. A China no contexto mundial

3.2.1. O papel da China

A China de ontem, foi um antigo e grande país, que criou uma civilização brilhante. Tendo uma história com longa duração de mais de 5000 anos, a cultura tradicional da China é de um conhecimento vasto e profundo. Cerca de 2000 anos atrás, integrou o confucionismo representado por Confúcio e Mêncio, o Taoismo representado por Laozi e Zhuangzi e outras correntes que ainda hoje exercem grandes influências. De Confúcio a Sun Yet Sen, há muitas virtudes da cultura tradicional chinesa, como por exemplo, a ideia de rectidão, de conjunto e de harmonia, a ideia de que "o mundo pertence a todos", que exerceram o papel estabilizador e regulador para a família, o Estado e a sociedade. Por isso, a civilização chinesa atraiu enormes interesses dos académicos, pensadores e iluministas ocidentais.

A China de hoje, por seu turno, é um grande país, aberto ao exterior, que cresce pacificamente. Ela está em evidência. A situação básica é a seguinte: dispõe de um elevado número de população e o seu nível de desenvolvimento ainda é baixo.

Do ponto de vista político, a China é o maior país em vias de desenvolvimento que defende o princípio de interdependência e coexistência pacífica, com o objectivo de contribuir para o estabelecimento de uma nova ordem mundial, justa e racional, que traga prosperidades aos povos e às nações, advogando uma postura de respeito mútuo e de negociações em pé de igualdade, para superar divergências.

Do ponto de vista económico, a China já se tornou num país de vanguarda da economia mundial. Ao longo dos 25 anos da abertura, tem conseguido combater a pobreza para um quinto da população mundial e criado grande riqueza[770]. De 1979 a 2004, o PIB da China aumentou de 140 biliões para 1600 biliões de dólares, classificando--se no sexto lugar do mundo, o PIB *per capita* cresceu de 181 dólares americanos para 1200 dólares, o volume do comércio subiu de 20 biliões para 1100 biliões de dólares, sendo o terceiro maior país comercial do mundo. As experiências chinesas foram realmente um milagre. Vejam-se apenas alguns exemplos. No passado, não havia uma auto-estrada, actualmente, a extensão total de auto-estradas no país, atinge 30 mil quilómetros, registando o segundo lugar do mundo. É o terceiro maior país do mundo que consome automóveis e o maior país que usa o telemóvel.

Hoje em dia, mesmo que o PIB da China não chegue a 4% do PIB mundial (3,9% em 2003[771]), a taxa de contribuição para o crescimento económico do mundo já atingiu mais de 10%. Comparada com muitos países, a China é mais aberta. As exportações chinesas aumentam o nível de bem-estar dos consumidores mundiais. As importações chinesas criam mais produções e mais empregos para outros países. O crescimento económico chinês, não é apenas favorável aos países desenvolvidos, mas também eleva o peso dos países em vias de desenvolvimento na disposição económica internacional. O desenvolvimento chinês reforça ainda a complementaridade da economia asiática, trazendo novas forças ao crescimento económico mundial. Brevemente, a China vai formar uma zona de comércio livre juntamente com a Aliança dos Países do Sudeste Asiático, onde incorporará 1 bilião e 700 milhões de habitantes e 2000 biliões de dólares americanos do PIB, seguindo a NAFTA e a União Europeia. Além disso, o seu desenvolvimento económico optimizará a estrutura industrial do mundo, uma vez que mais de 70% do investimento directo estrangeiro se concentra na indústria de manufactura, o que implica que a China está a participar activamente na divisão internacional do trabalho e a promover objectivamente a melhoria da estrutura industrial dos outros países ou territórios.

---

[770] Os dados citados a seguir são provenientes do http://www.chinatoday.com.
[771] Segundo os dados do Ministério do Comércio da RPC.

Do ponto de vista cultural, a China detém o maior número de documentos históricos do mundo, além da Europa. A cultura chinesa, como se fosse uma planta exótica do jardim cultural do mundo, contribui significativamente para o pluralismo cultural e para a salvaguarda das identidades nacionais.

3.2.2. Perspectiva da China sobre o regime internacional

No palco político internacional, os Estados-Nação continuam a ser heróis ou protagonistas. A função dos Estados-Nação está a ser complementada por outros actores, tais como as empresas multinacionais e as organizações internacionais. Uma boa regulação internacional, pode ser levada a cabo baseada em instituições, normas regulamentadoras, o mercado e o sistema institucional.

Nos termos expostos, o regime internacional pode ser compreendido e testado através de várias perspectivas[772]: a abordagem de comportamento[773], a abordagem cognitiva[774] e a abordagem formal[775]. Interessa-nos saber a perspectiva, a posição e a cognição da China sobre a teoria do regime internacional, bem como as suas estratégias adoptadas na prática.

As práticas da China provaram que o regime internacional revela não só as necessidades de interesses nacionais dos países dirigentes, mas também as boas intenções de todos os países. Ser indiferente ao regime internacional ou recusá-lo não é uma decisão sensata[776]. Por

---

[772] HASENCLEVER, Andreas, PETER, Mayer, RITTBERGER, Volker (1997), pp. 13-25.

[773] Para determinar se existe ou não um regime internacional, é preciso ter em conta a sua função objectiva, isto é, pelo menos, o regime internacional pode restringir comportamentos dos seus participantes. As principais figuras desta abordagem são Oran Young e Mark Zacher.

[774] Para determinar se existe ou não existe um regime internacional, é preciso ver se há factores subjectivos ou volitivos da compreensão comum dos participantes. Os representantes desta abordagem são Kratochwil e John Ruggie.

[775] Esta abordagem julga que não basta haver uma definição material, a ratificação pelo governo também é muito importante na avaliação da existência do regime internacional. Robert O. Keohane está a favor desta abordagem.

[776] Recorde-se as experiências da China nos anos cinquenta, sessenta e setenta do século XX.

outro lado, para uma grande potência como a China, a estratégia de "tomar a boleia", também não é viável[777]. A realidade actual e o objectivo de desenvolvimento da China determinam que não vai optar pela estratégia de cessação da soberania nacional, nem pode participar passivamente no regime internacional[778]. Mesmo que o regime existente encontre muitas imperfeições e limitações e os seus elaboradores não tenham o objectivo de oferecer gratuitamente os direitos adquiridos aos novos participantes[779], a China não deve "deixar de semear cereais por medo dos pardais", mas sim insistir nos seus esforços e desempenhar um papel activo e construtivo, para criar um regime internacional mais racional, justo e democrático[780].

3.3. Interesses internacionais comuns e interesses nacionais da China

No século XXI, a complexidade da globalização, faz com que seja importante ter com conta a sobreposição das necessidades nacionais e das necessidades internacionais. Não é fácil distinguir os interesses nacionais e os interesses da comunidade internacional, uma vez que os dois coincidem inevitavelmente. Às vezes, por vontade própria dos interesses nacionais, um governo lança determinadas políticas, que contribuem indirectamente para a resolução dos problemas globais; outras vezes, o governo tem de cumprir obrigações internacionais, mas de facto, isso muito favorecerá o avanço dos passos da reforma interna e também os interesses nacionais a longo prazo.

---

[777] Por exemplo, foi o caso em que a China recorreu à Liga das Nações contra a invasão japonesa em 1931.

[778] As experiências da China nas décadas de setenta e oitenta do século passado, mostraram que uma participação passiva no regime internacional não correspondeu às necessidades dos interesses nacionais.

[779] Já em Julho de 1986, o governo chinês solicitou o regresso à sua qualidade de membro do GATT e iniciou as negociações de reassunção. Logo a seguir, participou do *Uruguay Round* como obervador. Após o estabelecimento da Organização Mundial do Comércio, as negociações da reassunção tornaram-se as de entrada na OMC. Após negociações árduas e longas, somente em Dezembro de 2001, a China conseguiu aderir a esta organização.

[780] KEOHANE, Robert O. (1998), pp. 82-96. O autor criticou que existia um *déficit* democrático nos regimes internacionais mais importantes.

Assim, chegamos a algumas conclusões quanto aos princípios basilares da conexão entre comportamentos dos Estados soberanos e a disposição internacional. Primeiro, trata-se da compatibilidade e da harmonia entre a autodeterminação nacional e a regulação internacional, entre os interesses nacionais individuais e os interesses conjuntos da comunidade internacional. Segundo, nas inter-relações entre os diversos Estados soberanos, é preciso consagrar o princípio do respeito recíproco, da tolerância recíproca e do apoio solidário.

O primeiro princípio preceitua a condição fundamental de ordem e de justiça da comunidade internacional. Por mais direitos que os Estados tenham, estes devem ser submetidos aos direitos da comunidade internacional, ou seja, os direitos dos Estados soberanos são provenientes das regras da comunidade internacional e são subordinados às mesmas; por outro lado, a legitimidade dos Estados-Nação (designadamente, a salvaguarda da independência e a procura de ter mais capacidades), é reconhecida pela comunidade internacional. No fundo, a procura dos interesses nacionais nunca deve ultrapassar os limites devidos. Os interesses nacionais individuais, não podem ser realizados sem que os interesses conjuntos da comunidade internacional sejam assegurados e vice-versa. Os interesses conjuntos da comunidade internacional perdem sentido, se os interesses nacionais individuais não forem garantidos.

O segundo princípio é um instrumento eficaz para atingir a paz. A concorrência para interesses entre diversos Estados não deve excluir a procura de interesses comuns. A busca da segurança própria, não deve levar a cabo a insegurança dos outros. A defesa dos interesses próprios, deve respeitar interesses e valores dos demais e da comunidade internacional. Os Estados aliviarão ou evitarão as tensões internacionais através do regime internacional, nomeadamente, mediante negociações, cooperações multilaterais, convenções e organizações internacionais, entre outras.

Desde que estes dois princípios sejam respeitados, haverá justiça cosmopolita e justiça inter-estatal. No mundo em globalização, encontra-se, ao nível internacional, uma tendência de convergência dos valores e ideias políticas fundamentais[781]. Neste sentido, há razões

---

[781] Gostaríamos referir os seguintes pontos: (1) a limitação do uso da força, (2) a ideia dos direitos humanos, (3) o papel do direito internacional e do regime internacional, (4) a preocupação pela justiça distributiva norte-sul, entre outros.

para sermos optimistas. Mas, um carácter absoluto do sistema internacional consiste na diversidade e no pluralismo de sistemas económicos, políticos e culturais. Novos desafios da globalização económica e ameaças não tradicionais à estabilidade e à paz (por exemplo, o desequilíbrio ecológico, a explosão populacional, a escassez de recursos, o maré de refugiados, o terrorismo, etc.), são proeminentes. Além disso, por detrás das organizações internacionais que parecem representar os interesses da toda a humanidade", encontra-se, por vezes, a manipulação hegemónica de pouquíssimos países. Devemos, porém, cheios de esperança, continuar os nossos esforços na luta por um mundo mais justo.

No caso da China, os seus interesses nacionais essenciais, são a independência da soberania, a integridade territorial, a unidade da nação e do Estado, a estabilidade política e social, o desenvolvimento económico e o bem-estar do seu povo. Os interesses da comunidade internacional são a segurança e a estabilidade internacional, a economia mundial justa, o bom ambiente ecológico e a protecção dos direitos humanos. Pode-se ver que os interesses internacionais e os interesses nacionais da China se complementam mutuamente: a China cada vez mais forte, enquadra-se nos interesses internacionais comuns, ela é, sem dúvida, uma força sólida no equilíbrio das relações internacionais, na defesa da paz mundial e na promoção de desenvolvimento conjunto e da cooperação multilateral.

CONCLUSÃO

O século XXI é uma era da globalização económica. A essência do desenvolvimento da globalização económica, é a evolução e o aprofundamento do nível da divisão internacional de trabalho. O aprofundamento e o progresso do nível da divisão de trabalho constituem factores determinantes do crescimento económico de uma economia nacional. As mudanças de níveis e de modos da divisão, fazem com que haja convergência e divergência, atraso e aproximação entre diversas economias.

Até agora, os benefícios da globalização económica não se repartem igualmente entre todos os países e a diferença norte-sul está ainda a aumentar. No entanto, tendo em conta análises económicas e factores históricos, podemos afirmar que, ao longo dos últimos vinte anos, a China tem sido realmente um dos maiores beneficiários da globalização.

A globalização económica trouxe-lhe novas oportunidades, sendo um dos maiores negociadores comerciais do mundo, designadamente nos seguintes aspectos:

– A globalização através do livre-cambismo e da liberalização dos investimentos, pode promover efectivamente o crescimento económico: o aumento da eficácia da afectação dos recursos, a atracção dos investimentos estrangeiros, o efeito de "spillover" de novas tecnologias e novos métodos de administração. Todas as indicações mostram que a taxa de abertura se relaciona estreitamente com o crescimento económico rápido. O aprofundamento da divisão de trabalho e da especialização ultrapassará os limites dos recursos naturais e aumentará também as escalas de mercado, desenvolvendo as vantagens comparativas da China.

- A globalização é uma via importante para reduzir a divergência económica em relação aos países desenvolvidos. Para diminuir a diferença económica, é preciso diminuir com prioridade a diferença tecnológica e de conhecimento, e as vias principais são a introdução de investimentos directos estrangeiros, o aumento do comércio externo e a transferência tecnológica. Tudo isso realizar-se-á com a globalização.
- A globalização poderá criar grande quantidade de empregos para a mão-de-obra disponível; o que é extremamente relevante para a China, sendo ela o país mais populoso do mundo.
- A globalização promove a transição de uma economia agrícola para uma economia industrializada.
- A globalização contribui decisivamente para o aperfeiçoamento de institucionalização do mercado de economia, inclusive das regras de concorrência justa.

Tanto as instituições de mercado, como a regulação do Estado, são mecanismos eficazes no processo do desenvolvimento económico. Do ponto de vista económico, o Estado, ao ver-se desprovido das funções de protecção contra a concorrência internacional, atribui-se o papel de assegurar a competitividade do país em geral e das suas empresas. A globalização enfraquece, em certa medida, a capacidade do Estado de controlar a economia nacional e influencia a sua função de prestar serviços sociais. São impostas novas funções macroeconómicas (tais como a gestão equilibrada das finanças públicas, políticas contra a inflação, etc.) e sociais (fornecer mais bens comuns, assumir activamente o papel regulador nas áreas públicas, administrar de forma mais democrática e transparente, com base no princípio da legalidade, delegar poderes a organizações e indivíduos para procurar benefícios sociais e a descentralização do poder).

Mesmo que uma economia mundial nova crie mais oportunidades de desenvolvimento, ela implica também mais incertezas. Neste caso, a elaboração de políticas, necessita, pensar entre os novos passos de reforma e a estabilidade social, entre a resposta à realidade da globalização e a defesa da tradição nacional, entre a promoção da concorrência e o reforço da solidariedade e da cooperação, entre a globalização e a localização. Estes constituem tarefas difíceis para todos os governos.

Novos debates emergem, nomeadamente sobre o futuro da regulação das actividades transfronteiriças. A globalização é um fenómeno que necessita, uma boa actividade de regulação. Somente assim os seus efeitos positivos podem ser assegurados. A globalização em si, cria condições para o surgimento de novas instituições jurídicas e práticas, acelera a legislação internacional, especialmente na área económica e comercial e, por sua vez, promove profundamente reformas de políticas internas dos Estados-Nação e as suas reformas jurídicas. Um bom sistema jurídico pode, assim, aliviar a pressão trazida pela globalização e promover efectivamente a transformação de uma "economia aberta" para uma "sociedade aberta".

A globalização económica exerce também, naturalmente, influências profundas sobre a vida política e cultural. No século XXI, alguns factores (tais como os fluxos de capitais internacionais representados por empresas multinacionais e os seus efeitos sobre a disposição produtiva e comercial, a harmonização dos interesses supranacionais, o choque da revolução das novas tecnologias), vão influenciar a formação da nova ordem mundial e implicar grandes desafios por duas vias: em primeiro lugar, a mudança profunda do novo século, desafia o modo de vida e o modo de produção existentes, bem como a estrutura social e a respectiva disposição tradicional dos interesses; em segundo lugar, desafia a disposição tradicional dos interesses dos diversos países. Aliás, as teorias da globalização, que não são apenas centradas nos processos económicos, reservam, no entanto, um lugar relevante ao nacionalismo. Os fenómenos da globalização alteram os próprios conceitos de tempo e de espaço, que são naturalmente o ponto de partida para a formulação do interesse nacional. O interesse nacional torna-se, deste modo, um conceito mais importante e revela grande vitalidade.

Por certo, a emergência e a institucionalização de uma pluralidade de pólos de poder internacionais e regionais, impõem limites à autonomia e ao predomínio dos Estados na política internacional. Todavia, a globalização económica, não vai pôr em causa o papel do Estado-Nação no ordenamento internacional, já que os Estados são ainda os heróis políticos nas relações internacionais e têm enorme importância no reforço da ordem mundial. Os interesses nacionais continuam a ser interesses políticos fundamentais. Os Estados soberanos terão de adaptar-se à corrente da globalização, modificar métodos de regulação e reajustar estratégias de desenvolvimento para defender os seus interesses nacionais. No debate entre o neo-realismo e o neo-liberalimso, encontramos opiniões cada vez mais convergentes, isto é, na era da globalização, a soberania nacional deixa de ser um princípio absoluto das relações internacionais e fica mais restringida pelas condições internacionais, pois o Estado soberano precisa de ceder voluntariamente competências, que tradicionalmente lhe pertenciam, a certas organizações internacionais, com base em interesses nacionais de longo prazo. De acordo com o neo-realismo, o ponto de partida são o poder e o interesse da soberania nacional, quer seja restringida, quer se proceda a uma sua cessão voluntária, a condição prévia é que o Estado tem capacidade de defender os seus poderes e interesses fundamentais. Enquanto isto, o neo-liberalismo argumenta que, para a justiça e a moral internacionais, a soberania deve-se sujeitar à fiscalização de organizações internacionais, ou seja, trata-se da soberania comum, substituindo gradualmente a soberania singular. Julgamos que a essência da soberania nacional – capacidade real da regulação pelo Estado – está a alterar as suas formas num mundo globalizado. Uma nova forma de governo e de regulação está a formar-se e, ao mesmo tempo, a substituir o conceito tradicional do poder nacional por poder público, de carácter indivisível e exclusivo territorialmente.

Mesmo que haja sobreposições no seu conteúdo, a soberania e os interesses nacionais complementam-se mutuamente e encontram-se interligados. A soberania nacional constitui um princípio orientador dos interesses nacionais, os interesses nacionais por sua vez, fazem parte do conteúdo básico da soberania nacional. Regra geral, salvaguardar a soberania nacional, é assegurar a independência, a integridade e a igualdade do Estado do ponto de vista do direito internacional; a defesa dos interesses nacionais implica ressalvar aqueles interesses que a soberania protege.

Na perspectiva tradicional, partindo dos seus interesses nacionais supremos e exclusivos, a noção de soberania dá ênfase a um Poder-Força. Na pós-modernidade, a formulação de interesses nacionais, restringida significativamente pelo ambiente internacional, dominado pela globalização, torna-se mais complexa e aberta num Poder-Rede. É de saber que os interesses nacionais, na verdade, constituem um objecto que apenas tem sentido e pode ser realizado em interacções, ou seja, relações bilaterais/multilaterais, tratando-se do âmbito de estratégias internacionais e relações externas. Pelo exposto, a questão fundamental dos interesses nacionais do século XXI, não é como os procurar, mas como os realizar? Mais especificamente, em primeiro lugar, questiona-se como considerar a coordenação e a compatibilidade entre os interesses nacionais individuais e os interesses comuns da comunidade internacional e, em segundo lugar, como se consideram as relações interestatais?

A primeira questão refere-se à condição fundamental de ordem e de justiça da comunidade internacional. Por mais direitos que os Estados tenham, estes devem ser submetidos aos direitos da comunidade internacional, ou seja, os direitos dos Estados soberanos são provenientes das regras da comunidade internacional e são subordinados às mesmas; por outro lado, a legitimidade dos Estados-Nação (designadamente, a salvaguarda da independência e a procura de ter mais capacidades) é reconhecida pela comunidade internacional. No fundo, a procura dos interesses nacionais nunca deve ultrapassar os limites devidos. Os interesses nacionais individuais não podem ser realizados sem que os interesses conjuntos da comunidade internacional sejam assegurados, e vice-versa, os interesses conjuntos da comunidade internacional perdem o sentido, se os interesses nacionais individuais não forem garantidos. Quanto à segunda consideração, a concorrência de interesses entre diversos Estados não deve excluir a procura de interesses comuns. A busca da segurança própria não deve levar a cabo a insegurança dos outros. A defesa dos interesses próprios deve respeitar interesses e valores dos demais e da comunidade internacional. Os Estados apenas aliviarão ou evitarão, as tensões internacionais através do regime internacional, nomeadamente, lançando mão de negociações, cooperações multilaterais, convenções e organizações internacionais

Os Estados encontram-se, assim, estão a enredar-se numa estrutura de arranjos ou regimes de colaboração, o que está a criar um mundo político internacional muito diferente do que existiu nos últimos séculos. A teoria dos regimes tornou-se uma referência obrigatória para quem quer se interesse pela cooperação internacional e pelo multilateralismo. Existe uma cooperação entre os Estados soberanos fundada em instituições que não provêm do direito, nem das organizações internacionais, já que "regimes" se referem a um conjunto de princípios, de normas, de regras e de procedimentos de decisão, implícitos ou explícitos, em torno dos quais as expectativas dos actores convergem em domínios específicos. No contexto de interdependência, os regimes aumentam a informação, diminuem as incertezas, reduzem os custos de troca, oferecem uma série de acções possíveis e reforçam a satisfação recíproca de interesses, tornando mais pesado o custo da dissensão e mais vantajoso o esforço da cooperação. O conceito de regime tem um valor heurístico porque ele permite estudar formas de regulação não inscritas nos textos do Direito Internacional que se podem constatar na vida internacional.

Foi-nos ainda particularmente valioso acrescentar o espírito do direito da concorrência no nosso estudo. No modelo dualista de sociedade civil e de Estado, a concorrência é principalmente um assunto reservado às empresas. À medida que a função económica do Estado aumenta, o governo começa a desempenhar o papel regulador, face à concorrência entre as empresas, entretanto, o governo é sempre um regulador e as empresas ficam numa posição subordinada. Na era da globalização, o Estado também se torna um participante na concorrência internacional. Frequentemente, em busca da vantagem competitiva, os Estados não poupam a adopção de medidas anti-concorrenciais, neste sentido, semelhante às empresas, os Estados configuram-se como violadores da concorrência internacional. Já no âmbito económico, tanto o GATT como a OMC, preocupam os comportamentos dos Estados. A questão "globalização e interesses nacionais" pode ser compreendida a extensão do direito da concorrência. Primeiro, cada país deve participar activamente na globalização económica e desenvolver, a sua competitividade. Segundo, os países desenvolvidos e as grandes potências, não devem abusar da posição dominante nem praticar o hegemonismo, mas sim, assumir maiores responsabilidades internacionais, enquanto defendem os interesses nacionais. Portanto, do ponto de vista da jurisprudência, encontramos alguns pontos convergentes entre o direito da concorrência e o direito internacional público. No âmbito político, o ideal é construir uma comunidade internacional justa e equitativa no contexto da globalização, em que todos os países, quer grandes, quer pequenos, têm direito à palavra. O direito internacional e o regime internacional garantem efectivamente a realização deste objectivo.

No caso da China, ela é um berço da mais antiga civilização contínua do mundo e entrou no século XXI colocada no sétimo lugar no *ranking* da economia mundial. Com um PIB de US$ 1,406 trilião em 2003 e uma taxa de crescimento económico de mais de 9,1% anual, exibe conquistas significativas no seu processo de desenvolvimento. Uma população total de 1,3 biliões de pessoas – um quinto dos habitantes do planeta – distribui-se por um território de 9,6 milhões de km². Ela é um gigante da Ásia e o maior país em desenvolvimento no mundo.

Por ordem de prioridade, os interesses nacionais básicos da China são: assegurar a integridade territorial, o exercício da soberania, a unidade da nação e a unificação do Estado; assegurar a estabilidade política e social, evitar e impedir quaisquer tumultos políticos e desordens sociais; realizar o crescimento económico contínuo, estável e racional, reduzir todos os riscos económicos. De igual forma, por ordem de prioridade, os interesses nacionais essenciais (que têm finalidade de corresponder, apoiar, garantir e aumentar os interesses nacionais básicos) da China são: aumentar a quota da exportação no mercado internacional, aumentar a importação de recursos e produtos que são escassos internamente, absorver capitais estrangeiros e introduzir tecnologias avançadas internacionais; manter e salvaguardar as circunstâncias periféricas relativamente estáveis, promover a prosperidade económica e a paz da Ásia-Pacífico; participar activamente nos assuntos internacionais e assegurar a ordem internacional nas suas várias dimensões.

Os objectivos de desenvolvimento da China nos próximos anos são: promover a competitividade internacional e conseguir uma vantagem na disposição da concorrência mundial; chegar a ser uma nação poderosa em diversos domínios e atingir um nível de desenvolvimento social relativamente alto.

Tendo em conta a situação e as características peculiares da China, o fundamento das suas estratégias é assegurar a maximização dos interesses nacionais básicos e essenciais e concretizar o objectivo de desenvolvimento. Estas incluem a estratégia da abertura, a do regionalismo e integração mundial e a estratégia do Estado de Direito.

Hoje em dia, pouca gente se questiona do papel de protagonista da China na cena internacional, no entanto, o seu desenvolvimento não pode se apartar do mundo. A antiga ordem internacional está a ser abalada, o que fornece uma oportunidade para a China na participação e na coordenação nos assuntos internacionais. Hoje, a China mantém relações diplomáticas com 165 países e tem sido parte contraente em mais 200 convenções multilaterais. Como "país grande responsável", a China, "emergente pacífico e elefante amistoso", terá que reconhecer o regime internacional, cumprir, utilizar e promover a melhoria do regime internacional, sem desistir dos princípios diplomáticos de independência e autonomia, de igualdade e do benefício mútuo.

Em suma, a China de ontem foi um grande país que criou uma civilização brilhante, a de hoje é um grande país aberto ao exterior que cresce pacificamente, enquanto a de amanhã será provavelmente um grande país que ama a paz e estará impregnado de esperança. A China, devido ao seu peso e à importância, enquanto defende seus interesses nacionais, contribuirá para a formação de uma nova ordem mundial mais justa, mais equilibrada e mais harmónica. Uma China cada vez mais próspera corresponde aos interesses da comunidade internacional. O rumo certo da globalização só pode ser garantido pelos regimes internacionais e pela cooperação multilateral, por isso, a China tem de defender seus interesses nacionais e, ainda mais, esforçar-se para salvaguardar interesses comuns da comunidade internacional, promovendo a paz e o desenvolvimento mundial, conjugando-o com o seu próprio desenvolvimento.

Julgamos que a harmonia da ordem mundial é favorável para todos e faz com que todos coexistam e cresçam, e as peculiaridades se complementem mutuamente. Tanto a cultura chinesa de grande harmonia, como a cultura ocidental do Kantismo, são uma filosofia que procuraram o comum, mantendo o diferente. O núcleo da cultura política reside em que os interesses nacionais somente poderão ser realizados com base na plena consideração de divergências e de particularidades internacionais. É essa é, de facto, a via seguida pela globalização.

BIBLIOGRAFIA

ADLER, Emanuel (1997), "Seizing the Middle Ground: Constructivism in World Politics", *European Journal of International Relations* 3, (3), pp. 319-63.
ALBROW, Martin,(1996), *The Global Age,* Cambridge, Cambridge University Press.
—– – (1996), *The Global Age: State and Society Beyond Modernity,* Stanford, Stanford University Press.
ANDERSON, K. (1998), "Environmental and Labor Standards: What Role for the WTO?", KRUEGER, A.O., ed. *The WTO as an International Organization,* The University of Chicago Press, pp. 231-56.
ANDREAS, Behnke (1995), "Ten Years After: The State of the Art of Regime Theory", *Cooperation and Conflict,* 30:2, pp. 179-97.
AMSTUTZ, Mark R. (1999), *International Conflict and Cooperation,* Boston: McGraw-Hill.
ARON, Raymond (1966), *Peace and War: A Theory of International Relations,* trans. by Richard Howard and Annetts Baker Fox, Nova York, Garden City, Doubleday.
—– – (1970), "The Anarchical Order of Power", in Stanley Hoffmann (ed.), *Conditions of World Order,* Simon & Schuster, pp. 25-48.
ARTS, Bas (2000) 'Regimes, Non-State Actors and the State System: A "Structurational" Regime Model', *European Journal of International Relations,* 6:4, pp. 513-42.
ASCENSÃO, José de Oliveira (2002), *Concorrência Desleal,* Coimbra, Livraria Almedina.
ASHLEY, Richard, "The Achievements of Post-structuralism", na obra editada por SMITH, Steve, BOOTH, Ken & ZALEWSKI, Marysia (1996), *International Theory: positivism & beyond,* Cambridge University Press.
BAI, Shuqiang, (2000), *Da Concorrência Internacional: Teorias e Políticas da Concorrência Internacional no Contexto da Globalização Económica,* Pequim, Chinese Social Science Press.
BALDWIN, David (1993), *Neorealism and Neoliberalismo: the Contemporary Debate,* Columbia University Press.
BANCO MUNDIAL (1989), *Subsaharan Africa: from Crisis to Sustainable Growth,* Washington D. C.
—– – (1994), Country study, *China: o Desenvolvimento e a Regulação do Mercado Interno,* Washington, D. C.
—– – (1997), *The World development Report,* Washington D.C.
—– – (1997), *China 2020 Development Challenges in the New Century,* the World Bank, Washington D.C.
—– – (2000) (2001) (2002), *World Development Indicators.*
—– – (2002), *Globalization, Growth and Poverty,* Washington D. C.

BARRACLOUGH, Geoffrey (1967), *An Introduction to Contemporary History*, Harmondsworth, Middlesex, edição chinesa em 1996 por Shanghai Academy of Social Science. YANG, Zewei (2001), *História das Relações Internacionais do Século XX*, Pequim, China Legal Press.
BARRO, Robert J. (1994), *Economic Growth and Convergence*, Occasional Papers No.46, San Francisco: International Center for Economic Growth.
BARTELSON, Jens (1995), *A Genealogy of Sovereignty*, Cambridge, Cambridge University Press.
BATALHA, Wilson de Souza Campos e NETTO, Sílvia Marinal L. Batalha de Rodrigues, (2000), *Filosofia Jurídica e História do Direito*, Editora Forense, Rio de Janeiro.
BAYLIS, John, SMITH, Steve, (2001), *The Globalization of World Politics: An Introduction to International Relations*, Oxford University Press, New York.
BEARD, Charles A. (1934), *The Idea of National Interest*, Nova York, Macmillan.
—— – (1966), *The Idea of National Interest – An Analytical Study in American Foreign Policy*, Chicago, Quadrangle Paperbacks.
BECK, Robert J., AREND, Anthony Clark, LUGT, Robert D. Vander, (1996), *International Rules: Approaches from International Law and International Relations*, Oxford University Press.
BECK, U. (1999), *World Risk Society*, Cambridge, Polity Press.
—— – (2000), *What is Globalization?* translated by P. Camiller, Oxford and Malden, Polity Press and Blackwells.
—— – (2001), "Living Your Own Life in a Runaway World: Individualisation, Globalisation and Politics", em W. Hutton e A. Giddens (editados), *On the Edge: Living with Global Capitalism*, London, Vintage.
BHATTASALI, Deepak, MARTIN Will, LI, Shantong (2004), *China and the WTO: accession, polity reform and poverty reduction strategies*, World Bank Research Group, World Bank.
BLACK, Henry Campbell, *et al.* (1990), *Black's Law Dictionary*, St. Paul, Minnesota, West Publishing Co.
BODENHEIMER, Edgar (1962), *Jurisprudence: The Philosophy and Method of the Law*, (edição chinesa em 1998), China University of Political Science and Law Press, Beijing.
BONAVIDES, Paulo (1996), *Ciência Política*, 10ª edição, São Paulo, Editora Malheiros.
BORDO, M., B. EICHENGREEN and D. A. Irwin (1999), "Is Globalization Today Really Different Than Globalization a Hundred Years Ago?" *NBER Working Paper*, No. 7185.
BRANDS, H.W. (1999), "Idea of the National Interest", *Diplomatic History*, vol. 23, n.º 2, Spring, pp. 239-262.
BRAUDEL, Fernand (1992), "The Perspective of the World", Vol. 3 of *Civilization and Capitalism 15th-18th Century*, Berkeley and Los Angeles, University of California Press.
BROOK, Timothy, (1998), *The Confusions of Pleasure: A History of Ming China (1368- -1644)*. Berkeley and Los Angeles: University of California Press.
BULL, Hedley (1977), *The Anarchical Society: A Study of Order in World Politics*, Nova Iorque.
—— – & WATSON, Adam, ed. (1988), *The Expansion of International Society*, New York, Oxford University.
—— – (1995), "The Theory of International Politics 1919-1969", in James Der Derian, *ed.*, *International Theory, Critical Investigations*, New York University Press.
—— – (1997), *The Anarchical Society: A Study of Order in World Politics*, New York, Columbia University Press.
—— – (2002), *A Sociedade Anárquica*, Brasília, Editora Universidade de Brasília.

BURHENNE, W. (1974a), *Convention on Conservation of Nature in South Pacific*, Apia Convention, in *International Environmental Law: Multilateral Treaties*. Berlin: E. Schmidt.
—— – (1974b), *International Environmental Law: Multilateral Treaties*, Berlin, E. Schmidt.
—— – (1974c), *Selected Multilateral Treaties in the Field of the Environment*. Berlin, E. Schmidt.
CAMILLERI, Joseph A. e FALK, Jim (1992), *End of Sovereignty? The Politics of a Shrinking and Fragmenting World*, Brookfield.
CAMPOS, João Mota de, *et. al.* (1999), *Organizações Internacionais*, Fundação Calouste Gulbenkian, Lisboa.
—— – (2004), *Manual de Direito Comunitário*, 4ª edição, Fundação Calouste Gulbenkian, Lisboa.
CANOTILHO, José Joaquim Gomes e MOREIRA, Vital, (1984), *Constituição da República Portuguesa anotada*, vol. I, 2ª edição, Lisboa, pp. 92-3.
—— – (2003), *Direito Constitucional e Teoria da Constituição*, 7ª Edição, Livraria Almedina, Coimbra,
—— – (2004), *Blocos Regionais, Constituições Civis e Constitucionalismo Global (Direito Constitucional Internacional)*, Jornadas de Macau.
CAPUL, Jean-Yves e GARNIER, Olivier (1998), *Dicionário de Economia e de Ciências Sociais*, traduzido por TINTO, Germano Rio, Plátano Edições Técnicas, Lisboa.
CARDOZO, Fernando Henrique and FALETTO, Enzo (1979), *Dependency and Development in Latin America*, Berkeley, University of California Press.
CARR, Edward Hallett (1940), *The Twenty Year's Crisis: 1919-1939*, London, Macmillan and Co.
CHECKEL, Jeff (1998), "The Constructivist Turn in International Relations Theory", *World Politics* 50, (2), pp. 324-48.
CHEN, Jianfu (1999), *Chinese Law: Towards an Understanding of Chinese Law, Its Nature and Development*, The Hague, Kluwer Law International.
—— – (1999), "The Revision of the Constitution in the RPC: Conceptual Evolution of Socialism with Chinese Characteristics", *China Perspectives*, n.º 24, July-August, pp. 66-79.
—— – (2004), "The Revision of the Constitution in the RPC: A Great Leap Forward or a Symbolic Gesture?", *China Perspectives*, n.º 53, May-June, pp. 15-32.
CHENG, Jian, *ed.* (2004), *Blocos Regionais e a Estratégia da China*, Guizhou, Editora Povo Guizhou.
CHING, Cheong, CHING, Hungyee (2003), *Handbook on China´s WTO Accession and Its Impacts*, Singapore, World Scientific Publishing Co. Pte Ltd.
CLAES, Dag Harald (1998), *What do Theories of International Regimes Contribute to the Explanation of Cooperation (Failure of Cooperation) Among Oil-Producing Countries?* Arena Working Papers, WP99/12, University of Oslo.
CLAUSEWITZ, Carl von, (1976), *On War*, editado e traduzido por Michael Howard e Peter Paret, Princeton: Princeton University Press.
CLINTON, W. David (1994), *The Two Faces of National Interest*, Baton Rouge, Louisiana State University Press.
COASE, R. H. (1960), "The Problem of Social Costs", *Journal of Law and Economics*, Vol. 3, pp. 1-44.

Cortell, Andrew P., James, W. Davis Jr. (2000) "Understanding the Domestic Impact of International Norms: A Research Agenda", *International Studies Review*, 2:1, pp. 65-87.

Cotta, Alain (1991), *Dicionário de Economia*, Publicações Dom Quixote, Lisboa.

Cruz, Paulo Marcio (2003), *Soberania, Estado, Globalização e Crise*, consultar hiperlink http://www.mundojuridico.adv.br.

Cunha, Luís Pedro Chaves Rodrigues da (1995), *O Sistema Comunitário de Preferências Generalizadas: efeitos e limites*, Separata do Boletim de Ciências Económicas, Coimbra.

Das, Dilip K. (2004), *Regionalism in Global Trade*, Edward Elgar, Cheltenham UK, Northampton, USA.

Das, Gurcharan (2002), *India Unbound: from Independence to the Global Information Age*, India, Penguin Books.

David, Mitrany (1933), *The Progress of International Government*, New Haven, Yale University Press.

——— (1966), *A Working Peace System*, Chicago, Quadrangle.

David, René (1996), *Os grandes Sistemas do Direito Contemporâneo*, São Paulo, Martins Fontes.

De Plácido e Silva (2002), *Vocabulário Jurídico*, 20ª Edição, Rio de Janeiro, Editora Forense.

Delbruck, Jost (1993), "Globalization of Law, Politics and Markets – Implications for Domestic Law: A European Perspective", *Indiana Journal of Global Legal Studies*, Vol. 1, pp. 1-26.

Delmas Marty, Mireille (1998), *Trois Défis Pour un Droit Mondial*, Editions du Seuil.

——— (2000), "For a New World Order of Law", *Label France*, January, n.º 38

Deng, Xiaoping (1993), *Selecções Literárias de Deng Xiaoping*, Pequim. Editora do Povo

Denham, Mark E. and Lombardi, Mark Owen (1996), *Perspective on Third-World Sovereignty: The Postmodern Paradox*, Macmillan Press.

Deutsch, Karl (1953), *Nationalism and Social Communication*, Nova York.

Ding, Changqing, ed. (2003), História Concisa das Relações Económicas Sino-Estrangeiras, Science Press, Beijing.

Dinh, Nguyen Quoc, Daillier, Patrick, Pellet, Alain (1992), *Direito Internacional Público*, traduzido por Coelho, Vítor Marques, Serviço de Educação da Fundação Calouste Gulbenkian, Lisboa, 4ª edição.

Diniz, Maria Helena (1998), *Dicionário Jurídico*, São Paulo, Editora Saraiva.

Dobrowolski, Sílvio (2000), *A Constituição no Mundo Globalizado*, Florianópolis, Diploma Legal.

Donnelly, Jack (2000), *Realism and International Relations*, Cambridge, Cambridge University Press.

Doughty, James E., Pfaltzgraff, Robert L. (2001), *Contending Theories of International Relations: A Comprehensive Survey*, (fifth edition), versão chinesa traduzida por Yan, Xuetong, Chen, Hanxi, (2003), Pequim, World Knowledge Press.

Drysdale, Peter and Song, Ligang, ed. (2002), *China's Entry to the WTO: Strategic issues and quantitative assessments*, Routledge, London.

Engel, Richard (1988), *Determining the Level of US Interest*, Newport, RI: Naval War College.

Evans, Tony and Peter, Wilson (1992) 'Regime Theory and the English School of International Relations', *Millennium*, 21:3.

EVANS, Peter, (1997), "The Eclipse of the State? Reflection on Stateness in an Era of Globalization", *World Politics*, n.º 50, October, pp. 62-87.
FAMA, Eugene and JENSEN, Michael (1983), "Seperation of Ownership and Control", *Journal of Law and Economics*, Vol. 26, pp. 301-25.
FAN, Gang (1995), *Funções do Governo como Órgão Público*, Pequim, Livraria San Lian.
FAN, Mingtai (2001), "Estrutura da regulação no processo da globalização", artigo apresentado no Fórum Académico Sino-Francês *"Globalization and the 21st Century"* em 2001, disponível na obra *Globalization and the 21st Century*, (2002), Pequim, Social Science Documentation Press, pp. 253-261.
FANG, Changping (2002), *Análise Construtivista dos Interesses Nacionais*, The Contemporary World and China Series, Pequim, Editora Mundo Contemporâneo.
FARIA, José Eduardo (1996), *Direito e Globalização Económica*, São Paulo, Malheiros.
FAUX, Jeff (2000), *Toward a Global Social Contract*, discurso apresentado na *Latin American Faculty of Social Sciences 25 th Anniversary Conference*, México, 25 de Outubro de 2000.
FEATHERSTONE, Mike, ed. (1990), *Global Culture: Nationalism, Globalization, and Modernity*, London, Sage.
FEINERMAN, J.V. (1997), "The Rule of Law", *Current History*, September.
FINNEMORE, Martha (1996), *National Interest in International Society*, Cornell University Press, (a edição chinesa é publicada em 2001 pela Editora Povo de Zhejiang).
FLYNN, Dennis, e ARTURO, Giraldez (1995), "Argitrage, China and World Trade in the Early Modern Period", *Journal of the Economic and Social History of the Orient*, N.º 4, pp. 429-48.
FORSYTHE, David P. (1991), *The Internationalization of Human Rights*, Lexington Books.
FOWLER, Michael Ross and BUNCK, Julie Marie (1995), *Law, Power, and the Sovereign State: the Evolution and Application of the Concept of Sovereignty*, Pennsylvania, the Pennsylvania State University Press.
FRANCO, António de Souza (1992), *Noções de Direito da Economia*, 1º volume, Lisboa.
FRANK, André Gunder (1981), *Crisis in the Third World*, Nova York, Holmes and Meier.
—– (1998), *Reorient: The Global Economy in Asian Age*, University of California Press
FRANKEL, Joseph, (1959), "Towards a Decision-making Model in Foreign Policy", *Political Studies*, vol. 7, n.º 1, February, pp. 1-11.
FRANKEL, J.A. (1997), *Regional Trading Blocs in the World Economic System*, Washington, D.C., Institute for International Economics.
FRIEDRICH Carl J. e BLITZER, Charles (1962), *The Age of Power*, Kanell University Press.
FRIEDRICH, Kratochwil and RUGGIE, John (1986), "International organization: a state of the art or an art of the state?", *International Organization*, 40:4, pp. 753-75.
FULLER, Lon Luvois (1969), *The Morality of Law*, New Haven, Conn, London, Yale University Press.
FUNDAÇÃO LUSO-AMERICANA PARA O DESENVOLVIMENTO (1998), *A Organização Mundial do Comércio e a Resolução de Litígios*, Conferência realizada no Auditório da FLAD em 13 de Maio de 1997, Faculdade de Direito da Universidade de Lisboa, Lisboa.
GALOR, O. (1996), "Convergence's Inferences from Theoretical Models", *The Economics Journal*, V. 106, July, n.437, pp.1056-80.
GERBER, David J. (2002), *Constructing Competition Law in China: The Potential Value of European and U.S. Experience*, trabalho apresentado na conferência "Competition Law

and Economic Development" em Pequim, organizada pela Academia Chinesa das Ciências Sociais.
GIDDENS, Anthony (1984), *The Constitution of Society*, Berkeley and Los Angeles, University of California Press.
GILISSEN, John (1995), *Introdução Histórica ao Direito*, 2ª edição traduzida por António Hespanha, Lisboa, Fundação Calouste Gulbenkian.
GILPIN, Robert (1981), *War and Change on World Politics*, Cambridge, Cambridge University Press.
— – (1987), *The Political Economy of International Relations*, Princeton, New Jersey, Princeton University Press.
— – (1994), *War and Change in World Politics*, edição chinesa, Pequim, Editora Universidade do Povo Chinês.
GONG, Zhankui, ZHU, Tong, CAO, Sufeng (1999), *International Trade, Trend and Policy*, Editora Universidade de Nankai, Tianjin.
GOODMAN, Peter (2003), "China's Leaders Back Private Property: Proposed Amendments would Mark Break with Communist Roots", *The Washington Post*, December.
GOPAL, Mohan Gopalan (1996), *Law and Development: Towards a Pluralist Vision*, trabalho encontrado na *American Society for International Law*.
GREENAWAY, David, MILNER, Chris (1993), *Trade and Industrial Policy in Developing Countries*, Macmilliam Press, UK.
GUO, Shaotang (1998), *Os Estados-Nação e a Ordem Internacional: um caminho para a modernização da política ocidental*, Pequim, Editora da Universidade Normal da Capital.
HAAS, Ernst (1964), *Beyond the Nation-State: Functionalism and International Organization*, Stanford, Stanford University Press.
HAI, Wen (1993), *Guoji Maoyi: Lilun, Zhengce, Shijian (O Comércio Internacional: teorias, políticas e práticas)*, Editora Povo Shanghai.
HAMASHITA, Takeshi (1994), "The Tribute Trade System and Modern Asia", *Japanese Industrialization and the Asian Economy*, editado por A. J. Latham e Heita Kawakatsu, London e Nova Iorque, Routledge.
HAN, Kang, ed., (2003), *21st Century: Trials of Strength in the World Economy – Strategy*, Pequim, Editora Ciências Económicas
HAN, Xiuyi (2004), "Nova Estrutura Constitucional: Abertura da Via para uma Comunidade Jurídica Chinesa", *Administração*, n.º 65, vol. XVII, 2004-3.º, pp. 770-6.
HART, H.L.A. (1983), *Essays in Jurisprudence and Philosophy*, Oxford, Clarendon Press
HASENCLEVER, Andreas, PETER, Mayer, RITTBERGER, Volker, (1997), *Theories of International Regimes*, Cambridge, Cambridge University Press.
HESPANHA, António (1996a), "Linhas de força da Cultura Jurídica Chinesa Contemporânea", *Administração*, n.º 31, vol. IX, 1996-1º, pp. 7-42.
— – (1996b), "Direito e Poder na Cultura Chinesa Tradicional", *Administração*, n.º 32, vol. IX, 1996-2º, pp. 259-90.
HEUSER, Robert (1997), *O Direito Administrativo na China: Reforma Estrutural ou Campanha?* conferência proferida a 29 de Setembro de 1997, Macau.
HEYDON, K. (2002), "RIA market access and regulatory provisions", trabalho apresentado na conferência "The Changing Architecture of the Global Trading System", organizada pela OMC, Geneva, 26 de Abril de 2002.
HINSLEY, F. H. (1986), *Sovereignty*, 2nd Edition, Cambridge, Cambridge University Press

HIRST, Paul, e THOMPSON, Grahame (1996), *Globalization in Question: The International Economy and the Possibility of Governance*, Londres, Polity Press.
HOEKMAN, Bernard & MAVROIDIS, P.C. (1994), "Competition, Competition Policy and the GATT", *World Economy*, vol.17, pp.121-50.
HOEKMAN, Bernard, M. KOSTECKI, Michel M (1998), *The Political Economy of the World Trading System – From GATT to WTO*, (edição chinesa), Law Press, Pequim.
HOHMANN, H. (1992), *Basic Documents of International Environmental Law*, London, Graham and Trotman.
HOLBIG, Heike, ASH, Robert, ed. (2002), *China´s Accession to the World Trade Organization: National and International Perspectives*, London, Routledge Curzon.
HOLDEN, John L. (1999), *China´s Modernization: the Role of Competition*, disponível em http://www.fas.harvard.edu/~asiactr/MAS_032699.htm.
HOUTHAKKER, M. (1956), "Economic and Biology: Specialization and Speciation", *Kyklos*, 9, pp. 181-189.
HU, Angang (1999), *A Perspectiva do Desenvolvimento da China*, Hangzhou, Editora Povo Zhejiang.
— – (2004), *China: New Development Strategy*, Hangzhou, Editora Povo de Zhejiang.
HU, Xiaoyi (1996), "Reduction SOEs´ Social Burdens and Establishing a Social Insurance System", em BROADMAN, Harry, ed. *Policy Options for Reform of Chinese SOEs*, World Bank Discussion Paper No. 335, Washington, DC, pp. 125-48.
HUANG, Renyu, (1997), *Grande História da China*, Editora Sanlian, Beijing.
HUANG, Yiping and YANG, Yongzheng (1998), "China´s Financial Fragility and Policy Responses", *Asian-Pacific Economic Literature*, Vol. 12 (2), November.
IEONG, Pouyee (2005), *An Overview of Macao's Economic Situation & CEPA*, trabalho apresentado no seminário sobre "A Integração Económica Europeia e os Acordos CEPA", Macau.
IKENBERRY, John (2001), *After Victor: Institutions, Strategic Restraint and the Rebuilding of Order after Major Wars*, Princeton, Princeton University Press.
INSTITUTO DE DESENVOLVIMENTO SOCIAL DAS NAÇÕES UNIDAS (1997), *Os Problemas Sociais no Contexto da Globalização*, Editora Universidade de Pequim, Pequim.
JACKSON, Robert H. (1990), *Quasi-States: Sovereignty, International Relations and the Third World*, Cambridge, Cambridge University Press.
JAMES, Alan (1986), *Sovereign Statehood: The Base of International Society*, London, Allen & Unwin.
JENNINGS, Robert, ARTHUR, Watts (ed.) (1995), *Oppenheimp´s International Law* (versão chinesa traduzida por WANG, Tieya, etc.), Vol. 1, China Encyclopedia Press, Beijing.
JIANG, Mingan (1999), *Administrative Law and Administrative Litigation Law*, Pequim, Editora Universidade de Pequim.
KAPLAN, Morton A. (1957), *System and Process in International Politic*, New York, John Wiley and Sons, Inc.
— – (1979), *Towards Professionalism in International Theory: Macrosystem Analysis*, The Free Press.
KAREN, Turner (1992), "Rule of Law Ideals in Early China", *Journal of Chinese Law*, N.º 6, pp. 1-44.
KATZENSTEIN, Peter, *et al.* (1996), *The Culture of National Security: Norms and Identity in World Politics*, Columbia University Press

KELSON, Hans (1967), *Pure Theory of Law*, Berkeley and Los Angeles, University of California Press.
KENNAN, George (1947), "The Sources of Soviet Conduct", in *Foreign Affairs*, nº 25, pp. 562-582.
— – (1957), *American Diplomacy 1900-1950*, Nova York, Mentor Books.
— – (1958), *Russia, the Atom and the West*, Nova York, Harper & Row.
— – (1960), *Russia and the West under Lenin and Stalin*, Nova York, New American Library.
— – (1977), *The Cloud of Danger: Current Realities of American Foreign Policy*, Boston, Little & Brown.
KENNEDY, Paul (1987), *The Rise and Fall of the Great Powers*, Nova Iorque.
KEOHANE, Robert O. and NYE, Joseph S. (1972), *Transnational Relations and World Politics*, Harvard University Press, Cambridge.
— – (1977), *Power and Interdependence: World Politics in Transition*, Boston, Little Brown.
— – "The Demand for International Regimes", in KRASNER, Stephen D., *ed.*, (1983), *International Regimes*, Ithaca, New York, Cornell University Press.
— – (1984), *After Hegemony: Cooperation and Discord in the World Political Economy*, Princeton, Princeton University Press.
— – (1986), *Neorealism and Its Critics*, Columbia University Press.
— – (1988), "International Institutions: Two Approaches", *International Studies Quarterly*, 32:4, pp. 379-96.
KEOHANE, Robert O., (1989), *International Institutions and State Power: Essays in International Relations Theory*, Boulder, Westview Press.
— – (1998), "International Institutions: Can Interdependence Work?" *Foreign Policy*, Spring.
— – NYE, Joseph S., (2001), *Power and Interdependence*, 3ª edition, Addison Wesley Longman.
KISSINGER, Henry (1994), *Diplomacy*, Nova Iorque.
KLOTZ, Audie (1995), *Norms in International Relations: The Struggle against Apatheid*, Cornell University Press.
KORAH, Volentin (1994), *An Introduction Guide to EC Competition Law and Practice*, London, Sweet & Maxwell.
KOVACIC, William & SHAPIRO, Carl (2000), "Antitrust Policy: A Century of Economic and Legal Thinking", *Journal of Economic Perspective*, vol. 43.
KRASNER, Stephen, *ed.* (1983), *International Regimes*, Ithaca: Cornell University Press.
— – (1993), "Westphalia and All That", in GOLDSTEIN Judith & KEOHANE, Robert O., (1993), *Ideas & Foreign Policy: Beliefs, Institutions, and Political Change*, Ithaca and London, Cornell University Press.
— – (2001), *Structural Conflict*, edição chinesa, Hangzhou, Editora Povo Zhejiang.
KRUGMAN, Paul (1991), "Is Bilateralismo Bad?", em HELPMAN E., RAZIN, A., *ed. International Trade and Trade Policy*, Cambridge, MA: MIT Press, pp. 9-24.
LAMY, P. (2002), "Facing the challenge of globalization: regional integration or multilateral rules", Buenos Aires, http://www.wuropa.eu.int/comm/trade/speeches_articles/spla99_en.htm.

LANDES, David (1999), *The Wealth and Poverty of Nations: Why Some so Rich and Some so Poor,* W.W.Norton Company.
LARDY, Nicholas, R. (1992), *Foreign Trade and Economic Reform in China 1978-1990,* Cambridge, Cambridge University Press.
—— – (1998), *China´s Unfinished Economic Revolution,* Brookings Institutions, Washington D. C.
LAUTERPACHT, Eli (1997), "*Sovereignty – Myth or Reality?* ", *International Affairs,* vol. 73.
LEVY, Marc, YOUNG, Oran and ZÜRN, Michael (1995), "The Study of International Regimes", *European Journal of International Relations,* 1:3, pp. 267-330.
LEWIS, W. Arthur (1994), *The Theory of Economic Growth* (versão em língua chinesa), traduzido da edição pelo George Allen &Unwin Ltd em 1955, Editora Sanlian, Shanghai.
LI, Buyun (1999), *Do Sistema Jurídico Socialista com Características Chinesas,* Pequim, Editora Documentos de Ciências Sociais.
LI, Buyun, JIANG, Ping (2001), *OMC e a Construção do Sistema Jurídico da China,* Pequim, Editora China Fangzheng.
LI, Shaojun (2002), *Introdução à Ciência Política Internacional,* Shanghai, Editora Povo Shanghai.
LI, Mingde (2000), *A Cláusula Especial 301 e os Conflitos sino-americanos de Propriedade Intelectual,* Pequim, Social Sciences Documentation Publishing House.
LI, Xiaofeng and CHEN, Guang (2000), "Current Development of Foreign Banks in China and Their Future Prospects", *International Financial Studies,* N.º 5, pp. 44-7.
LIDERT, Peter e WILLIAMSON, Jeffrey (2001), "*Does Globalization Make the World More Unequal?*", *NBER Working Papers,* 8228.
LIN, Justin Y. et al., (1998), "Competition, Policy Burdens, and State-Owned Enterprise Reform", *American Economic Review Papers and Proceedings,* Vol. 88, pp. 422-7.
LIN, Yimin and ZHU, Tian (2001), "Ownership Restructuring in Chinese State Industry: An Analysis of Evidence on Initial Organizational Changes", *China Quarterly,* Vol. 166, pp. 305-41.
LINDBERG, Leon N., ed. (1971) , *Regional Integration: Theory and Research,* Cambridge, Harvard University Press.
LIPSEY, Richard G. DOBSON, Wendy, (1987) *Shaping Comparative Advantage,* C.D. Howe Institute, Canada.
LIU, Jianwen, CUI, Zhengjun, ed. (1997), *Introdução ao Direito da Concorrência,* Wuhan, Editora Universidade de Wuhan.
LIU, Jie (2001), *Soberania Estatal na era da Globalização Económica,* Wuhan, Editora Grande Marcha.
LIU, Xin, ed. (2003), *Conflitos entre as Normas Jurídicas Internas e Contramedidas Legislativas,* Pequim, Editora Universidade Chinesa da Ciência Política e de Direito.
LU, Aiguo (2000), *China and the Global Economy since 1840, (foreword by Giovanni Andrea Cornia),* The United Nations University/World Institute for Development Economics Research, New York.
LU, Shengliang (1999), "Empirical Study of the Relationship between Foreign Direct Investment and Growth of Foreign Trade", in SONG, Ligang, HUANG, Weiping, (1999), *Comércio Externo, Crescimento Económico e Reforma Institucional,* Pequim, Editora Universidade do Povo da China.

Lu, Shilun (2001), *Sedimentação e Evolução da Jurisprudência,* Pequim, Law Press.
Luo, Yanhua (1998), *Direitos Humanos na Perspectiva do Oriente,* Pequim, Editora Xinhua.
Ma, Huaide, *ed.* (1999), *Sistema, Processo e Supervisão da Legislação da China,* Pequim, Editora Sistema Jurídico da China.
Macaulay, Stewart (1986), *Private Government: Law and the Social Science,* Leon Lipson and Stanton Wheeler, Editors.
Maddison, Angus (1995), *Monitoring the World Economy: 1820-1992,* OCDE, Paris.
Maghroori, Ray and Ramberg, Bennett, *ed.* (1982), *Globalism Versus Realism: International Relations´s Third Debate,* Westview Press.
Maneschi, Andrea (1998), *Comparative Advantage in International Trade,* Edward Elgar Publishing Limited, UK.
Mao, Shoulong (1998), *Reformas Administrativas dos Países Ocidentais,* Pequim, Editora Universidade do Povo Chinês.
Marc, Milliams (1994), *International Economic Organization and the Third World,* Harvester Wheatsheaf.
Marks, Rober (1996), "Commercialization without Capitalism: Process of Environmental Change in South China (1500-1850)", *Environmental History1,* N.º 1, Janeiro.
Mateus, Abel M. (2004), *A Nova Política da Concorrência Comunitária: Quais as suas implicações para os tribunais?;* disponível em hiperlink: www.autoridadeda concorrencia.pt/vImages/ericeira_13Maio.pdf.
Mateus, Abel M. (2004), *Direito e Política da Concorrência: uma área prioritária para Portugal,* disponível em www.autoridadedaconcorrencia.pt.
Martin, Lisa L., Simmons, Beth A. (1998), "Theories and Empirical Studies of International Institutions", *International Organization,* vol. 52, N.º 4, Autumn.
Mendes, António Marques (2005), *Foreign Direct Investment (FDI) and TRIMs, TRIPs et al: their relevance for the EU, China and Macao,* trabalho apresentado no seminário sobre "EU Economic Integration and CEPA Agreements" que foi organizado pelo Centro de Formação Jurídica e Judiciária, Macau, 12 de Maio de 2005.
Miller Lynn H. (1990), *Global Order: Values and Power in International Politics,* Boulder, Westview Press.
Molitor, M. (1991), *International Environmental Law: Primary Materials,* Deventer, Kluwer Law and Taxation.
Moreira, Adriano (1996), *Teoria das Relações Internacionais,* Coimbra, Livraria Almedina.
Morgenthau, Hans J. (1962), *The Impasse of American Foreign Policy,* Chicago, University of Chicago Press.
—— – (1985), *Politics Among Nations: the Struggle for Power and Peace,* Alfred A Knopf, Nova York, 6th edition, (1990), edição chinesa, Pequim, Editora Universidade da Segurança do Povo Chinês.
Nettle, Daniel and Romaine, Suzanne (2000), *Vanishing Voices: The Extinction of the World's Languages,* New York, Oxford University Press.
Neuchterlein, Donald (1979), "The Concept of National Interests: A Time for New Approach", *Orbis,* vol. 23, n.º 1, Spring, pp. 73-92.
—— – (1985), *America Overcommitted: United States National Interests in the 1980s,* Lexington, University of Kentucky.

NI, Shixiong (2003), *International Relations Theory,* Taiwan, Wunan Press.
NORTH, Douglasse (1990), *Institution, Institutional Change and Economic Performance,* Cambridge University Press.
—— – (1995), "Economic Theory in Dynamic Economic World", *Journal of Business Economics,* February.
NYE, Joseph S. (1971), *Peace in Parts: Integration and Conflict in Regional Organization,* Boston, Little Brown.
—— – (1988), "Neorealism and Neoliberalism", *World Politics,* 40, January.
NYE, Joseph S. Jr. (1990), *Bound to Lead: The Changing Nature of American Power,* Nova York, Basic Books.
—— – (1997), *Understanding International Conflicts: an Introduction to Theory and History,* 2nd Edition, Nova York, Longman.
NYE, Joseph S. (1999), "Redefining the National Interest", *Foreign Affairs,* vol. 78, n.º 4, July-August.
NYE, Joseph S., DONAHUE, John D., ed. (2000), *Governance in a Globalizing World: Visions of Governance for the 21st Century,* Cambridge, Massachusetts, Brookings Institution Press.
Observation Weekly, "A Segurança Nacional da China no Cenário da Globalização", disponível em http://club.amteam.org/statics/7103.html.
O'BRIEN, Richard (1992), *Global Financial Integration: The End of Geography.* Nova Iorque: Scribner's.
OECD (2002), *China in the World Economy: the Domestic Policy Challenges-Synthesis Report,* edição chinesa publicada pelo Editora da Universidade de Tsing Hua em 2004, Pequim.
OMC (2002), *Annual Report 2002,* Geneva.
ONUF, Nicholas (1989), *World of Our Making: Rules and Rule in Social Theory and International Relations,* University of South Carolina Press.
OPPENHEIM/LAUTERPACHT, *International Law,* (1992), Londres.
OPPENHEIM´s International Law (1995), editado por Jennings, R., traduzido por Wang, Tieya, et. al. vol. I.
ORESKO, Robert, GIBBS, G.. C. and SCOTT, H.M. (1997), *Royal and Republican Sovereignty in Early Modern Europe: Essays in Memory of Ragnhild Hatton,* Cambridge, Cambridge University Press.
OSTRY, Sylvia, ALEXANDROFF, Alan S., GOMES, Rafael, ed. (2002), *China and the Long March to Global Trade,* ROUTLEDGE, London and New York.
PAN, Qichang, ed. (2001), *Relações Internacionais Europeias,* Editora Ciência Económica, Pequim.
PANITCHOAKDI, Supachai, CLIFFORD, Mark L (2002), *China and the WTO: changing China, changing world trade,* Singapore, John Wiley & Sons (Asia) Pte Ltd.
PCIJ Publications, Séries A/B, n.º 46.
PEARSON, Frederic S. and ROCHESTER, J. Martin (1998), *International Relations,* 4th edition, Nova York, McGraw-Hill.
PEREIRA, André Gonçalves e QUADROS, Fausto de (2000), *Manual de Direito Internacional Público* (3ª edição), Almedina.
PEREIRA, Júlio, A. C. (1996), *Comentário à Lei Penal Chinesa,* Macau, Livros do Oriente.

PERLIN, Frank (1994), *Unbroken Landscape, Commodity, Category, Sign and Identity: Their Production as Myth and Knowledge from 1500,* Aldershot, U.K.: Variorum.
PLESKOVIC, Boris e STERN, Nicholas (2002), *Annual World Bank Conference on Development Economics 2001/2002,* World Bank and Oxford University Press, Washington D. C. e New York.
PORTER, Michael (1990), *The Competitive Advantage of Nations,* New York, Free Press.
—— – (2002), *Small States and European Integration,* Querteto.
—— – (2002) e (2004), *Economia: Um Texto Introdutório,* Coimbra, Livraria Almedina.
—— – (2001) e (2004), *Teoria da Integração e Políticas Comunitárias,* Livraria Almedina, Coimbra.
—— – (2004), *Small States and European Integration,* na Separata da Obra "*Identidade Europeia e Multiculturalismo*", Quarteto, Coimbra.
POTTER, Pitman B. (1998), "Curbing the Party Peng Zhen and Chinese Legal Culture", *Problems of Post Communism,* vol. 45, n°. 3, pp. 17-28.
—— – (1999), "The Chinese Legal System: Continuing Commitment to the Primacy of State Power", *The China Quarterly.*
PUTNAM, H. (1990), *Realism with a Human Face,* edited by James Conant, Cambridge, MA: Harvard University Press.
QIAN, Qichen (2002), "Discurso Proferido no encontro de Docentes e Discentes da Faculdade de Relações Externas da Universidade de Pequim", *Revista de Estudo da Política Internacional,* Vol. 1, pp. 8-9.
QIU YUANLUN (1999), "Globalização Económica e Interesses Nacionais da China", *World Economy,* vol. 12, pp. 3-13.
QUAH, Danny (1996), "Twin Peaks: Growth and Convergence in Models of Distribution Dynamics", *Economic Journal,* p. 106.
RAVENHILL, John, ed. (2005), *Global Political Economy,* Oxford University Press.
RAWLS, John (2000), *Theory of Justice,* Harvad University Press, Cambridge, Massachusetts.
RAZ, Joseph, (1979), *The Authority of Law,* Oxford, Oxford University Press.
—— – (1980), *The Concept of a Legal System: An Introduction to the Theory of Legal System,* second edition, Oxford, Clarendon Press.
REINICKE, Wolfgang H (1989), *Global Public Policy: Governing Without Government?* Washington, Brookings Institution.
RICARDO, David (1951), *On the Principles of Political Economy and Taxation,* vol.1, Cambridge University Press.
RICE, Condoleezza (2000), "Promoting the National Interest", *Foreign Affairs,* vol. 79, n.° 1, January/February, pp. 45-62.
RITTBERGER, Volker ed. (1991), *Beyond Anarchy: International Cooperation and Regimes,* Oxford, Oxford University Press.
ROBÉ, Jean-Philippe (1997), *Multinational Enterprises: The Constitution of a Pluralistic Legal Order,* Teubner, Gunther, Dart Mouth Pub. Co.
ROBERT L. (1968), *Alliances and Small Powers,* Nova Iorque, Columbia University Press.
ROBERTSON, Roland (1992), *Globalization: Social Theory and Global Culture,* London, Sage.
ROBERT, Jackson e GEORG, Sørensen (1999), *Introduction to International Relations,* Oxford: Oxford University Press.

RODRIK, Dani (1999), *Has Globalization Gone Too Far?* Washington D.C, Institute for International Economics.
ROMER, Paul (1986a), "Increasing Returns and Long Run Growth", *Journal of Political Economy,* October, vol.94, n.º 5, pp. 1002-37.
—— – (1986b), "Increasing Returns, Specialization and External Economies: Growth as Described by Allyn Young", *working paper n.º64,* Center for Economic Research, University of Rochester.
ROSAS, Allan "The Decline of Sovereignty: Legal Perspectives" in IIVONEN, Jyrki, (1993), *The Future of the Nation State in Europe,* Edward Elgar Publishing Company.
ROSENAU, James N., "Governança, ordem e transformação na política mundial", em ROSENAU, James N., CZEMPIEL, Ernst-Otto (2000), *Governança Sem Governo: Ordem e Transformação na Política Mundial,* traduzido por Sérgio Bath, Brasília, Editora Universidade de Brasília.
ROSKIN, Michael (1994), *National Interest: from Abstraction to Strategy,* Carlisle Barracks, PA.: US Army War College.
ROURKE, John T. and BOYER, Mark A. (2000), *World Politics: International Politics on the World Stage, Brief,* 3rd Edition, Dushkin/McGraw-Hill.
RUAN, Fangmin (1998), Pequim, Editora Universidade Chinesa da Ciência Política e de Direito.
RUGGIE, John (1975), "International Response to Technology: Concepts and Trends", *International Organization,* 29.
—— – (1982), "International Regimes, Transactions, and Change: embedded liberalism in the post-war economic order", *International Organization,* 36:2, pp. 379-415.
RUGGIE, John G., ed. (2003), *Multilateralism Matters: The Theory and Praxis of an Institutional Form,* edição chinesa, Hangzhou, Editora Povo de Zhejiang.
RUGMAN, Alan (2000), *The End of Globalization,* Randomhouse.
RUPERT, Mark, SOLOMON, M. Scott, (2006), Globalization and International Political, Rowman & Littlefield Publishers.
RUSKOLA, Teemu (2002), "Legal Orientalism", *Michegan Law Review,* N.º 101, pp. 179-234.
RUTHERFORD, Donald (1998), *Dicionário de Economia,* Algés, Difusão Editorial, S.A.
SACHS, J. D., e A WARNER (1995), "Economic Reform and the Process of Global Integration", *Brookings Papers on Economic Activity,* (96), pp. 1-118.
SAND, Ph. (ed.) (1987), *Marine Environmental Law in the United Nations Environment Programme: An Emergent Eco-Regime,* London: Tycooly.
SALA-I-MARTIN, Xavier (1991), "The Classical Approach to Convergence Analysis", *The Economic Journal,* vol. 106, July, pp. 1019-36.
—— – (2002), *The World Distribution of Income (Estimated from Individual Country Distributions),* National Bureau of Economic Research Working Paper 8933, disponível em http://www.nber.org/paper/w8933.
SALDANHA, António Vasconcelos de e ALVES, Jorge Manuel dos Santos, ed. (1995), *Estudos de História do Relacionamento Luso-Chinês: Séculos XVI-XIX,* Macau, Instituto Português do Oriente.
SAMUELS, W.J. (1988), *Institutional Economics,* 3 vols, Aldershot, Edward Elgar.
SANTOS, Boaventura de Sousa (1995), *Towards a New Common Sense: Law, Science and Politics in the Paradigmatic Transition,* Routledge, New York.

SCHACHTER, Oscar (1991), *Internacional Law in Theory and Practice*, Dordrecht, Natherlands.
SCHRADER, Peter J. (1992), *Intervention into the 1990s: U.S. Foreign Policy in the Third World*, Lynne Rienner Publishers.
SHAO, Jin (2000), *International Law*, Editora Universidade de Pequim, Beijing.
SHAPIRO, Martin (1993), "The Globalization of Law", *Indiana Journal of Global Legal Studies*, Vol. 1, pp. 27-64.
SHEN, Zongling (1997), *Modern Western Jurisprudence*, Editora da Universidade de Pequim, Beijing.
SHI, Yinhong (1996), "Lun Shijie Zhengzhi zhong de Wenti" (Dos Problemas de Justiça na Política Mundial), *Europe*, N.º 1.
SIEBERT, Horst, ed. (2003), *Global Governance: An Architecture for the World Economy*, Heidelberg, Springer, pp. 245-74.
SILVA, de Plácido (2002), *Vocabulário Jurídico*, 20ª edição, Rio de Janeiro, Editora Forense.
SINGHAM, Shanker A. (1998), "Symposium Article Shaping Competition Policy in the Americas Scope for Transatlantic Cooperation?" vol. 24, *Brook. Journal of International Law*.
SMITH, Adam (1776), *Inquérito sobre a Natureza e as Causas da Riqueza das Nações*, Oxford, Clarendon Press.
SONG, Bing (1995), "Competition Policy in a Transitional Economy: the Case of China", *Stanford Law Journal*, vol. 31.
SPEGELE, Roger D. (1996), *Political Realism in International Theory*, Cambridge, Cambridge University Press.
STIGLITZ, Joseph (1998), "The New Development View", discurso na UNCTAD, 19 de Outubro de 1998.
STRANGE, Susan (1988), *State and Market*, London, Pinter Publishers.
—— – (1995), "Political Economy and International Relations", in BOOTH, Ken and SMITH, Steve, eds., *International Relations Theory Today*, the Pennsylvania State University Press, pp. 154-174.
—— – (1996), *The Retreat of the State: The Diffusion of Power in the World Economy*, New York, Cambridge University Press.
SU, Changhe (2000), *Problemas Comuns Globais e Cooperação Internacional: Uma Análise Institucional*, Shanghai, Editora do Povo de Shanghai.
SUN, Guoxiang, ed. (2002), *Direito Penal*, Pequim, Science Press.
SUN, Jianzhong (2001), *Soberania Nacional: o Ideal e a Realidade*, World Knowledge Press, Peuqim.
TAN, Poh-Ling (1997), *Asian Legal Systems: Law, Society and Pluralism in East Asia*, Butterworth.
TARGETTI F. e FOTI, A. (1997), "Growth and Productivity: a model of cumulative growth and catching up", *Cambridge Journal of Economics*, Vol. 21, pp. 37-38.
TEIXEIRA, Nuno Severiano, RODRIGUES, José Cervaens, NUNES, Isabel Ferreira (2000), *O Interesse Nacional e a Globalização*, Edições Cosmos, Instituto da Defesa Nacional, Lisboa.
THE COMMISSION ON AMERICA'S NATIONAL INTERESTS (2000), *America's National Interest*, p. 7, hyperlink http://www.nixoncenter.org/publications/monographs/nationalinterests.pdf.
TOMLINSON, J. (2000), *Globalization and Culture*, Chicago, University of Chicago Press.

TONELSON, Alen (1991), "What is the National Interest?", *Atlantic,* vol. 268, n.º 1, July, pp. 35-52.
TOYNBEE, Amold (1946), *A Study of History,* Oxford: Oxford University Press.
Thucydides, *História da Guerra do Peloponeso,* Vol. 1 (1997), (versão chinesa), traduzida por XIE, Defeng, Pequim, The Commercial Press Library.
UNCTAD (United Nations Conference on Trade and Development) (2001), *World Investment Report 2001,* Geneve.
VINDT, Gérard (1999), *A Mundialização: De Vasco da Gama a Bill Gates,* Temas e Debates, Lisboa.
VIOTTI, Paul R., KAUPPI, Mark V. (1998), *International Relations Theory: Realism, Pluralism, Globalism and Beyond.* 3ª ed. Denver: University of Colorado.
WACKS, Raymond (1987), *Jurisprudence,* 4ª edição, Londres, Blackstone Press Limited.
WALLERSTEIN, Immanuel (1974), *The Modern World System I: Capitalist Agriculture and the Origins of the European World Economy in the Sixteenth Century,* Nova York, Academic Press.
— – (1980), *The Modern World System II: Mercantilism and the Consolidation of the European World – Economy 1600-1750,* Nova York, Academic Press.
WALTZ, Kenneth M. (1979), *Theory of International Politics,* Reading, MA: Addision – Wesley.
— – (1979), *Theory of International Politics,* Nova Iorque.
WANG, Jie, *ed.* (2002), *On International Regimes,* Pequim, Editora de Xinhua.
WANG, Ning (2002), *Globalização e a Cultura: o Ocidente e a China,* Editora Universidade de Pequim, Pequim.
WANG, Tieya (1998), *Introdução ao Direito Internacional,* Editora Universidade de Pequim.
WANG, Xinkui (1998), *WTO and Developing Countries,* Shanghai, Editora Yuandong.
WANG, Yizhou (1998), *Ciência Política Internacional do Ocidente: História e Teoria,* Pequim. Editora Povo Xangai.
— – (1999), *Segurança Internacional na era da Globalização,* Shanghai, Editora do Povo de Shanghai
— – (ed.), (2002), *Globalização e Economias Novas,* Editora Desenvolvimento da China, Pequim.
WANG, Zhe (1988), *História das Instituições Jurídicas Ocidentais,* Editora Universidade de Pequim.
WEI, Dan (2001), *A China e a Organização Mundial do Comércio,* Coimbra, Livraria Almedina.
WEISS, Edith Brown (2000), *Globalization and International Environment Law in the Twenty-First Century,* presentation at Yasuda Fire and Marine Insurance Co., Ltd. at Tokyo on February 7th, 2000.
WENDT, Alexandre (1987), "The Agent-Structure Problem in International Relations Theory", *International Organizations,* vol. 41, Summer, pp. 335-70.
— – (1992), "Anarchy is What States Make of It: The Social Construction of Power Politics", *International Organization,* Vol. 46, Spring, pp. 391-425
— – (1994), "Collective Identity Formation and the International State", *American Political Science Review,* vol. 88, June, pp. 384-96.
WHISH, Richard (1993), *Competition Law,* London, Buttworth & Co Publisher Ltd.

WILLIAMSON, J. G. (1996), "Globalization, Convergence and History", *Journal of Economic History*, Vol. 56, pp. 277-306.
WOOD, Adrian (1994), *North-South Trade, Employment and Inequality: Changing Fortunes in a Skill-Driven World*, Oxford: Clarendon Press.
WOODS, Ngaire, ed. (1996), *Explaining International Relations since 1945*, Oxford University Press.
—— – (1996), "The Uses of Theory in the Study of International Relations," na sua obra, *Explaining International Relations Since 1945*, Oxford, Oxford University Press.
WORKING GROUP OF CHINESE COMPETITIVENESS (2003), *Relatório da Competitividade Internacional da China*, Editora Universidade do Povo da China.
World Competitiveness Yearbook, 1998-2002, International Institute of Management & Development, (IMD).
WRIGHT, Quincy (1955), *The Study of International Relations*, Appleton-Century-Crofts, Inc.
WRISTON, Walter B. (1992), *The Twilight of Sovereignty: How the Information Revolution Is Transforming Our World*, Nova Iorque: Scribner's.
XIE, Chao, HU, Jian (2004), *As Organizações Inter-governamentais Internacionais e a Estratégia Diplomática da China*, Guiyang, Editora Povo de Guzhou.
XIE, Ping (1996), *Options of China Financial System Reform*, Shanghai, Shanghai Far East Press.
XING, Yue (2003), "A Objectividade e a Subjectividade de Interesses Nacionais", *World Economy and Politics*, vol. 5, pp. 29-33.
XU, Haining, TIAN, Chunhua, WEN, Yaoqing, CHEN, Aiping (1998), *Comércio Externo da China*, Xangai, World Books Publishing House.
XU, Jilin, CHEN, Kaida, ed. (1995), *História da Modernização da China: 1800-1949*, Shanghai, Editora Sanlian.
XUE, Rongjiu (1997), *The WTO and China´s Economic and Trade Development, WTOCETD*, Pequim, Editora Universidade de Economia e Comércio Externo.
YAN, Xuetong (1997), *Análise do Interesse Nacional da China*, Tianjin, Editora Povo Tianjin.
YANG, Shengming, ed. (1999), *Teoria da Primeira Linha do Comércio Externo da China*
YANG, X. e BORLAND J. (1991), "A Microeconomic Mechanism for Economic Growth", *Journal of Political Economy*, 99, pp. 460-482.
YANG, X. e SHI, H. (1992), "Specialization and Product Diversity", *American Economic Review*, 82, pp. 392-398.
YANG, Zixuan (1999), *Economic Law*, Pequim, Editora Universidade de Pequim e Editora do Ensino Superior.
YANG, Zixuan, et. al (2000), *New Commentary on International Economic Law: The View of International Coordination*, Editora Universidade de Pequim, Beijing.
YARGER, Richard and BARBER, George F. (1997), "The US Army College Methodology for Determining Interests and Levels of Intensity", adapted from the Department of National Security and Strategy, Directive Course 2, "*War, National Policy & Strategy*", US army War College, Carlisle Barracks, Carlisle, PA.
YE, Jingsheng (2000), *A OMC e o TRIPS: normas e compromissos*, Hefei, Editora Huangshan Shushe.

YE, Xiaoxin (2002), *História das Instituições Jurídicas da China,* Xangai, Editora Universidade de Fudan.
YE, Zicheng (2001), *O Pensamento Diplomático da Nova China: De Mao Zedong a Deng Xiaoping,* Pequim, Editora Universidade de Pequim.
YERGIN, Daniel e STANISLAW, Joseph (1998), *The Commanding Heights: The Battle Between Government and the Marketplace that is Remarking the Modern World,* Nova Iorque, Simon and Schuster.
YONG, Allyn (1928), "Increasing Returns and Economic Progress", *The Economic Journal,* 152, pp. 527-542.
YOUNG, Oran (1989), *International Cooperation: Building Regimes for Natural Resources and the Environment,* Ithaca: Cornell University Press.
YU, Ronggen, *ed.* (2000), *História do Pensamento Jurídico Chinês,* Pequim, Law Press.
YUAN, Yuansheng (2000), "Conceptions and Receptions of Legality: Understanding the Complexity of Law Reform in Modern China", na obra editada por Turner, Feinerman e Guy, *The Limits of the Rule of Law in China,* University of Washington Press.
ZHANG, Biqiong (1999), *Circulação do Capital Internacional e Vantagens Competitivas do Comércio Externo,* Editora Desenvolvimento da China, Pequim.
ZHANG, Hanlin e LIU, Guangxi (1999), *Globalização Económica, OMC e a China,* Peking University Press, Beijing.
ZHANG, Jinfan (1997), *Tradição das Instituições Jurídicas da China e sua Transformação nos Tempos Modernos,* 2ª edição, Pequim, Law Press.
ZHANG, Lei (2005), *New Trends in Recent Chinese Economic Legislation,* trabalho apresentado no seminário sobre "A Integração Económica Europeia e os Acordos CEPA", Macau.
ZHANG, Qianfan (2003), *Introdução ao Direito Constitucional,* Pequim, Law Press.
ZHANG, Wenmu (2004), *Análise dos Interesses da Segurança Nacional da China na Geopolítica Mundial,* 2ª edição, Jinan, Editora do Povo de Shandong.
ZHANG, Wenxian (1999), *Jurisprudence,* Pequim, Editora da Educação Superior e Editora da Universidade de Pequim.
ZHANG, Xiaoguang (1999), *China's Trade Patterns and International Comparative Advantage,* New York, Palgrave Macmillan.
ZHAO, Xinwen, *et. al.* (2000), *Guoji Fa Xinlun (Novos Comentários ao Direito Internacional),* Law Press.
ZHENG, Chengliang (2002), *Reforma Judicial da China,* conferência proferida a 22 de Novembro de 2002, Macau.
ZHANG, Delin, *ed.* (2002), *Summary of China's Adjusted Economic Laws after WTO,* Pequim, Law Press.
ZHENG, Yongnian (1999), "From Rule by Law to Rule of Law", *China Perspectives,* N.º 25, September-October, pp. 31-43.
—— – (2004), *Globalization and State Transformation in China,* Cambridge University Press.
ZHENG, Zhihai (2003), "Economic Globalization and Development of China's Foreign Economic Cooperation and Trade", *China's Economic Globalization Through the WTO,* editado por LU, Ding, WEN, Guanzhong James, ZHOU, Huizhong, The Chinese Economy Series, Ashgate Publishing Limited, England.

ZHONG, Mingzhao, ed. (2004), *Do Direito da Concorrência,* Textbook Series for 21st Century, Peuim, Higher Education Press.
ZHU, Jingwen (2001), *Enquadramento e Métodos da Sociologia do Direito Comparada: Legalização, Localização e Globalização,* Editora da Universidade do Povo Chinês.
ZHU, Yikun (2003), *Concise Chinese Law,* Pequim, Law Press.
ZHUO, Zeyuan (2001), *On the Country Ruled by Law,* Pequim, Editora Fangzheng da China.
ZWEIGERT, Konard und KÖTZ, Hein (1984), *Einführung in Die Rechtsvergleichung,* edição chinesa em 2003, traduzida por PAN, Handian, etc., Pequim, Law Press.

ÍNDICE GERAL

Breve introdução 9

PARTE I
O Mundo em Globalização

1. Globalização no quadro teórico 18
   1.1. Globalização e o desenvolvimento económico 18
      1.1.1. Breve introdução à teoria do crescimento económico 18
      1.1.2. Globalização e o desenvolvimento económico 25
         1.1.2.1. Cada economia pode ganhar através do comércio internacional 26
         1.1.2.2. Desempenho dos países 35
         1.1.2.3. Implicações 37
   1.2. Globalização e convergência 38
      1.2.1. Conceito da convergência 38
      1.2.2. Teoria da convergência 43

2. Globalização no quadro histórico 48
   2.1. O processo da globalização em conjunto 48
      2.1.1. Retrospectiva breve das três fases da globalização 48
      2.1.2. Análise dos dados da globalização 49
         2.1.2.1. Volume total do comércio 49
         2.1.2.2. Composição do comércio 51
         2.1.2.3. Investimento estrangeiro 52
         2.1.2.4. Sistemas e políticas do comércio 53
         2.1.2.5. Circulação transfronteiriça de mão-de-obra 53
   2.2. Desequilíbrios no processo da globalização: países adiantados e atrasados e a evolução de alcance 54
      2.2.1. Mudança das percentagens do PIB mundial 55
      2.2.2. Evolução do rendimento *per capita*: convergência e divergência ... 59
      2.2.3. Desenvolvimento do comércio 68
         2.2.3.1. Taxa de dependência da exportação de mercadorias 68
         2.2.3.2. Distribuição regional das exportações mundiais de mercadorias 70
         2.2.3.3. Mudança de composição de comércio internacional 74

2.2.3.4. Influência dos blocos comerciais sobre o comércio
mundial 77
2.2.3.5. Quotas das exportações dos blocos regionais 77
2.2.3.6 Comércio intra-blocos e comércio de "três polos" 78
2.2.4. Desenvolvimento do investimento 79
2.2.4.1. Volume e composição do fluxo do capital internacional ... 79
2.2.4.2 Características regionais do fluxo do capital internacional ... 80
2.3. A China no processo da integração económica 81
2.3.1. China: um centro comercial de grande dimensão 82
2.3.1.1. Actor principal do comércio global 84
2.3.1.2. Centro da economia mundial e a sua influência: interacção
da China e economia mundial 88
2.3.2. Declínio do país comercial forte e novo alcance 90
2.3.2.1. Declínio do país comercial forte 92
2.3.2.1.1. Mudança no comércio 92
2.3.2.1.2. Declínio económico 95
2.3.2.2. Relançamento económico e renascença da China como
país de grande expressão comercial 96
2.3.2.2.1. A evolução de integração e medição de níveis 97
2.3.2.2.2. Desequilíbrios internacionais surgidos no
processo da integração: a China e a economia
mundial 98

3. Regulação da globalização 101
   3.1. Riscos e desafios da globalização 101
   3.2. Regulação da globalização 104
        3.2.1. Regulação em conjunto no âmbito internacional 104
        3.2.2. Regulação numa perspectiva nacional 105
               3.2.2.1. As competências tradicionais do Estado 105
               3.2.2.2. O papel do Estado no mundo globalizado 106
               3.2.2.3. Transformação das funções do Estado perante novos
                        desafios da globalização 110
                        3.2.2.3.1. Transformação das funções dos países
                                     ocidentais 113
                        3.2.2.3.2. Transformação das funções do governo
                                     chinês 114

4. Fenómenos jurídicos aliados à globalização 120
   4.1 Desenvolvimento jurídico como consequência da globalização económica 121
        4.1.1 A necessidade da existência de normas jurídicas de natureza global ... 121
        4.1.2 Respostas globais a problemas globais 123
   4.2. Os impactos da globalização no direito 124
        4.2.1. Sobre o direito internacional 125
               4.2.1.1. Ampliação do âmbito do direito internacional 125
               4.2.1.2. Reforço da eficácia do direito internacional 129

Índice Geral

4.2.1.3.	Impacte em áreas específicas do direito internacional	131
4.2.1.3.1.	Direito Económico Internacional	131
4.2.1.3.2.	Direito Ambiental Internacional	134
4.2.1.3.3.	Direitos Humanos	138
4.2.1.3.4.	Direito das Organizações Internacionais	142
4.2.1.3.5.	Direito Penal Internacional	143
4.2.2.	Sobre o direito interno	144
4.2.2.1.	Relação entre o Direito Internacional e o Direito Interno	145
4.2.2.1.1.	Breve introdução às teorias da relação entre o Direito Internacional e o Direito Interno ...	145
4.2.2.1.2.	Algumas questões práticas da relação entre o Direito Internacional e o Direito Interno	147
4.2.2.1.3.	Impactos da globalização na relação entre o Direito Internacional e o Direito Interno	150
4.2.2.2.	A internalização do direito internacional	152
4.2.2.3.	A internacionalização do direito interno	153

PARTE II
Os Interesses Nacionais e o caso da China

1. Teoria dos interesses nacionais	155
1.1. Delimitação da noção de interesses nacionais	155
1.1.1. Interesses e interesses nacionais	155
1.1.2. Génese da noção de interesses nacionais	157
1.1.3. Introdução doutrinária dos estudos sobre os interesses nacionais	158
1.1.4. Carácter prático do conceito de interesses nacionais	168
1.2. Factores decisivos dos interesses nacionais	169
1.3. Composição de interesses nacionais	172
1.4. Classificação de interesses nacionais	175
1.5. Hierarquia entre interesses nacionais	176
2. Teoria jurídica relacionada com o núcleo de interesses nacionais: a soberania	180
2.1. Relações entre os interesses nacionais e a soberania	180
2.1.1. Importância da soberania	180
2.1.2. Soberania e interesses nacionais	182
2.2. Soberania no quadro teórico	183
2.2.1. Dimensão da noção de soberania	183
2.2.2. Genealogia e evolução	184
2.2.3. Soberania como supremacia interna	186
2.2.4. Soberania como poder independente no cenário internacional	188
2.3. Soberania e a Globalização	189
2.3.1. Soberania afectada pela globalização	189

     2.3.2. Algumas teorias sobre a relação entre a soberania e a globalização   193
             2.3.2.1. Formalismo   193
             2.3.2.2. Construtivismo   195
             2.3.2.3. Estruturalismo   197
     2.3.3   Reflexões sobre a relação entre soberania e globalização   199
2.4. Duas perspectivas distintas acerca da soberania (soberania externa)   202
     2.4.1. Posição adoptada pelos países desenvolvidos   202
     2.4.2. Posição adoptada pelos países em vias de desenvolvimento   207
     2.4.3. Reflexão sobre as divergências   208
             2.4.3.1. Diferenças principais   208
             2.4.3.2. Razões fundamentais e intenções estratégicas   210
             2.4.3.3. Núcleos de divergências   211
             2.4.3.4. Impacte das divergências   213
                       2.4.3.4.1. Considerações gerais   213
                       2.4.3.4.2. Sobre a relação norte-sul   214

3. Os interesses nacionais da China   216
   3.1. Delimitação dos interesses nacionais básicos e essenciais da China   216
        3.1.1. Os interesses económicos   217
        3.1.2. Os interesses de segurança   218
        3.1.3. Os interesses políticos   221
        3.1.4. Os interesses sociais   222
   3.2. O objectivo de desenvolvimento nacional dos próximos vinte anos   223
   3.3. *Status quo* da China   225
        3.3.1. As vantagens e desvantagens comparativas da China na economia
                mundial   225
                3.3.1.1. O desenvolvimento já realizado pela China   225
                3.3.1.2. A comparação internacional das vantagens e desvantagens
                         económicas   228
        3.3.2. Comparação internacional dos recursos estratégicos   230
   3.4. Estratégias de desenvolvimento nacional no século XXI   231
        3.4.1. Estratégia de abertura   232
                3.4.1.1. Justificação   232
                3.4.1.2. Aplicabilidade na China   234
                3.4.1.3. Vias concretas   242
        3.4.2. Estratégia de regionalismo   248
                3.4.2.1. A razão de ser   248
                3.4.2.2. Os passos concretos   252
                         3.4.2.2.1. A integração ao *Asia-Pacific Economic
                                    Forum*   252
                         3.4.2.2.2. A criação de *Shanghai Organization of
                                    Cooperation*   253
                         3.4.2.2.3. A participação em "ASEAN-plus-Three"   253
                         3.4.2.2.4. A implementação do Acordo de Estreitamento
                                    das Relações Económicas e Comerciais entre
                                    o Continental Chinês e duas Regiões
                                    Administrativas Especiais   254

3.4.3.	Estratégia do Estado de Direito		255
	3.4.3.1. Importância do Estado de Direito		255
		3.4.3.1.1. Várias concepções da noção de "Estado de Direito"	256
		3.4.3.1.2. Curso histórico da China em direcção ao Estado de Direito	266
		3.4.3.1.3. Formação e aperfeiçoamento do Estado de Direito na China	272
		3.4.3.1.4. Uma abordagem sobre o constitucionalismo da China	274
		3.4.3.1.5. O Estado de Direito e suas implicações para a China	280
	3.4.3.2. Desenvolvimento da produção legislativa		282
		3.4.3.2.1. Novo pensamento no contexto da globalização	283
		3.4.3.2.2. Problemas existentes	288
		3.4.3.2.3. Exemplo ilustrativo um: Direito de propriedade intelectual	305
		3.4.3.2.4. Exemplo ilustrativo dois: Direito de concorrência	315

PARTE III
A Ordem Mundial e as Relações Externas da China

1. Disposição mundial e sistema internacional		345
1.1. Delimitação conceptual		345
1.2. Retrospectiva da disposição e ordem mundial tradicional		347
	1.2.1. Supremacia e impérios na época arcaica	347
	1.2.2. Balanceamento equilibrado de poderes nos tempos modernos	348
	1.2.3. Do equilíbrio europeu à era política global no século XX: papel da institucionalização	350
1.3. Disposição e ordem internacional no século XXI		353
	1.3.1. Grandes desafios provenientes da globalização	353
	1.3.2. Restabelecimento da ordem mundial e importância dos regimes	354
		1.3.2.1. Razões para restabelecer uma ordem mundial	354
		1.3.2.2. Inovação institucional: importância dos regimes	356
2. Regime internacional		358
2.1. Teoria do regime internacional		358
	2.1.1. Análise conceptual	358
	2.1.2. Genealogia e desenvolvimento da teoria dos regimes	363
	2.1.3. Regime internacional nas várias perspectivas doutrinárias	367
		2.1.3.1. Perspectiva do realismo/neo-realismo	368
		2.1.3.2. Perspectiva do neo-institucionalismo liberal	369
		2.1.3.3. Perspectiva do construtivismo	372

   2.1.4 Função e limites do regime internacional 373
      2.1.4.1. Função do regime internacional 373
      2.1.4.2. Limites do regime internacional 377
   2.1.5. Teoria do regime internacional e outras teorias relacionadas 378
      2.1.5.1. O regime internacional e a teoria da globalização 378
      2.1.5.2. O regime internacional, a soberania e os interesses nacionais 380
   2.1.6. Tomada de posição 381
  2.2. O regime internacional na prática 382

3. Regime internacional e a China 383
  3.1. Factos históricos 383
  3.2. A China no contexto mundial 387
   3.2.1. O papel da China 387
   3.2.2. A perspectiva da China sobre o regime internacional 389
  3.3. Interesses internacionais comuns e interesses nacionais da China 390

Conclusão 393

Bibliografia 401